Der privatrechtliche Vertragsschluss in der Rechtsprechung des Europäischen Gerichtshofs

Europäische Hochschulschriften

Publications Universitaires Européennes

European University Studies

Reihe II

Rechtswissenschaft

Série II Series II

Droit

Law

Bd./Vol. 4116

PETER LANG

Frankfurt am Main · Berlin · Bern · Bruxelles · New York · Oxford · Wien

Daniel Thomas Laumann

Der privatrechtliche Vertragsschluss in der Rechtsprechung des Europäischen Gerichtshofs

PETER LANG
Europäischer Verlag der Wissenschaften

Bibliografische Information Der Deutschen Bibliothek
Die Deutsche Bibliothek verzeichnet diese Publikation in der Deutschen Nationalbibliografie; detaillierte bibliografische Daten sind im Internet über <http://dnb.ddb.de> abrufbar.

Zugl.: Münster (Westfalen), Univ., Diss., 2004

D 6
ISSN 0531-7312
ISBN 3-631-53590-2

www.peterlang.de

Vorwort

Die vorliegende Arbeit wurde im Sommersemester 2004 von der Rechts- und Staatswissenschaftlichen Fakultät der Westfälischen Wilhelms-Universität Münster als Dissertation angenommen. Rechtsprechung und Literatur sind bis Oktober 2003 berücksichtigt.
Die Arbeit ist im Rahmen des Europäischen Forschungsnetzwerks „Uniform Terminology for European Private Law" des 6. Rahmenforschungsprogramms der Europäischen Union entstanden. Beteiligt sind Forschungsgruppen an den Universitäten Turin (Koordinator), Barcelona, Lyon, Münster, Nijmegen, Oxford und Warschau.
Danken möchte ich an erster Stelle meinem Doktorvater, Herrn Professor Dr. Reiner Schulze, der das Thema vorgeschlagen hat. Er stellte sich jederzeit meinen Fragen und hat durch seine Anregungen wesentlich zum Gelingen der Arbeit beigetragen. Ihm habe ich die Möglichkeit zweier Forschungsaufenthalte an der University of Oxford im Rahmen des Europäischen Forschungsnetzwerkes „Uniform Terminology for European Private Law" zu verdanken. Daneben ermöglichte er mir die Mitarbeit in der Projektgruppe Münster der European Research Group on Existing EC Private Law (*acquis*-Gruppe). Auch hieraus habe ich viele Ideen für die vorliegende Arbeit gewinnen können.
Mein besonderer Dank gilt des Weiteren Herrn Professor Dr. Martin Josef Schermaier für die äußerst zügige Erstellung des Zweitgutachtens.

Münster, im Oktober 2004 *Daniel Thomas Laumann*

Die Vereinheitlichung des Rechts für die Europäischen Länder sollte die Gelegenheit bieten, im Einverständnis aller Beteiligten Lösungen für jene Probleme zu suchen, die gerade in den letzten Jahrzehnten des 20. Jahrhunderts auf dem Gebiet des Vertragsrechts in das gesellschaftliche Bewusstsein eingedrungen sind und auf die in letzter Zeit die Lehre der Rechtswissenschaft und Rechtsprechung die Aufmerksamkeit gelenkt hat.

Giuseppe Gandolfi, Koordinator der Akademie
Europäischer Privatrechtswissenschaftler, Pavia, 2002

Inhaltsverzeichnis

Abkürzungsverzeichnis

a.a.O.	am angeführten Orte
ABl. EG	Amtsblatt der EG (Bezeichnung bis 31.01.2003)
ABl. EU	Amtsblatt der EU (Bezeichnung ab 01.02.2003), vergleiche Art. 2 Abs. 37, 38 des Vertrags von Nizza, ABl. EG 2001 C 80/1
ABGB	Österreichisches Allgemeines Gesetzbuch (01.06.1811)
Abs.	Absatz
a.D.	außer Dienst
arg.	Argument
Art.	Artikel
BayVBl.	Bayerische Verwaltungsblätter
BB	Betriebs-Berater
BGH	Bundesgerichtshof (Deutschland)
ber.	berichtigt
belg.	belgisch
Bull.	Bulletin der Europäischen Union
bzw.	beziehungsweise
C	*vor Aktenzeichen von Entscheidungen*: Cour (Rechtssache des EuGH)
C	*nach Bezeichnung des Amtsblatts*: Teil C (Communicatio = Mitteilungen und Bekanntmachungen)
C.D.E.	Cahiers de Droit Européen
CISG	Convention on the International Sale of Goods, BGBl. 1989.II.588
CMLR	Common Market Law Review
DB	Der Betrieb
d.h.	das heißt
Diss.	Dissertation
Dok.	Dokument
dt.	deutsch
DVBl.	Deutsche Verwaltungsblätter
EAG	*Eigenständig verwendet*: Europäische Atomgemeinschaft

EAG	*nach Nennung von Artikeln*: Vertrag zur Gründung der Europäischen Atomgemeinschaft (EURATOM) vom 25.03.1957, BGBl. 1957.II.1014
EAGFL	Europäischer Ausrichtungs- und Garantiefonds für die Landwirtschaft
ed.	editor
EEA	Einheitliche Europäische Akte
EG	Vertrag zur Gründung der Europäischen Gemeinschaft (EG) in der Fassung Vertrags von Nizza, ABl. EG 2001 C 80/1
EGBGB	Einführungsgesetz zum Bürgerlichen Gesetzbuche i.d.F. der Bekanntmachung vom 21.09.1994, BGBl. 1994.I.2494, ber. BGBl. 1997.I.1061
EGKS	Europäische Gemeinschaft für Kohle und Stahl
EGV	Vertrag zur Gründung der Europäischen Gemeinschaft (EGV) in der Fassung des Vertrages über die Europäische Union vom 07.02.1992, ABl. EG 1992 C 191/1
EIB	Europäische Investitionsbank
Einl	Einleitung
EIPR	European Intellectual Property Review
en./En.	englisch
endg.	endgültig
EP	Europäisches Parlament
erg.	ergänze
Es.	spanisch
EU	*mit vorangehender Nennung eines Artikels*: Vertrag über die Europäische Union (EUV) in der Fassung des Vertrags von Nizza, ABl. EG 2001 C 80/1
EU	*als eigenständiger Begriff*: Europäische Union (aus den europäischen Gemeinschaften EWG, EGKS, EAG)
EuGVÜ	Übereinkommen über die gerichtliche Zuständigkeit und die Vollstreckung gerichtlicher Entscheidungen in Zivil- und Handelssachen vom 27.09.1968, BGBl. 1972.II.774; ABl. EG 1972 L 299/32
EuGVO	Verordnung (EG) Nr. 44/2001 des Rates vom 22. Dezember 2000 über die gerichtliche Zuständigkeit und die Anerkennung und Vollstreckung von Entscheidungen in Zivil- und Handelssachen, ABl. EG 2001 L 12/1
Europ. Rev. Priv. L.	European Review of Private Law
Eur. L. Rev.	European Law Review
EuZW	Europäische Zeitschrift für Wirtschaftsrecht

EVÜ .... Übereinkommen vom 19.06.1980 über das auf vertragliche Schuldverhältnisse anzuwendende Recht
EWG .... Europäische Wirtschaftsgemeinschaft
EWS .... Europäisches Wirtschafts- & Steuerrecht
EZB .... Europäische Zentralbank
Fn. .... Fußnote
fr./Fr./franz. .... französisch
FS .... Festschrift
geänd. .... geändert
gem. .... gemäß
gen. ed. .... general editor
Habil. .... Habilitationsschrift
Hdb. .... Handbuch
Hg. .... Herausgeber
h. L. .... herrschende Lehre
h. M. .... herrschende Meinung
Hrsg. .... Herausgeber
ICLQ .... International & Comparative Law Quarterly
i.d.F. .... in der Fassung
i.d.R. .... in der Regel
i.e.S. .... im engeren Sinne
insbes. .... insbesondere
IPR .... Internationales Privatrecht
IPRax .... Praxis des internationalen Privat- und Verfahrensrechts
i.S.v. .... im Sinne von
it./It. .... italienisch
i.V.m. .... in Verbindung mit
i.w.S. .... im weiteren Sinne
J.D.I. .... Journal du Droit International
Jura .... Juristische Ausbildung
JuS .... Juristische Schulung
JZ .... Juristenzeitung
L .... *nach Bezeichnung des Amtsblatts*: Teil L (Legislatio = legislative Rechtsakte)
L.Q.R. .... The Law Quarterly Review
Ls. .... Leitsatz
lt. .... Laut
MDR .... Monatsschrift für Deutsches Recht
m.w.N. .... mit weiteren Nachweisen
NBW .... Nieuw Burgerlijk Wetboek
NJW .... Neue Juristische Wochenschrift
nl./Nl. .... niederländisch

OGH .... Oberster Gerichtshof (Österreich)
O.J.L.S. .... Oxford Journal of Legal Studies
OR .... Bundesgesetz betreffend die Ergänzung des Schweizerischen Zivilgesetzbuches (Fünfter Teil: Obligationenrecht) vom 30.03.1911, AS 27, 317 und BS 2, 199
para. .... paragraph
PECL .... Principles of European Contract Law
pt./Pt. .... portugiesisch
RabelsZ .... Rabels Zeitschrift für Rechtsvergleichung
RdNr. .... Randnummer
Rev. crit. dr. int. priv. .... Revue critique de droit international privé
resp. .... respektive
RIW .... Recht der Internationalen Wirtschaft
RL .... Richtlinie
Rs. .... Rechtssache
Rspr. .... Rechtsprechung
RTDE .... Revue trimestrielle de droit Européen
s./ss. .... section/sections
sc. .... Scire licet (= erg.)
Slg. .... Sammlung
S.L.T. .... The Scots Law Times
sog. .... so genannt
sp. .... spanisch
st. Rspr. .... ständige Rechtsprechung
st. .... ständig
sv./Sv. .... schwedisch
T .... Tribunal (Rechtssache des Gerichts erster Instanz)
Tul. L. Rev. .... Tulane Law Review
u.a. .... unter anderem/und andere
u.ä. .... und ähnliche
v .... vor
v.a. .... vor allem
VAT .... value added tax
Verf. .... Verfasser
VerfO .... Verfahrensordnung
Vf. .... Verfasser
VG .... Verwaltungsgericht
vgl. .... vergleiche
VO .... Verordnung
VuR .... Verbraucher und Recht
VwVfG .... Verwaltungsverfahrensgesetz

WM .... Wertpapier-Mitteilungen, Zeitschrift für Wirtschafts- und Bankrecht
ZEuP .... Zeitschrift für Europäisches Privatrecht
ZfRVgl .... Zeitschrift für Rechtsvergleichung
ZIP .... Zeitschrift für Wirtschaftsrecht
z.B. .... zum Beispiel
z.T. .... zum Teil
ZVglRWiss .... Zeitschrift für Vergleichende Rechtswissenschaft
ZZP .... Zeitschrift für Zivilprozeß

A. Einleitung

Gegenstand der vorliegenden Arbeit ist eine Untersuchung des privatrechtlichen Vertragsschlusses in der Rechtsprechung des Gerichtshofs der Europäischen Gemeinschaften (EuGH).

Der privatrechtliche Vertragsschluss ist im Gemeinschaftsrecht bislang in weiten Teilen nicht gesetzlich geregelt[1]. Die Entwicklung des Europäischen Vertragsrechts erhielt durch die Mitteilung der Europäischen Kommission vom Juli 2001[2] und den Aktionsplan vom Februar 2003[3] neuen Anstoß[4]. Gegenstand der Forschung auf diesem Gebiet waren zunächst überwiegend gemeinsame Prinzipien und Kerngehalte der nationalen Privatrechte in Europa[5]. Ein neuer Forschungsansatz geht vom bestehenden Gemeinschaftsrecht (*acquis communautaire*) aus[6]. Von besonderer Bedeutung ist hierbei neben den Rechtsakten der Gemeinschaft die Rechtsprechung des EuGH.

Es soll im Folgenden untersucht werden, ob sich anhand einer Analyse der Rechtsprechung des Europäischen Gerichtshofs unter Einbeziehung der jeweiligen Schlussanträge der Generalanwälte ein Bild des privatrechtlichen Vertragsschlusses im *acquis communautaire* ergibt[7].

---

1 Zum gegenwärtigen Stand des privatrechtlichen Vertragsrechts im Gemeinschaftsrecht siehe unten B.I.1.a), S. 5 ff.

2 Mitteilung der Kommission an den Rat und das Europäische Parlament zum Europäischen Vertragsrecht, KOM (2001) 398 endg., ABl. EG 2001 C 255/1.

3 Mitteilung der Kommission an das Europäische Parlament und den Rat, Ein kohärenteres Europäisches Vertragsrecht, Ein Aktionsplan, KOM (2003) 68 endg., ABl. EU 2003 C 63/1; vgl. auch die Pressemitteilung IP/03/232 vom 14.02.2003 und die Entschließungen vom September 2003 des Europäischen Parlaments (P5_TA[2003]0355) und des Rates (ABl. EU 2003 C 246/1).

4 Vergleiche hierzu im Einzelnen unten B.I.2.b), S. 13 f.

5 Zu den verschiedenen Forschungsansätzen siehe unten B.I.2.c), S. 15 ff.

6 Vergleiche hierzu *Schulze/Ebers/Grigoleit* (Hg.), Informationspflichten und Vertragsschluss im acquis communautaire; aktuelle Informationen unter http://www.acquis-group.org.

7 Mit dem Kernbereich des Schuldvertragsrechts hatte sich der EuGH erstmals in der Entscheidung *Koestler* in den siebziger Jahren in Hinblick auf die Grundfreiheiten des Primärrechts zu beschäftigen (*EuGH* 24.10.1978, Rs. 15/78 [*Société générale alsacienne de Banque/Koestler*] Slg. 1978, 1971). Die nächste bedeutende Entscheidung folgte nur vier Monate später mit dem Urteil in der Rechtssache *Rewe-Zentral AG/Bundesmonopolverwaltung für Branntwein* (*EuGH* 20.02.1979, Rs. 120/78 [*Rewe-Zentral AG/Bundesmonopolverwaltung für Branntwein, „Cassis de Dijon"*] Slg. 1979, 649; vgl. hierzu auch die Besprechung in: *Schulze/Schulte-Nölke*, Casebook

Hierzu wird zunächst ein Überblick über bestehende gemeinschaftliche Regelungen des Vertragsrechts gegeben (B.). Solche Regelungen sind möglicher Ausgangspunkt des EuGH für die Beantwortung von Fragen privatrechtlicher Verträge im *acquis communautaire.* Verallgemeinernd betonte *Walter Hallstein* bereits in den sechziger Jahren, dass in den Entscheidungen des EuGH das Gemeinschaftsrecht lebe und wachse und er aus diesem Grunde ein Integrationsfaktor erster Ordnung sei[8]. Dieser Aussage zu Folge legt der EuGH das Gemeinschaftsrecht aus („lebe“) und erweitert es im Wege der Rechtsfortbildung („wachse“). Der Gerichtshof selbst hat bezüglich seiner Funktion von der „ordnenden Zusammenfassung von in den meisten Mitgliedstaaten bereits anerkannten Lösungen“ gesprochen[9]. Dabei legt der EuGH Gemeinschaftsrecht, „das für die Ermittlung seines Sinnes und seiner Bedeutung nicht ausdrücklich auf das Recht der Mitgliedstaaten verweist, in der Regel in der gesamten Gemeinschaft autonom und einheitlich aus“[10]. Bezogen auf das Privatrecht stellte Generalanwältin *Stix-Hackl* in der Rechtssache *Davidoff/A&G Imports Ltd. und Levi's u.a./Tesco*[11] fest, dass „die fehlende gemeinschaftliche Angleichung des Vertrags- und Sachenrechts einer gemeinschaftlichen Auslegung (...) nicht entgegensteht und vor diesem Hintergrund die Bedeutung (...) aus der Sicht des Gemeinschaftsrechts zu untersuchen sei“[12].
Hieran anschließend folgt ein Überblick über legislatorische Ansätze auf dem Gebiet des Europäischen Vertragsrechts sowie eine Beschreibung von Forschungsansätzen in der Rechtswissenschaft. Des Weiteren sollen Forschungsergebnisse vorgestellt werden, die, als Ergebnis einer Untersuchung gemeinsamer

---

Europäisches Verbraucherrecht, S. 57 ff.). Die Anzahl der Vorlagen an den Gerichtshof und seit 1989 an das Gericht erster Instanz – und damit auch der Bestand an zu sondierenden Entscheidungen – hat sich seit Errichtung des EuGH im Jahre 1952 kontinuierlich erhöht. Nach über fünfzig Jahren Rechtsprechungstätigkeit des Gerichtshofes verfügt die Gemeinschaft somit über eine umfangreiche Rechtsprechungssammlung.

8 *Schlochauer*, Der EuGH als Integrationsfaktor, in: von Caemmerer/Schlochauer/Steindorff, Probleme des Europäischen Rechts, S. 431.

9 *EuGH* 30.11.1976, Rs. 21/76 (*Bier/Mines de Potasse d'Alsace*) Slg. 1976, 1735, 1747.

10 Ständige Rechtsprechung: *EuGH* 27.02.2003, Rs. C-373/00 (*Truley/Bestattung Wien*) Slg. 2003, I-1931, RdNr. 35, RdNr. 39 der Schlussanträge; *EuGH* 09.11.2000, Rs. C-357/98 (*Nana Yaa Konadu Yiadom*) Slg. 2000, I-9265, RdNr. 26; *EuGH* 19.09.2000, Rs. C-287/98 (*Linster*) Slg. 2000, I-6917, RdNr. 43; *EuGH* 18.01.1984, Rs. 327/82 (*Ekro)* Slg. 1984, 107, RdNr. 11.

11 *EuGH* 20.11.2001, Rs. C-414/99 (*Davidoff/A&G Imports Ltd. und Levi's u.a./Tesco*) Slg. 2001, I-8691.

12 *EuGH, Davidoff/A&G Imports Ltd. und Levi's u.a./Tesco* (Fn. 11) 8691, RdNr. 64 f. der Schlussanträge.

Prinzipien und Kerngehalte des privatrechtlichen Vertrags, für die Entscheidungen des Gerichtshofs von Bedeutung sein können[13].
Als nächster Schritt werden die Zuständigkeiten des Gerichtshofs und das Zusammenspiel von nationalem und europäischem Recht in der Rechtsprechung des EuGH abgegrenzt. Es soll aufgezeigt werden, wann der Gerichtshof Gemeinschaftsrecht anwendet, und in welchen Fällen er auf ein nationales Recht, mehrere nationale Rechte oder alle nationalen Rechte der Mitgliedstaaten zurückgreift. Sodann wird auf Arbeitsweise und Methoden der Rechtsfindung durch den Gerichtshof eingegangen, um den Bewertungsmaßstab für die Analyse der Urteile aufzuzeigen. In Frage steht dabei vor allem das Zusammenspiel zwischen Auslegung bestehender Normen des Gemeinschaftsrechts und richterlicher Rechtsfortbildung. Abschließend wird die Bedeutung der Schlussanträge der Generalanwälte für die Rechtsprechung erläutert.
Der zweite Teil der Arbeit (C.) soll die Rechtsprechung des EuGH unter Einbeziehung der jeweiligen Schlussanträge der Generalanwälte analysieren. Mangels zusammenhängender Regelungen des Europäischen Vertragsrechts, die eine bestimmte Reihenfolge der Darstellung vorgeben würden, sollen die einzelnen Schritte des privatrechtlichen Vertragsschlusses in ihrer historischen Abfolge analysiert werden. Anhand dieser Darstellungsweise sollen die Entscheidungen „kategorisiert" und ihre jeweilige Bedeutung im Zusammenhang mit dem Vertragsschluss herausgearbeitet werden.
Ausgangspunkt der Darstellung ist die Definition des privatrechtlichen Vertrags im *acquis communautaire* anhand der Rechtsprechung des Gerichtshofs. Sodann soll das Grundgerüst vertraglicher Einigung, die privatautonome Abgabe zweier übereinstimmender Willenserklärungen durch Rechtssubjekte, im Einzelnen untersucht werden. Hierzu soll auch auf die Beurteilung bestimmter Vertragstypen durch den EuGH besonders eingegangen werden (Kaufvertrag, Mietvertrag, Werkvertrag, Verbraucherkreditvertrag, Bürgschaftsvertrag). Anschließend sollen die Besonderheiten bei der Einbeziehung vorformulierter Vertragsklauseln anhand der Rechtsprechung untersucht werden. Darauf folgend sollen die Auslegungsmethoden privatrechtlicher Verträge in der Rechtsprechung des EuGH dargestellt werden. Sodann sollen Fragen der Form (Schriftform, Unterschrift, Telefax, elektronische Form) und der Geschäftsfähigkeit Berücksichtigung finden. Ein letzter Teil fasst die Arbeitsergebnisse zusammen (D.).

---

13 Vergleiche z.B. *EuGH* 17.09.2002, Rs. C-334/00 (*Fonderie Officine Meccaniche Tacconi SpA/Heinrich Wagner Sinto Maschinenfabrik GmbH*) Slg. 2002, I-7357, RdNr. 55 ff. der Schlussanträge; Generalanwalt *Geelhoed* bezieht hier die entsprechende Regelung in den UNIDROIT-Prinzipien in seine Erwägungen mit ein.

B. Die Rechtsprechung des Europäischen Gerichtshofs und das Vertragsrecht

I. Privatrechtliches Vertragsrecht in Europa

1. Gegenwärtiger Stand des Vertragsrechts

a) Privatrechtliches Vertragsrecht im Gemeinschaftsrecht

aa) Vertragsrecht im Primärrecht

Im primären Gemeinschaftsrecht besteht keine zusammenhängende Rechtsgrundlage des privatrechtlichen Vertragsrechts. Auf den ersten Blick scheint es eine nahezu vernachlässigenswerte Rolle zu spielen: Der EG-Vertrag selbst benutzt den Begriff des „Vertrags" im hier in Frage stehenden Zusammenhang nur in Art. 238 EG und 288 Abs. 1 EG.

Art. 238 EG begründet die Zuständigkeit des Gerichts im Falle von Schiedsklauseln in privatrechtlichen oder öffentlich-rechtlichen Verträgen. Art. 288 Abs. 1 EG beinhaltet eine Haftungszuweisung an die Gemeinschaft, die auf das jeweilige auf den Vertrag anzuwendende Recht verweist. Die Vorschrift belegt damit, dass der Gemeinschaftsgesetzgeber die Gestaltung der privaten Lebensverhältnisse durch Vertrag anerkennt[14]. So findet sich in der Kommentierung zu Art. 288 Abs. 1 EG folgende Definition des dort enthaltenen Vertragsbegriffs: „Vertrag ist jedes auf übereinstimmenden Willenserklärungen beruhende Rechtsgeschäft nicht völkerrechtlicher Natur, das die Gemeinschaft in Ausübung ihrer Rechts- und Geschäftsfähigkeit nach Art. 282 EG vorgenommen hat"[15]. Diese weite Definition umfasst die privatrechtlichen oder öffentlich-rechtlichen Verträge, mit denen die Gemeinschaft beispielsweise bewegliches und unbewegli-

---

14 *Groeben/Thiesing/Ehlermann/Gilsdorf/Oliver*, Art. 215 EGV, RdNr. 8; *Groeben/Thiesing/Ehlermann/Grunwald*, Art. 211 EGV, RdNr. 10.

15 *Schwarze/Berg*, Art. 288 EG, RdNr. 6.

ches Vermögen erwirbt oder Mietverträge abschließt[16]. Das auf den jeweiligen Vertrag anzuwendende Recht muss nach den Regeln des Internationalen Privatrechts bestimmt werden[17]. Begrenzt wird die vertragliche Haftung der Gemeinschaft durch die außervertragliche Haftung, die in Art. 288 Abs. 2 EG normiert ist. Sie richtet sich nach den allgemeinen Rechtsgrundsätzen, die den Rechtsordnungen der Mitgliedstaaten gemeinsam sind. Dem Bereich der außervertraglichen Haftung sind Amtsfehler in Zusammenhang mit der Durchführung von Verträgen zuzuordnen. Hierzu zählen alle deliktischen Ansprüche sowie quasideliktische Ansprüche, die aus der Amtstätigkeit der Gemeinschaft erwachsen[18]. Über die Abgrenzung von vertraglicher und außervertraglicher Haftung besteht keine einhellige Meinung[19]. Abgrenzungskriterium ist der Begriff der „Amtstätigkeit" in Art. 288 Abs. 2 EG, der jedoch insofern Probleme aufwirft, als fast jedes Handeln der Gemeinschaft hoheitlich ist. *Gilsdorf* und *Oliver* schließen aus der Tatsache, dass die Vorschrift die vertragliche Haftung der außervertraglichen gegenüberstellt, dass der EG-Vertrag insoweit eine lückenlose Regelung anstrebt[20]. Nach Ansicht von *Oppermann* und *Ipsen* bietet der Vertragsbegriff für die Abgrenzung nur eine „Rahmen- und Orientierungsregelung"[21], die durch den EuGH auszufüllen ist. Dies ist in einer Reihe von Entscheidungen geschehen[22].

Der EG-Vertrag verwendet den Begriff des schuldrechtlichen Vertrags an keiner weiteren Stelle. Das Instrument des Vertrags wird jedoch in einer Reihe von Vorschriften vorausgesetzt, so in Art. 4 Abs. 1, 39 Abs. 1 und Abs. 3 a), 48, 51 Abs. 2, 56 Abs. 1, 81 Abs. 1 und 95 Abs. 3 EG.

Art. 4 Abs. 1 EG normiert den „Grundsatz einer offenen Marktwirtschaft mit freiem Wettbewerb". Dieser Grundsatz setzt den freien Fluss von Gütern und Dienstleistungen innerhalb der Gemeinschaft voraus. Damit bedingt Art. 4 Abs.

---

16 *Oppermann*, Europarecht, RdNr. 165; *Schwarze/Berg*, Art. 288 EG, RdNr. 6; *Groeben/Thiesing/Ehlermann/Gilsdorf/Oliver*, Art. 215 EGV, RdNr. 5; *Calliess/Ruffert/Calliess*, Art. 288 EG, RdNr. 2.

17 *Oppermann*, Europarecht, RdNr. 165.

18 *Groeben/Thiesing/Ehlermann/Gilsdorf/Oliver*, Art. 215 EGV, RdNr. 5; zum Durchgreifen eines Anspruchs aus außervertraglicher Haftung müssen weitere – durch die Rechtsprechung des EuGH aufgestellte – Voraussetzungen gegeben sein (Verhalten der Organe, Rechtswidrigkeit, eigenständiger Charakter der Schadensersatzklage, Schutznormverletzung, Verschulden, Schaden, Kausalität; vgl. hiezru ausführlich: *Groeben/Thiesing/Ehlermann/Gilsdorf/Oliver*, Art. 215 EG, RdNr. 29 ff.).

19 *Groeben/Thiesing/Ehlermann/Gilsdorf/Oliver*, Art. 215 EGV, RdNr. 3.

20 *Groeben/Thiesing/Ehlermann/Gilsdorf/Oliver*, Art. 215 EGV, RdNr. 3.

21 *Oppermann*, Europarecht, RdNr. 166; *Ipsen*, Europäisches Gemeinschaftsrecht, S. 538.

22 Vergleiche z.B. *EuGH* 02.12.1971, Rs. 5/71 (*Aktien-Zuckerfabrik Schöppenstedt/Rat*) Slg. 1971, 975; weitere Nachweise bei *Schwarze/Berg*, Art. 288 EG, RdNr. 12 ff.; *Calliess/Ruffert/Calliess*, Art. 288 EG, RdNr. 4 ff.

1 EG dem Grunde nach das Instrument des Vertrags als Bindung zwischen Personen zum Austausch von Gütern oder Dienstleistungen.

Art. 39 Abs. 1 EG gewährleistet die Freizügigkeit der Arbeitnehmer innerhalb der Gemeinschaft. Der Begriff des Arbeitnehmers ist mangels Definition im Gemeinschaftsrecht nach der ständigen Rechtsprechung des EuGH autonom aus dem *acquis communautaire* heraus zu bestimmen[23]. Nach der Rechtsprechung ist Kennzeichen der Arbeitnehmereigenschaft, „dass jemand während einer bestimmten Zeit für einen anderen nach dessen Weisungen Leistungen erbringt, für die er als Gegenleistung eine Vergütung erhält"[24]. Der Begriff ist dabei sehr weit zu verstehen, umgekehrt aber Ergänzungen und der Aufstellung weiterer Voraussetzungen durch die Mitgliedstaaten nicht zugänglich[25]. Gleiches gilt für die konkrete Ausgestaltung des Arbeitsverhältnisses[26]: Ob das nationale Recht die Beziehung zwischen dem Arbeitgeber und seinen Arbeitnehmern als öffentlich-rechtlich oder privatrechtlich qualifiziert, ist für den Begriff des Arbeitnehmers ohne Bedeutung[27]. Art. 39 Abs. 3 a) EG beinhaltet das Recht der Arbeitnehmer, sich um tatsächlich angebotene Stellen zu bewerben. Diese Vorschrift umfasst Elemente des Abschlusses eines entsprechenden Arbeitsvertrages mit dem Arbeitnehmer im o.g. Sinn. Des Weiteren lässt sich anhand dieser Vorschrift belegen, dass das Gemeinschaftsrecht vom Grundsatz der Vertragsfreiheit ausgeht.

Art. 48 EG bestimmt die Gleichstellung von in der Gemeinschaft gegründeten Gesellschaften mit den natürlichen Personen, die Angehörige der Mitgliedstaaten sind. Unabhängig davon, ob man bezüglich der Gründung der sog. „Gründungs-/Inkorporationstheorie" oder der „Sitztheorie" folgt[28], setzt Art. 48 EG die Gründung der Gesellschaften durch einen Gesellschaftsvertrag voraus.

Art. 51 Abs. 2 EG spricht von der Liberalisierung der mit dem Kapitalverkehr verbundenen Dienstleistungen der Banken und Versicherungen. Derartige Dienstleistungen werden auf Grund von Verträgen erbracht, so dass auch Art. 51 Abs. 2 EG, ohne den Begriff explizit zu erwähnen, das Instrument des Vertrages voraussetzt[29]. Gleiches gilt für Art. 56 Abs. 1 EG, der an den Kapitalverkehr

---

23 *Schwarze/Schneider/Wunderlich*, Art. 39 EG, RdNr. 10.

24 Vergleiche z.B. *EuGH* 15.12.1995, Rs. C-415/93 (*Bosman*) Slg. 1995, I-4921, RdNr. 69 ff.; *EuGH* 03.07.1986, Rs. 66/85 (*Lawrie-Blum*) Slg. 1986, 2121, RdNr. 17.

25 *EuGH* 21.06.1988, Rs. 39/86 (*Lair/Universität Hannover*) Slg. 1988, 3161, RdNr. 41.

26 *EuGH* 31.05.1989, Rs. 344/87 (*Bettray/Staatssecretarias van Justitie*) Slg. 1989, 1621, RdNr. 17.

27 *EuGH* 12.02.1974, Rs. 152/73 (*Sotgiu*) Slg. 1974, 153, RdNr. 5 f.

28 Vergleiche *Schwarze/Müller-Huschke*, Art. 48 EG, RdNr. 9; aus der neuesten Rechtsprechung *EuGH* 05.11.2002, Rs. C-208/00 (*Überseering*) Slg. 2002, I-9919; hierzu: *Leible/Hoffmann*, RIW 2002, 925 ff.; *Leible/Hoffmann*, ZIP 2003, 925 ff.; *Halbhuber*, ZEuP 11 (2003), 418 ff.

29 *Roth*, Funktionen des privatrechtlichen Vertrages im Gemeinschaftsrecht, in: Schulte-Nölke/Schulze, Europäisches Vertragsrecht im Gemeinschaftsrecht, S. 24.

zwischen den Mitgliedstaaten anknüpft. Kapitalverkehr ist grundsätzlich die Erfüllung von Verbindlichkeiten[30]. Diese entstehen durch Verträge[31].

Art. 81 Abs. 1 EG bestimmt, dass Vereinbarungen zwischen Unternehmen, Beschlüsse von Handelsvereinigungen und aufeinander abgestimmte Verhaltensweisen, welche den Handel zwischen den Mitgliedstaaten zu beeinträchtigen geeignet sind, mit dem gemeinsamen Markt unvereinbar und daher verboten sind. Der Begriff der Vereinbarung im Sinne dieser Vorschrift ist zivilrechtlich zu verstehen und unterliegt den, wie *Brinker* es in seiner Kommentierung von Art. 81 EG ausdrückt, „insoweit weitgehend vergleichbaren Voraussetzungen der mitgliedstaatlichen Zivilrechtsordnungen"[32]. Eine Vereinbarung ist danach ein zwei- bzw. mehrseitiges Rechtsgeschäft, das durch die Abgabe von Willenserklärungen zustande kommt[33]. Dabei reicht es aus, wenn die Beteiligten ihren Willen deutlich zum Ausdruck gebracht haben[34], eine besondere Form ist nicht zu beachten[35]. Unerheblich ist auch, welche Art von Vereinbarung geschlossen wird, solange hieraus eine vertragliche Bindung der Parteien resultiert[36].

Art. 95 Abs. 3 EG schließlich beinhaltet eine Kompetenz der Gemeinschaft zur Rechtsangleichung auf dem Bereich des Verbraucherschutzes. Diese Vorschrift wurde durch die EEA am 28.02.1986 als Art. 100 a in den EG-Vertrag eingefügt, also zu einer Zeit, als sich in den Mitgliedstaaten eine immer höhere Bedeutung des Verbraucherschutzes abzeichnete[37]. Die Vorschrift ist gleichsam die Kompetenznorm einer Vielzahl sekundärrechtlicher Gemeinschaftsrechtsakte, die in der Folgezeit auf diesem Gebiet erlassen wurden.

bb) Vertragsrecht im Sekundärrecht

Im Bereich des Sekundärrechts finden sich zahlreiche Rechtsakte, die vertragsrechtliche Fragen zum Gegenstand haben. Diese sind (im Umkreis des privatrechtlichen Vertragsschlusses) auf den Gebieten Wettbewerbsverfälschungen,

---

30 *EuGH* 31.01.1984, Rs. 286/82 und 26/83 (*Luisi und Carbone*) Slg. 1984, 377, RdNr. 21.

31 *Schwarze/Glaesner*, Art. 56 EG, RdNr. 8.

32 *Schwarze/Brinker*, Art. 81 EG, RdNr. 29; ebenso: *Callies/Ruffert/Weiß*, Art. 81 EG, RdNr. 52 ff.

33 *Groeben/Thiesing/Ehlermann/Schröter*, Art. 85 EGV, RdNr. 46.

34 *EuG* 26.10.2000, Rs. T-41/96 (*Bayer/Kommission*) Slg. 2000, II-3383, RdNr. 67 m.w.N.

35 *EuG* 24.10.1991, Rs. T-1/89 (*Rhône-Poulenc*) Slg. 1991, II-867, RdNr. 120.

36 *Schwarze/Brinker*, Art. 81 EG, RdNr. 30.

37 Die Haustürwiderrufsrichtlinie war zu diesem Zeitpunkt bereits in Kraft und die Arbeiten an der Verbraucherkreditrichtlinie liefen, vgl. den Vorschlag für eine Richtlinie des Rates zur Angleichung der Rechts- und Verwaltungsvorschriften der Mitgliedstaaten über den Verbraucherkredit, KOM (1979) 69, ABl. EG 1979 C 80/4; allgemein vgl. das Erste Programm der Europäischen Wirtschaftsgemeinschaft für eine Politik zum Schutz und zur Unterrichtung der Verbraucher, ABl. EG 1975 C 92/1.

Abbau von Beschränkungen für die Grundfreiheiten, Erleichterungen zwischenstaatlichen Handelns, Gleichbehandlung und Verbraucherschutz ergangen[38].

(a) Vertragsrecht in Verordnungen

Der Vertragsschluss ist u.a. Gegenstand folgender Verordnungen:

- Verordnung 1027/78/EWG der Kommission vom 19.05.1978 über den Verkauf für die Ausfuhr von im Besitz der Interventionsstellen befindlichem bestimmtem Rindfleisch zu pauschal im Voraus festgesetzten Preisen[39],
- Verordnung 2173/79/EWG der Kommission vom 04.10.1979 über Durchführungsbestimmungen betreffend den Absatz des von den Interventionsstellen gekauften Rindfleisches[40],
- Verordnung 2187/93/EWG des Rates vom 22.07.1993 über das Angebot einer Entschädigung an bestimmte Erzeuger von Milch oder Milcherzeugnissen, die vorübergehend an der Ausübung ihrer Tätigkeit gehindert waren[41],
- Verordnung 2137/85/EWG des Rates vom 25.07.1985 über die Schaffung einer Europäischen wirtschaftlichen Interessenvereinigung (EWIV)[42].

Besondere Bedeutung kommt der Verordnung 44/2001/EG des Rates vom 22.12.2000 über die gerichtliche Zuständigkeit und die Anerkennung und Vollstreckung von Entscheidungen in Zivil- und Handelssachen (Im Folgenden: EuGVO)[43] zu. Diese ersetzt seit 01.03.2002[44] das Übereinkommen über die gerichtliche Zuständigkeit und die Vollstreckung gerichtlicher Entscheidungen in Zivil- und Handelssachen vom 27.09.1968 (im Folgenden: EuGVÜ)[45].

(b) Vertragsrecht in Richtlinien

Die Anzahl der Richtlinien, die sich mit dem Vertragsschluss beschäftigen, ist deutlich höher. Hier sind u.a. zu nennen:

- Richtlinie 2002/65/EG des Europäischen Parlaments und des Rates vom 23.09.2002 über den Fernabsatz von Finanzdienstleistungen an Verbraucher

---

38 Vergleiche die Zusammenstellung bei *Roth*, Funktionen des privatrechtlichen Vertrages im Gemeinschaftsrecht, in: Schulte-Nölke/Schulze, Europäisches Vertragsrecht im Gemeinschaftsrecht, S. 27 ff.

39 ABl. EG 1978 L 132/53.

40 ABl. EG 1979 L 251/12.

41 ABl. EG 1993 L 196/6.

42 ABl. EG 1985 L 199/1.

43 ABl. EG 2001 L 12/1.

44 Ausnahme: Dänemark, das die EuGVO nicht angenommen hat, vgl. Art. 68 EuGVO; in Dänemark gilt weiterhin das EuGVÜ (vgl. auch den 21. und 22. Erwägungsgrund der EuGVO).

45 BGBl. 1972.II.774; ABl. EG 1972 L 299/32.

und zur Änderung der Richtlinie 90/916/EWG des Rates und der Richtlinien 97/7/EG und 98/27/EG (im Folgenden: Finanzdienstleistungsrichtlinie)[46],

- Richtlinie 2000/31/EG des Europäischen Parlaments und des Rates vom 08.06.2000 über bestimmte rechtliche Aspekte der Dienste der Informationsgesellschaft, insbesondere des elektronischen Geschäftsverkehrs im Binnenmarkt („Richtlinie über den elektronischen Geschäftsverkehr") (im Folgenden: E-Commerce-Richtlinie)[47],
- Richtlinie 1999/93/EG des Europäischen Parlaments und des Rates vom 13.12.1999 über gemeinschaftliche Rahmenbedingungen für elektronische Signaturen (im Folgenden: Signaturrichtlinie)[48],
- Richtlinie 1999/44/EG des Europäischen Parlaments und des Rates vom 25.05.1999 zu bestimmten Aspekten des Verbrauchsgüterkaufs und der Garantien für Verbrauchsgüter (im Folgenden: Verbrauchsgüterkaufrichtlinie)[49],
- Richtlinie 98/6/EG des Europäischen Parlaments und des Rates vom 16.02.1998 über den Schutz der Verbraucher bei der Angabe der Preise der ihnen angebotenen Erzeugnisse (im Folgenden: Kaufpreisrichtlinie)[50],
- Richtlinie 97/7/EG des Europäischen Parlaments und des Rates vom 20.05.1997 über den Verbraucherschutz bei Vertragsabschlüssen im Fernabsatz (im Folgenden: Fernabsatzrichtlinie)[51],
- Richtlinie 94/47/EG des Europäischen Parlaments und des Rates vom 26.10.1994 zum Schutz der Erwerber im Hinblick auf bestimmte Aspekte von Verträgen über den Erwerb von Teilzeitnutzungsrechten an Immobilien (im Folgenden: Timesharing-Richtlinie)[52],
- Richtlinie 93/13/EWG des Rates vom 05.04.1993 über missbräuchliche Klauseln in Verbraucherverträgen (im Folgenden: Klauselrichtlinie)[53],
- Richtlinie 90/314/EWG des Rates vom 13.06.1990 über Pauschalreisen (im Folgenden: Pauschalreiserichtlinie)[54],
- Richtlinie 87/102/EWG des Rates vom 22.12.1986 zur Angleichung der Rechts- und Verwaltungsvorschriften der Mitgliedstaaten über den Verbraucherkredit (im Folgenden: Verbraucherkreditrichtlinie)[55],

---

46 ABl. EG 2002 L 271/16.

47 ABl. EG 2000 L 171/1.

48 ABl. EG 1999 L 13/12.

49 ABl. EG 1999 L 171/12.

50 ABl. EG 1998 L 80/27.

51 ABl. EG 1997 L 144/19.

52 ABl. EG 1994 L 280/83.

53 ABl. EG 1993 L 95/29.

54 ABl. EG 1990 L 158/59.

55 ABl. EG 1987 L 42/48 in der durch Richtlinie 90/88/EWG, ABl. EG 1990 L 61/14, und Richtlinie 98/7/EG, ABl. EG 1998 L 101/17, geänderten Fassung.

- Richtlinie 86/653/EWG des Rates vom 18.12.1986 zur Koordinierung der Rechtsvorschriften der Mitgliedstaaten betreffend die selbständigen Handelsvertreter (im Folgenden: Handelsvertreterrichtlinie)[56],
- Richtlinie 85/577/EWG des Rates vom 12.12.1985 betreffend den Verbraucherschutz im Falle von außerhalb von Geschäftsräumen geschlossenen Verträgen (im Folgenden: Haustürwiderrufsrichtlinie)[57].

b) Privatrechtliches Vertragsrecht im nationalen Recht

Obgleich die Vertragsrechte der einzelnen Mitgliedstaaten durch die verschiedenen europäischen Rechtsetzungsakte bereits einheitliche Vorgaben erhalten haben, ist das Vertragsrecht im Gemeinschaftsrecht noch punktuell und lückenhaft[58]. Darüber hinaus geschieht die Umsetzung von Richtlinien ins nationale Recht aufgrund des Umsetzungserfordernisses in Art. 249 S. 3 EG durch Transformation ins nationale Recht der Mitgliedstaaten und damit in ihr System- und Begriffsdenken. Die Anwendung des Rechts erfolgt – jedenfalls zunächst – durch die nationalen Gerichte. Trotz seiner weitreichenden Bedeutung für den Wirtschaftsverkehr der Gemeinschaft unterliegt das Vertragsrecht damit noch im Wesentlichen den einzelnen Mitgliedstaaten; die Gemeinschaft hat bislang keine umfassende zivilrechtliche Rechtsetzungskompetenz. Dabei sind die nationalen vertragsrechtlichen Regelungen teils dispositiv, so dass die Parteien den Inhalt ihrer Vereinbarung frei aushandeln können, teils sind die Parteien gehalten, bestimmte zwingende Vorschriften in den Vertrag einzubeziehen[59]. Gegenwärtige Lage ist damit das Nebeneinander verschiedener nationaler Rechtsordnungen mit zum Teil sehr unterschiedlichen Regelungen.

2. Ansätze zur Vereinheitlichung des Europäischen Vertragsrechts

Im Zuge der immer weiter wachsenden wirtschaftlichen Verflechtungen zwischen den Staaten wird die Verschiedenheit der Rechtssysteme und ihrer einzelnen Institute als Missstand und Hemmnis für den gemeinsamen europäischen Binnenmarkt und der sozialen und kulturellen Beziehungen angesehen[60]. Zu die-

---

56 ABl. EG 1986 L 382/17.

57 ABl. EG 1985 L 372/31.

58 *Rittner*, JZ 1995, 849, 851 spricht insoweit von „einzelnen Inseln" ohne inneren Zusammenhang.

59 Widersprechen sich zwingende Vorschriften verschiedener Mitgliedstaaten, so kann dies zu Problemen bei der Feststellung des Vertragsinhaltes führen; derartige Konfliktsituationen haben eine nachteilige Auswirkung auf das Vertragsrecht und können damit den freien Warenverkehr zwischen den Mitgliedstaaten behindern.

60 Mitteilung der Kommission an den Rat und das europäische Parlament zum europäischen Vertragsrecht KOM (2001) 398 endg., ABl. EG 2001 C 255/1, RdNr. 2:

sem Ergebnis kam auch der Europäische Rat von Tampere am 15./16.10.1999[61]. Vor diesem Hintergrund gibt es auf supranationaler Ebene bereits verschiedene Bestrebungen zur Vereinheitlichung des Rechts.

a) Bestehende Regelungen

aa) UN-Kaufrecht

Bislang bedeutendstes Beispiel ist wohl das UN-Übereinkommen über Verträge über den internationalen Warenkauf (CISG) vom 11.04.1980[62], das in Bezug auf die Mitgliedstaaten der EU von allen Mitgliedern außer dem Vereinigten Königreich, Portugal und Irland ratifiziert wurde; es enthält Vorschriften über den internationalen Warenkauf, die anwendbar sind, wenn die Parteien nichts vereinbart haben. Vom Anwendungsbereich sind Käufe von Waren für den persönlichen Gebrauch oder den Gebrauch in Familie und Haushalt sowie von Wertpapieren und Zahlungsmitteln ausgeschlossen (Art. 2). Das Übereinkommen enthält zwar Vorschriften über den Abschluss eines Vertrages sowie über Pflichten von Verkäufer und Käufer, regelt jedoch nicht die Gültigkeit und Wirkungen, die der Vertrag hat (Art. 4).

bb) EuGVO

Die EuGVO wurde als überarbeiteter Nachfolgerechtsakt zum EuGVÜ von 1968 erlassen, um Unterschiede zwischen bestimmten einzelstaatlichen Vorschriften über die gerichtliche Zuständigkeit und die Anerkennung von Entscheidungen, die das reibungslose Funktionieren des Binnenmarktes erschweren, zu beseitigen[63]. Sie gilt nach Art. 1 Abs. 1 S. 1 in Zivil- und Handelssa-

---

„Das Parlament stellte fest, die Harmonisierung bestimmter Gebiete des Privatrechts sei wesentlich für die Vollendung des Binnenmarktes, und die geeignetste Möglichkeit der Harmonisierung der für die Gemeinschaft relevanten privatrechtlichen Fragen bestehe in der Vereinheitlichung umfassender Bereiche des Privatrechts in Form eines europäischen Zivilgesetzbuches, so dass ein grenzenloser Binnenmarkt hergestellt werden könne"; RdNr. 25: „die Märkte sind nicht so leistungsfähig, wie sie es sein könnten und sollten, und das stellt für alle Betroffenen einen Nachteil dar."; *Koopmans*, Eur. Rev. Priv. L. 1997, 541, 544; *Sandrock*, JZ 1996, 1, 7; *Ebenroth*, RIW 1994, 1, 7.

61 Schlussfolgerungen des Vorsitzes, SI (1999) 800, Punkt 39: „Im Bereich des materiellen Zivilrechts bedarf es einer allgemeinen Studie über die Frage, ob zur Beseitigung von Hindernissen für das reibungslose Funktionieren von zivilrechtlichen Verfahren, die zivilrechtlichen Vorschriften der Mitgliedstaaten angeglichen werden müssen".

62 BGBl. 1989.II.588.

63 Erwägungsgrund 2 der EuGVO.

chen[64]. Die EuGVO enthält aufgrund dieses Anwendungsbereichs Begriffe des materiellen Zivilrechts, die vom EuGH autonom ausgelegt und mit materiellrechtlichem Gehalt belegt werden[65]. Hierzu zählen der Begriff des „Vertrags oder Ansprüche aus einem Vertrag“ in Art. 5 Nr. 1 a), der Begriff des Vertrags in Art. 15 Abs. 1, des Verbrauchers in Art. 15 Abs. 1, des Kaufs auf Teilzahlung in Art. 15 Abs. 1 a) und der Begriff der Vereinbarung in Art. 23 EuGVO.

cc) EVÜ

Um der durch die materiellrechtliche Vielfalt bedingten Unsicherheit in Hinblick auf das dem Vertrag zugrunde liegende Recht zu begegnen, ist im Jahre 1980 auf europäischer Ebene das Übereinkommen über das auf vertragliche Schuldverhältnisse anzuwendende Recht (Im Folgenden: EVÜ)[66] verabschiedet worden. Das EVÜ enthält kollisionsrechtliche Regelungen, die das im Einzelfall anzuwendende Recht bestimmen. Es ist damit zur sachlichen Entscheidung im Einzelfall nicht vorgesehen, und aufgrund seiner Stellung im gemeinschaftlichen Normgefüge auch nicht geeignet. Aus diesem Grunde ist es für die vorliegende Untersuchung, ebenso wie die Kollisionsrechte der Mitgliedstaaten, nicht einschlägig.
Es stellt sich aufgrund der gezeigten Defizite, der fortschreitenden Verwirklichung des gemeinsamen Binnenmarktes als Zielsetzung der Gemeinschaft und der immer höheren Regelungsdichte auch in den genannten Bereichen des Vertragsrechts[67] nunmehr die Frage nach einem einheitlichen, für alle Mitgliedstaaten gleichermaßen verbindlich geltenden europäischen Vertragsrecht.

b) Legislatorische Ansätze

Bemühungen in diese Richtung sind von Seiten des Europäischen Parlaments bereits mit den Resolutionen vom 02.06.1989[68] und vom 25.07.1994[69] angestrengt worden. Mit dem Inkrafttreten des Vertrags von Amsterdam am

---

64 Bestimmte Gebiete sind in Art. 1 Abs. 2 EuGVO ausgeschlossen: a) der Personenstand, die Rechts- und Handlungsfähigkeit sowie die gsetzliche Vertretung von natürlichen Personen, die ehelichen Güterstände, das Gebiet des Erbrechts einschließlich des Testamentsrechts, b) Konkurse, Vergleiche und ähnliche Verfahren, c) die soziale Sicherheit, d) die Schiedsgerichtsbarkeit.

65 Hierzu im Einzelnen in Teil A. ab S. 43.

66 ABl. EG 1980 L 266/1; BGBl. 1986.II.809.

67 Vgl. oben, S. 8 ff.

68 Entschließung zu den Bemühungen um eine Angleichung des Privatrechts der Mitgliedstaaten, ABl. EG 1989 C 158/400.

69 Entschließung zur Angleichung bestimmter Bereiche des Privatrechts der Mitgliedstaaten, ABl. EG 1994 C 205/518.

01.05.1999[70] sind der Europäischen Union Zuständigkeiten auf dem Gebiet des Privat- und Prozessrechts zugewachsen, die zuvor in den Europäischen Gemeinschaften von den Mitgliedstaaten im Rahmen der Zusammenarbeit der dritten Säule (Justiz und Inneres) ausgeübt wurden. Diese Zuständigkeiten umfassen sowohl Regelungen des internationalen Privat- und Verfahrensrechts, als auch die „in den Mitgliedstaaten geltenden zivilrechtlichen Verfahrensvorschriften". Nicht genannt sind die Sachvorschriften des Zivilrechts[71]. Ungeachtet systematischer Begrenzungen und der zurückhaltenden, mit Einschränkungen und dem ausdrücklichen Erfordernis des Binnenmarktbezugs versehenen Formulierungen, haben Rat und Kommission schon im Dezember 1998 in einem gemeinsamen Aktionsplan deutlich gemacht, dass von den neuen Zuständigkeiten umfassend Gebrauch gemacht werden soll[72].

Zuletzt in den Rahmen der aktuellen Diskussion gerückt ist die Frage nach dem einheitlichen europäischen Vertragsrecht aufgrund des Aktionsplans für ein kohärenteres Europäisches Vertragsrecht, der von der Kommission im Februar 2003 herausgegeben wurde[73]. Der Aktionsplan schlägt eine Mischung aus nicht gesetzgeberischen und gesetzgeberischen Maßnahmen zur Erhöhung der Kohärenz des Gemeinschaftsrechts auf dem Gebiet des Vertragsrechts vor, die nicht nur sektorspezifisch wirken sollen[74]. Er stellt das Ergebnis der Auswertung der Stellungnahmen auf die Mitteilung der Kommission vom Juli 2001[75] dar. Gegenstand dieser Mitteilung war u.a. das Aufzeigen von vier verschiedenen möglichen Optionen zur künftigen Entwicklung des Europäischen Vertragsrechts.

---

70 BGBl. 1998.II.387.

71 Die Frage der Ermächtigungsgrundlage für Sachvorschriften des Vertragsrechts ist mangels ausdrücklicher Regelung im EG-Vertrag im Einzelnen heftig umstritten, eine Darstellung hier entbehrlich; vgl. jedoch z.B. die Stellungnahme des bayerischen Innenministeriums zur Mitteilung der Kommission zum Europäischen Vertragsrecht, abrufbar unter: http://www.europa.eu.int/comm/consumers/policy/developments/contract_law/.

72 Aktionsplan des Rates und der Kommission zur bestmöglichen Umsetzung der Bestimmungen des Amsterdamer Vertrages über den Aufbau eines Raumes der Freiheit, der Sicherheit und des Rechts vom 03.12.1998, ABl. EG 1999 C 19/1; hierzu *Staudenmayer*, EuZW 2003, 165 ff.

73 Mitteilung der Kommission an das Europäische Parlament und den Rat, Ein kohärenteres Europäisches Vertragsrecht, Ein Aktionsplan, KOM (2003) 68 endg., ABl. EU 2003 C 63/1.

74 KOM (2003) 68 endg., ABl. EU 2003 C 63/1.

75 Mitteilung der Kommission an den Rat und das Europäische Parlament zum Europäischen Vertragsrecht, KOM (2001) 398 endg., ABl. EG 2001 C 255/1; hierauf bezogen ist am 12.02.2003 ein Aktionsplan über ein kohärenteres europäisches Vertragsrecht von der Kommission veröffentlicht worden, KOM (2003) 68 endg., ABl. EU 2003 C 63/1.

Diese wurden von Regierungen der Mitgliedstaaten, der Industrie, von Praktikern sowie von Wissenschaftlern in verschiedener Hinsicht befürwortet[76].

c) Forschungsansätze in der Rechtswissenschaft

Das Europäische Vertragsrecht ist in verschiedener Hinsicht Gegenstand wissenschaftlicher Untersuchung. Zum einen werden die gemeinsamen historischen Wurzeln (sog. *ius commune et ius communis*) untersucht, zum anderen die in der Gemeinschaft (*acquis*-Ansatz) und den Mitgliedstaaten geltenden Vorschriften (sog. *Restatement*-Ansatz). Dabei werden verschiedene Arbeitstechniken verfolgt: Teils werden Gemeinsamkeiten oder Prinzipien des Gemeinschaftsrechts anhand einer rechtsvergleichenden Untersuchung aufgezeigt, teils werden komplette Gesetzesentwürfe erarbeitet, teils wird von den im Gemeinschaftsrecht enthaltenen Rechtsgedanken ausgegangen[77]. Einige aktuelle Forschungsansätze sollen im Folgenden kurz skizziert werden.

aa) Casebooks for Common Law of Europe

Einer der ersten Wissenschaftler, der auf die Bedeutung des Gemeinschaftsrechts bei der Ausarbeitung eines harmonisierten Privatrechts aufmerksam gemacht hat, war der damalige Generalanwalt *Walter van Gerven*[78]. Auf ihn geht die Reihe Casebooks for Common Law of Europe zurück, die ein Gemeinschaftsprojekt der Universitäten Leuven und Maastricht ist[79].

bb) Commission on European Contract Law

Die „Commission on European Contract Law" arbeitet seit den achtziger Jahren unter Vorsitz von *Ole Lando* und *Hugh Beale* an der Zusammenstellung von gemeinsamen Systemprinzipien der europäischen Mitgliedstaaten auf der Grundlage rechtsvergleichender Betrachtungen des Vertragsrechts. Sie hat im Jahre 2000 ihre Arbeitsergebnisse unter dem Titel *Principles of European*

---

76 KOM (2001) 398 endg., ABl. EG 2001 C 255/1, S. 16 ff.; siehe hierzu die Zusammenstellung der Stellungnahmen unter: http://www.europa.eu.int/comm/consumers/policy/developments/contract_law/cont_law_02_de.pdf und die entsprechenden Schlussfolgerungen im Aktionsplan, KOM (2003) 68 endg., ABl. EU 2003 C 63/1, S. 6.

77 Einen Überblick über die verschiedenen Forschungsansätze und Forschergruppen gibt *Wurmnest*, in: ZEuP 11 (2003), 714 ff.

78 *Van Gerven*, Eur. Rev. Priv. L. 1995, 367 ff.; *van Gerven*, Eur. Rev. Priv. L. 1997, 293 ff.

79 *Wurmnest*, ZEuP 11 (2003), 714, 739 f.

Contract Law Parts I and II[80] veröffentlicht. Hierin werden die gemeinsamen Grundsätze der Mitgliedstaaten der EU auf dem Gebiet des Abschlusses, der Wirksamkeit, der Auslegung und des Inhalts von Verträgen, Vertretungsmacht, Erfüllung, Nichterfüllung und Rechtsbehelfe dargestellt.

cc) Study Group on a European Civil Code

Eine weitere Initiative bildet die „Study Group on a European Civil Code". Ihr gehören Hochschullehrer der Mitgliedstaaten der EU sowie einiger Beitrittsländer an. Sie befasst sich mit dem Kaufrecht, Dienstleistungsrecht, langfristigen Verträgen, Sicherheiten, außervertraglichen Schuldverhältnissen und der Eigentumsübertragung an beweglichen Sachen. Dabei erarbeitet die *Study Group* Gemeinsamkeiten auf Basis von „Restatements"[81]. Die *Study Group* verfasst ferner eine rechtsvergleichende Untersuchung, die letztlich als Grundlage für einen voll ausformulierten und kommentierten Entwurf für diese Sachgebiete dienen soll.

dd) Academy of European Private Lawyers

Im Jahre 2001 hat die *Academy of European Private Lawyers* („Pavia-Gruppe") ihren *Code européen des contrats – Avant-projet*[82] veröffentlicht, der unter der Koordination von *Giuseppe Gandolfi* ausgearbeitet wurde[83]. Das Projekt basiert auf dem Recht der Mitgliedstaaten der EU sowie der Schweiz. Es enthält Regelungen zu Vertragsschluss, Inhalt und Form, Auslegung und Wirkung, Erfüllung

---

80 *Lando/Beale*, Principles of European Contract Law, Parts 1 and 2, 2000; deutsche Übersetzung in: *Schulze/Zimmermann*, Basistexte; Kommentierung in: *von Bar/Zimmermann*, Grundregeln des Europäischen Vertragsrechts, Teile I und II; im Jahre 2003 ist Teil III erschienen, der Mehrheit von Parteien, Abtretung, Schuldübernahme und Vertragsübernahme, Aufrechnung, Verjährung, Rechtswidrigkeit, Bedingungen und Kapitalisierung von Zinsen behandelt; diese Bereiche stehen jedoch mit der vorliegenden Untersuchung nicht in direktem Zusammenhang; vgl. zu Teil III *Zimmermann*, ZEuP 11 (2003), 707 ff.; *Lando/Clive/Prüm/Zimmermann* (Hg.), Principles of European Contract Law, Part III; eine dutsche Übersetzung ist abgedruckt in ZEuP 11 (2003), 895 ff.; vgl. auch http://www.mpipriv-hh.mpg.de/deutsch/Forschung/PrinciplesEuropContLaw.html.

81 *v.Bar*, ZEuP 9 (2001), 515; Die Study Group on a European Civil Code, in: Gottwald/Jayme/Schwab, Festschrift für Dieter Henrich, 2000, S. 1 – 11.

82 *Giuseppe Gandolfi* (coordinateur), Code européen des contrats, Codice europeo die contratti, European Contract Code, Europäisches Vertragsgesetzbuch, Código europeo de contratos; Avant-projet, Livre premier/1.

83 *Gandolfi*, Code européen; die deutsche Übersetzung des Vorentwurfs des europäischen Vertragsgesetzbuches findet sich in ZEuP 10 (2002), 139 – 172, 365 – 394; *Gandolfi*, ZEuP 10 (2002), 1, 2 f.

und Nichterfüllung von Verträgen, Beendigung und Erlöschen, sonstigen Vertragsstörungen und Rechtsbehelfen.

ee) UNIDROIT

Über den europäischen Rahmen hinaus beschäftigt sich die UNIDROIT mit der Rechtsangleichung auf dem Gebiet privatrechtlicher Handelsverträge durch ihre „Principles of International Commercial Contracts“[84].

ff) Acquis-Gruppe

Ein neuer Ansatz, der von der *European Research Group on Existing EC Private Law* (*Acquis*-Gruppe) verfolgt wird, nimmt unter dem Titel „Principles of the Existing EC Private Law“ im Gegensatz zu den bisher dargestellten Ansätzen seinen Ausgangspunkt nicht bei den einzelnen nationalen Regelungen oder den gemeinsamen geschichtlichen Wurzeln, sondern beim bestehenden Gemeinschaftsrecht (*acquis communautaire*)[85]. Einbezogen werden hier die bisherigen Rechtsetzungsakte der EU[86]. Gegenstand dieser Untersuchung ist das Begriffsverständnis/die Verwendung von bestimmten *termini technici* in den einzelnen Gemeinschaftsrechtsakten. Ziel ist das Herausfiltern von im Gemeinschaftsrecht verborgenen übergreifenden Prinzipien, um auf dieser Grundlage ein einheitliches Europäisches Vertragsrecht zu entwerfen[87].

II. Die Funktion der Rechtsprechung des Europäischen Gerichtshofs für das Vertragsrecht in Europa

Um die Rechtsprechung korrekt analysieren zu können, ist zunächst darzustellen, welche Aufgaben der Gerichtshof innerhalb der Gemeinschaft wahrnimmt und wie er sie genau wahrnimmt. Erst auf der Grundlage dieses Arbeitsergebnisses sind eine Festlegung des Maßstabes der Betrachtung und damit eine Auswertung der Judikatur des Gerichtshofs möglich.

---

84 Deutsche Übersetzung, vgl. *Schulze/Zimmermann*, Basistexte.

85 Hierzu: *Schulte-Nölke*, ZEuP 10 (2002), 893 f.; *Pasa*, contratto e impresa/Europa, 2002, 654 ff.; aktuelle Informationen über den Stand der Arbeit unter http://www.acquis-group.org.

86 Gemeint ist diesbezüglich sowohl das primäre als auch das sekundäre Gemeinschaftsrecht; in Bezug auf das Sekundärrecht vgl. die (nicht abschließende) Aufzählung zuvor, S. 8 ff.

87 *Schulze/Schulte-Nölke,* Europäisches Vertragsrecht im Gemeinschaftsrecht, in: Schulte-Nölke/ Schulze, Europäisches Vertragsrecht im Gemeinschaftsrecht, S. 1 ff.

1. Institutionelle Stellung des Gerichtshofs

a) Zuständigkeit des Gerichtshofs

aa) Originäre Zuständigkeit

Dem Gerichtshof nebst dem Gericht erster Instanz obliegt nach Art. 220 EG die Aufgabe der Wahrung des Rechts bei der Auslegung und Anwendung des Vertrages[88]. Zu beachten ist hierbei das für den Gerichtshof geltende Prinzip der „begrenzten Einzelermächtigung". Das bedeutet, dass die Anwendung des europäischen Rechts primär Aufgabe der nationalen Gerichte ist, während EuGH und EuG lediglich aufgrund der ihnen zugewiesenen Kompetenzen zur Entscheidung berufen sind[89]. Im Rahmen dieser Aufgabenzuweisung haben EuGH und EuG über das Gemeinschaftsrecht im weiten Sinne zu urteilen. Umfasst sind nicht nur das Primär- und Sekundärrecht, sondern auch ungeschriebene Bestandteile[90].

Der Bedeutung des Rechtsschutzes für die Gemeinschaftsordnung entsprechen die unabdingbaren Zuständigkeiten des Gerichtshofes, vgl. insbes. Art. 292 EG[91]. Der Gerichtshof kontrolliert sowohl die Rechtsakte als auch das exekutive Verwaltungshandeln der Gemeinschaft. Darüber hinaus schlichtet er Streitigkeiten zwischen den einzelnen Organen der Mitgliedstaaten[92], wobei die Zuständigkeit von EuGH/EuG nicht ausschließlich auf die Konfliktschlichtung zwischen den Organen der Gemeinschaft bzw. zwischen der Gemeinschaft und den Mitgliedstaaten beschränkt ist. Unter bestimmten Voraussetzungen ist sie auf die Entscheidung bei Klagen von Unionsbürgern erweitert[93]. Vor allem aus dieser Zuständigkeit kann die Bedeutung der Rechtsprechung von EuGH und EuG in Bezug auf den privatrechtlichen Vertragsschluss entnommen werden. Die Mitgliedstaaten sind aufgrund von Art. 292 EG der Rechtsprechungsgewalt der europäischen Gerichtsbarkeit unterworfen. Im Gegensatz zu anderen streitschlichtenden Organen im Völkerrecht können EuGH und EuG nicht nur fakultativ an-

---

88 Das Gericht erster Instanz ist seit dem Vertrag von Nizza ausdrücklich in Art. 220 EG erwähnt, vgl. die konsolidierte Fassung des EG-Vertrages mit den Änderungen durch den Vertrag von Nizza, ABl. EG 2002 C 325/122.

89 *Oppermann*, Europarecht, RdNr. 381; *Hakenberg/Stix-Hackl*, Hdb zum Verfahren vor dem EuGH, S. 17.

90 *Lenz/Borchardt*, Art. 164 EGV, RdNr. 6 ff.; *Oppermann*, Europarecht, RdNr. 381.

91 Hierzu *EuGH* 23.03.1993, Rs. C-314/91 (*Beate Weber*) Slg. 1995, I-1093 ff.

92 *Hakenberg/Stix-Hackl*, Hdb zum Verfahren vor dem EuGH, S. 17.

93 *Oppermann*, Europarecht, RdNr. 710.

gerufen werden, sondern sind aufgrund zwingenden Gemeinschafts- (Primär-) Rechts anzurufen.
Das Gemeinschaftsrecht, das Grundlage der Rechtsprechung des EuGH ist, hat dieser im Urteil in der Rechtssache *van Gend & Loos* aus dem Jahre 1963 als eine neue Rechtsordnung des Völkerrechts charakterisiert. Hierzu führt er aus[94]:

> „Diese Auffassung wird durch die Präambel des Vertrages bestätigt, die sich nicht nur an Regierungen, sondern auch an die Völker richtet. Sie findet eine noch augenfälligere Bestätigung in der Schaffung von Organen, welchen Hoheitsrechte übertragen sind, deren Ausübung in gleicher Weise die Mitgliedstaaten wie die Staatsbürger berührt (…). Aus alledem ist zu schließen, dass die Gemeinschaft eine neue Rechtsordnung des Völkerrechts darstellt, zu deren Gunsten die Staaten, wenn auch in begrenztem Rahmen, ihre Souveränitätsrechte eingeschränkt haben (...)."

Zwar verfügen EuGH und EuG nur über enumerativ aufgeführte Einzelzuständigkeiten, es handelt sich hierbei jedoch um weitreichende Rechtsprechungsmöglichkeiten, die lückenlosen Rechtsschutz innerhalb der EU zu gewährleisten vermögen[95]. Beim EuGH werden zurzeit pro Jahr etwa 500 neue Rechtssachen anhängig, etwa eben so viele werden abgeschlossen[96]. Ein Großteil der anhängigen Rechtssachen sind Vorabentscheidungen nach Art. 234 EG[97], deren Gegenstand die Auslegung des Gemeinschaftsrechts ist.
Die Praxis des EuGH zeigt dabei den besonderen Nutzen der „angewandten" Rechtsvergleichung als richterliches Erkenntnismittel für die weitgehende Ähnlichkeit der Problemlösungen in den europäischen Rechtsordnungen. Der Gerichtshof führt dazu selbst aus, dass für die Richter Gegenüberstellungen der nationalen Rechte eine außerordentlich wichtige Erfahrung sind[98]. In der Regel lässt sich feststellen, dass die verschiedenen nationalen Rechte in der Substanz

---

94 *EuGH* 05.02.1963, Rs. 26/62 (*Van Gend & Loos/Niederländische Finanzverwaltung*) Slg. 1963, 3, 24 f.; *EuGH*, NJW 1963, 974.

95 Vergleiche *Oppermann*, Europarecht, RdNr. 710: „(...) doch belegen die Summe und Intensität der Rechtsschutzmöglichkeiten auch von dieser Seite den staatsnahen Charakter der Gemeinschaftsorganisation".

96 Http://www.curia.eu.int/en/pei/cj2000.pdf: A. Proceedings of the Court of Justice in 2000, 2. The Court increased its activity in 2000. It brought 526 cases to a close (395 in 1999 gross figure, that is to say disregarding joinder), delivered 273 judgments (235 in 1999) and made 190 orders (143 in 1999). The number of new cases annually seems to be stabilising (503 in 2000 as against 543 in 1999 and 485 in 1998, gross figures), a development which enabled the Court to reduce the number of pending cases (from 896 to 873, gross figure). Nevertheless, the number of cases pending before the Court is still higher than in 1998 (748, gross figure).

97 *Oppermann*, Europarecht, RdNr. 383.

98 *EuGH* 12.07.1957, Rs. 3/57 bis 7/57 (*Algera u.a./Gemeinsame Versammlung der EGKS*) Slg. 1957, 83, 118; *Iglesias*, NJW 1999, 1, 8; *Everling*, RabelsZ 50 (1986), 193 ff.; *Everling*, ZEuP 5 (1997), 796, 802; *Ukrow*, Richterliche Rechtsfortbildung, S. 90 ff.

zu gleichen Lösungen der aufgeworfenen Fragen kommen. Dies gilt auch dann, wenn dogmatische Ansätze divergieren oder rechtstechnisch verschiedene Wege beschritten werden. Unterschiedliche Auffassungen der Richter über materiellrechtliche Fragen sind selten auf die jeweiligen Rechtstraditionen zurückzuführen[99]. Dabei haben sich die Richter regelmäßig vom nationalen Recht zu lösen. Mit der Befreiung von eigenen dogmatischen Vorstellungen soll jedoch keine Nivellierung legitimiert werden. Vielmehr gibt die durch funktionalen Rechtsvergleich erlangte Erkenntnis dem Richter ein Hilfsmittel an die Hand, „das ihm wie ein Kompass die Richtung anzuzeigen vermag, in der man sich bewegen muss, um zu einer sachgerechten Entscheidung zu kommen"[100]. Diese Orientierungsfunktion der Rechtsvergleichung ist für die auf Einheitlichkeit der Rechtsanwendung abzielende Vereinheitlichung des Privatrechts im europäischen Wirtschaftsraum von entscheidender Bedeutung und in Anbetracht der ähnlichen Lebens- und Wirtschaftsverhältnisse besonders Erfolg versprechend[101].

bb) Insbesondere: Zivilrechtliche Zuständigkeit

Die immer größer werdende Regelungsdichte sekundärrechtlicher Rechtsakte auf dem Gebiet des Verbrauchervertragsrechts führt dazu, dass sich der Gerichtshof aufgrund obligatorischer oder fakultativer Vorlagen immer häufiger mit umfassenden zivilrechtlichen Fragen zu befassen hat[102]. Dabei ist in Hinblick auf die Darstellung der Rechtslage als streitiger Stellungnahme erforderlich, dass der Gerichtshof im Rahmen seiner Judikatur ein für die Mitgliedstaaten nachvollziehbares System ausbildet, das die Mitgliedstaaten anwenden können, ohne dass es einer erneuten Vorlage an den Gerichtshof bedarf[103]. Der EuGH muss sich um Lösungen bemühen, die den Grenzen der Auslegung und Rechtsfortbildung Rechnung tragen[104]. Er ist dabei nicht zu einer völligen Neuschöpfung berufen, sondern muss sich im Rahmen seiner Auslegung und Rechtsfortbildung auf die gemeinsamen europäischen Rechtstraditionen und einen Ver-

---

99 *EuGH, Algera u.a./Gemeinsame Versammlung der EGKS* (Fn. 98) 83, 118; *Iglesias*, NJW 1999, 1, 8; *Everling*, RabelsZ 50 (1986), 193 ff.; *Everling*, ZEuP 5 (1997), 796, 802; *Ukrow*, Richterliche Rechtsfortbildung, S. 90 ff.

100 *Sandrock*, Über Sinn und Methode zivilistischer Rechtsvergleichung, 1966, S. 72; *Möllers*, Die Rolle des Rechts im Rahmen der europäischen Integration, S. 47 ff., 56.

101 *Berger*, ZEuP 9 (2001), 4, 11 f.

102 *Hirte*, Wege zu einem europäischen Zivilrecht, S. 41 f.; *Klauer*, Die Europäisierung des Privatrechts, S. 16 ff.; *Schneider/Burgard*, EuZW 1993, 617; z.T. wird der Rechtsprechung auf diesem Gebiet jedoch noch bescheidene Zurückhaltung attestiert, vgl. *Kraus*, Zur verbraucherrechtlichen Rechtsprechung des Europäischen Gerichtshofs im Rahmen des Europäischen Privatrechts, in: Schulze/Ebers/Grigoleit, Informationspflichten und Vertragsschluss im acquis communautaire, S. 29 ff.

103 *Leible*, Wege zu einem europäischen Privatrecht, S. 368.

104 *Klauer*, Die Europäisierung des Privatrechts, S. 25 f.

gleich der mitgliedstaatlichen Rechte beziehen[105]. Das Ergebnis ist aufgrund autonomer Auslegung/Rechtsfortbildung ein von autonomem Begriffs- und Systemdenken geprägtes Vertragsrecht, wie es sich beispielsweise auf dem Gebiet des EuGVÜ entwickelt hat[106].

b) Gemeinschaftsrecht und nationales Recht in der Rechtsprechung

Die Zuweisung des Art. 220 EG erweckt auf den ersten Blick den Eindruck, dass Gegenstand der Rechtsprechung des EuGH ausschließlich Gemeinschaftsrecht ist. Aufgrund der Verknüpfung von Art. 220 EG mit dem Inhalt der einzelnen Verfahren kann jedoch auch nationales Recht Gegenstand der gemeinschaftlichen Rechtsprechung sein[107]. Da die EU eine Rechtsgemeinschaft darstellt, ist das nationale Recht für die Richter des EuGH/EuG kein fremdes Recht. In der Regel ist jeweils einer der Richter in dem nationalen Recht zu Hause, das der Vorlage an den Gerichtshof zu Grunde liegt. Zumindest von diesem Richter kann die vertiefte Kenntnis des in Frage stehenden nationalen Rechts im Zusammenhang vorausgesetzt werden. Darüber hinaus greift auch der in den gemeinsamen historischen Wurzeln verankerte Rechtssatz *iura novit curia*[108]. In seiner Übertragung auf die Gemeinschaftsebene kann damit auch vom Gerichtshof die Kenntnis des nationalen Rechts vorausgesetzt werden; die Parteien der Verfahren wenden sich unter Vortrag des Sachverhalts an den Gerichtshof und erwarten eine Entscheidung[109]. Aus diesem Grunde trifft den Gerichtshof auch die Verpflichtung, das Recht der Mitgliedstaaten festzustellen und in gewissem Umfange auszulegen.
Fraglich ist, im Rahmen welcher Verfahrensarten der Gerichtshof seine Entscheidung ausschließlich auf Gemeinschaftsrecht stützt. Fraglich ist weiter, ob und in welchem Umfang nationales Recht von Bedeutung ist, sei es als *Maßstab* für die Entscheidung, als *Teil* des zur Entscheidung gestellten Sachverhaltes oder als *Erkenntnisquelle*, namentlich in solchen Fällen, in denen es als Quelle für die Formulierung einer Gemeinschaftsrechtsnorm in Bezug genommen oder als Erkenntnishilfe zur Lückenfüllung herangezogen wird. Das gilt insbesondere in Hinblick auf die Feststellung der allgemeinen Rechtsgrundsätze, die den Rechtsordnungen der Mitgliedstaaten gemeinsam und aufgrund wertender

---

105 *Leible*, Wege zu einem europäischen Privatrecht, S. 369.

106 *Schlosser*, Einl EuGVÜ, RdNr. 24.

107 *Kohler/Knapp*, ZEuP (10) 2002, 701 ff.

108 *Baumbach/Lauterbach/Albers/Hartmann/Hartmann*, Grdz § 128 ZPO, RdNr. 38; die entscheidungserheblichen gemeinschaftsrechtlichen und nationalen Vorschriften werden regelmäßig in das Verfahren eingeführt und sowohl vom Generalanwalt in seinen Schlussanträgen als auch vom Gericht in seinem Urteil wiedergegeben.

109 „*Da mihi facta, dabo tibi ius*".

Rechtsvergleichung der einzelstaatlichen Regelungen zu ermitteln sind[110]. Diese setzen die Feststellung nationalen Rechts notwendig voraus.
Im Folgenden soll das Zusammenspiel von Gemeinschaftsrecht und nationalem Recht untersucht werden, namentlich im Vertragsverletzungsverfahren nach Art. 226 EG, im Vorabentscheidungsverfahren nach Art. 234 EG, bei Schadensersatzklagen nach Art. 235, 288 Abs. 2 EG, bei Streitsachen zwischen der Gemeinschaft und ihren Bediensteten nach Art. 236 EG und bei der Zuständigkeit aufgrund von Schiedsklauseln nach Art. 238 EG[111].

aa) Vertragsverletzungsverfahren, Art. 226 EG

Art. 226 EG ermächtigt die Kommission, gegen die Verletzung von Gemeinschaftsrecht durch die Mitgliedstaaten einzuschreiten[112]. Das Verfahren erfasst staatliche Vertragsverstöße, die direkt oder indirekt auf das Verhalten eines Organs der Mitgliedstaaten zurückzuführen sind[113]. Prüfungsmaßstab ist das gesamte Gemeinschaftsrecht[114]. Der Begriff der „Verpflichtung aus diesem Vertrag" in Art. 226 EG ist weit auszulegen und erfasst geschriebenes und ungeschriebenes, primäres und sekundäres Gemeinschaftsrecht, einschließlich der Abkommen, welche die Gemeinschaft mit dritten Staaten oder internationalen Organisationen abgeschlossen hat[115]. Der EuGH überprüft, ob sich der Mitgliedstaat zum Zeitpunkt des Ablaufs der in der begründeten Stellungnahme gesetzten Frist in einer gegen das Gemeinschaftsrecht verstoßenden Situation befunden hat[116]. Er muss dabei über ausreichende Anhaltspunkte verfügen, um festzustellen, dass der Mitgliedstaat durch ein bestimmtes Tun oder Unterlassen das

---

110 *EuGH* 02.12.1971, Rs. 5/71 (*Aktien-Zuckerfabrik Schöppenstedt/Rat*) Slg. 1971, 975, 990 ff.

111 Dabei ist für Verfahren nach Art. 235, 236 und 238 EG – sowie teilweise für Verfahren nach Art. 234 EG (vgl. Art. 225 Abs. 3 EG) – im ersten Rechtszug das Gericht erster Instanz zuständig, Art. 225 Abs. 1 EG; nach Art. 225 Abs. 1 S. 2 EG kann gegen die Entscheidungen des Gerichts erster Instanz nach Maßgabe der Bedingungen und innerhalb der Grenzen, die in der Satzung vorgesehen sind, beim Gerichtshof ein auf Rechtsfragen beschränktes Rechtsmittel eingelegt werden.

112 *Calliess/Ruffert/Cremer*, Art. 226 EG, RdNr. 2; *Groeben/Thiesing/Ehlermann/Krück*, Art. 169 EGV, RdNr. 1.

113 *Groeben/Thiesing/Ehlermann/Krück*, Art. 169 EGV, RdNr. 4.

114 *Calliess/Ruffert/Cremer*, Art. 226 EG, RdNr. 33.

115 *EuGH* 31.03.1971, Rs. 22/70 (*Kommission/Rat*) Slg. 1971, 263, RdNr. 15/19 f.; *Schwarze/Schwarze*, Art. 226 EG, RdNr. 6; *Grabitz/Hilf/Karpenstein/Karpenstein*, Art. 226 EG, RdNr. 14; *Calliess/Ruffert/Cremer*, Art. 226 EG, RdNr. 33.

116 *EuGH* 13.04.1994, Rs. C-313/93 (*Kommission/Luxemburg*) Slg. 1994, I-1279, RdNr. 10; *EuGH* 18.05.1994, Rs. C-118/92 (*Kommission/Luxemburg*) Slg. 1994, I-1891, RdNr. 7.

Gemeinschaftsrecht verletzt hat[117]. Liegt das beanstandete Verhalten des Mitgliedstaates im Erlass oder in der Aufrechterhaltung einer innerstaatlichen Norm oder in der fehlenden oder fehlerhaften Umsetzung einer Richtlinie, muss der EuGH im Rahmen der Feststellung der gegen das Gemeinschaftsrecht verstoßenden Situation insbesondere den Inhalt der innerstaatlichen Normen feststellen[118].

Nach einem Teil der Literatur ist er dabei für den Fall, dass der Inhalt der nationalen Bestimmungen mehrdeutig ist, nicht berechtigt, deren Reichweite im Wege einer verbindlichen Auslegung zu ermitteln[119]. Diese Auffassung stützt sich darauf, dass der EuGH nicht über eine Kompetenz zur Auslegung innerstaatlicher Rechtsvorschriften verfügt. Es kommt für das Vorliegen oder Nichtvorliegen eines Verstoßes einzig darauf an, wie die innerstaatlichen Stellen die Norm tatsächlich verstanden und angewandt haben. Hierfür spricht auch die Tatsache, dass dem EuGH grundsätzlich die Kompetenz zur verbindlichen Entscheidung einer streitigen Rechtsfrage des nationalen Rechts fehlt. Nach Art. 220 EG sichert der Gerichtshof die Wahrung des Rechts bei der Auslegung und Anwendung des Gemeinschaftsrechts und nicht bei der Auslegung und Anwendung des Rechts der Mitgliedstaaten[120]. Der EuGH selbst hingegen hat sich in Urteilserwägungen schon ausführlich mit der Auslegung nationalen Rechts beschäftigt[121]. Für eine Kompetenz zu dieser Auseinandersetzung im Rahmen eines Vertragsverletzungsverfahrens spricht, dass die Ansicht der Stellung nehmenden Regierung, wie eine bestimmte Rechtsnorm auszulegen ist, die Rechtslage nicht eindeutig erkennen lässt; sie entbindet den EuGH nicht davon, selbst die Rechtslage festzustellen[122]. Die Auslegung nationalen Rechts ist darüber hinaus nur ein Zwischenschritt, um das Vorliegen einer Vertragsverletzung überprüfen zu können und entfaltet mithin keine direkte Bindungswirkung[123].

Gegenstand des Vertragsverletzungsverfahrens kann damit zwar auch nationales Recht vor dem Hintergrund bestimmter gemeinschaftsrechtlicher Regelungen sein. Bedeutsam ist im Ergebnis jedoch allein die Auslegung des Gemeinschaftsrechts. Das Vertragsverletzungsverfahren ist damit für die vorliegende Untersuchung insoweit von Bedeutung, als der Gerichtshof den Anwendungsbereich bestimmter Gemeinschaftsrechtsakte feststellt.

---

117 *EuGH* 25.11.1999, Rs. C-96/98 (*Kommission/Frankreich*) Slg. 1999, I-8531, RdNr. 37.

118 *Groeben/Thiesing/Ehlermann/Krück*, Art. 169 EGV, RdNr. 9.

119 *Groeben/Thiesing/Ehlermann/Krück*, Art. 169 EGV, RdNr. 9.

120 *Kohler/Knapp*, ZEuP 10 (2002), 701, 711.

121 Vergleiche *EuGH* 24.01.2002, Rs. C-372/99 (*Kommission/Italien*) Slg. 2002, I-819, RdNr. 21 ff.

122 *Kohler/Knapp*, ZEuP 10 (2002), 701, 712.

123 *Kohler/Knapp*, ZEuP 10 (2002), 701, 713.

bb) Vorabentscheidungsverfahren, Art. 234 EG

Das Vorabentscheidungsverfahren nach Art. 234 EG erfüllt eine doppelte Rolle: Es dient zum einen der Sicherung einer einheitlichen Auslegung des Gemeinschaftsrechts, zum anderen hat es zumindest mittelbar Bedeutung für den Individualschutz[124]. Im Verfahren nach Art. 234 EG entscheidet der Gerichtshof über die Auslegung des Gemeinschaftsrechts und die Gültigkeit der Handlungen der Gemeinschaftsorgane[125]. Verbindungen zu den nationalen Rechten ergeben sich hierbei zum einen durch Verweisungen im nationalen Recht, zum anderen im Rahmen der Beantwortung der eigentlichen Vorlagefrage.

(a) Verweisungen im nationalen Recht

Im nationalen Recht können Verweisungen auf Gemeinschaftsrecht erfolgen, das sich vom nationalen Recht unterscheidet, oder auf solche Bestimmungen, die in dem nationalen Rechtsakt ganz oder teilweise wiederholt werden. In beiden Fällen ist Entscheidungsnorm für den nationalen Richter die Vorschrift des nationalen Rechts. Entsprechendes gilt in den Fällen, in denen die Parteien eines privatrechtlichen Vertrages für die nähere Bestimmung ihrer Verpflichtungen auf gemeinschaftsrechtliche Vorschriften verweisen. Werden dem EuGH derartige Rechtssachen zur Vorabentscheidung vorgelegt, so hängt es im Einzelfall von der jeweiligen nationalen Vorschrift ab, ob sich der Gerichtshof hierzu äußert[126]. Im Regelfall ist es allein Sache der nationalen Gerichte, die genaue Tragweite von Verweisungen auf das Gemeinschaftsrecht zu beurteilen[127]. Für den Fall der Verweisung auf Gemeinschaftsrecht kann die Feststellung des nationalen Rechts somit über die Zuständigkeit des EuGH entscheiden[128]: Das nationale Recht wird mittelbar zum Entscheidungsmaßstab.

---

124 *Schwarze/Schwarze*, Art. 234 EG, RdNr. 1; *Calliess/Ruffert/Wegener*, Art. 234 EG, RdNr. 1, 25 ff.; *Pescatore*, BayVBl. 1987, 33.

125 *Calliess/Ruffert/Wegener*, Art. 234 EG, RdNr. 1.

126 In der Rechtssache *EuGH* 28.05.1995, Rs. C-346/93 (*Kleinwort Benson/City of Glasgow*) Slg. 1995, I-615, RdNr. 16, hat der EuGH seine Zuständigkeit verneint, weil „das nationale Gesetz, das für den Ausgangsrechtsstreit gilt, keineswegs eine unmittelbare und unbedingte Verweisung auf das Gemeinschaftsrecht enthält, wodurch dieses Recht in der internen Rechtsordnung anwendbar würde, sondern sich darauf beschränkt, das EuGVÜ als Muster zu nehmen, und dessen Begriffe zum Teil wiedergibt“; *Kohler*, ZEuP 3 (1995), 482, 483 ff.

127 *EuGH* 17.07.1997, Rs. C-28/95 (*Leur-Bloem/Inspecteur der Belastingdienst*) Slg. 1997, I-4161, RdNr. 33.

128 *Kohler/Knapp*, ZEuP 10 (2002), 701, 714 f.

(b) Feststellung nationalen Rechts im Rahmen der eigentlichen Vorabentscheidung

Wie der Gerichtshof in ständiger Rechtsprechung festgestellt hat, ist er auch im Rahmen des Vorabentscheidungsverfahrens nicht zur Auslegung innerstaatlichen Rechts befugt[129]. Er kann nicht über die Vereinbarkeit einer innerstaatlichen Maßnahme mit dem Gemeinschaftsrecht entscheiden, wie ihm dies im Rahmen von Art. 226 EG möglich ist[130]. Er ist im Rahmen von Art. 234 EG nur für die Auslegung einer gemeinschaftsrechtlichen Regelung, nicht aber für die Frage der Anwendung auf den konkreten Fall, zuständig[131]. Der EuGH kann dem vorlegenden Gericht die Kriterien für die Auslegung des Gemeinschaftsrechts an die Hand geben. Diese versetzen das innerstaatliche Gericht in die Lage, die Vereinbarkeit der entsprechenden nationalen Regelung mit dem Gemeinschaftsrecht zu beurteilen[132]. Demnach kommt es bei der Beantwortung der Vorlagefragen grundsätzlich nicht zu einer Feststellung des nationalen Rechts. Bei der Auslegung des Gemeinschaftsrechts ist der EuGH befugt, alle gemeinschaftsrechtlichen Bestimmungen heranzuziehen, die die nationalen Gerichte benötigen, um die bei ihnen anhängigen Streitigkeiten zu entscheiden. Dies gilt auch, wenn diese Bestimmungen in dem Vorlageersuchen nicht ausdrücklich genannt sind[133]. Des Weiteren hat der EuGH die Möglichkeit, sich alle Einzelheiten der nationalen Vorlage schildern zu lassen, bevor er eine Entscheidung trifft[134].

Im Rahmen der Vorlage stellt der Gerichtshof oft das nationale Recht fest[135] und kann auf die Mitgliedstaaten durch die Möglichkeit der Angabe der Kriterien Einfluss nehmen. Das Vorabentscheidungsverfahren betrifft die umfassende Auslegung des Gemeinschaftsrechts. Ergebnis ist eine gemeinschaftsrechtliche und in allen Mitgliedstaaten gleichermaßen verbindliche Auslegung des Ge-

---

129 *EuGH* 18.12.1997, Rs. C-309/96 (*Annibaldi*) Slg. 1997, I-4793, RdNr. 13; *EuGH* 19.03.1964, Rs. 75/63 (*Unger/Bedrijfsvereniging voor Detailhandel en Ambachten*) Slg. 1964, 379, 398.

130 *EuGH* 15.12.1993, Rs. C-292/92 (*Hünermund u.a.*) Slg. 1993, I-6787, RdNr. 8; *EuGH* 15.07.1964, Rs. 6/64 (*Costa/E.N.E.L.*) Slg. 1964, 1251, 1268.

131 *EuGH* 12.02.1998, Rs. C-366/96 (*Cordelle*) Slg. 1998, I-583, RdNr. 9.

132 Vergleiche z.B. *EuGH* 30.04.1998, Rs. C-37/96 und C-38/96 (*Sodiprem u.a.*) Slg. 1998, I-2039, RdNr. 22; *EuGH* 15.12.1993, Rs. C-292/92 (*Hünermund u.a.*) Slg. 1993, I-6787, RdNr. 8.

133 *EuGH* 18.03.1993, Rs. C-280/91 (*Viessmann*) Slg. 1993, I-971, RdNr. 17.

134 *EuGH* 29.09.1999, Rs. C-56/98 (*Modelo SGPS/Director dos Registos e Notariato*) Slg. 1999, I-6430.

135 Vergleiche z.B. *EuGH* 28.03.2000, Rs. C-158/97 (*Georg Badeck u.a.*) Slg. 2000, I-1875, RdNr. 28 ff.; *EuGH* 18.06.1998, Rs. C-266/96 (*Corsica Ferries France/Gruppo Antichi Ormeggiatorie del porto di Genova Coop*) Slg. 1998, I-3949, RdNr. 30; *EuGH* 15.05.1997, Rs. C-250/95 (*Futura Participations und Singer/Administration des contributions*) Slg. 1997, I-2471, RdNr. 17 ff.

meinschaftsrechts. Dieser Umstand sowie die Tatsachen, dass das Vorabentscheidungsverfahren besondere Bedeutung für den Individualschutz hat und das zahlenmäßig gewichtigste Verfahren vor dem EuGH ist, machen es für die vorliegende Untersuchung zur bedeutendsten Verfahrensart.

cc) Schadensersatzklagen, Art. 235, 288 Abs. 2 EG

(a) Zuständigkeit des Gerichtshofs

Art. 235 EG beinhaltet die Zuweisung eines ausschließlichen Gerichtsstandes für Schadensersatzklagen von natürlichen oder juristischen Personen gegenüber der Gemeinschaft[136]. Es handelt sich dabei um eine umfassende Zuständigkeit[137]. Funktionell zuständig ist nach Art. 225 Abs. 1 EG das Gericht erster Instanz. Der Gegenstand des Verfahrens ist beschränkt auf die außervertragliche Haftung der Gemeinschaft[138]. Art. 288 Abs. 2 EG enthält die materiellen Voraussetzungen des Schadensersatzes. Unterschieden werden zum einen die Schadensersatzklage, die gegen die Gemeinschaft wegen normativen Unrechts erhoben wird, zum anderen die Schadensersatzklage, die gegen die Mitgliedstaaten wegen Verletzung des Gemeinschaftsrechts gerichtet wird[139]. Mit der Entscheidung zur Haftung der Mitgliedstaaten für ihnen zurechenbare Verstöße gegen das Gemeinschaftsrecht[140] wurde vom EuGH ein weiteres Sanktionsmittel gegenüber den Mitgliedstaaten geschaffen. Der Schadensersatzanspruch des Einzelnen wird damit begründet, dass die volle Wirksamkeit des Gemeinschaftsrechts gesichert werden soll. Der Schutz der durch das Gemeinschaftsrecht begründeten Rechte würde beeinträchtigt, wenn der Einzelne keine Möglichkeit hätte, Schadensersatz für einen Gemeinschaftsrechtsverstoß durch seinen Mitgliedstaat zu verlangen[141].

---

136 *Groeben/Thiesing/Ehlermann/Krück*, Art. 178 EGV, RdNr. 1; *Schwarze/Schwarze*, Art. 235 EG, RdNr. 1.

137 En.: plenary competence, Fr.: pleine juridiction; vgl. Smit/Herzog/*Campbell/Cotter*, Art. 178 EGV, 178.05.

138 Die Zuständigkeit des EuGH auch für vertragliche Haftung nach Art. 288 Abs. 1 EG kann jedoch nach Art. 238 EG durch eine Schiedsklausel vertraglich vereinbart werden, *Schwarze/Schwarze*, Art. 288 EG, RdNr. 10; die Wirksamkeit der Vereinbarung bestimmt sich dann ausschließlich nach Gemeinschaftsrecht, vgl. *EuGH* 08.04.1992, Rs. C-209/90 (*Feilhauer*) Slg. 1992, I-2613, RdNr. 13.

139 *Schwarze/Schwarze*, Art. 235 EG, RdNr. 3.

140 *EuGH* 19.11.1991, Rs. C-6/90 und C-9/90 (*Frankovich*) Slg. 1991, I-5357.

141 *Schwarze/Schwarze*, Art. 235 EG, RdNr. 3.

(b) Allgemeine Rechtsgrundsätze

Nach Art. 288 Abs. 2 EG bestimmt sich die außervertragliche Haftung der Gemeinschaft nach den allgemeinen Rechtsgrundsätzen, die den Mitgliedstaaten gemeinsam sind. Kennzeichen von allgemeinen Rechtsgrundsätzen ist die übereinstimmend einheitliche Geltung in allen Mitgliedstaaten[142]. Wie Generalanwalt *Roemer* in seinen Schlussanträgen in der Rechtssache *Schöppenstedt* betont hat[143], sind allgemeine Rechtsgrundsätze durch wertende Rechtsvergleichung der mitgliedstaatlichen Rechte zu ermitteln[144]. Generalanwalt *Tesauro* äußerte bei der Beurteilung eines allgemeinen Rechtsgrundsatzes in seinen Schlussanträgen in der Rechtssache *Alfredo Grifoni/Europäische Atomgemeinschaft*[145] in Zusammenhang mit Art. 188 EAG, der Parallelvorschrift zu Art. 288 Abs. 2 EG, dass der Hinweis in Artikel 188 EAG-Vertrag auf „die allgemeinen Rechtsgrundsätze, die den Rechtsordnungen der Mitgliedstaaten gemeinsam sind", bei erster Lektüre Zweifel daran wecken könnte, ob man ausschließlich auf die Bestimmungen einer einzigen nationalen Rechtsordnung zurückgreifen kann[146]. Entscheidendes Merkmal eines allgemeinen Rechtsgrundsatzes i.S.v. Art. 288 Abs. 2 EG ist, dass er Gemeinschaftsrecht ist. Allgemeine Rechtsgrundsätze haben weitreichende Bedeutung, da sie allgemeine gemeinschaftsrechtliche Grundsätze und Grundrechte konkretisieren, auf die sich die Mitgliedstaaten und Einzelne berufen können[147].
Als ungeschriebenes Recht kann auf allgemeine Rechtsgrundsätze jedoch nur dann zurückgregriffen werden, wenn kein vorrangiges primäres Gemeinschaftsrecht zur Anwendung kommt[148]. Gegenüber sekundärem Gemeinschaftsrecht haben die allgemeinen Rechtsgrudsätze Vorrang[149].

---

142 *Everling*, ZEuP 5 (1997), 796, 803 f.; *Schulze*, ZEuP 1 (1993), 442 ff., 454 f.; *Knütel*, JuS 1996, 768, 770; *Rueber*, Der Gerichtshof der Europäischen Gemeinschaften und die Konkretisierung allgemeiner Rechtsgrundsätze; *Blase*, Die Grundregeln des europ. Vertragsrechts, S. 45.

143 *EuGH* 02.12.1971, Rs. 5/71 (*Schöppenstedt*) Slg. 1971, 975, 990 ff.

144 *Geiger*, Art. 288 EG, RdNr. 4.

145 *EuGH* 03.02.1994, Rs. 308/87 (*Alfredo Grifoni/Europäische Atomgemeischaft*) Slg. 1990, I-1203.

146 *EuGH, Alfredo Grifoni/Europäische Atomgemeischaft* (Fn. 145) 1203, RdNr. 17 der Schlussanträge.

147 *Grabitz/Hilf/Karpenstein*, Art. 236 EG, RdNr. 43.

148 *Rengeling/Middeke/Gellermann*, Rechtsschutz in der EU, RdNr. 326.

149 *EuGH* 31.05.1979, Rs. 156/78 (*Newth*) Slg. 1979, 1941, 1953.

dd) Streitsachen zwischen Gemeinschaft und Bediensteten, Art. 236 EG

Art. 236 EG sieht eine ausschließliche Zuständigkeit für Streitigkeiten zwischen der Gemeinschaft und ihren Bediensteten vor, und zwar innerhalb der Grenzen und nach Maßgabe der Bedingungen, die im Statut der Beamten der Europäischen Gemeinschaften festgelegt sind oder sich aus den Beschäftigungsbedingungen für die sonstigen Bediensteten der Gemeinschaft ergeben[150]. Funktionell zuständig ist nach Art. 225 Abs. 1 EG das Gericht erster Instanz. Die Beamtenklagen stellen zahlenmäßig das am meisten benutzte Verfahren vor dem Gericht erster Instanz dar.

(a) Streitiges Rechtsverhältnis

Art. 91 Abs. 1 des Europäischen Beamtenstatuts[151] bestimmt, dass Gegenstand einer Klage nach Art. 236 EG alle Streitsachen sein können, die sich aus dem Dienstverhältnis ergeben; die Beamten und ebenso die sonstigen Bediensteten der Gemeinschaften können jede sie beschwerende Maßnahme zum Gegenstand einer Klage nach Art. 236 EG machen[152]. Die Klage ist begründet, wenn die beanstandete Maßnahme gegen geltendes Gemeinschaftsrecht verstößt[153].
Im Vordergrund stehen bei Beamtenklagen Auslegung, Anwendung und Gültigkeit von Bestimmungen des Beamtenstatuts und der Beschäftigungsbedingungen; dazu kommen solche Vorschriften, die nach Sinn und Zweck dem Statut sowie den Beschäftigungsbedingungen zuzuordnen sind, ohne Bestandteil hiervon zu sein[154]. Dies sind die allgemeinen Regeln beispielsweise über den Abschluss der Arbeitsverträge der Beamten und Angestellten der Gemeinschaft.

(b) Allgemeine Rechtsgrundsätze

Das Gericht erster Instanz ist nach Art. 236 EG zur umfassenden Zuständigkeit über die Entscheidung von Streitigkeiten aus Dienstverhältnissen berufen. Es hat zu überprüfen, ob die streitige Maßnahme gegen das gesamte geltende Gemein-

---

150 Verordnung (EWG, Euratom, EGKS) Nr. 259/68 des Rates vom 29.02.1968 zur Festlegung des Statuts der Beamten der Europäischen Gemeinschaften und der Beschäftigungsbedingungen für die sonstigen Bediensteten dieser Gemeinschaften sowie zur Einführung von Sondermaßnahmen, die vorübergehend auf die Beamten der Kommission anwendbar sind, ABl. EG 1968 L 56/1.

151 VO 259/68/EWG, ABl. EG 1968 L 56/1, in der durch VO 1180/92/EWG, ABl. EG 1992 L 123/1 geänderten Fassung.

152 *Groeben/Thiesing/Ehlermann/Krück*, Art. 179 EGV, RdNr. 11 f.

153 *Grabitz/Hilf/Karpenstein*, Art. 236 EG, RdNr. 38; *Rengeling/Middeke/Gellermann*, Rechtsschutz in der EU, RdNr. 324.

154 *Groeben/Thiesing/Ehlermann/Krück*, Art. 179 EGV, RdNr. 11.

schaftsrecht verstößt[155]. Hierzu zählen auch die im Gemeinschaftsrecht vorhandenen allgemeinen Rechtsgrundsätze, die sich aufgrund des großen Anteils der Verfahren nach Art. 236 EG besonders häufig in Urteilen von Beamtenklagen finden[156]. Streitsachen nach Art. 236 EG sind damit für die vorliegende Untersuchung von besonderer Bedeutung.

ee) Zuständigkeit aufgrund einer Schiedsklausel, Art. 238 EG

Im Fall von Art. 238 EG ist der Gerichtshof zur Entscheidung über bestimmte Verträge berufen[157]. Voraussetzung ist das Vorliegen einer wirksamen Schiedsklausel. Der EuGH hat nach dem Recht zu entscheiden, das auf den betreffenden Vertrag anzuwenden ist[158]. Dieses Recht bestimmt sich grundsätzlich nach dem Willen der Parteien. Dabei steht es den Parteien frei, ob sie das Recht eines Mitgliedstaates, eines Drittstaates oder etwa das Völkerrecht für anwendbar erklären[159]. Fehlt eine entsprechende Rechtswahl, so ist der Gegenstand des Vertrages entscheidend[160]. Eine Schiedsklausel führt dazu, dass der EuGH den Rechtsstreit grundsätzlich nach dem nationalen Recht zu entscheiden hat, das auf den Vertrag anwendbar ist[161].
Problematisch sind in diesem Zusammenhang solche Fälle, in denen nationales Recht in Widerspruch zum Gemeinschaftsrecht steht. Nach der Rechtsprechung des Gerichtshofs hat bei einer fehlerhaften Umsetzung von Rechtsakten der EU eine gemeinschaftsrechtskonforme Auslegung – auch bei Streitigkeiten zwischen Privaten – zu erfolgen[162]. Dem EuGH steht jedoch keine Kompetenz zu, gemeinschaftsrechtswidriges nationales Recht zu verwerfen[163]. Im Falle einer Zuständigkeit aufgrund einer Schiedsklausel kann er gemeinschaftsrechtswidri-

155 *Rengeling/Middeke/Gellermann*, Rechtsschutz in der EU, RdNr. 324.

156 *Grabitz/Hilf/Karpenstein*, Art. 236 EG, RdNr. 43; *Oppermann*, Europarecht, RdNr. 798; *Schwarze/Schwarze* Art. 236 EG, RdNr. 2, 12.

157 *Groeben/Thiesing/Ehlermann/Krück*, Art. 181 EGV, RdNr. 5 ff.; *Grabitz/Hilf/Karpenstein*, Art. 238 EG, RdNr. 6 ff.

158 *EuGH* 27.04.1999, Rs. C-69/97 (*Kommission/SNUA*) Slg. 1999, I-2363, RdNr. 18; *EuGH* 18.12.1986, Rs. 426/85 (*Kommission/Zoubek*) Slg. 1986, 4057, RdNr. 4; *Schwarze/Schwarze*, Art. 238 EG, RdNr. 14.

159 In der Regel entscheiden sich die Parteien für das Recht eines Mitgliedstaates; vgl. z.B. *EuGH, Kommission/SNUA* (Fn. 158) 2363, RdNr. 13 ff.; *EuGH* 01.07.1982, Rs. 109/81 (*Porta/Kommission*) Slg. 1982, 2469, RdNr. 11 ff.

160 *Schwarze/Schwarze*, Art. 238 EG, RdNr. 14; *Groeben/Thiesing/Ehlermann/Krück*, Art. 181 EGV, RdNr. 22 f.

161 *EuGH, Kommission/SNUA* (Fn. 158) und *EuGH, Kommission/Zoubek* (Fn. 158).

162 *EuGH* 11.10.2001, Rs. C-77/99 (*Kommission/Oder-Plan Architektur*) Slg. 2001, I-7355.

163 *Groeben/Thiesing/Ehlermann/Krück*, Art. 169 EGV, RdNr. 7.

ge Vorschriften unangewendet lassen, um nicht zu einem Ergebnis gelangen zu müssen, das gegen das Gemeinschaftsrecht verstößt[164].

2. Arbeitsweise und Methoden der Rechtsfindung

Fraglich ist, wie der Gerichtshof zu Lösungen gelangt, die dem Gemeinschaftsrecht und damit seinem in Art. 220 EG normierten Aufgabenbereich gerecht werden.

a) Arbeitsweise des Gerichtshofs

Die Richter des Gerichtshofs sind als Angehörige ihrer Mitgliedstaaten geprägt vom nationalen Rechts- und Begriffsdenken vor dem Hintergrund der nationalen Geschichte sowie der politischen, kulturellen und wirtschaftlichen Verhältnisse, kurz: den nationalen Wertvorstellungen und Rechtstraditionen[165]. Aufgabe der Richter ist es, den Beitrag ihrer nationalen Rechtsordnungen in den Willensbildungsprozess des Gerichtshofes mit einfließen zu lassen[166]. Damit vollzieht der Gerichtshof bei seiner Willensbildung sozusagen spiegelbildlich den Gesamtprozess der europäischen Integration nach, in den er eingebettet ist. Die Urteile bilden den Abschluss dieses Willensbildungsprozesses und dokumentieren ihn. Sie sind gekennzeichnet durch einen klaren, knappen Stil, der weitgehend frei ist von argumentativen Ansätzen[167]. Die Auseinandersetzung mit der Lehre und der einzelnen nationalen Rechtsprechung wird dem Generalanwalt für seine Schlussanträge überlassen[168]. Der knappe Stil der Urteile wird zum einen darauf zurückgeführt, dass sich die Richter zwar in der Regel noch über den Tenor einigen, die Begründung jedoch innerhalb der Richterschaft zum Teil stark diver-

---

164 *Kohler/Knapp*, ZEuP 10 (2002), 701, 705.

165 *Sander*, Der EuGH als Förderer und Hüter der Integration, S. 23.

166 *Sander*, Der EuGH als Förderer und Hüter der Integration, S. 24: „Es ist erforderlich, dass sämtliche Rechtsordnungen bei der Entscheidungsfindung mitwirken, damit vom Gerichtshof Rechtsgrundsätze entwickelt werden können und dadurch Gemeinschaftsrecht geschaffen wird, das von allen Mitgliedstaaten als geltendes Recht anerkannt wird".

167 *Everling*, EuR 1994, 127 ff.

168 *Hakenberg/Stix-Hackl*, Hdb zum Verfahren vor dem EuGH, S. 25: „Insgesamt lehnt sich der Arbeitsstil von EuGH und EuGeI sehr stark an die französischen Rechtstraditionen an, was historisch bedingt ist und auch mit der Verwendung des Französischen als ausschließlicher Arbeitssprache beider Gerichte zusammenhängt"; die Darstellung der Bedeutung der Schlussanträge erfolgt im Anschluss an das Kapitel über den Gerichtshof, vgl. S. 40.

giert. Zum anderen beruht der Urteilsstil auch auf französischer Rechtstradition, auf die der Gerichtshof in diesem Zusammenhang zurückgreift[169].

b) Methoden der Rechtsfindung des Gerichtshofs

Der Gerichtshof hat, wie jedes nationale Gericht, den ihm zur Entscheidung vorgelegten Lebenssachverhalt unter das Recht zu subsumieren und damit einer Lösung zuzuführen[170]. Um unter die abstrakten Rechtssätze bzw. nicht niedergeschriebenen Rechtsprinzipien zu subsumieren, kann sich der Gerichtshof grundsätzlich zweier Methoden bedienen: Der Auslegung und der richterlichen Rechtsfortbildung[171]. Beide Methoden sollen im Folgenden in der für die vorliegende Arbeit gebotenen Kürze dargestellt werden, um ihre Bedeutung für die Rechtsprechung auf dem Gebiet des privaten Vertragsrechts aufzeigen zu können[172].

aa) Auslegung

Nach Art. 220 EG sichert der Gerichtshof die Wahrung des Rechts bei der Auslegung und Anwendung des EG-Vertrags. Fraglich ist zunächst, was unter den Begriff des Rechts zu subsumieren ist, sodann was unter der Auslegung in diesem gemeinschaftsrechtlichen Sinne zu verstehen ist.

Der Begriff des Rechts ist hier in einem weiten und umfassenden Sinne zu verstehen[173]. Er umfasst alle Normen der Gemeinschaftsrechtsordnung, die verbindliche Rechtswirkungen entfalten, also das gesamte Primärrecht und Sekundärrecht sowie die allgemeinen Rechtsgrundsätze des Gemeinschaftsrechts.

---

169 *Everling*, EuR 1994, 127 ff.: „So prägt die französische Sprache, in der die Beratungen geführt und auch die Urteile abgefasst werden, den Stil und die Art zu argumentieren".

170 *Siebert*, Die Methode der Gesetzesauslegung, S. 7; *Larenz/Canaris*, Methodenlehre der Rechtswissenschaft, S. 298 ff.

171 Die Unterscheidung zwischen Auslegung und Rechtsfortbildung ist dem französischen Recht, dessen Doktrin auch der Gerichtshof folgt, unbekannt; auch die Fälle von Rechtsfortbildung werden vom Gerichtshof selbst daher lediglich als „interprétation" der Vorschriften angesehen. Die folgende Darstellung, getrennt nach Auslegung und Rechtsfortbildung, soll, entsprechend der Unterschiede, die Methode und damit die Funktion für die Analyse deutlich machen; vgl. hierzu *Schulze/Seif*, Einführung, in: Schulze/Seif, Richterrecht und Rechtsfortbildung in der Europäischen Rechtsgemeinschaft, S. 1 ff.; *Franzen*, Privatrechtsangleichung durch die Europäische Gemeinschaft, S. 291; *Riesenhuber*, System und Prinzpien des Europäischen Vertragsrechts, S. 27 ff., 61 ff.

172 Umfassend zu den Auslegungsmethoden des EuGH: *Anweiler*, Auslegungsmethoden des EuGH; *Buck*, Auslegungsmethoden des EuGH.

173 *Schwarze/Schwarze*, Art. 220 EG, RdNr. 11; *Lenz/Borchardt*, Art. 220 EG, RdNr. 5.

Unter dem Begriff der Auslegung kann allgemein verstanden werden, dass etwas Unklarem eine klare Bedeutung verliehen wird, indem der Sinn herausgestellt wird, und die Tragweite und Grenzen der Auswirkungen abgesteckt werden[174]. Kurz gesagt ist Auslegung die abstrakte Ermittlung des Inhalts einer Norm[175]. Durch die Auslegung soll der in dem Gesetzestext beschlossene, aber noch nicht herausgestellte Sinn klar zum Vorschein gebracht werden[176]. Voraussetzung der Auslegung ist damit, dass eine Norm existiert, deren konkrete Bedeutung, die in ihrem Sinngehalt bereits enthalten ist, zum Vorschein gebracht wird. Kennzeichen der Auslegung ist dabei, dass dem Normtext nichts Neues hinzugefügt wird[177]. Der Gerichtshof hat hierzu ausgeführt[178]:

> „[Durch die Auslegung] soll erläutert und erforderlichenfalls verdeutlicht werden […], in welchem Sinn und Tragweite die betroffene Vorschrift seit ihrem Inkrafttreten zu verstehen und anzuwenden ist oder gewesen wäre."

Die Auslegung gemeinschaftsrechtlicher Rechtsakte unterscheidet sich dabei von der Auslegung nationalen Rechts, auch wenn sie im Grundsatz vom *Savigny*'schen Auslegungskanon ausgeht[179]. Der Gerichtshof selbst hat hierzu in der Entscheidung der Rechtssache *C.I.L.F.I.T.* ausgesprochen, dass jede Vorschrift des Gemeinschaftsrechts in ihrem Zusammenhang zu sehen ist und im Lichte des gesamten Gemeinschaftsrechts, seiner Ziele und seines Entwicklungsstandes zur Zeit der Anwendung der betreffenden Vorschrift auszulegen ist[180]. Er hat jedoch bislang – von einzelnen Definitionen in Entscheidungen abgesehen[181] – keine umfassende Stellungnahme zu den Grundlagen der Auslegungspraxis abgegeben. Der Rechtsprechung lässt sich über einzelne Auslegungsmethoden hinaus nur entnehmen, dass die nationalen Auslegungsmethoden denjenigen des Völkerrechts vorgezogen werden[182]. Dabei werden kontinentaleuropäische Vorstellungen der Gesetzesauslegung übernommen und zu einem

---

174 *Buck*, Auslegungsmethoden des EuGH, S. 29; *Larenz/Canaris*, Methodenlehre der Rechtswissenschaft, S. 312 ff.

175 *Schwarze/Schwarze*, Art. 220 EG, RdNr. 21.

176 *Anweiler*, Auslegungsmethoden des EuGH, S. 25; *Buck*, Auslegungsmethoden des EuGH, S. 29; *Franzen*, Privatrechtsangleichung durch die Europäische Gemeinschaft, S. 291: „Semantische Interpretation gesetzlicher Ausdrücke durch Sinnermittlung und Verstehen".

177 *Larenz*, Methodenlehre der Rechtswissenschaft, S. 324; *Franzen*, Privatrechtsangleichung durch die Europäische Gemeinschaft, S. 291.

178 *EuGH* 27.03.1980, Rs. 61/79 (*Administrazione/Denkavit*) Slg. 1980, 1201, RdNr. 16.

179 *Leible*, Wege zu einem europäischen Privatrecht, S. 246; *Franzen*, Privatrechtsangleichung durch die Europäische Gemeinschaft, S. 445.

180 *EuGH* 06.10.1982, Rs. 283/81 (*C.I.L.F.I.T.*) Slg. 1982, 3415, 3430, RdNr. 20.

181 Beispielsweise *EuGH, C.I.L.F.I.T.* (Fn. 180) 3415, 3430, RdNr. 20.

182 *Schulze*, Auslegung europäischen Privatrechts, in: Schulze, Auslegung europäischen Privatrechts, S. 9, 12; *Schulze*, ZfRVgl 1997, 183, 189.

eigenständigen „Auslegungskanon“ fortentwickelt, der den Erfordernissen einer supranationalen Organisation entsprechend Rechnung trägt[183]. Zu den einzelnen Auslegungsmethoden des Gerichtshofs hat sich überblickartig Generalanwalt *Jacobs* in seinen Schlussanträgen in der Rechtssache *Bayerische Hypotheken- und Wechselbank/Dietzinger* geäußert[184]:

> „Entsprechend der vom Gerichtshof bei der Auslegung der Gemeinschaftsvorschriften angewandten Methode werde ich nacheinander den Wortlaut, den Aufbau und die Zielsetzung der Richtlinie prüfen, (...).“

Bedeutsam für die weitere Untersuchung ist neben der jeweiligen Methode dabei ihre Tauglichkeit für den vorliegenden Ansatz.

(a) Grammatische Auslegung

Ausgangspunkt jeder Auslegung ist zunächst der Wortlaut der Vorschrift. Die Mehrsprachigkeit des Gemeinschaftsrechts führt im Rahmen der grammatischen Auslegung zunächst zu einem Vergleich der verschiedenen Textversionen[185]. Die Bedeutung der in den jeweiligen Sprachfassungen verwendeten Begriffe ergibt sich dabei oft erst vor dem Hintergrund der jeweiligen Rechtstradition und der jeweiligen Rechtsordnung[186]. Häufig entstehen dabei aus unterschiedlichen Gründen zwischen den einzelnen Fassungen Textdivergenzen[187]. So hat der Gerichtshof beispielsweise in der Rechtssache *Abels* zur Beantwortung der Frage, ob die Betriebsübergangsrichtlinie 77/187/EWG[188] auch auf den Verkauf eines im Konkurs befindlichen Unternehmens Anwendung findet, nach einem Vergleich der verschiedenen sprachlichen Fassungen des Begriffs „Übergang aufgrund Übertragung“ darauf hingewiesen, dass der Begriff der vertraglichen Übertragung im Konkursrecht der Mitgliedstaaten einen unterschiedlichen Inhalt hat und ausgeführt[189]:

---

183 *Franzen*, Privatrechtsangleichung durch die Europäische Gemeinschaft, S. 445.

184 *EuGH* 17.03.1998, Rs. C-45/96 (*Bayerische Hypotheken- und Wechselbank/Dietzinger*) Slg. 1998, I-1199, RdNr. 16.

185 Die Rechtsakte der Gemeinschaft sind in allen Sprachfassungen gleichermaßen verbindlich; vgl. für das Primärrecht Art. 314 EG.

186 Vergleiche *EuGH* 14.01.1982, Rs. 64/81 (*Nicolaus Corman & Fils/Hauptzollamt Gronau*) Slg. 1982, 13, RdNr. 8.

187 *Franzen*, Privatrechtsangleichung durch die Europäische Gemeinschaft, S. 446 f.

188 Richtlinie 77/187/EWG des Rates vom 14.02.1977 zur Angleichung der Rechtsvorschriften der Mitgliedstaaten über die Wahrung von Ansprüchen der Arbeitnehmer beim Übergang von Unternehmen, Betrieben oder Betriebsteilen, ABl. EG 1977 L 61/26.

189 *EuGH* 07.02.1986, Rs. 135/83 (*H.B.M. Abels/Bestuur van de Bedrijfsvereniging voor de Metaalindustrie en de Electrotechnische Industrie*) Slg. 1985, 479, RdNr. 11; vgl. auch *EuGH* 25.07.1991, Rs. C-362/89 (*Giuseppe d'Urso und Adriana Ventadori u. a./Ercole*

„Während einige Mitgliedstaaten in bestimmten Fällen den Verkauf im Rahmen eines Konkursverfahrens als normalen Kaufvertrag behandeln, auch wenn zu seinem Abschluss die Einschaltung eines Gerichts erforderlich ist, gehen andere Rechtsordnungen in bestimmten Fällen davon aus, dass die Veräußerung aufgrund Hoheitsaktes erfolgt".

Im Verfahren *Rockfon*[190] beispielsweise ergab ein Vergleich der verschiedenen Textfassungen, dass der entscheidungserhebliche Ausdruck mit den Begriffen „Betrieb", „Unternehmen", „Niederlassung", „Arbeitsmittelpunkt", „räumliche Einheit" und schließlich „Arbeitsort" übersetzt worden war. Eine Wortlautauslegung ist in seinem solchen Fall unmöglich.
Vor dem Hintergrund, dass eine Vielzahl von Rechtsetzungsakten der Gemeinschaft, z.T. unter großem Zeitdruck, verabschiedet werden und oft Ergebnis eines politischen Kompromisses sind, sowie aufgrund der Tatsache, dass Übersetzungen großteils von Übersetzern ohne vertieften juristischen Hintergrund gefertigt werden, wird deutlich, dass die Auslegung nach dem Wortlaut oft nicht weiterführt. Im Gegenteil sind die entstehenden Wortlautdifferenzen zum Teil sogar Anlass für Vorlagen an den Europäischen Gerichtshof gewesen[191].

(b) Gemeinschaftsrechtskonforme Auslegung

Unter den Begriff der gemeinschaftsrechtskonformen Auslegung lassen sich zwei Methoden subsumieren: Zum einen die primärrechtskonforme Auslegung des sekundären Gemeinschaftsrechts[192], zum anderen die sekundärrechtskonforme Auslegung des Primärrechts[193]. Die primärrechtskonforme Auslegung weist Parallelen mit der im innerstaatlichen Bereich bekannten verfassungskonformen Auslegung einfachen Rechts auf[194]. Sie steht in einem gewissen, nicht ganz geklärten Verhältnis zu der sekundärrechtskonformen Auslegung. Die Auslegung und Konkretisierung von allgemeinen Vertragsbestimmungen wirkt auf die Auslegung des Vertrags durch den Gerichtshof zurück[195]. Diese Rückwirkung kann

---

Marelli Elettromeccania Generale u. a.) Slg. 1991, I-4105, RdNr. 27 ff.; *EuGH* 07.12.1995, Rs. C-472/93 (*Luigi Spani u.a./Fiat Geotech SpA u.a.*) Slg. 1995, I-4321, RdNr. 26 ff., und *EuGH* 12.11.1998, Rs. C-399/96 (*Europieces/Wilfrid Sanders und Automotive Industries Holding Company*) Slg. 1998, I-6965, RdNr. 30 ff.

190 *EuGH* 07.12.1995, Rs. C-449/93 (*Rockfon*) Slg. 1995, I-4291, 4317, RdNr. 28.

191 Vergleiche z.B. *EuGH* 07.07.1988, Rs. 55/87 (*Moksel/BALM*) Slg. 1988, 3845; *EuGH* 28.03.1985, Rs. 100/84 (*Kommission/ Vereinigtes Königreich*) Slg. 1985, 1169.

192 *Anweiler*, Auslegungsmethoden des EuGH, S. 185 ff., 195 ff.

193 *EuGH* 08.04.1976, Rs. 48/75 (*Royer*) Slg. 1976, 497, 511, RdNr. 24/27; *EuGH* 12.12.1974, Rs. 36/74 (*Walrave, Koch/Association Union*) Slg. 1974, 1405, 1420, RdNr. 20/24.

194 *Franzen*, Privatrechtsangleichung durch die Europäische Gemeinschaft, S. 448.

195 *Grabitz/Hilf/Pernice*, Art. 164 EGV, RdNr. 32.

für das privatrechtliche Vertragsrecht in der Rechtsprechung des Europäischen Gerichtshofs von Bedeutung sein.
Gemeinschaftsrechtskonforme Auslegung gilt daneben auch für die Auslegung nationalen Rechts[196]. Diese Auslegungskompetenz des nationalen Rechts steht jedoch weitestgehend den nationalen Gerichten zu. Der Gerichtshof kann im Verfahren nach Art. 234 EG den nationalen Gerichten allenfalls Richtlinien für die Auslegung an die Hand geben[197].

(c) Historische Auslegung

Ziel der historischen Auslegung ist die Ermittlung der Vorstellungen der an der Gesetzgebung beteiligten Organe bzw. Personen bei Erlass eines Rechtsaktes. Diese setzt voraus, dass solche Vorstellungen in objektiv nachprüfbarer Weise dokumentiert sind. Gesetzgebungsmaterialien existieren jedoch im Gemeinschaftsrecht nur sehr vereinzelt[198]. Oftmals handelt es sich um nationale Dokumente, die als solche für die autonome Auslegung nicht geeignet sind[199]. Das ist auch auf dem Gebiet des Vertragsrechts der Fall, wenngleich sich die Situation bezüglich der neueren Rechtsakte verbessert hat. Hier können oftmals die Erwägungen weiterhelfen, die dem Rechtsakt vorangestellt sind[200]. Daneben kommen die von der Kommission zusammen mit ihrem Vorschlag für den Rechtsakt herausgegebenen Begründungen sowie Äußerungen des Europäischen Parlaments[201] als Auslegungshilfe in Betracht. Im Allgemeinen ist die historische Auslegung für den Gerichtshof jedoch ungeeignet[202].

(d) Systematisch-teleologische Auslegung

Die systematisch-teleologische Auslegung umfasst streng genommen zwei verschiedene Methoden: Die systematische und die teleologische Auslegung. Auf-

---

196 Vergleiche für Deutschland die grundlegende Rechtsprechung des Bundesverfassungsgerichts, BVerfGE 75, 223, 237 (sog. „Kloppenburg"-Beschluss).

197 Vergleiche z.B. *EuGH* 30.04.1998, Rs. C-37/96 und C-38/96 (*Sodiprem u.a.*) Slg. 1998, I-2039, RdNr. 22; *EuGH* 15.12.1993, Rs. C-292/92 (*Hünermund u.a.*) Slg. 1993, I-6787, RdNr. 8.

198 Vergleiche die Dokumentation von *Schulze/Hoeren*, Dokumente zum Europäischen Recht, sowie *Lipgens*, Documents on the History of European Integration, S. 1985 ff.

199 *Hakenberg/Stix-Hackl*, Hdb zum Verfahren vor dem EuGH, S. 26.

200 So *Leible*, Wege zu einem europäischen Privatrecht, S. 253; da die Erwägungen jedoch Bestandteil des jeweiligen Rechtsaktes sind und mit ihr zusammen – quasi als Präambel – veröffentlicht werden, ist deren Auslegung wohl eher der Wortlautauslegung oder der systematisch-teleologischen Auslegung zuzuordnen.

201 Hierzu *Franzen*, Privatrechtsangleichung durch die Europäische Gemeinschaft, S. 451 f.

202 *Hakenberg/Stix-Hackl*, Hdb zum Verfahren vor dem EuGH, S. 26.

gabe der systematischen Auslegung ist die Erforschung des Bedeutungszusammenhangs, in den eine Vorschrift eingebettet ist, um hieraus Erkenntnisse für ihre Auslegung ziehen zu können. Bei der teleologischen Auslegung wird der Regelungszweck – bei Rechtsakten des Sekundärrechts insbesondere in Hinblick auf die entsprechenden Kompetenznormen und den in ihnen zum Ausdruck kommenden Regelungsaufträgen – definiert. Ergänzend werden bei der teleologischen Auslegung die Begründungserwägungen, soweit sie dem Rechtsakt vorangestellt sind, mit einbezogen. Diese führen gleichzeitig über den Bereich der Auslegung des Normtextes im engeren Sinn hinaus und werden vom EuGH zur Legitimation vielfältiger Rechtsfortbildung benutzt[203]. Die teleologische Auslegung dient damit der Ermittlung des Bedeutungsgehaltes einer Norm durch die Frage nach ihrem Ziel und Zweck[204]:

> „Die verschiedenen sprachlichen Fassungen einer Gemeinschaftsvorschrift müssen einheitlich ausgelegt werden; falls die Fassungen voneinander abweichen, muss die Vorschrift daher nach dem allgemeinen Aufbau und dem Zweck der Regelung ausgelegt werden, zu der sie gehört."

Der Gerichtshof untersucht, wie der Urteilsauszug deutlich zeigt, zunächst den Wortlaut der Vorschrift. Erst wenn dieser zu keinem Ergebnis führt, greift er auf die systematisch-teleologische Methode zurück[205]. Dieser Auslegungsmethode bedient er sich am häufigsten. Sie geht von den gemeinschaftlichen Rechtsakten aus und ist damit zur „autonomen" Auslegung der Gemeinschaftsrechtsakte (weitestgehend) ohne nationale Einfärbung am besten geeignet[206]. Dabei trennt der Gerichtshof nicht immer zwischen systematischen und teleologischen Argumenten, verwendet vielmehr beide Methoden nebeneinander. Aufgrund der herausragenden Bedeutung dieser Auslegungsmethode ist vielfach die Rede vom „Primat der systematisch-teleologischen Auslegung"[207]. Der EuGH hat hierzu ausgeführt[208]:

> „Schließlich ist jede Vorschrift des Gemeinschaftsrechts in ihrem Zusammenhang zu sehen und im Lichte des gesamten Gemeinschaftsrechts, seiner Ziele und seines Entwicklungsstands zur Zeit der Anwendung der betreffenden Vorschrift auszulegen."

---

203 *Franzen*, Privatrechtsangleichung durch die Europäische Gemeinschaft, S. 452 f.

204 *EuGH* 27.10.1977, Rs. 30/77 (*Bouchereau*) Slg. 1977, 1999, RdNr. 14; ebenso: *EuGH* 07.12.1995, Rs. C-449/93 (*Rockfon*) Slg. 1995, I-4291, RdNr. 18.

205 Da, wie bereits dargelegt (vgl. oben S. 33), der Wortlaut oft nicht zu eindeutigen Ergebnissen führt, erklärt sich der hohe Anteil dieser Auslegungsmethode (vgl. Fn. 206).

206 *Dauses/Bleckmann/Pieper*, Hdb. EU-Wirtschaftsrecht, B I: In 30 – 50% der Entscheidungen bedient sich der Gerichtshof dieser Auslegungsmethode.

207 *Lenz/Borchardt*, Art. 220 EG, RdNr. 16; *Oppermann*, Europarecht, RdNr. 685; *Meyer*, Jura 1994, 455, 456; *Ipsen/Nicolaysen*, NJW 1964, 339, 342.

208 *EuGH* 06.10.1982, Rs. 283/81 (*C.I.L.F.I.T.*) Slg. 1982, 3415, RdNr. 20; *EuGH* 12.05.1964, Rs. 101/63 (*Wagner/Fohrmann*) Slg. 1964, 417, 431.

Damit erhält die systematisch-teleologische Auslegungsmethode im Gemeinschaftsrecht eine dem jeweiligen Entwicklungsstand des Gemeinschaftsrechts entsprechende dynamische Komponente. Aus diesen Gründen ergeben sich verschiedene mögliche Vorgehensweisen[209]: Zum ersten ist der Gerichtshof zur Wahrung der Einheitlichkeit der Gemeinschaftsrechtsordnung berufen, die Begriffe autonom auszulegen, ihnen also losgelöst von den nationalen Definitionen eigenständigen Begriffsinhalt zu geben[210]. Eine Möglichkeit der autonomen Betrachtung liegt in der Rechtsvergleichung vom Standpunkt des Europarechts aus. Die Rechtsvergleichung ist dabei nicht nur für die Urteilsfindung, sondern auch für ihre spätere Auswirkung auf die einzelnen nationalen Rechte von grundlegender Bedeutung[211]. Um der Durchsetzung des Gemeinschaftsrechts die höchstmögliche Effizienz zu verleihen, kann zum zweiten auf den *effet utile* des Gemeinschaftsrechts abgestellt werden[212]. Ausgangspunkt der Überlegungen ist hierbei das Prinzip der Sicherung der Funktionsfähigkeit der Gemeinschaft[213]. Da eine ausschließliche Berufung auf den Grundsatz des *effet utile* leicht zu ausufernder Interpretation führen könnte, verwendet ihn der Gerichtshof immer in Kombination mit anderen Auslegungsmitteln[214]: „Der Erlass von Rechtsakten erfolgt im Rahmen der Befugnisse, die Art. 128 EWG-Vertrag, ausgelegt anhand seines Wortlauts und mit Rücksicht auf das Erfordernis seine praktische Wirksamkeit zu gewährleisten, dem Rat verleiht". Drittens kann der Gerichtshof auf „allgemeine Rechtsgrundsätze" des Gemeinschaftsrechts zurückgreifen[215].

(e) Rechtsvergleichende Auslegung

Rechtsvergleichung bedeutet allgemein die Gegenüberstellung von verschiedenen nationalen Rechtsordnungen[216]. Diese kommt grundsätzlich in Betracht als Makrovergleich von gesamten Rechtsordnungen oder als Mikrovergleich einzelner Rechtsfragen verschiedener Rechtsordnungen, wobei die zuerst genannte Möglichkeit für die Rechtsprechung keine Rolle spielt. Die Methode der wer-

---

209 Vergleiche die Übersicht: *Hakenberg/Stix-Hackl*, Hdb zum Verfahren vor dem EuGH, S. 26 f.

210 Vergleiche z.B. *EuGH* 17.11.1993, Rs. C-68/92 (*Kommission/Frankreich*) Slg. 1993, I-5881.

211 Zur rechtsvergleichenden Auslegung und ihrer Praktikabilität für die Rechtsprechung, vgl. die Darstellung im Folgenden.

212 Vergleiche hierzu z.B. *EuGH* 06.10.1970, Rs. 9/70 (*Leberpfennig*) Slg. 1970, 825, 838.

213 *Sander*, Der EuGH als Förderer und Hüter der Integration, S. 41.

214 *EuGH* 30.05.1989, Rs. 56/88 (*Vereinigtes Königreich und Nordirland/Rat*) Slg. 1989, 1615, Ls. 2.

215 Z.B. das Verhältnismäßigkeitsprinzip, der Vertrauensschutz (insb. die Frage der Rückwirkung) und Gemeinschaftsgrundrechte.

216 *Zweigert/Kötz*, Einführung in die Rechtsvergleichung, S. 2.

tenden Rechtsvergleichung, der sich das Schrifttum seit langem widmet[217], setzen EuGH und EuG insbesondere zur Ermittlung der Grundsätze der gemeinsamen Verfassungstraditionen der Mitgliedstaaten[218], zur inhaltlichen Ausformung des Rechts anhand der gemeinsamen parlamentarischen Überlieferungen der Mitgliedstaaten[219] und zur Herleitung allgemeiner Rechtsgrundsätze ein. Die rechtsvergleichende Auslegung setzt als notwendigen Zwischenschritt die Feststellung des nationalen Rechts voraus. Die Ausführungen zu der jeweiligen Rechtslage in den Mitgliedstaaten finden sich meist in den Schlussanträgen der Generalanwälte[220]. Wenngleich sich der Gerichtshof nur selten ausdrücklich der rechtsvergleichenden Auslegungsmethode bedient hat, so ist sie ihm durch die Besetzung mit Richtern, die alle in ihren jeweiligen Rechtstraditionen verwurzelt sind, gleichsam immanent[221].

bb) Richterliche Rechtsfortbildung

Der Gerichtshof hat nicht nur das Rechtsschutzsystem des EG-Vertrags ausgeformt, sondern darüber hinaus durch seine großen Leitentscheidungen die Wesenszüge der Gemeinschaftsverfassung in ihrer heutigen Form maßgeblich mit bestimmt[222]. Er hat durch richterliche Rechtsfortbildung das Gemeinschaftsrecht fortgebildet. Die Kompetenz zur richterlichen Rechtsfortbildung wird dabei z.T. aus dem Wortlaut „Wahrung des Rechts" in Art. 220 EG[223], zum Teil aus dem Integrationsauftrag und der Dynamik des Rechts[224] entnommen[225].

---

217 *Iglesias*, NJW 1999, 1, 6; *Schulze*, ZfRVgl 1997, 183, 188 f.; *Lutter*, JZ 1992, 593, 603 f.; *Everling*, RabelsZ 50 (1986), 193, 210 ff.

218 *EuGH* 01.03.1983, Rs. 250/78 (*DEKA/EWG*) Slg. 1983, 421, RdNr. 15 ; *EuGH* 02.06.1976, Rs. 56 bis 60/74 (*Kampffmeyer Mühlenvereinigung u.a./Kommission und Rat*) Slg. 1976, 711, RdNr. 6.

219 *EuG* 02.10.2001, Rs. T-222/99, T-327/99, T-329/99 (*Martinez/Parlament*) Slg. 2001, II-2823, RdNr. 240 ff.

220 Aus diesem Grunde beschränkt sich die vorliegende Darstellung nicht auf eine Auswertung ausschließlich der ergangenen Judikatur des Gerichtshofs, sondern bezieht die hierzu jeweils ergangenen Schlussanträge der Generalanwälte und ihre Umsetzung im Urteil mit ein; Beispiele für rechtsvergleichende Ansätze in den Schlussanträgen der Generalanwälte finden sich zuletzt in *EuGH* 04.07.2000, Rs. C-387/97 (*Kommission/Griechenland*) Slg. 2000, I-5047, RdNr. 34 ff.; *EuGH* 29.09.1999, Rs. C-56/98 (*Modelo Continente/Director-Geral dos Registos e Notariado*) Slg. 1999, I-6247, RdNr. 52 ff.; *EuGH* 17.09.2002, Rs. C-334/00 (*Fonderie Officine Meccaniche Taconi/Heinrich Wagner Sinto Maschinenfabrik GmbH*), Slg. 2002, I-7357, RdNr. 55 ff. der Schlussanträge.

221 *Basedow*, Europäisches Zivilprozessrecht, in: Herrmann/Basedow/Kropholler, Hdb des internationalen Zivilverfahrensrechts, S. 127.

222 *Schockweiler*, EuR 1995, 191; *Everling*, JZ 2000, 219 f.

223 *Ukrow*, Richterliche Rechtsfortbildung, S. 91 ff.; *Schwarze/Schwarze*, Art. 220 EG, RdNr. 14; das BVerfG hat hierzu in BVerfGE 75, 223, 243 (sog. „Kloppenburg"-

Für den Rückgriff auf die allgemeinen Rechtsgrundsätze der Mitgliedstaaten bietet Art. 288 Abs. 2 EG die Grundlage[226]. Allgemeine Rechtsgrundsätze des Gemeinschaftsrechts werden vom Gerichtshof den gemeinsamen Verfassungsüberlieferungen der Mitgliedstaaten und den von den Mitgliedstaaten abgeschlossenen völkerrechtlichen Verträgen über den Schutz der Menschenrechte im Wege wertender Rechtsvergleichung entnommen[227]. Einigkeit besteht darin, dass dem Gerichtshof eine Kompetenz zur Rechtsfortbildung zukommt, da man ihm ansonsten weniger zubilligen würde als den nationalen Gerichten, denen durch die jeweiligen nationalen Rechtsordnungen eine Befugnis zur Rechtsfortbildung zuerkannt ist[228].

Voraussetzung der richterlichen Rechtsfortbildung ist nach der ständigen Rechtsprechung des EuGH eine planwidrige Regelungslücke[229]: Die richterliche Rechtsfortbildung greift nur dort ein, wo – im Gegensatz zur Auslegung – keine Regelung vorhanden ist, um die vorgelegte Rechtssache zu entscheiden[230]. In solchen Fällen entwickelt der Gerichtshof Ergebnisse, die in den Gemeinschaftsverträgen keine ausdrückliche Grundlage haben[231]. Für den Fall, dass er

---

Beschluss) ausgeführt: „Auch gegen die Methode der richterlichen Rechtsfortbildung, derer sich der Gerichtshof bedient hat, ist weder unter dem Maßstab des Zustimmungsgesetzes zum EWG-Vertrag noch dem des Art. 24 I GG etwas zu bewenden. Zwar ist dem Gerichtshof keine Befugnis übertragen worden, auf diesem Wege Gemeinschaftsrecht beliebig zu erweitern; ebenso wenig können aber Zweifel daran bestehen, dass die Mitgliedstaaten die Gemeinschaft mit einem Gericht ausstatten wollten, dem Rechtsfindungswege offen stehen sollten, wie sie in jahrhundertelanger gemeineuropäischer Rechtsüberlieferung und Rechtskultur geformt worden sind".

224 *Sander*, Der EuGH als Förderer und Hüter der Integration, S. 44 ff., mit Verweis auf Art. 1 Abs. 2 EU.

225 In Teilen der Literatur wird dem Gerichtshof dagegen vorgeworfen, dass seine Auslegung der Vertragsvorschriften of zu weit gehe und er sich unzulässiger Rechtsfortbildung schuldig mache, vgl. z.B. *Sander*, Der EuGH als Förderer und Hüter der Integration, S. 44 ff.

226 *Schwarze/Schwarze*, Art. 220 EG, RdNr. 14.

227 Vergleiche *EuGH* 13.12.1979, Rs. 44/79 (*Hauer*) Slg. 1979, 3727, RdNr. 15; *EuGH* 14.05.1974, Rs. 4/73 (*Nold*) Slg. 1974, 491, RdNr. 13.

228 *Schwarze*, Die Befugnis zur Abstraktion im europäischen Gemeinschaftsrecht, S. 25 ff., 182 ff.

229 *EuGH* 05.03.1996, Rs. C-46/93 und C-48/93 (*Brasserie du Pêcheur und Factortame*) Slg. 1996, I-1029, RdNr. 27; *EuGH* 12.07.1957, Rs. 7/56 und 3/57 bis 7/57 (*Algera*) Slg. 1957, 85, 115.

230 *Franzen*, Privatrechtsangleichung durch die Europäische Gemeinschaft, S. 291 f.

231 So z.B. in *EuGH* 19.11.1991, Rs. C-6/90 und C-9/90 (*Frankovich*) Slg. 1991, I-5357, RdNr. 35 ff.: „Der Grundsatz einer Haftung des Staates für Schäden, die dem einzelnen durch dem Staat zurechenbare Verstöße gegen das Gemeinschaftsrecht entstehen, folgt somit aus dem Wesen der mit dem EWG-Vertrag geschaffenen Rechtsordnung. Die Verpflichtung der Mitgliedstaaten zum Ersatz dieser Schäden findet auch in Artikel 5 EWG-Vertrag eine Stütze, nach dem die Mitgliedstaaten alle geeigneten Maßnahmen

im primären Gemeinschaftsrecht von einer wesentlichen, planwidrigen Lücke zu einer Frage ausgeht, bemüht er sich um Schließung durch allgemeine Rechtsgrundsätze[232].

Die richterliche Rechtsfortbildung durch den Gerichtshof ist damit für die vorliegende Untersuchung in Hinblick auf die Punktualität und Lückenhaftigkeit vertragsrechtlicher Regelungen im Gemeinschaftsrecht neben der Analyse der Auslegung von hoher Bedeutung.

3. Stellung der Generalanwälte und Bedeutung der Schlussanträge

a) Stellung der Generalanwälte

Der Gerichtshof wird von acht Generalanwälten unterstützt[233]. Aufgabe der Generalanwälte ist es, „in völliger Unparteilichkeit und Unabhängigkeit“ begründete Schlussanträge zu den Verfahren vor dem EuGH zu stellen[234], um ihn bei der Erfüllung seiner Aufgabe nach Art. 220 EG zu unterstützen (vgl. Art. 225 Abs. 2 EG). Die Generalanwälte beurteilen dabei die Rechtslage aus ihrer Sichtweise[235]. In den Schlussanträgen ist die rechtliche Stellungnahme des jeweiligen Generalanwalts zum Gegenstand des Verfahrens enthalten. Die Generalanwälte sind in ihrer Stellung unabhängig, sie dürfen keine der Parteien des Rechtsstreits bevorzugen oder benachteiligen[236]. Darüber hinaus darf der Generalanwalt auch nicht für ein Interesse der Gemeinschaft Partei nehmen, ebenso wenig für ein öffentliches Interesse oder einzelstaatliche private Belange. Die Schlussanträge gehen den Entscheidungen des EuGH immer voraus. Sie werden am Ende der mündlichen Verhandlung gestellt, sobald der Berichterstatter seinen Vorbericht abgegeben und die Parteien ihre mündlichen Ausführungen abgeschlossen haben, Art. 59 § 1 VerfO EuGH. Oftmals, aber nicht zwangsläufig, folgt der EuGH im

---

allgemeiner oder besonderer Art zur Erfüllung ihrer Verpflichtungen aus dem Gemeinschaftsrecht zu treffen haben. Zu diesen Verpflichtungen gehört auch diejenige, die rechtswidrigen Folgen eines Verstoßes gegen das Gemeinschaftsrecht zu beheben (...). Es ist nach alledem ein Grundsatz des Gemeinschaftsrechts, dass die Mitgliedstaaten zum Ersatz der Schäden verpflichtet sind, die dem einzelnen durch Verstöße gegen das Gemeinschaftsrecht entstehen, die diesen Staaten zuzurechnen sind. (...)“.

232 *Sander*, Der EuGH als Förderer und Hüter der Integration, S. 47.

233 Bis zum Jahre 2000 von 9, Art. 166 EGV/Art. 222 EG.

234 Ähnlich den französischen *Commissaires du gouvernement* beim Conseil d'Etat und den Vertretern des öffentlichen Interesses im deutschen Verwaltungsgerichtsverfahren.

235 Vergleiche *Oppermann*, Europarecht, RdNr. 379.

236 *Gaissert*, Der Generalanwalt, S. 18 f.

Ergebnis den Anträgen des jeweiligen Generalanwalts[237]. Mit der Stellung der Schlussanträge sind mündliche Verhandlung und gleichzeitig die Teilnahme des Generalanwalts am Verfahren abgeschlossen: An der Beratung der Kammer oder des Plenums nimmt der Generalanwalt nicht mehr teil.

b) Bedeutung der Schlussanträge für die Rechtsprechung des Gerichtshofs

Die Schlussanträge der Generalanwälte enthalten eine umfassende, oft rechtsvergleichende Untersuchung der Rechtslage[238]. Die Generalanwälte bereiten durch ihre Schlussanträge die Entscheidung vor. Hierbei nehmen sie oft ausführlicher und pronocierter Stellung[239], als es die Richter im Rahmen der Urteile selbst tun[240]. Die Schlussanträge sind damit für das Gesamtverständnis der Entscheidungen unverzichtbar.

---

237 Eine ausführliche Darstellung abweichender Voten findet sich in: *Gaissert*, Der Generalanwalt.

238 *Sander*, Der EuGH als Förderer und Hüter der Integration, 25.

239 *Oppermann*, Europarecht, RdNr. 379: „Die meist eingehend begründeten Schlussanträge der Generalanwälte, denen der EuGH in der Praxis in der Mehrzahl der Fälle zu folgen pflegt, sind von hohem juristischen Rang. Ihr Vorhandensein bestärkt freilich die nicht immer glückliche Neigung des EuGH, seinerseits in einem überaus apodiktischen Urteilsstil zu verharren."

240 Vergleiche hierzu oben, S. 30.

C. Der privatrechtliche Vertragsschluss in der Rechtsprechung des EuGH

I. Vertrag

Der *acquis communautaire* enthält keine allgemeingültige Definition des privatrechtlichen Vertrags[241]. In Art. 2 Abs. 5 Pauschalreiserichtlinie findet sich eine Definition, die auf den Anwendungsbereich der Richtlinie limitiert ist[242]. Der Vertragsbegriff wird darüber hinaus ohne Definition bereits in zahlreichen weiteren Rechtsakten des Gemeinschaftsrechts verwendet[243]. *Tonner* hält mangels eines einheitlichen europäischen Vertragsbegriffes auch die Definition in der

241 Die Zivilgesetze einiger Mitgliedstaaten enthalten Definitionen, wie etwa der französische und belgische Code Civile (vgl. Art. 1101 franz./belg. Code Civile: „Une convention par laquelle une ou plusierus personnes s'obligent, envers une ou plusieurs autres, à donner, à faire ou à ne pas faire quelque chose"); in anderen Mitgliedstaaten erfolgt die Ausgestaltung des Begriffs durch Auslegung, richterliche Rechtsfortbildung oder Richterrecht (im Englischen etwa ist ein Vertrag „a promise or set of promises that the law will enforce", vgl. *Halesbury's* Laws of England, 9 [1], para. 601; *Whittaker*, Chitty on Contracts, 1-001; im Deutschen besteht ein Vertrag „aus inhaltlich übereinstimmenden Willenserklärungen [Antrag und Annahme] i.d.R. zweier Rechtssubjekte; [...] der Konsens muss sich zumindest auf die an dem Vertrag beteiligten Parteien, den Vertragsgegenstand sowie den Vertragstyp beziehen [essentialia negotii]", vgl. Handkommentar BGB/*Dörner*, Vor §§ 145 – 157 BGB, RdNr. 1; ebenso: *Jauernig/Jauernig*, v § 104 BGB, RdNr. 6; MünchKomm/*Kramer*, Vor § 145 BGB, RdNr. 24 ff.; *Medicus*, Grundwissen zum Bürgerlichen Recht, RdNr. 34).

242 „Vertrag: Die Vereinbarung, die den Verbraucher an den Veranstalter und/oder Vermittler bindet"; in Art. 1 c) der Verbraucherkreditrichtlinie findet sich ebenfalls eine Definition, die sich auf den Verbraucherkreditvertrag bezieht und keine Aussagen über die Wirkungen trifft, die der Vertrag zwischen den Parteien hervorruft; Kreditvertrag im Sinne der Richtlinie bezeichnet einen Vertrag, bei dem ein Kreditgeber einem Verbraucher einen Kredit in Form eines Zahlungsaufschubes, eines Darlehens oder einer sonstigen ähnlichen Finanzierungshilfe gewährt oder zu gewähren verspricht.

243 Vergleiche z.B.: Art. 2 a) Finanzdienstleistungsrichtlinie; Art. 1 Abs. 4, 2 Abs. 1 Verbrauchsgüterkaufrichtlinie; Art. 2 Nr. 1 Fernabsatzrichtlinie; Art. 1 Timesharing-Richtlinie; Art. 1 Nr. 1 Klauselrichtlinie; Art. 1 Abs. 1 Haustürwiderrufsrichtlinie.

Pauschalreiserichtlinie für inhaltslos[244]. Die Richter des EuGH haben zu Art. 2 Abs. 5 Pauschalreiserichtlinie bislang nicht Stellung genommen[245].
Generalanwalt *Alber* hat in seinen Schlussanträgen in der Rechtssache *Universale Bau-AG und Bietergemeinschaft/Entsorgungsbetriebe Simmering GmbH*[246] zu Art. 1 b) Richtlinie 93/37/EWG[247] ausgeführt, dass ein Vertrag ein objektiver Umstand ist, der für einen objektiven Beobachter genauso gut erkennbar ist, wie ein Gesellschaftsvertrag oder ein Gesetz[248]. *Pfeiffer* erläutert zum Vertragsbegriff in Art. 1 Klauselrichtlinie, dass der Begriff als gemeinsame Kategorie eines europäischen *ius commune* vorausgesetzt wird und damit autonom für die gesamte Gemeinschaft zu bestimmen ist[249]. Hiernach ist ein Vertrag die „rechtlich verbindliche Willenseinigung zwischen Rechtssubjekten“[250]. Der in der Klausel-

244 *Grabitz/Hilf/Tonner*, A 12, Art. 2, RdNr. 24.

245 In den Rechtssachen zur Pauschalreiserichtlinie (vgl. *EuGH* 30.04.2002, Rs. C-400/00 (*Club-Tour*) Slg. 2002, I-4051; *EuGH* 12.03.2002, Rs. C-168/00 (*TUI/Leitner*) Slg. 2001, I-2631; hierzu *Loos/Dickie/Arnokouros/Wiewiórowska-Domagalska*, Eur. Rev. Priv. L. 2003, 91 - 102; *EuGH* 15.06.1999, Rs. C-140/97 (*Rechberger*) Slg. 1999, I-3499; *EuGH* 11.02.1999, Rs. C-237/97 (*AFS Intercultural Programs Finland ry*) Slg. 1999, I-825; *EuGH* 01.12.1998, Rs. C-410/96 (*Ambry*) Slg. 1998, I-7875; *EuGH* 14.05.1998, Rs. C-364/96 (*Verein für Konsumenteninformation*) Slg. 1998, I-2949) hat der Gerichtshof bislang nur bezogen auf den Einzelfall das Bestehen eines Vertrages bejaht, ohne hierauf näher einzugehen.

246 *EuGH* 12.12.2002, Rs. C-470/99 (*Universale-Bau AG und Bietergemeinschaft: 1) Hinteregger & Söhne Bauges.m.b.H. Salzburg, 2) ÖSTÜ-STETTIN Hoch- und Tiefbau GmbH/Entsorgungsbetriebe Simmering GmbH*) Slg. 2002, I-11617, RdNr. 39 der Schlussanträge.

247 Richtlinie 93/37/EWG des Rates vom 14.06.1993 zur Koordinierung der Verfahren zur Vergabe öffentlicher Bauaufträge, ABl. EG 1993 L 199/54.

248 Hintergrund dieser Ausführungen des Generalanwaltes war die Frage, ob die Beklagte aufgrund von Verträgen mit der Stadt Wien als öffentlicher Auftraggeber im Sinne von Art. 1 b) Richtlinie 93/37/EWG anzusehen war, die im Allgemeininteresse liegende Aufgaben erfüllte. Zur Bestimmung des Zwecks der Beklagten zog der Generalanwalt die zwischen der Beklagten und der Stadt Wien geschlossenen Verträge mit der zitierten Begründung heran; die Richter entschieden in ihrem Urteil entsprechend dem Antrag des Generalanwaltes.

249 *Grabitz/Hilf/Pfeiffer*, A 5, Art. 1, RdNr. 11; ebenso: *Wolf/Horn/Lindacher*, Art. 1 RL, RdNr. 25; *Whittaker*, L.Q.R. 116 (2000), 95 ff.; *Remien*, ZEuP 2 (1994), 34, 44.

250 *Wolf/Horn/Lindacher*, Art. 1 RL, RdNr. 26; diese Definition deckt sich in der Sache mit der Definition in Art. 1, 1 des Vorentwurfs eines Europäischen Vertragsgesetzbuches durch die Akademie europäischer Privatrechtswisseschaftler, vgl. die Übersetzung von *Schermaier/Schulze* in: ZEuP 10 (2002), 139: „Der Vertrag ist eine Übereinkunft zwischen zwei oder mehr Parteien, die darauf gerichtet ist, ein Rechtsverhältnis zu begründen, zu regeln, zu ändern oder zu beenden, das Verpflichtungen und andere Wirkungen zum Inhalt haben kann, auch wenn davon nur eine Partei betroffen ist“.

richtlinie enthaltene Vertragsbegriff soll übereinstimmen mit demjenigen in Art. 3 Abs. 1 Nr. 1 EVÜ und Art. 5 Nr. 1 EuGVÜ/Art. 5 Nr. 1 a) EuGVO[251].
Art. 5 Nr. 1 EuGVÜ bzw. die wortgleiche Nachfolgevorschrift Art. 5 Nr. 1 a) EuGVO[252] bestimmt: „Eine Person, die ihren Wohnsitz in dem Hoheitsgebiet eines Vertragsstaats hat, kann in einem anderen Vertragsstaat verklagt werden: 1. wenn ein Vertrag oder Ansprüche aus einem Vertrag den Gegenstand des Verfahrens bilden, vor dem Gericht des Ortes, an dem die Verpflichtung erfüllt worden ist oder zu erfüllen wäre". Diese Vorschrift, die im EuGVÜ bereits seit dessen Inkrafttreten 1968 enthalten war, ist vielfach Gegenstand der Rechtsprechung des EuGH aufgrund seiner Auslegungszuständigkeit über das Übereinkommen gewesen[253]. Der Gerichtshof ließ dabei anfangs noch offen, wie die Begriffe im Übereinkommen auszulegen sind: In der Rechtssache *Industrie Tessili Italiana Como/Dunlop AG*[254] äußerten die Richter, dass das Übereinkommen häufig Ausdrücke und Rechtsbegriffe aus dem Bereich des Zivil-, Handels- und Verfahrensrechts verwendet, deren Bedeutung in den einzelnen Mitgliedstaaten verschieden sein kann[255]. Zu der sich hieraus ergebenden Frage, ob der Ausdruck des „Vertrages oder Ansprüche aus einem Vertrag" in Art. 5 EuGVÜ/EuGVO autonom oder als Verweisung auf die Sachnormen des Rechts verstanden werden muss, das nach den Kollisionsnormen des mit dem Rechtsstreit zuerst befassten Gerichts anwendbar ist, nahmen die Richter erstmals in ihrem Urteil aus dem Jahre 1976 Stellung. Sie urteilten, dass keiner dieser beiden Möglichkeiten unter Ausschluss der anderen der Vorrang gebühre. Eine sachgerechte Entscheidung könne nur für jede Bestimmung des Übereinkommens gesondert getroffen werden; hierbei sei dessen volle Wirksamkeit unter dem Gesichtspunkt der Ziele des Art. 293 EG sicherzustellen[256].

---

251 *Grabitz/Hilf/Pfeiffer*, A 12, Art. 1, RdNr. 11.

252 Die EuGVO tritt nach Art. 68 EuGVO in allen Mitgliedstaaten außer Dänemark an die Stelle des EuGVÜ; in Dänemark gilt weiterhin das EuGVÜ (vgl. auch den 21. und 22. Erwägungsgrund der EuGVO).

253 Gemäß dem Protokoll betreffend die Auslegung des Übereinkommens durch den Gerichtshof vom 03.06.1971, BGBl. 1972.II.846, i.d.F. vom 26.05.1989, BGBl. 1994.II.531 und vom 29.11.1996, ABl. EG 1997 C 15/4; vgl. zu den Verfahrensarten *Geimer/Schütze*, Europäisches Zivilverfahrensrecht, Einleitung, RdNr. 76 ff.; die Zuständigkeit aufgrund der EuGVO ergibt sich nun direkt aus Art. 220 EG; da der Inhalt des Art. 5 Nr. 1 EuGVÜ bezüglich des hier in Frage stehenden Begriffs des „Vertrags oder Ansprüche aus einem Vertrag" wortgleich übernommen wurde, gilt die Rechtsprechung des EuGH gleichsam für die entsprechende Vorschrift Art. 5 Nr. 1 a) EuGVO (vgl. auch *Fetsch*, RIW 2002, 936, 942).

254 *EuGH* 06.10.1976, Rs. 12/76 (*Industrie Tessili Italiana Como/Dunlop AG*) Slg. 1976, 1473.

255 *EuGH, Industrie Tessili Italiana Como/Dunlop AG* (Fn. 254) 1473, RdNr. 10; vgl. hierzu *Hartley*, Eur. L. Rev. 18 (1993), 262, 263.

256 *EuGH, Industrie Tessili Italiana Como/Dunlop AG* (Fn. 254) 1473, RdNr. 11.

Mehr als zehn Jahre später entschied sich der Gerichtshof in der Rechtssache *S.P.R.L. Arcado/S.A. Haviland*[257] für eine konventionsautonome Auslegung des Begriffs „Vertrag oder Ansprüche aus einem Vertrag" in Art. 5 Nr. 1 EuGVÜ/EuGVO[258]. Diese Auslegung entspricht seitdem der ständigen Rechtsprechung[259] des Gerichtshofes[260]:

> „Dieser Begriff ist in Anbetracht der Zielsetzungen und des Gesamtzusammenhangs des Übereinkommens nicht als bloße Verweisung auf das innerstaatliche Recht eines der beteiligten Staaten zu verstehen, denn es muss sichergestellt werden, dass sich aus dem Übereinkommen für die Vertragsstaaten und die betroffenen Personen so weit wie möglich gleiche und einheitliche Rechte und Pflichten ergeben. Infolgedessen ist der Begriff ‚Vertrag oder Ansprüche aus einem Vertrag' als autonomer Begriff anzusehen, bei dessen Auslegung im Rahmen der Anwendung des Übereinkommens in erster Linie die Systematik und die Zielsetzungen dieses Übereinkommens berücksichtigt werden müssen, damit dessen volle Wirksamkeit sichergestellt wird."[261]

Die konventionsautonome Qualifikation, die der Gerichtshof mit dieser Rechtsprechung vorgenommen hat, lehnt den Rückzug auf die jeweilige materielle *lex fori* ebenso ab wie den Rückgriff auf das Recht desjenigen Staates, auf das die Kollisionsnormen des Gerichts verweisen (*lex causae*)[262]. Anderenfalls würde

---

257 *EuGH* 08.03.1988, Rs. 9/87 (*S.P.R.L. Arcado/S.A. Haviland*) Slg. 1988, 1539.

258 Diese autonome Auslegung bezieht sich aufgrund der sich auf den Begriff des „Vertrages oder Ansprüche aus einem Vertrag" beschränkenden Vorlagefrage nur hierauf; der EuGH hat in anderen Vorlagefragen differenziert entschieden, z.B. zum Begriff des Erfüllungsortes in Art. 5 EuGVÜ, der nach der st. Rspr. nach der *lex causae* zu bestimmen ist, vgl. *EuGH* 06.10.1976, Rs. 12/76 (*Industrie Tessili Italiana Como/Dunlop AG*) Slg. 1976, 1473, 1486; *EuGH* 15.01.1987, Rs. 266/85 (*Shenavai/Kreischer*) Slg. 1987, 239, 254; *EuGH* 29.04.1994, Rs. C-288/92 (*Custom Made Commercial Ltd./Stawa Metallbau GmbH*) Slg. 1994, I-2913; dagegen *Schack*, Zivilverfahrensrecht, RdNr. 271 ff.; *Kadner Graziano*, Jura 1997, 240, 244 ff.; mit Inkrafttreten der EuGVO hat sich der Streit durch Aufnahme einer Definition in Art. 5 Nr. 1 b) erledigt.

259 Vergleiche *EuGH* 22.03.1983, Rs. 34/82 (*Peters*) Slg, 1983, 987, RdNr. 9 f.; mit Anmerkung: *Hartley*, Eur. L. Rev. 18 (1993), 262, 263; *Huet*, J.D.I. 110 (1983), 834 ff.; *EuGH* 08.03.1988, Rs. 9/87 (*Arcado*) Slg. 1988, 1539, RdNr. 10 f.; *EuGH* 17.06.1992, Rs. C-26/91 (*Handte*) Slg. 1992, I-3967, RdNr. 10; *EuGH* 27.10.1998, Rs. C-51/97 (*Réunion européenne*) Slg. 1998, I-6511, RdNr. 15; hierzu: *Leclerc*, J.D.I. 126 (1999), 625 ff.; *EuGH* 17.09.2002, Rs. C-334/00 (*Fonderie Officine Meccaniche Tacconi/Heinrich Wagner Sinto Maschinenfabrik GmbH*) Slg. 2002, I-7357; *EuGH* 11.07.2002, Rs. C-96/00 (*Gabriel*) Slg. 2002, I-6367, RdNr. 37; *Kropholler*, Europäisches Zivilprozessrecht, Art. 5 EuGVO, RdNr. 5; *Peifer*, JZ 1995, 90, 92

260 *EuGH, S.P.R.L. Arcado/S.A. Haviland* (Fn. 257) 1539, RdNr. 10.

261 Ebenso *EuGH* 14.10.1976, Rs. 29/76 (*LTU*) Slg. 1976, 1541, RdNr. 3; *EuGH* 22.03.1983, Rs. 34/82 (*Peters*) Slg. 1983, 987, RdNr. 9; *EuGH* 27.09.1988, Rs. 189/87 (*Kalfelis*) Slg. 1988, 5565, RdNr. 15.

262 *Spellenberg*, ZZP 91 (1978), 41 ff.; *Schlosser*, RIW 1988, 989; *Bischoff*, J.D.I. 120 (1993), 469, 470 f.; *Kropholler*, Europäisches Zivilprozessrecht, Art. 5 EuGVO, RdNr.

der Anwendungsbereich auf den kleinsten gemeinsamen Nenner reduziert, was aber der Aufgabe des EuGVÜ zuwiderliefe[263]. Hierbei zieht der Gerichtshof, wo nötig, auch die allgemeinen Rechtsgrundsätze der Mitgliedstaaten mit heran[264]. Wie die Richter des EuGH herausstellen, ist das EuGVÜ daneben auch in Zusammenhang mit dem EG-Vertrag zu setzen und entsprechend auszulegen[265]. Dogmatisch ist Art. 5 EuGVO dem formellen Recht zuzuordnen[266]. Zweck der Vorschrift ist die Feststellung des einschlägigen Gerichtsstandes aufgrund einheitlicher Vorgaben und die Verweisung an das Gericht des Ortes, an dem die Verpflichtung erfüllt worden ist oder zu erfüllen wäre. Zu trennen ist damit zwischen dem Vertragsbegriff der EuGVO einerseits und den nationalen Vertragsbegriffen der Mitgliedstaaten. Problematisch an der Auslegung des Art. 5 Nr. 1 EuGVÜ ist, dass an das materiellrechtliche Institut des Vertrags angeknüpft wird[267]. Die Aufgabe der EuGVO erschöpft sich jedoch in der Verweisung, die Entscheidung in der Sache wird dem mitgliedstaatlichen Recht unterstellt. Gleichwohl hat der Gerichtshof nach einer rechtsvergleichenden Darstellung durch Generalanwalt *Jacobs* in seinem Urteil in der Rechtssache *Handte*[268] eine inhatliche Definition des Vertragsbegriffes vorgenommen; er führt aus, dass ein Vertrag die „freiwillig gegenüber einer anderen Person eingegangene Verpflichtung ist“[269]. Aufgrund dieser weiten Definition des Begriffs durch den EuGH wird der Anwendungsbereich von Art. 5 Nr. 1 a) EuGVO in der Praxis sehr weit gezogen[270]. Die Vorschrift beantwortet beispielsweise auch die Frage, ob zwi-

---

5; nur bei Fragen, die nach dem „gegenwärtigen Stand der Rechtsentwicklung noch keine gemeinsamen Prinzipien in den verschiedenen nationalen Rechtsordnungen erkennen lassen“, hält der EuGH die nach dem IPR des Gerichtsstaates ermittelte *lex causae* für maßgeblich, *Geimer/Schütze*, Europäisches Zivilverfahrensrecht, Einleitung, RdNr. 65; *Hartley*, Eur. L. Rev. 18 (1993), 262, 263.

263 *Geimer/Schütze*, Europäisches Zivilverfahrensrecht, Art. 1 EuGVÜ, RdNr. 16.

264 In Bezug auf den Begriff der „Zivil- und Handelssachen in Art. 1 EuGVÜ“ vgl. *EuGH* 14.10.1976, Rs. 29/76 (*LTU/Eurocontrol*) Slg. 1976, 1541, 1550, RdNr. 3; *EuGH* 21.04.1993, Rs. C-172/91 (*Sonntag/Klaidmann*) Slg. 1993, I-1963; *Dauses/Kreuzer/Wagner*, Hdb. EU-Wirtschaftsrecht, Q, RdNr. 28; in Bezug auf den Begriff der „Bürgschaft“ vgl. *EuGH* 15.05.2003, Rs. C-266/01 (*Préservatrice foncière TIARD SA/Staat der Niederlanden*) Slg. 2003, I-4867, RdNr. 27 ff.

265 *EuGH* 06.10.1976, Rs. 12/76 (*Tessili/Dunlop*) Slg. 1976, 1473, RdNr. 9.

266 *Geimer/Schütze*, Europäisches Zivilverfahrensrecht, Einleitung, RdNr. 23 ff.

267 *Basedow*, Europäisches Zivilprozessrecht, in: Herrmann/Basedow/Kropholler, Hdb des Internationalen Zivilverfahrensrechts, S. 116.

268 *EuGH* 17.06.1992, Rs. C-26/91 (*Handte/TMCS*) Slg. 1992, I-3967, RdNr. 15; vergleiche zu dem Verfahren im Einzelnen noch unten, S. 68 ff.

269 *Geimer/Schütze*, Europäisches Zivilverfahrensrecht, Art. 5 EuGVÜ, RdNr. 8.

270 MünchKomm/*Gottwald*, Art. 5 EuGVÜ/IZPR, RdNr. 4; *Mankowski*, IPRax 2003, 127, 129.

schen den Parteien überhaupt ein Vertrag vorliegt[271]. Diese Frage ist aufgrund der konventionsautonomen Auslegung des Begriffs des Vertrags losgelöst vom nationalen Recht etwaig in Frage stehender nationaler Privatrechte zu beurteilen. Dabei kann es sein, dass aufgrund der autonomen Auslegung des Vertragsbegriffes nach der EuGVO eine Klage aus Vertrag vorliegt, sich aber bei der Prüfung des nationalen materiellen Rechts herausstellt, dass tatsächlich kein Vertrag zwischen den Parteien besteht[272]. An dieser Zweiteilung hält der Gerichtshof in ständiger Rechtsprechung[273] gleichwohl fest und nimmt unterschiedliche Ergebnisse in Kauf.
In Bezug auf die Auslegung des Begriffs des „Vertrages oder Ansprüche aus einem Vertrag" durch den Gerichtshof besteht in der Lehre Einigkeit, dass es sich um eine konventionsautonome Auslegung einer Vorschrift handelt, die dem internationalen Einheitsrecht zuzuordnen ist[274]. Mit dieser Rechtsprechung strebt der EuGH einen Ausgleich der nationalstaatlichen Vertragsbegriffe an[275]. Die in der Rechtssache *Handte*[276] vorgenommene Auslegung bereitet hinsichtlich der Feststellung, ob zwischen den Parteien ein Vertrag besteht, in keinem der Mitgliedstaaten Probleme[277].
Umstritten ist jedoch die inhaltliche Reichweite dieses Begriffs und damit seine Bedeutung für das Europäische Vertragsrecht. *Micklitz* sieht den Vertragsbegriff, den der EuGH in der Rechtssache *Handte* für das EuGVÜ entwickelt hat, als einen eigenen an. Dieser müsse von demjenigen Vertragsbegriff unterschie-

271 *EuGH* 04.03.1982, Rs. 38/81 (*Effer*) Slg. 1982, 825; *OLG Hamm*, RIW 1980, 662, 663; *Kropholler*, Europäisches Zivilprozessrecht, Art. 5 EuGVO, RdNr. 11.

272 *Geimer*, NJW 1988, 3089, 3090; *Geimer/Schütze*, Europäisches Zivilverfahrensrecht, Art. 5 EuGVÜ, RdNr. 11; anders *Kohler*, Die besonderen Zuständigkeiten des Artikels 5 EuGVÜ, in: Tebbens/Kennedy/Kohler, Internationale Zuständigkeit und Urteilsanerkennung in Europa, S. 46.

273 Vergleiche Fn. 259.

274 *Grabitz/Hilf/Pfeiffer*, A 5, Vorbem., RdNr. 19 f.

275 *Micklitz*, Der Vertragsbegriff in den Übereinkommen von Brüssel und Rom, in: Schulte-Nölke/Schulze, Europäisches Vertragsrecht im Gemeinschaftsrecht, S. 40.

276 *EuGH, Handte/TMCS* (Fn. 268) 3967.

277 Dies gilt beispielsweise auch für die Besonderheiten der „consideration" im Englischen Recht; diese wird allgemein definiert als „some right, interest, profit, or benefit accruing to the one party, or some forbearance, detriment, loss, or responsibility given, suffered, or undertaken by the other at this request. It is not neccessary that the promisor should benefit by the consideration. It is sufficient if the promisee does some act from which a third person benefits, and which he would not have done but for the promise", vgl. *Halesbury's* Laws of England, 9 (1), para. 728; auch bei fehlender „consideration" der Parteien ist jeodch eine vertragliche Verpflichtung im Sinne von Art. 5 Abs. 1 EuGVÜ nicht ausgeschlossen, vgl. *O'Malley/Layton*, European Civil Practice, S. 390; *Whittaker*, Chitty on Contracts, 1-001: „What is required is consideration for a party's promise, not consideration for the parties' agrement."; *Lando*, Eight Principles of European Contract Law, in: Cranston, Making Commercial Law, S. 107 f.

den werden, der sich in Bezug auf die verbraucherschützenden Richtlinien im Gemeischaftssekundärrecht ausbildet. Aus diesem Grunde hält *Micklitz* bei Rückschlüssen vom Vertragsbegriff als solchem aus der EuGVO in das Gemeinschaftsrecht allgemein Vorsicht für geboten[278]. Diese Ansicht trägt dem unterschiedlichen Charakter der materiellen verbraucherschützenden Richtlinien einerseits und der EuGVO als formellem Recht andererseits Rechnung.

Pfeiffer hingegen sieht den Begriff in der EuGVO (und ebenso im EVÜ) als Auslegungshilfe im Rahmen der systematischen Auslegung an[279]: Der Begriff des Vertrags sei mangels entsprechender Definition EG-autonom aus dem europäischen *ius commune* zu bestimmen[280]. Die EuGVO schlägt ihrerseits aufgrund des Abschnitts über Verbrauchersachen in Art. 15 ff. EuGVO eine Brücke zu den verbraucherschützenden Richtlinien mit ihrem funktionell bestimmten „kompetitiven"[281] Vertragsbegriff. Diese Vertragskonzeption wirkt sich aufgrund der Umsetzungserfordernisse nach Art. 249 S. 3 EG zwangsläufig auf die nationalen Privatrechte der Mitgliedstaaten aus. Die insoweit um Vereinheitlichung bestrebte EuGVO überträgt diese Regelungen aus den nationalen Rechten wieder ins Gemeinschaftsrecht und führt auf diese Weise – wie auch die Ausführungen von *Pfeiffer*[282] und *Wolf*[283] zeigen – zu einer Homogenität des Gemeinschaftsrechts.

Die Rechtsprechung des EuGH beinhaltet, auch vor dem privatrechtlichen Hintergrund der Vorschrift[284], eine autonome Auslegung und damit eine europarechtliche Betrachtungsweise des privatrechtlichen Vertragsbegriffes[285]. Der EuGH hat hier, wie auch in Zusammenhang mit verschiedenen weiteren Vorschriften des EuGVÜ, eine europäische Definition materiellen Zivilrechts vorgenommen[286], die einheitlich für das europäische Zivilrecht gilt[287]. Zugleich be-

---

278 *Micklitz*, Der Vertragsbegriff in den Übereinkommen von Brüssel und Rom, in: Schulte-Nölke/ Schulze, Europäisches Vertragsrecht im Gemeinschaftsrecht, S. 39 ff.

279 *Grabitz/Hilf/Pfeiffer*, A 5, Vorbem., RdNr. 20.

280 *Grabitz/Hilf/Pfeiffer*, A 5, RdNr. 11; *Zweigert/Kötz*, Einführung in die Rechtsvergleichung, S. 350 ff.; *Remien*, ZEuP 2 (1994), 34, 44.

281 *Micklitz*, Der Vertragsbegriff in den Übereinkommen von Brüssel und Rom, in: Schulte-Nölke/ Schulze, Europäisches Vertragsrecht im Gemeinschaftsrecht, S. 40.

282 Vergleiche Fn. 249.

283 Vergleiche Fn. 250.

284 *Schwartz*, ZEuP 2 (1994), 559, 562.

285 *Geimer*, NJW 1988, 3089, 3090; *Mankowski*, IPRax 2003, 127, 129; *O'Malley/Layton*, European Civil Practice, S. 336 f.

286 Vergleiche hierzu *Kropholler*, Europäisches Zivilprozessrecht, Art. 5 EuGVO, RdNr. 5; diese Rechtsprechung des EuGH unterscheidet sich ihrerseits z.T. von der Auslegung durch nationale Gerichte; so handelt es sich beispielsweise im deutschen nationalen Recht beim faktischen Vertrag mangels Freiwilligkeit der eingegangenen Verpflichtung nach Auslegung des EuGH von EuGVÜ/EUGVO nicht um einen Vertrag im europäischen Sinne; wohl aber hat der BGH im sog. „Hamburger Parkplatzfall" entschieden,

steht damit ein Zusammenhang zwischen dem Gemeinschaftsrecht und dem Übereinkommen in der Auslegung des Gerichtshofes auf der einen und dem innerstaatlichen Recht, das gewahrt bleibt, auf der anderen Seite[288]. Das EuGVÜ ist keine von dem großen Gesamtwerk des Integrationsrechts losgelöste Disziplin[289]. Generalanwalt *Capotorti* äußerte im Rahmen seiner Schlussanträge in der Rechtssache *Sancientral* mit Bezug auf das EuGVÜ[290]:

> „Die Berücksichtigung des Zusammenhanges zwischen Gemeinschaftsrecht und Übereinkommen nach Artikel 220 des Vertrages von Rom sowie der dem Gerichtshof übertragenen Aufgabe der einheitlichen Auslegung genügt, um diese Frage dahin zu beantworten, dass die Vorschriften des Übereinkommens Vorrang gegenüber dem – auch späteren – innerstaatlichen Recht eines Mitgliedstaates haben müssen."

Damit stellt Generalanwalt *Capotorti* heraus, dass das Übereinkommen nicht durch ein nationales *lex posterior* verdrängt werden kann.
Im Verfahren *S.P.R.L. Arcado/S.A. Haviland*[291] zog der Gerichtshof erstmals eine Parallele zum EVÜ. Hierzu äußert sich *Decker* im Rahmen einer Anmerkung zu der Entscheidung in der Rechtssache *Handte*[292] wie folgt[293]:

> „It is likely that the recent coming into effect of the Rome Convention on the law applicable to contractual matters will in the future help to minimise inconsistencies resulting from the conflict of characterisations between national legislations and European Law."

Das EVÜ ist – im Gegensatz zum EuGVÜ – nicht auf der Kompetenzgrundlage des Art. 293 EG ergangen[294]. Damit handelt es sich nicht um einen Gemein-

---

dass ein Vertrag vorliege und die hieraus geltend gemachten Ansprüche bestanden, vgl. BGHZ 21, 319; diese Auffassung ist in Deutschland in der Literatur kontrovers diskutiert worden und wird überwiegend abgelehnt, vgl. *Medicus*, Bürgerliches Recht, RdNr. 189 ff.; der BGH selbst hat seine Auffassung in BGHZ 55, 128 eingeschränkt auf den Massenverkehr.

287 Vergleiche *Pfeiffer* (Fn. 271) und *Wolf* (Fn. 272).

288 Für das französische Recht mit Bezug auf *EuGH* 27.10.1998, Rs. C-51/97 (*Réunion européenne*) Slg. 1998, I-6511, RdNr. 25 ff. der Schlussanträge, *Gaudemet-Tallon*, Rev. crit. dr. int. priv. 88 (1999), 333, 335: „La cour confirme donc la définition qu'elle avait déjà donnée de la materière contractuelle au sens de l'article 5-1° (sur ce que, en droit français, les mécanismes de l'action directe ou de la stipulation pour autrui auraient pu conduire à estimer que l'action du destinataire contre le transporteur était de nature contractuelle)".

289 *Kropholler*, Europäisches Zivilprozessrecht, Art. 5 EuGVO, RdNr. 5.

290 *EuGH* 13.11.1979, Rs. 25/79 (*Sancientral*) Slg. 1979, 3423, 3435.

291 *EuGH* 08.03.1988, Rs. 9/87 (*S.P.R.L. Arcado/S.A. Haviland*) Slg. 1988, 1539.

292 *EuGH, Handte/TMCS* (Fn. 268) 3967.

293 *Decker*, ICLQ 42 (1993), 366, 369.

294 Vergleiche hierzu *Mansel*, JZ 1991, 529, 530 f.; *Grundmann*, Europäisches Vertragsrecht, S. 159, RdNr. 6.

schaftsrechtsakt im engeren Sinne[295]. Das EVÜ enthält Regelungen zum Vertrag in Art. 8 Abs. 2 EVÜ. Art. 8 Abs. 2 normiert den Vertragsabschluss und enthält damit Regelungen zu einer Phase des privatrechtlichen Vertrags, die von zahlreichen Richtlinien tangiert wird[296] und auch im Primärrecht Gegenstand der Diskussion ist[297]. Bislang verbleibt das EVÜ und der hierin enthaltene Vertragsbegriff jedoch als Auslegungshilfe gegenüber der bedeutsamen EuGVO und anderen Gemeinschaftsrechtsakten. Hinter diesen steht das EVÜ gemäß Art. 20, 21 als subsidiär zurück. Zwar obläge dem EuGH nach dem Ersten[298] und Zweiten Brüsseler Protokoll betreffend die Auslegung des am 19. Juni 1980 in Rom zur Unterzeichnung aufgelegten Übereinkommens über das auf vertragliche Schuldverhältnisse anzuwendende Recht durch den Gerichtshof der Europäischen Gemeinschaften vom 19.12.1988[299] grundsätzlich auch die Auslegung des EVÜ. Diese Protokolle sind jedoch mangels ausreichender Ratifizierung bislang nicht in Kraft getreten, so dass sich Vorlagen an den EuGH verbieten. Selbst wenn die Protokolle, wie derzeit noch in der Diskussion, in Zukunft in Kraft treten sollten, stellt sich die Frage, welchen Beitrag das EVÜ zum Europäischen Vertragsrecht leisten kann[300]. Die *Lando*-Kommission und die *Study Group on European Private Law* haben hierzu in ihrer gemeinsamen Antwort auf die Mitteilung Kommission zum Europäischen Vertragsrecht ausgeführt[301]:

> „Conflict of law rules generally ensure not more than that a contract is always subject to the law of a nation."

Für die vorliegende Untersuchung kann das EVÜ aufgrund der fehlenden Rechtsprechung des EuGH keine Ergebnisse liefern. Bedeutsam werden nur einzelne Vorschriften, die – allerdings ohne Auslegung durch die Richter des EuGH – als Auslegungshilfe herangezogen werden können.

---

295 *Grundmann*, Europäisches Vertragsrecht, S. 159, RdNr. 6; das EVÜ gilt damit auch nur für die Staaten, die es ratifiziert haben; dies sind: Belgien, Dänemark, Deutschland, Frankreich, Großbritannien, Italien, Luxemburg, Niederlande, Irland.

296 Insbesondere Haustürwiderrufsrichtlinie, Pauschalreiserichtlinie, Klauselrichtlinie, Fernabsatzrichtlinie und Überweisungsrichtlinie.

297 Für den Fall von Art. 28 EG vgl. z.B. *EuGH* 13.10.1993, Rs. C-93/92 (*CMC Motorradcenter GmbH/Pelin Baskiciogullari*) Slg. 1993, I-5009.

298 BGBl. 1995.II.916.

299 BGBl. 1995.II.933.

300 Ausführlich hierzu: *Micklitz*, Der Vertragsbegriff in den Übereinkommen von Brüssel und Rom, in: Schulte-Nölke/Schulze, Europäisches Vertragsrecht im Gemeinschaftsrecht, S. 64 ff.

301 Joint Response of the Commission on European Contract Law and the Study Group on a European Civil Code zur Mitteilung der Kommission an den Rat und das Europäische Parlament zum Europäischen Privatrecht, Brüssel, 11.07.2001, KOM (2001) 398 endg., ABl. EG 2001 C 255/1, S. 52.

II. Privatautonomie der Vertragsparteien

Die Definition des Vertrags in der Rechtssache *Handte*[302] stellt für das Vertragsrecht weitere Voraussetzungen auf: Zum einen muss es sich bei den Vertragsparteien um „Personen" handeln, zum anderen muss die Vereinbarung „freiwillig" eingegangen sein. Im Folgenden soll dementsprechend zunächst untersucht werden, wer Vertragspartei beim Abschluss eines Vertrages sein kann. Anschließend soll die Privatautonomie im Gemeinschaftsrecht anhand der Rechtsprechung näher dargestellt werden.

1. Vertragsparteien

Fraglich ist zunächst, wem nach der Rechtsprechung des EuGH im Europäischen Gemeinschaftsrecht die Fähigkeit zukommt, privatrechtliche Verträge abzuschließen.

a) Natürliche/Juristische Personen

In der Rechtssache *Teckal Srl/Commune di Viano und Azienda Gas-Acqua Consorziale (AGAC)*[303] hatte sich der Gerichtshof vor dem Hintergrund der Richtlinie 93/36/EWG[304] mit der Frage der Parteien eines Vertrages zu befassen. Die Richter kamen zu dem Ergebnis, dass das vorlegende Gericht prüfen müsse, ob eine Vereinbarung zwischen zwei verschiedenen Personen getroffen wurde[305]. Sie stellten fest, dass der EuGH nach Art. 220 EG weder zur Auslegung innerstaatlicher Rechts- oder Verwaltungsvorschriften noch zu Äußerungen über deren Vereinbarkeit mit dem Gemeinschaftsrecht befugt sei. Zur Entscheidung hierüber verwiesen sie die Sache ins nationale Recht zurück[306].
In der Rechtssache *Distribuidores Cinematográficos* stellte der Gerichtshof fest[307], dass er dem vorlegenden Gericht Hinweise zur Auslegung des Gemeinschaftsrechts geben kann. Diese ermöglichten dem nationalen Gericht, die ihm vorliegende Rechtsfrage zu beantworten. Einen entsprechenden Hinweis hat der

---

302 *EuGH, Handte/TMCS* (Fn. 268) 3967.

303 *EuGH* 18.11.1999, Rs. C-107/98 (*Teckal Srl/Commune di Viano und Azienda Gas-Acqua Consorziale*) Slg. 1999, I-8121.

304 Richtlinie 93/36/EWG des Rates vom 14.06.1993 über die Koordinierung der Verfahren zur Vergabe öffentlicher Lieferaufträge, ABl. EG 1993 L 199/1.

305 *EuGH, Teckal Srl/Commune die Viano und Azienda Gas-Acqua Consorziale* (Fn. 303) RdNr. 49.

306 *EuGH, Teckal Srl/Commune die Viano und Azienda Gas-Acqua Consorziale* (Fn. 303) RdNr. 33.

307 *EuGH* 04.05.1993, Rs. C-17/92 (*Distribuidores Cinematográficos*) Slg. 1993, I-2239, RdNr. 8.

Gerichtshof in der Rechtssache *Teckal* dem vorlegenden Tribunale amministrativo regionale per l'Emilia-Romagna[308] in Bezug auf Art. 1 a) Richtlinie 93/36/EWG gegeben[309]: Voraussetzung eines privatrechtlichen Vertrages ist das Bestehen einer Vereinbarung zwischen zwei verschiedenen Personen[310]. Dieser Hinweis ist gemeinschaftsrechtlich-autonom zu beurteilen. Nach Art. 1 a) Richtlinie 93/36/EWG kann es sich dabei um natürliche oder juristische Personen handeln.

Zu demselben Ergebnis kam der Gerichtshof in seiner Entscheidung der Rechtssache *ARGE Gewässerschutz/Österreichisches Bundesministerium für Land- und Forstwirtschaft*[311].

Gegenstand des Verfahrens war u.a. die Frage, ob der Auftraggeber i.S.v. Art. 3 Abs. 1 Richtlinie 92/50/EWG[312] Leistungsverträge mit Einrichtungen abschließen darf, die sich ausschließlich oder zumindest überwiegend im Eigentum der öffentlichen Hand befinden und die ihre Leistungen ausschließlich oder zumindest überwiegend an den Auftraggeber oder an andere Einrichtungen des Staates erbringen[313]. Hierzu äußerte Generalanwalt *Léger* im Rahmen seiner Schlussanträge wie folgt[314]:

> „Dass das Rechtsverhältnis zwischen dem Dienstleistenden und dem Dienstleistungsempfänger vertraglicher Art ist, setzt voraus, dass zwei juristische Personen, die als solche die Fähigkeit besitzen, sich durch eine Willenserklärung zu verpflichten, einander

---

308 *Tribunale Amministrativo Regionale dell'Emilia Romagna*, Sede di Parma, ordinanza del 10/03/98 03/04/98 (138/98).

309 Art. 1: Im Sinne dieser Richtlinie a) gelten als öffentliche Lieferaufträge die zwischen einem Lieferanten (einer natürlichen oder juristischen Person) und einem (...) öffentlichen Auftraggeber geschlossenen schriftlichen entgeltlichen Verträge über Kauf, Leasing, Miete, Pacht oder Ratenkauf, mit oder ohne Kaufoption, von Waren.

310 En.: agreement between two seperate persons; Es.: un convenio entre dos persona distintas; Fr.: une convention entre deux personnes distinctes; It.: un incontro di volontà tra due persone distinte; Nl.: een overeenkomst is gesloten tussen twee afzonderlijke personen; Pt.: una convenção entre duas pessoas distintas; Sv.: en överenskommelse mellan två skilda personer.

311 *EuGH* 07.12.2000, Rs. C-94/99 (*ARGE Gewässerschutz/Österreichisches Bundesministerium für Land- und Forstwirtschaft*) Slg. 2000, I-11037.

312 Richtlinie 92/50/EWG des Rates vom 18.06.1992 über die Koordinierung der Verfahren zur Vergabe öffentlicher Dienstleistungsaufträge, ABl. EG 1992 L 209/1; Art. 3 Abs. 1: „Die Auftraggeber wenden bei der Vergabe ihrer Dienstleistungsaufträge und bei der Durchführung von Wettbewerbern Verfahren an, die den Bestimmungen dieser Richtlinie angepasst sind".

313 *EuGH, ARGE Gewässerschutz/Österreichisches Bundesministerium für Land- und Forstwirtschaft* (Fn. 311) 11037, RdNr. 16.

314 *EuGH, ARGE Gewässerschutz/Österreichisches Bundesministerium für Land- und Forstwirtschaft* (Fn. 311) 11037, RdNr. 40, 49 ff. der Schlussanträge; hierzu *Pfeiffer*, Die Subjekte des Europäischen Vertragsrechts, in: Schulte-Nölke/Schulze, Europäisches Vertragsrecht im Gemeinschaftsrecht, S. 85 ff.

gegenüberstehen. Der Dienstleistende muss daher bei der Ausübung seiner wirtschaftlichen Tätigkeit im Verhältnis zu der Behörde, die ihn beauftragt, hinreichend selbstständig handeln können. Wie Generalanwalt *Cosmas* in seinen Schlussanträgen in der Rechtssache *Teckal*[315] klar ausgeführt hat, muss der Vertragspartner des öffentlichen Auftraggebers im Verhältnis zu diesem tatsächlich die Eigenschaft eines Dritten besitzen, d.h., es muss sich um eine von dem öffentlichen Auftraggeber verschiedene Person handeln."

Obwohl die Richter die Beantwortung dieser Vorlagefrage im Urteil für entbehrlich hielten, teilten sie insoweit die Ansicht des Generalanwalts, als sie auf die entsprechende Passage in der Entscheidung der Rechtssache *Teckal* verwiesen[316]. Hieraus folgt, dass Vertragsparteien bei Verträgen aufgrund einer Ausschreibung nur Rechtssubjekte sein können. Unerheblich ist dabei, ob es sich um natürliche oder juristische Personen handelt. Jedenfalls müssen die vertragschließenden Parteien die Fähigkeit besitzen, sich durch Willenserklärungen vertraglich binden zu können. Erforderlich ist, dass sich zumindest zwei unterschiedliche Personen gegenüberstehen, die miteinander den Vertrag schließen. Es handelt sich hierbei um die gemeinschaftsrechtlich-autonome Auslegung der Richtlinie 92/50/EWG, die ausweislich ihrer Erwägungsgründe bei der schrittweisen Verwirklichung des Binnenmarktes mitwirkt[317].
Im Ergebnis identisch entschied der Gerichtshof in der Rechtssache *Commissioners of Customs/Primback Ltd.*[318]. Gegenstand dieses Vorabentscheidungsersuchens des englischen House of Lords[319] war die Auslegung der sechsten Richtlinie 77/388/EWG[320] in Hinblick auf eine Form des kreditfinanzierten Warenkaufs. Der entscheidungserhebliche Art. 11 A. Abs. 1 der sechsten Richtlinie 77/388/EWG bestimmt: „Die Besteuerungsgrundlage ist: a) Bei Lieferungen von Gegenständen und Dienstleistungen, die nicht unter den Buchstaben b) – d) genannt sind, alles, was den Wert der Gegenleistung bildet, die der Lieferer oder Dienstleistende für diese Umsätze vom Abnehmer oder Dienstleistungsempfänger oder von einem Dritten erhalten soll, einschließlich der unmittelbar mit dem Preis dieser Umsätze zusammenhängenden Subventionen".

---

315 *EuGH* 18.11.1999, Rs. C-107/98 (*Teckal*) Slg. 1999, I-8121, RdNr. 53 ff. der Schlussanträge.

316 *EuGH, ARGE Gewässerschutz/Österreichisches Bundesministerium für Land- und Forstwirtschaft* (Fn. 311) 11037, RdNr. 39 f.

317 Vergleiche die erste und zweite Begründungserwägung der Richtlinie 92/50/EWG.

318 *EuGH* 15.05.2001, Rs. C-34/99 (*Commissioners of Customs/Primback Ltd.*) Slg. 2000, I-3833.

319 Oder of 01/02/1999.

320 Sechste Richtlinie 77/388/EWG des Rates vom 17.05.1977 zur Harmonisierung der Rechtsvorschriften der Mitgliedstaaten über die Umsatzsteuern – Gemeinsames Mehrwertsteuersystem: einheitliche steuerpflichtige Bemessungsgrundlage, ABl. EG 1977 L 145/1.

Fraglich war, ob der Wert der Gegenleistung an den äußeren Verkaufsmodalitäten zu bemessen ist. Generalanwalt *Alber* führte zu dem Begriff der Gegenleistung aus, dass diese der subjektive Wert dessen sei, was der Leistende tatsächlich erhalten habe, und nicht ein normaler, nach objektiven Maßstäben geschätzter Wert[321]. *Alber* stellt auf den subjektiven Wert der Leistung ab, um eine nachträgliche Schätzung der Besteuerungsgrundlage anhand objektiver Kriterien abzulehnen[322]:

> „Subjektiv ist dieser vereinbarte Wert nur insoweit, als er auf den Willenserklärungen zweier Rechtssubjekte, nämlich der Vertragspartner beruht. Vorliegend besteht eine zumindest vordergründig eindeutige Vereinbarung zwischen den Parteien, wonach die Gegenleistung den vollen ausgezeichneten Preis der Waren umfasst. Schuldrechtlich erscheint Primback Ltd in voller Höhe an diese Vereinbarung gebunden – etwa im Fall einer Rückabwicklung des Geschäfts."

Der Generalanwalt legt die Richtlinie dahin gehend aus, dass Voraussetzung eines privatrechtlichen Vertrages, aufgrund dessen die steuerpflichtige Gegenleistung entsteht, Willenserklärungen der Vertragspartner sind. Diese Willenserklärungen könnten nur von Rechtssubjekten abgegeben werden. Der Gerichtshof schloss sich in den Urteilsgründen insoweit den Anträgen des Generalanwalts an[323]. Erforderlich für eine Vereinbarung und damit für den Abschluss eines Vertrages ist Rechtssubjektsqualität, in welcher rechtlichen Form sie vorliegt, ist unerheblich: Im Fall *ARGE Gewässerschutz* wurde der Vertrag zwischen einer juristischen Person des öffentlichen Rechts und einer Gesellschaft nach österreichischem Recht geschlossen. Im Fall *Primback Ltd.* schlossen natürliche Personen mit *Primback Ltd.*, einer Gesellschaft nach englischem Recht, Verträge. *Primback Ltd.* hatte dabei insofern Rechtssubjektsqualität, als sie nach englischem Recht durch ihre Gesellschaftsform die Fähigkeit besitzt, sich rechtlich zu binden. Mangels entsprechender europäischer Rechtsakte auf dem Gebiet des Gesellschaftsrechts[324] greift hier im Einzelfall das nationale Recht durch[325]. Es

---

321 *EuGH, Commissioners of Customs/Primback Ltd.* (Fn. 318) 3833, RdNr. 34 ff. der Schlussanträge.

322 *EuGH, Commissioners of Customs/Primback Ltd.* (Fn. 318) 3833, RdNr. 34 ff. der Schlussanträge.

323 *EuGH, Commissioners of Customs/Primback Ltd.* (Fn. 318) 3833, RdNr. 25 ff.

324 Mit Ausnahme der Sonderform der Europäischen Wirtschaftlichen Interessenvereinigung (EWIV), der nach der Verordnung (EWG) Nr. 2137/85/EWG des Rates vom 25.07.1988 einheitlich in der gesamten Gemeinschaft Rechtssubjektscharakter zuerkannt wird (vgl. Art. 1 Abs. 2 VO 2137/85/EWG). Die EWIV unterscheidet sich gem. Art. 3 VO 2137/85/EWG von einer Gesellschaft nationalen Rechts hauptsächlich durch ihren Zweck, der allein darin besteht, die wirtschaftliche Tätigkeit ihrer Mitglieder zu erleichtern oder zu entwickeln, um es ihnen zu ermöglichen, ihre eigenen Ergebnisse zu steigern (vgl. auch die Begründungserwägungen der Verordnung); am 08.10.2004 tritt neben die EWIV die SE (= Societas Europaea), die Europäische Aktiengesellschaft, die

ist somit vorab zu untersuchen, ob der in Frage stehenden Gesellschaft nach nationalem Recht Rechtssubjektsqualität zukommt[326]. Weitergehende Fragen des Personenrechts, beispielsweise nach dem Schutz des nasciturus[327], nach Personenstandsurkunden[328] oder nach dem Namen[329] sind bislang ebenfalls Regelungsgegenstand der nationalen Rechte der Mitgliedstaaten[330].

---

aufgrund der Verordnung 2157/2001 des Rates vom 08.10.2001 über das Statut der Europäischen Aktiengesellschaft (SE), ABl. EG 2001 L 294/1, für alle Mitgliedstaaten ab dem Tag des Inkrafttretens gleichermaßen gilt; ergänzend zu der Verordnung wurde die Richtlinie 2001/86/EG des Rates vom 08.10.2001 zur Ergänzung des Statuts der Europäischen Gesellschaft hinsichtlich der Beteiligung der Arbeitnehmer, ABl. EG 2001 L 294/22, verabschiedet, die bis zum 08.10.2004 in den Mitgliedstaaten umzusetzen ist; mit der SE soll den europaweit tätigen Unternehmen die Möglichkeit gegeben werden, zukünftig mit einer Gesellschaft zu operieren; die SE ist eine (Handels-) Gesellschaft mit eigener Rechtspersönlichkeit, für deren Verbindlichkeiten nur das Gesellschaftsvermögen haftet und die über ein in Aktien zerlegtes Grundkapital verfügt (vgl. hierzu *Thoma/Leuering*, NJW 2002, 1449 f.); dazu kommt die im Entstehen begriffene Europäische Genossenschaft (SCE); vergleiche hierzu den geänderten Vorschlag des Rates für eine Verordnung des Europäischen Parlaments und des Rates über das Statut der Europäischen Genossenschaft vom 03.05.2002, Dok.-Nr. 8428/02; nach Erwägungsgrund 13 dieses Vorschlages ist das Hauptziel der Verordnung, natürlichen Personen mit Wohnsitz in verschiedenen Mitgliedstaaten oder nach dem Recht verschiedener Mitgliedstaaten gegründeten juristischen Personen die Gründung einer SCE zu ermöglichen; die SCE ist nach Art. 1 Abs. 2 des geänderten Vorschlages eine Gesellschaft, deren Grundkapital in Geschäftsanteile zerlegt ist; die Mitgliederzahl und das Grundkapital der SCE sind veränderlich; ein Mitglied der Genossenschaft haftet nur bis zur Höhe seines eingezahlten Geschäftsanteils; bei der Gründung einer SCE kann die Satzung eine weiter reichende Haftung vorsehen, die an ein Vielfaches des Grundkapitals oder einen anderen in der Satzung festgelegten Betrag anknüpft; ferner kann in der Satzung die unbeschränkte Haftung der Mitglieder gegenüber der SCE vorgesehen werden; in diesem Fall ist der Firma der SCE nach der Abkürzung „SCE" der Zusatz „mit beschränkter Haftung" anzufügen; Hauptzweck einer SCE ist es nach Art. 1 Abs. 3 des Vorschlages, den Bedarf ihrer Mitglieder zu decken und/oder deren wirtschaftliche und/oder soziale Tätigkeiten zu fördern; sie tut dies insbesondere durch den Abschluss von Vereinbarungen mit ihren Mitgliedern über die Lieferung von Waren oder die Erbringung von Dienstleistungen oder die Durchführung von Arbeiten im Rahmen der Tätigkeiten, die die SCE ausübt oder ausüben lässt.

325 *Schwarze/Becker*, Art. 282 EG, RdNr. 2.

326 Vergleiche zu dem Erfordernis der Möglichkeit einer rechtlichen Bindung Art. 1 Abs. 2 VO 2137/85/EWG: „Die so gegründete Vereinigung hat von der Eintragung nach Artikel 6 an die Fähigkeit, im eigenen Namen Träger von Rechten und Pflichten jeder Art zu sein, Verträge zu schließen oder andere Rechtshandlungen vorzunehmen und vor Gericht zu stehen".

327 Vergleiche hierzu *EuGH* 04.10.1991, Rs. C-159/90 (*The Society for the protection of unborn children Ireland Ltd/Stephen Grogan und andere*) Slg. 1991, I-4685.

328 Vergleiche hierzu *EuGH* 02.12.1997, Rs. C-336/94 (*Eftalia Dafeki/Landesversicherungsanstalt Württemberg*) Slg. 1997, I-6761.

b) Verbraucher/Unternehmer

In den verbraucherschützenden Rechtsakten des Gemeinschaftsrechts werden als Subjekte des Vertragsschlusses Verbraucher und Unternehmer genannt. Das Begriffspaar wurde mit dem Beschluss über die Aufnahme einer Verbraucherschutzpolitik auf der Gipfelkonferenz 1972 in Paris und dem anschließend vorgelegten Ersten Programm der EWG für eine Politik zum Schutz und zur Unterrichtung der Verbraucher[331] eingeführt. Seitdem hat es Einzug in eine Vielzahl verbraucherschützender gemeinschaftlicher Rechtsakte erhalten[332]. Die Auslegung der Begriffe nach den einzelnen Rechtsakten durch den Gerichtshof ist bislang bezogen auf die Wertungen des jeweiligen Rechtsaktes. Aus diesem Grunde sollen im Folgenden Urteile des EuGH vor dem Hintergrund des jeweiligen Rechtsaktes, vor dem sie ergangen sind, analysiert werden.

aa) EuGVÜ/EuGVO

Die EuGVO enthält in Art. 15 Abs. 1[333] eine Vorschrift über die gerichtliche Zuständigkeit in Fällen von Streitigkeiten im Zusammenhang mit Verbraucherverträgen. Noch bevor der Begriff des „Verbrauchers“ in diese Vorschrift eingefügt wurde, ersuchte die französische Cour de Cassation den EuGH im Jahre 1977 in der Rechtssache *Bertrand*[334] mit einer Vorlagefrage um Vorabentschei-

---

329 Zur Schreibweise eines griechischen Namens in lateinischen Schriftzeichen *EuGH* 30.03.1993, Rs. C-168/91 (*Christos Konstantinidis/Stadt Altensteig – Standesamt und Landratsamt Calw – Ordnungsamt*) Slg. 1993, I-1191.

330 EuGVÜ/EuGVO beispielsweise haben solche Fragen in Art. 1 explizit aus dem Anwendungsbereich ausgenommen, vgl. hierzu *Kropholler*, Europäisches Zivilprozessrecht, Art. 1 EuGVO, RdNr. 22; eine Ausnahme in Bezug auf weitergehende Fragen des Personenrechts gilt für die Persönlichkeitsrechte, die für die Gemeinschaft mit der Charta der Grundrechte der Europäischen Union (ABl. EG 2000 C 364/1) feierlich proklamiert wurden. Zwar gelten aufgrund des nicht legislativen Charakters der Charta noch immer die nationalen Rechte, für die Gemeinschaft und damit insbesondere für den EuGH ergeben sich Anhaltspunkte der gemeinsamen Grundrechte, die vom Gerichtshof entsprechend gewürdigt werden. Detaillierte Ausführungen zu diesen Persönlichkeitsrechten würden hier jedoch zu weit führen.

331 ABl. EG 1975 C 92/1.

332 Vergleiche aus dem Umfeld des privatrechtlichen Vertragsrechtes Art. 15 EuGVO; Art. 2 d) Finanzdienstleistungsrichtlinie; Art. 2 e) E-Commerce-Richtlinie; Art. 2 a) Verbrauchsgüterkaufrichtlinie; Art. 2 e) Kaufpreisrichtlinie; Art. 2 Nr. 2 Fernabsatzrichtlinie; Art. 2 b) Klauselrichtlinie; Art. 2 Nr. 4 Pauschalreiserichtlinie; Art. 1 Abs. 2 a) Verbraucherkreditrichtlinie; Art. 2 Haustürwiderrufsrichtlinie; zur künftigen Ausrichtung des Verbraucherschutzes in der EU vgl. das Grünbuch zum Verbraucherschutz in der Europäischen Union, KOM (2001) 531 endg.

333 Der Wortlaut entspricht Art. 13 EuGVÜ.

334 *EuGH* 21.06.1978, Rs. 150/77 (*Société Bertrand/Paul Ott KG*) Slg. 1978, 1431.

dung über die Auslegung der Art. 13[335], 14[336] und 28 EuGVÜ. Diese Frage stellte sich einer Gesellschaft nach deutschem und einer nach französischem Recht, zwischen denen im Jahre 1972 ein Kaufvertrag abgeschlossen worden war. Die Kaufpreiszahlung war durch zwei gleich hohe Wechsel zu begleichen, die in der Folgezeit nur teilweise eingelöst wurden. Das Landgericht Stuttgart verurteilte die französische Käuferin zur Zahlung des ausstehenden Restbetrages nebst Zinsen durch Versäumnisurteil. Das Urteil wurde zunächst durch Beschluss des Tribunal de Grande Instance Le Mans, sodann durch bestätigende Entscheidung der Cour d'Appel Angers[337] für vollstreckbar erklärt. Hiergegen erhob die französische Gesellschaft Beschwerde zur Cour de Cassation. Die Cour de Cassation hatte Zweifel an der rechtlichen Einordnung des Vertrages. Sie legte dem Gerichtshof die Frage zur Vorabentscheidung vor[338], ob der Kauf einer Maschine, den eine Firma mit einer anderen Firma zu einem Preis vereinbart, der mit zwei gleich hohen, nach 60 und 90 Tagen fällig werdenden Wechseln gezahlt werden soll, einen Kauf beweglicher Sachen auf Teilzahlung im Sinne von Art. 13 EuGVÜ darstellt[339]. Zur Beantwortung der Vorlagefrage nahm der EuGH eine rechtsvergleichende Betrachtung des Begriffs des „Kaufs beweglicher Sachen auf Teilzahlung" vor. Dieser könne je nach den mit den entsprechenden Gesetzen verfolgten Zielsetzungen in den einzelnen Mitgliedstaaten unterschiedlich verstanden werden[340] und müsse aus diesem Grunde konventionsautonomen definiert werden[341]. Diese Definition umfasst ausschließlich die schützenswerte Partei des Vertrages (= den Käufer), deren wirtschaftliche Stellung durch ihre Schwäche gegenüber dem Verkäufer gekennzeichnet ist; sie ist privater Endverbraucher und schließt den Kaufvertrag über eine Sache auf Teilzahlung nicht

335 Art. 13 EuGVÜ a.F.: „Für Klagen, die den Kauf beweglicher Sachen auf Teilzahlung oder ein in Raten zurückzuzahlendes, unmittelbar zur Finanzierung eines Kaufs derartiger Sachen bestimmtes Darlehen zum Gegenstand haben, bestimmt sich die Zuständigkeit (...) nach diesem Abschnitt".

336 Art. 14 Abs. 1 EuGVÜ a.F.: „Der Verkäufer oder Darlehensgeber, der seinen Wohnsitz in dem Hoheitsgebiet eines Vertragsstaates hat, kann verklagt werden entweder vor den Gerichten dieses Staates oder vor den Gerichten des Vertragsstaats, in dessen Hoheitsgebiet der Käufer oder Darlehensnehmer seinen Wohnsitz hat. Die Klage des Verkäufers gegen den Käufer oder die Klage des Darlehensgebers gegen den Darlehensnehmer kann nur vor den Gerichten des Staates erhoben werden, in dessen Hoheitsgebiet der Beklagte seinen Wohnsitz hat".

337 *Cour d'Appel Angers*, 1re chambre, arrêt du 20/05/76 (847/75).

338 *Cour de Cassation*, 1re chambre civile, arrêt du 08.11.1977 (76 – 13.547 751).

339 *EuGH, Société Bertrand/Paul Ott KG* (Fn. 334) 1431, RdNr. 8/11.

340 *EuGH, Société Bertrand/Paul Ott KG* (Fn. 334) 1431, RdNr. 12/16.

341 *EuGH, Société Bertrand/Paul Ott KG* (Fn. 334) 1431, RdNr. 19/22; vgl. auch die ausführliche Darstellung des Generalanwaltes, RdNr. 4; zum Begriff und der Auslegung durch den EuGH vgl. noch unten, S. 110.

im Zusammenhang mit einer geschäftlichen oder beruflichen Tätigkeit ab[342]. Der Fall eines Vertragsschlusses zwischen zwei Gesellschaften kann damit nicht unter Art. 13 a.F. EuGVÜ subsumiert werden[343].
Bereits diese frühe Entscheidung des EuGH enthielt die entscheidende Stoßrichtung für die folgenden Urteile aus dem Bereich verbraucherschützender Rechtsakte. Der EuGH hat eine enge Definition vorgenommen, nach der als Verbraucher nur die privat und nicht im Zusammenhang mit einer geschäftlichen oder beruflichen Tätigkeit handelnde Person angesehen werden kann. In diesem Zusammenhang hat sich der Gerichtshof nach Einführung des Begriffs des „Verbrauchers" in das EuGVÜ erneut in der Rechtssache *Benincasa/Dentalkit* ausführlich mit dem Verbraucherbegriff in Art. 13 EuGVÜ auseinandergesetzt. Nach ständiger Rechtsprechung bezieht sich diese Vorschrift nach ihrem Wortlaut und ihrem Zweck nur auf den nicht berufs- oder gewerbebezogen handelnden privaten Endverbraucher[344]. Ob eine Person die Verbrauchereigenschaft besitzt, ist nach der Stellung dieser Person innerhalb des konkreten Vertrages in Verbindung mit dessen Natur und Zielsetzung zu beantworten[345]. Der Begriff des Verbrauchers ist eng auszulegen. Wie der Generalanwalt ausgeführt hat, kann ein und dieselbe Person im Rahmen bestimmter Vorgänge als Verbraucher und im Rahmen anderer Vorgänge als Unternehmer angesehen werden[346]. Folglich fallen nur die Verträge, die eine Einzelperson zur Deckung ihres Eigenbedarfs beim privaten Verbrauch schließt, unter die Vorschriften zum Schutz des Verbrauchers. Der mit diesen Vorschriften angestrebte besondere Schutz ist nicht gerechtfertigt bei Verträgen, deren Zweck in einer beruflichen oder gewerblichen Tätigkeit besteht, auch wenn diese erst für die Zukunft vorgesehen ist. Die Tatsache, dass es sich um eine erst künftig aufzunehmende Tätigkeit handelt, ändert nichts an ihrer beruflichen oder gewerblichen Natur[347].
In der vom EuGH zitierten Rechtssache *Shearson Lehmann Hutton/TVG Treuhandgesellschaft für Vermögensverwaltung und Beteiligungen mbH*[348] hatte dieser entschieden, dass sich die Vorschrift des Art. 13 EuGVÜ nach ihrem Wortlaut und ihrem Zweck nur auf den nicht berufs- oder gewerbebezogen handeln-

---

342 *EuGH, Société Bertrand/Paul Ott KG* (Fn. 334) 1431, RdNr. 19/22; die Entscheidung griff damit der zum damaligen Zeitpunkt bereits als Arbeitsdokument vorliegenden Überlegung vor, statt den Begriffen „Käufer" oder „Darlehensnehmer" einheitlich nur noch von „Verbraucher" zu sprechen; vgl. hierzu auch die Schlussanträge *EuGH, Société Bertrand/Paul Ott KG* (Fn. 334) 1431, RdNr. 5.

343 Hierzu: J.D.I. 106 (1979), 373 – 375; RTDE 1979, 181 – 182; diese Rechtsprechung ist auf die gleichlautende Vorschrift des Art. 15 EuGVO analog übertragbar.

344 *EuGH* 19.01.1993, Rs. C-89/91 (*Shearson Lehmann Hutton*) Slg. 1993, I-139, RdNr. 20, 22.

345 *EuGH* 03.07.1997, Rs. C-269/95 (*Benincasa/Dentalkit*) Slg. 1997, I-3767, RdNr. 15 ff.

346 *EuGH, Benincasa/Dentalkit* (Fn. 345) 3767, RdNr. 38 der Schlussanträge.

347 *EuGH, Benincasa/Dentalkit* (Fn. 345) 3767, RdNr. 15 ff.

348 *EuGH, Shearson Lehmann Hutton* (Fn. 344) 139, RdNr. 22.

den privaten Endverbraucher bezieht, der einen der in Art. 13 aufgeführten Verträge geschlossen hat und gemäß Art. 14 Partei in einem Rechtsstreit ist. In diesem Zusammenhang nahm die Vorlagefrage in der Rechtssache *Benincasa* eine Sonderstellung ein: Mit der Aufnahme der Geschäfte war unstreitig keine Verbraucherstellung mehr gegeben[349]. Abzustellen ist damit auf die Rolle, die der Verbraucher in dem Vertrag einnimmt[350]. Generalanwalt *Ruiz-Jarabo Colomer* nahm hierzu im Rahmen seiner Schlussanträge dahin gehend Stellung, dass der Status eines Verbrauchers, auf den sich Art. 13 EuGVÜ bezieht, nicht durch eine vorab vorhandene subjektive Stellung bestimmt wird: Dieselbe natürliche Person kann in einem Sinne Verbraucher und in einem anderen Sinne Unternehmer sein[351]. Ausschlaggebend sind nicht persönliche Umstände des Rechtssubjekts, sondern die Stellung dieses Subjekts innerhalb eines bestimmten Vertrages in Verbindung mit dem Anwendungsbereich und dem Zweck dieses Vertrages. Vor dem Hintergrund, dass die Auslegung anhand der Zielsetzungen des Übereinkommens geschieht, hat der EuGH hier an seiner in den Mitgliedstaaten des Übereinkommens allgemeingültigen, engen Auslegung des Begriffs des Verbrauchers festgehalten[352].

bb) Haustürwiderrufsrichtlinie

Mit dem Begriff von Verbraucher und Unternehmer in der Haustürwiderrufsrichtlinie hat sich der Gerichtshof im Verfahren *Bayerische Hypotheken- und Wechselbank AG/Edgar Dietzinger*[353] befasst. Die Richtlinie definiert die Begriffe Verbraucher und Unternehmer für ihre Zwecke in Art. 2 wie folgt: „Im Sinne dieser Richtlinie bedeutet – ‚Verbraucher' eine natürliche Person, die bei den von dieser Richtlinie erfassten Geschäften zu einem Zweck handelt, der nicht ihrer beruflichen oder gewerblichen Tätigkeit zugerechnet werden kann. – ‚Gewerbetreibender' eine natürliche oder juristische Person, die beim Abschluss des betreffenden Geschäfts im Rahmen ihrer gewerblichen oder beruflichen Tätigkeit handelt, sowie eine Person, die im Namen und für Rechnung eines Gewerbetreibenden handelt."
Der EuGH nimmt auf diese Begriffe nicht direkt Bezug, sondern stellt Leitlinien zur Auslegung im Rahmen der Richtlinie auf[354]:

---

349 *Harris*, Eur. L. Rev. 23 (1998), 279, 280.

350 *Bischoff*, J.D.I. 125 (1998), 581, 584.

351 *EuGH, Benincasa/Dentalkit* (Fn. 345) 3767, RdNr. 38 der Schlussanträge.

352 *Bischoff*, J.D.I. 125 (1998), 581, 582, 583.

353 *EuGH* 17.03.1998, Rs. C-45/96 (*Bayerische Hypotheken- und Wechselbank AG/Edgar Dietzinger*) Slg. 1998, I-1199.

354 *EuGH, Bayerische Hypotheken- und Wechselbank AG/Edgar Dietzinger* (Fn. 353) 1199, RdNr. 17, 19.

„Die Richtlinie 85/577 gilt gemäß ihrem Artikel 1 für Verträge, die zwischen einem Gewerbetreibenden, der Waren liefert oder Dienstleistungen erbringt, und einem Verbraucher außerhalb der Geschäftsräume des Gewerbetreibenden geschlossen wurden, sofern sich der Gewerbetreibende nicht auf ausdrücklichen Wunsch des Verbrauches im Hinblick auf den Vertragsschluss an den betreffenden Ort begeben hat. (...) Die Richtlinie 85/577 soll nämlich die Verbraucher schützen, indem sie es ihnen ermöglicht, einen Vertrag zu widerrufen, der nicht auf Initiative des Kunden, sondern auf die des Gewerbetreibenden geschlossen wurde, so dass der Kunde möglicherweise nicht alle Folgen seines Handelns überblicken konnte."

Diese Rechtsprechung knüpft an das erste Urteil des Gerichtshofs zur Haustürwiderrufsrichtlinie in der Rechtssache *di Pinto*[355] aus dem Jahre 1991 an. Der Entscheidung lag folgender Tatbestand zugrunde: Der Angeklagte war Geschäftsführer einer Immobilien- und Handelsgesellschaft französischen Rechts, die u.a. eine periodisch erscheinende Zeitschrift herausgab, in der Inserate mit Angeboten für den Verkauf von Gewerbebetrieben abgedruckt wurden. Diese Inserate wurden aufgrund von Verträgen, die in den Wohnungen oder Unternehmen der betreffenden Gewerbetreibenden geschlossen wurden, veröffentlicht. Die Gewerbetreibenden wurden dabei nicht über ein Widerrufsrecht informiert. Die Preise für die Anzeigen von zwischen 3.000,- FF und 30.000,- FF waren sofort zu bezahlen. Diese Praxis verstieß gegen das französische Gesetz über Haustürgeschäfte. Nachdem der Angeklagte zunächst vom Tribunal de Grande Instance Paris und sodann nach erfolgloser Berufung zur Cour d'Appel Paris verurteilt worden war, legte er Einspruch gegen die Entscheidung ein. Daraufhin legte die Cour d'Appel Paris dem EuGH u.a. die Frage zur Vorabentscheidung vor, ob ein Gewerbetreibender bei einem Haustürgeschäft zum Zweck des Verkaufs seines Gewerbebetriebs den durch die Haustürwiderrufsrichtlinie eingeführten Verbraucherschutz genießt[356]. Generalanwalt *Mischo* äußerte sich zu dieser Frage wie folgt[357]:

„Mit der Richtlinie soll ganz offensichtlich der durchschnittliche Verbraucher und somit auch der Gewerbetreibende geschützt werden, der sich plötzlich in der Situation eines Verbrauchers befindet, weil er sich zu einer Handlung veranlasst sieht, die er in den meisten Fällen nur einmal in seinem Leben vornimmt."

Diese Äußerung setzt den Hebel an der streitigen Frage an, ob die zum Verkauf bereiten Unternehmer formell als Gewerbetreibende handelten, oder dadurch, dass die Aufgabe von Inseraten sich ihrer Geschäftspraxis entzieht, wie Verbraucher zu behandeln seien. Die vierte Begründungserwägung der Richtli-

355 *EuGH* 14.03.1991, Rs. C-361/89 (*Strafverfahren gegen Patrice de Pinto*) Slg. 1991, I-1189.

356 *Cour d'Appel de Paris*, 9e chambre, arrêt du 17.11.1989 (89/3849).

357 *EuGH, Strafverfahren gegen Patrice de Pinto* (Fn. 355) 1189, RdNr. 23 der Schlussanträge.

nie stellt darauf ab, dass ein Verbraucher überrascht werden kann, der nicht hinreichend auf die Vertragsverhandlungen vorbereitet ist; er hat häufig keine Möglichkeit, Qualität und Preis des Angebots mit anderen Angeboten zu vergleichen. Schutzziel der Richtlinie ist die Vermeidung der Ausnutzung eines Ungleichgewichts beim Vertragsschluss aufgrund von Überrumpelung und Unerfahrenheit einer der Vertragsparteien. Schutzwürdigkeit besteht nur bei Vertragsschlüssen mit privater Zwecksetzung, weil bei gewerblicher oder beruflicher Zwecksetzung trotz Überrumpelung eine ausreichende Wahrscheinlichkeit für eine Vertragsentscheidung auf sachlicher Grundlage besteht[358]. Die Richtlinie unterscheidet dabei die Verbraucher nicht voneinander, gleichgültig, ob erfahren oder unerfahren, sondern normiert ein generelles Schutzniveau[359]. Generalanwalt *Mischo* stellte ebenso wie die Kommission auf das konkrete Schutzbedürfnis in Hinblick auf das zu tätigende Geschäft ab[360].

Der Gerichtshof hingegen geht mit dem Urteil von einem abstrakten Verständnis aus, indem er betont, dass zwischen dem Haustürgeschäft und der gewerblichen Tätigkeit kein Zusammenhang bestehen darf[361]. Er kam zu dem Ergebnis, dass die den Verkauf eines Gewerbebetriebes vorbereitenden Rechtsgeschäfte, wie der Abschluss eines Vertrages über die Veröffentlichung eines Inserates in einer periodisch erscheinenden Zeitschrift, in Zusammenhang mit der beruflichen oder gewerblichen Tätigkeit des Gewerbetreibenden stehen. Diese Rechtsgeschäfte stellen damit Betriebsgeschäfte dar, die der Gewerbetreibende zur Befriedigung anderer als seiner familiären oder persönlichen Bedürfnisse vornimmt[362]. Ein Gewerbetreibender, der im Wege eines Haustürgeschäftes als Kunde einen Werbevertrag in Hinblick auf den Verkauf seines Gewerbebetriebes abschließt, ist damit nicht als Verbraucher anzusehen, der durch die Haustürwiderrufsrichtlinie geschützt ist[363]. Mit dieser Entscheidung hat der EuGH sich für eine enge Auslegung des Verbraucherbegriffs entschieden.

Die Kommission und die Republik Frankreich hatten im Verfahren eine extensive Auslegung befürwortet. Dieser Auffassung hatte der Generalanwalt sich in seinen Schlussanträgen angeschlossen. Folge wäre ein sehr weit gehender Schutz von Unternehmern für alle Geschäfte gewesen, die außerhalb ihres gewöhnlichen Geschäftskreises lagen[364]. Der Generalanwalt wollte mit der Kommission und der Republik Frankreich einen weitgehenden Schutz auch kleiner

---

358 *Drexl*, JZ 1998, 1046, 1051.

359 *Bamforth*, Eur. L. Rev. 24 (1999), 410, 414.

360 *EuGH, Strafverfahren gegen Patrice di Pinto* (Fn. 355) 1189, RdNr. 22 der Schlussanträge.

361 *EuGH, Strafverfahren gegen Patrice di Pinto* (Fn. 355) 1189, RdNr. 15.

362 *EuGH, Strafverfahren gegen Patrice di Pinto* (Fn. 355) 1189, RdNr. 16.

363 *EuGH, Strafverfahren gegen Patrice di Pinto* (Fn. 355) 1189, RdNr. 18.

364 *Schulze/Schulte-Nölke*, Casebook Europäisches Verbraucherrecht, S. 158.

Gewerbebetriebe wie z.B. Metzger oder Bäcker erreichen[365]. Dieser Auffassung ist der Gerichtshof in der Entscheidung entgegen getreten. Er verfolgt konsequent die Linie seiner Rechtsprechung auch zu anderen verbraucherschützenden Rechtsakten[366]. Dabei legt er den Begriff des Verbrauchers autonom nach gemeinschaftsrechtlichen Kriterien und unter Bezugnahme auf die Richtlinie aus, ohne dass rechtsvergleichende Aspekte zum Vorschein treten[367].

cc) Verbraucherkreditrichtlinie

Die Verbraucherkreditrichtlinie enthält eine Definition des Verbrauchers in Art. 1 Abs. 2 a): „Verbraucher [ist] eine natürliche Person, die bei den von dieser Richtlinie erfassten Geschäften zu einem Zweck handelt, der nicht ihrer beruflichen oder gewerblichen Tätigkeit zugerechnet werden kann". Im Gegensatz dazu nennt die Richtlinie als Vertragspartner den „Kreditgeber" in Art. 1 Abs. 2 b) als „eine natürliche oder juristische Person, die in Ausübung ihrer gewerblichen oder beruflichen Tätigkeit einen Kredit gewährt, oder eine Gruppe solcher Personen". Zu den Begriffen von Verbraucher bzw. Kreditgeber in dieser Richtlinie hat der EuGH bislang nicht ausführlich Stellung genommen[368].

---

365 *EuGH, Strafverfahren gegen Patrice de Pinto* (Fn. 355) 1189, RdNr. 21 der Schlussanträge.

366 Vergleiche z.B. *EuGH* 21.06.1978, Rs. 150/77 (*Bertrand*) Slg. 1978, 1431; *Schulze/Schulte-Nölke*, Casebook Europäisches Verbraucherrecht, S. 158 f.; vgl. auch zuvor unter 1., S. 57 ff.

367 *Franzen*, Privatrechtsangleichung durch die Europäische Gemeinschaft, S. 467 (mit Hinweis auf die unterschiedliche Handhabung in den Mitgliedstaaten, beispielsweise Deutschland und Frankreich).

368 In der Rechtssache *EuGH* 21.11.2002, Rs. C-473/00 (*Cofidis SA/Jean-Louis Fredout*) Slg. 2002, I-10875, abgedruckt auch in: EuZW 2003, 27 ff., hat der Gerichtshof keine Entscheidung in der Sache treffen müssen; in *EuGH* 13.12.2001, Rs. C-481/99 (*Georg und Helga Heininger/Bayerische Hypo- und Vereinsbnk AG*) Slg. 2001, I-9945, haben die Richter die Begriffe ohne weitere Definition verwendet; in *EuGH* 23.03.2000, Rs. C-208/98 (*Berliner Kindl Brauerei AG/Andreas Siepert*) Slg. 2000, I-1741 beschränken die Richter sich auf die Einordnung eines Bürgschaftsvertrages unter die Verbraucherkreditrichtlinie, ohne auf Fragen im Zusammenhang mit der Begrifflichkeit des Verbrauchers einzugehen; in *EuGH* 07.03.1996, Rs. C-192/94 (*El Corte Inglés SA/Cristina Bláquez Rivero*) Slg. 1996, I-1281 gehen die Richter hauptsächlich auf das Problem der horizontalen Direktwirkung von Richtlinien ein; soweit es dabei auf den Verbraucherbegriff ankommt (vgl. z.B. RdNr. 7, 14, 21, 23), wird der Begriff ohne nähere Erläuterungen verwendet.

dd) Klauselrichtlinie

Definitionen von Verbraucher und Unternehmer sind ebenfalls in der Klauselrichtlinie enthalten. Im Sinne von Art. 2 b) Klauselrichtline ist Verbraucher eine natürliche oder juristische Person, die bei Verträgen, die unter die Richtlinie fallen, zu einem Zweck handelt, der nicht ihrer gewerblichen oder beruflichen Tätigkeit zugerechnet werden kann. Nach Art. 2 c) ist Gewerbetreibender eine natürliche oder juristische Person, die bei Verträgen, die unter diese Richtlinie fallen, im Rahmen ihrer gewerblichen oder beruflichen Tätigkeit handelt, auch wenn diese dem öffentlich-rechtlichen Bereich zuzurechnen ist. Der Gerichtshof führte hierzu in seinem Urteil in der Rechtssache *Cape/Idealservice und Omai* aus[369]:

> „Insoweit ist festzustellen, dass Artikel 2 Buchstabe b der Richtlinie den Verbraucher als eine natürliche Person definiert, die die in dieser Bestimmung genannten Voraussetzungen erfüllt, während Artikel 2 Buchstabe c der Richtlinie den Begriff Gewerbetreibender sowohl unter Bezugnahme auf natürliche als auch auf juristische Personen definiert. Aus dem Wortlaut des Artikels 2 der Richtlinie geht somit klar hervor, dass eine andere als eine natürliche Person, die einen Vertrag mit einem Gewerbetreibenden schließt, nicht als Verbraucher im Sinne dieser Vorschrift angesehen werden kann."

Diese Entscheidung ist die Fortsetzung der Rechtsprechung des EuGH in der Rechtssache *Océano Grupo*[370]. Mit Bezug hierauf hat Generalanwalt *Mischo* im Verfahren *Cape* im Rahmen seiner Schlussanträge festgestellt, dass der Verbraucher sich nach den Erwägungen des Schutzsystems der Richtlinie gegenüber dem Gewerbetreibenden in einer schwächeren Verhandlungsposition befinde und einen geringeren Informationsstand besitze. Dies führe dazu, dass er den vom Gewerbetreibenden vorformulierten Bedingungen zustimme, ohne auf den Inhalt Einfluss nehmen zu können[371]. Unternehmer hingegen seien im Allgemeinen nicht in dieser unterlegenen Position. Es bestehe deshalb kein Grund, ihnen einen besonderen Schutz zu gewähren[372]. Der Gerichtshof stellte dazu in der Rechtssache *Cape* fest, dass Unternehmer eine natürliche oder juristische

369 *EuGH* 22.11.2001, Rs. C-541/99 und C-542/99 (*Cape/Idealservice und Omai*) Slg. 2001, I-9049, RdNr. 15 f.

370 *EuGH* 27.06.2000, Rs. C-240/98 bis C-244/98 (*Océano Grupo Editorial SA*) Slg. 2000, I-4941.

371 *EuGH*, *Cape/Idealservice und Omai* (Fn. 369) 9049, RdNr. 13 der Schlussanträge; ebenso *EuGH* 21.11.2002, Rs. C-473/00 (*Cofidis SA/Jean-Louis Fredout*) Slg. 2002, I-10875; *EuGH*, EuZW 2003, 27 ff.; hierzu *Rott*, EuZW 2003, 5, 6.

372 *EuGH*, *Cape/Idealservice und Omai* (Fn. 369) 9049, RdNr. 13 der Schlussanträge.

Person sein könne[373]. Diese müsse in Ausübung einer gegenwärtigen oder zukünftigen beruflichen oder gewerblichen Tätigkeit den Vertrag abschließen[374].

ee) Fernabsatzrichtlinie

Die Fernabsatzrichtlinie definiert den Begriff des Verbrauchers als „jede natürliche Person, die beim Abschluss von Verträgen im Sinne dieser Richtlinie zu Zwecken handelt, die nicht ihrer gewerblichen oder beruflichen Tätigkeit zugerechnet werden können"[375]. Der Gerichtshof hatte zum Begriff in dieser Richtlinie bislang noch nicht Stellung zu nehmen. *Micklitz* hält die Rechtsprechung aus dem Verfahren *di Pinto*[376] insoweit für übertragbar und wendet sie auf die Fernabsatzrichtlinie an[377].

ff) Pauschalreiserichtlinie

Die Pauschalreiserichtlinie definiert als Verbraucher die Person, welche die Pauschalreise bucht oder zu buchen sich verpflichtet („der Hauptkontrahent"), oder jede Person, in deren Namen der Hauptkontrahent sich zur Buchung der Pauschalreise verpflichtet („die übrigen Begünstigten"), oder jede Person, der der Hauptkontrahent oder einer der übrigen Begünstigten die Pauschalreise abtritt („der Erwerber")[378]. Die Vorschrift war bislang noch nicht Gegenstand der Auslegung des Gerichtshofs[379].

gg) E-Commerce-Richtlinie

Die E-Commerce-Richtlinie definiert den Verbraucher als „jede natürliche Person, die zu Zwecken handelt, die nicht zu ihren gewerblichen, geschäftlichen oder beruflichen Tätigkeiten gehören"[380]. Im Vorschlag zur Richtlinie war dieser Begriff nicht vorgesehen; er wurde auf Anregung des Parlaments eingefügt, das eine Definition für sinnvoll hielt[381]. Die Vorschrift wurde im Jahre 2000 verabschiedet. Bislang liegen hierzu keine Stellungnahmen des EuGH vor.

---

373 Vergleiche *EuGH, Cape/Idealservice und Omai* (Fn. 369) 9049.

374 Vergleiche *EuGH, Cape/Idealservice und Omai* (Fn. 369) 9049.

375 Art. 2 Nr. 2 Fernabsatzrichtlinie.

376 *EuGH, Strafverfahren gegen Patrice de Pinto* (Fn. 355) 1189.

377 *Grabitz/Hilf/Micklitz*, A 3, RdNr. 13; vgl. die Stellungnahme des Verf. zur Übertragbarkeit der Begriffe sogleich unter C.II.1.b)hh), S. 66.

378 Art. 2 Nr. 4 Pauschalreiserichtlinie.

379 Verfahren zur Pauschalreiserichtline bislang: Vergleiche Aufzählung in Fn. 245.

380 Art. 2 e) E-Commerce-Richtlinie.

381 ABl. EG 1999 C 279/389, 397.

hh) Übertragbarkeit der Begriffe

Fraglich ist, inwieweit die Begriffe in den verschiedenen Rechtsakten zueinander korrelieren. In den Richtlinien werden Definitionen von Verbraucher und Unternehmer durch Formulierungen wie „im Sinne dieser Richtlinie“[382] oder „die unter die Richtlinie fallen“[383] an die jeweiligen Rechtsakte gebunden. Dabei unterscheiden sich die Definitionen in den einzelnen Rechtsakten in ihrem jeweiligen Wortlaut nur leicht voneinander: Die Definitionen in der EuGVO sowie in der Pauschalreiserichtlinie sprechen nicht von „natürlicher bzw. juristischer Person“, sondern nur von beruflicher oder gewerblicher Tätigkeit[384]. Die Definition des Verbrauchers in der E-Commerce-Richtlinie weicht insoweit von denen in der Haustürwiderrufsrichtlinie und Fernabsatzrichtlinie ab, als dort das Tatbestandsmerkmal der „geschäftlichen Tätigkeit“ fehlt.
Auffällig ist bei den zuvor dargestellten Rechtssachen insgesamt, dass die Begriffe Verbraucher und Unternehmer uniform verwendet werden: Bei allen Rechtsakten geht es um den Schutz des Verbrauchers vor einem erfahrenen und damit oft überlegenen Unternehmer[385]. Es stellt sich die Frage nach der Austauschbarkeit bzw. Übertragbarkeit der identischen Begriffe innerhalb der einzelnen Rechtsakte. Nach dem Wortlaut der Regelungen bereitet diese keine Probleme: Die Definitionen sind nahezu deckungsgleich[386]. Das gilt insbesondere für das Zusammenspiel zwischen den verbraucherschützenden Richtlinien, die vor dem gleichen Hintergrund das gleiche Ziel verfolgen[387]. Hier scheinen die Begriffe vordergründig problemlos austauschbar zu sein. Bei genauerer Betrachtung zeigt sich jedoch, dass die Haustürwiderrufsrichtlinie und die Fernabsatzrichtlinie mehr auf das Überraschungsmoment eines durchschnittlichen Verbrauchers[388] abstellen, während die Klauselrichtlinie den unterlegenen Verbraucher schützen will[389]. Die Erwägungsgründe der Haustürwiderrufsrichtlinie stellen darauf ab, dass der Verbraucher vom Unternehmer oftmals überrascht wird und ihm aus diesem Grunde unterlegen ist[390]. Die Erwägungsgründe der Klauselrichtlinie gehen auf den Verbraucherschutz aufgrund von missbräuchlichen Vertragsklauseln, denen der Verbraucher aufgrund der Erfahren-

382 Vergleiche Art. 2 Nr. 2 Fernabsatzrichtlinie; Art. 2 Haustürwiderrufsrichtlinie; Art. 2 Pauschalreiserichtlinie.
383 Vergleiche Art. 2 Klauselrichtlinie.
384 Vergleiche für die Pauschalreiserichtlinie: *Grabitz/Hilf/Tonner*, A 12, Art. 2, RdNr. 18.
385 *Faber*, ZEuP 6 (1998), 854 ff.
386 *Bamforth*, Eur. L. Rev. 24 (1999), 410, 410 f.
387 *Bamforth*, Eur. L. Rev. 24 (1999), 410.
388 Vergleiche oben Fn. 357.
389 *Bamforth*, Eur. L. Rev. 24 (1999), 410, 414.
390 Erwägungsgrund 4 der Richtlinie.

heit und Gewitztheit von Unternehmern schutzlos ausgeliefert sein kann, ein[391]. Die Richtlinien enthalten damit einen situationsbezogenen Verbraucherbegriff[392]. Danach kann grundsätzlich jede Person Verbraucher im Sinne der Richtlinien sein, sofern sie nur zu einem Zweck handelt, der nicht ihrer gewerblichen Tätigkeit zuzuordnen ist. Der situationsbezogene Verbraucherbegriff ist Ausdruck der Verbraucherschutzkonzeption des Gemeinschaftsrechts: Der Verbraucher ist nicht deshalb schützenswert, weil er dem Gewerbetreibenden generell unterlegen ist, sondern weil in bestimmten Situationen der Vertragsmechanismus nicht in ausreichendem Maße in der Lage ist, seine Aufgabe zu erfüllen und die individuelle Freiheit des einzelnen umfassend zu garantieren[393]. Zu beachten ist damit bei der Auslegung das jeweilige Schutzziel der Richtlinien[394]. Darüber hinaus handelt es sich bei den Regelungen in den Richtlinien um „Mindeststandards", die durch Umsetzungsakte in den Mitgliedstaaten erreicht werden müssen, über die die nationalen Rechtsordnungen aber auch hinaus gehen können[395]; auch hierfür ist die Zielsetzung der einzelnen Rechtsakte von besonderer Bedeutung[396]. Aus diesem Grunde hält der EuGH bislang an einer engen Auslegung der Begriffe im Wege von Einzelbetrachtungen fest[397]. Die Schaffung eines weitgehenden, einheitlichen Schutzsystems ist den Mitgliedstaaten anheimgestellt[398].

Besondere Probleme bereitet das Verhältnis der verbraucherschützenden Richtlinien, speziell der Klauselrichtlinie, zur EuGVO: Hier treffen Regelungen des materiellen Rechts auf Gerichtsstandsfragen. In der Literatur wird z.T. erwogen, den Anwendungsbereich der EuGVO an denjenigen der Klauselrichtlinie insoweit anzugleichen, als auch durch die Klauselrichtlinie Fragen der gerichtlichen Zuständigkeit geklärt werden sollen[399]. Dies ist jedoch zweifelhaft in Hinblick auf das Verhältnis der beiden Rechtsakte zueinander, sowie in Bezug auf die Verbindlichkeit des Anhangs in der Klauselrichtlinie[400]. Art. 15 EuGVO enthält

---

391 Erwägungsgründe 8 und 9 der Klauselrichtlinie.

392 *Drexl*, JZ 1998, 1046, 1050; *Rott*, EuZW 2003, 5, 6.

393 *Drexl*, JZ 1998, 1046, 1050.

394 *Grabitz/Hilf/Micklitz*, Vor A 2, RdNr. 29.

395 Vergleiche Art. 8 Haustürwiderrufsrichtlinie.

396 *Bamforth*, Eur. L. Rev. 24 (1999), 410, 417.

397 Vergleiche die jeweiligen Schlussanträge: *EuGH*, *Bayerische Hypotheken- und Wechselbank AG/Edgar Dietzinger* (Fn. 353) 1199, RdNr. 42 f.; *EuGH*, *Strafverfahren gegen Patrice de Pinto* (Fn. 355) 1189, RdNr. 35; *Drexl*, JZ 1998, 1046, 1055; *Grabitz/Hilf/Pfeiffer*, A 5, Art. 2, RdNr. 3.

398 Wie z.B. in Deutschland mit der zentralen Einführung in §§ 13, 14 BGB und den sich hierauf beziehenden Schutzvorschriften geschehen.

399 Vergleiche *Borges*, RIW 2000, 933, 936.

400 Vor allem Anhang Lit. q) betreffend Gerichtsstandsabreden in Klauselverträgen; zusammenfassend zum Streitstand: *Grabitz/Hilf/Pfeiffer*, A 5, Art. 3, RdNr. 78 ff.; *Wolf/Horn/Lindacher/Wolf*, Anh Nr. 1q RiLi, RdNr. 213.

selbständige Regelungen des prozessualen Verbraucherschutzes gegenüber Gerichtsstandsvereinbarungen. Sie sollen durch die Richtlinie nicht verändert werden[401]. Dieser Systematik ist dadurch Rechnung zu tragen, dass der Anhang der Klauselrichtlinie nach Maßgabe der EuGVO ausgelegt wird[402]. Die gegenseitige Übertragbarkeit ist damit nicht gegeben.
Die Häufung der Begriffe in den verbraucherschützenden Richtlinien mit ihrem jeweils limitierten Anwendungsbereich wird zunehmend kritisiert[403], vor allem vor dem Hintergrund des Bestrebens um Vereinheitlichung auf dem Gebiet des Verbraucherschutzrechts[404]. In der Diskussion befindet sich derzeit eine Reform durch Einführung einer „Verbraucherrechtsrahmenrichtlinie", die wesentliche Elemente des gemeinschaftlichen Verbraucherschutzes enthält und damit zur weitergehenden Vereinheitlichung beitragen könnte. Vorarbeiten und Vorschläge werden auf Initiative der Europäischen Kommission derzeit in der Wissenschaft geleistet.

2. Privatautonomie

a) Grundsatz der Privatautonomie

Wesentliches Merkmal von Verträgen ist deren privatautonome Gestaltungsmöglichkeit durch die Vertragsparteien[405]: Es muss sich um eine freiwillig eingegangene Verpflichtung handeln[406]. In der Literatur ist teilweise von einem allgemeinen Rechtsgrundsatz der Vertragsfreiheit die Rede[407].

---

401 Hierzu ausführlich: *Pfeiffer*, Gerichtsstandsklauseln und EG-Klauselrichtlinie, in: Geimer, Wege zur Globalisierung des Rechts, S. 671 ff.

402 *Grabitz/Hilf/Pfeiffer*, Anhang A 5, RdNr. 154.

403 *Grabitz/Hilf/Marly*, A 4, Art. 2, RdNr. 25; *Faber*, ZEuP 6 (1998), 854 ff.

404 Mitteilung der Kommission an den Rat und das Europäische Parlament zum Europäischen Vertragsrecht, KOM (2001) 398 endg., ABl. EG 2001 C 255/1, RdNr. 37.

405 Vergleiche z.B. Art. 1.1. der UNIDROIT-Prinzipien (abgedruckt in deutscher Übersetzung in ZEuP 5 [1997], 890 – 909), Art. 1:102:Vertragsfreiheit PECL, Art. 2 des Entwurfs eines Europäischen Vertragsgesetzbuches (abgedruckt in deutscher Übersetzung in ZEuP 10 [2002], 139 – 172, 366 – 394).

406 *EuGH* 17.06.1992, Rs. C-26/91 (*Handte/TMCS*) Slg. 1992, I-3967, RdNr. 15.

407 *Grabitz/Hilf/Pfeiffer*, A 5, RdNr. 18; *Müller-Graff*, NJW 1993, 13, 14.

aa) Art. 81 EG

Die Vertragsfreiheit ist im Gemeinschaftsrecht nicht explizit geregelt, wird jedoch bereits in den Grundfreiheiten des EG-Primärrechts vorausgesetzt[408]. Hierzu hat sich das Gericht erster Instanz im Rahmen von Art. 81 EG (= Art. 85 EGV) in der Rechtssache *Automec/Kommission*[409] geäußert. Der Rechtssache lag folgender Sachverhalt zugrunde: Die Klägerin, eine Gesellschaft mit beschränkter Haftung italienischen Rechts, schloss 1960 mit BMW Italia SpA einen Vertragshändlervertrag über den Vertrieb von Kraftfahrzeugen der Marke BMW in der Stadt und der Provinz Treviso. Mit Schreiben vom 20.03.1983 teilte BMW Italia SpA der Klägerin ihre Absicht mit, den am 31.12.1984 auslaufenden Vertrag nicht zu verlängern. Die Klägerin verklagte daraufhin BMW Italia SpA vor dem Tribunale Mailand auf Fortsetzung der vertraglichen Beziehungen mit ihr. Nach Abweisung der Klage legte die Klägerin bei der Corte d'appello Mailand Berufung ein. BMW Italia beantragte beim Präsidenten des Tribunale Treviso die Beschlagnahme sämtlichen Materials mit dem Warenzeichen BMW bei *Automec*. Dieser Antrag wurde abgewiesen. Während des Verfahrens bei der Corte d'appello stellte die Klägerin bei der Kommission einen Antrag nach Art. 3 Abs. 2 VO 17/62/EWG[410]. BMW sei nach Ansicht der Klägerin verpflichtet gewesen, die von ihr bestellten Kraftfahrzeuge und Ersatzteile zu liefern und die Verwendung der Warenzeichen von BMW durch sie in dem für die normale Information der Öffentlichkeit notwendigen Umfang und nach den im Automobilsektor üblichen Modalitäten zu gestatten[411]. Dahin zielte auch ihr Antrag vor der Kommission.

Die Kommission sah sich unter den Umständen des Falles nicht dazu befugt, die spezifischen Anordnungen zu treffen und BMW zu verpflichten, die Klägerin zu beliefern und dieser die Benutzung ihrer Warenzeichen zu gestatten[412]. Zwar untersagt Art. 81 Abs. 1 EG bestimmte wettbewerbswidrige Vereinbarungen und Verhaltensweisen. Es ist jedoch Sache des nationalen Rechts, die übrigen mit einer Verletzung von Art. 81 EG verbundenen Rechtsfolgen wie die Verpflich-

---

408 *Grundmann*, Europäisches Vertragsrecht, S. 38, RdNr. 52 ff.; *Oppermann*, Europarecht, RdNr. 489 ff.; *Micklitz*, Der Vertragsbegriff in den Übereinkommen von Brüssel und Rom, in: Schulte-Nölke/Schulze, Europäisches Vertragsrecht im Gemeinschaftsrecht, S. 39; vgl. auch oben, S. 5 f.; für den Bereich der EuGVO vgl. deren 14. Erwägungsgrund: „Vorbehaltlich der in dieser Verordnung festgelegten ausschließlichen Zuständigkeiten muss die Vertragsfreiheit der Parteien hisichtlich der Wahl des Gerichtsstands, außer bei Versicherungs-, Verbraucher- und Arbeitssachen, wo nur eine begrenztere Vertragsfreiheit zulässig ist, gewahrt werden".

409 *EuG* 18.09.1992, Rs. T-24/90 (*Automec SRL/Kommission*) Slg. 1992, II-2223.

410 Verordnung 17/62/EWG des Rates vom 06.02.1962, Erste Durchführungsverordnung zu den Artikeln 85 und 86 des Vertrages, ABl. EG 1962 Nr. 13/204.

411 *EuG, Automec SRL/Kommission* (Fn. 409) 2223, RdNr. 6.

412 *EuG, Automec SRL/Kommission* (Fn. 409) 2223, RdNr. 53.

tung zum Vertragsschluss festzulegen[413]. Die Richter urteilten aus diesem Grunde[414]:

> „Da die Vertragsfreiheit die Regel bleiben muss, kann der Kommission im Rahmen der Anordnungsbefugnisse, über die sie zur Abstellung von Zuwiderhandlungen gegen Artikel 85 Absatz 1 verfügt, grundsätzlich nicht die Befugnis zuerkannt werden, einer Partei die Begründung vertraglicher Beziehungen aufzugeben, da ihr im allgemeinen geeignete Mittel zu Gebote stehen, um ein Unternehmen zum Abstellen einer Zuwiderhandlung zu zwingen."

Bestätigt wurde damit der Grundsatz der Vertragsfreiheit im Gemeinschafts(primär)recht. Die Prüfung, inwieweit Einschränkungen zulässig sind, obliegt den nationalen Gerichten[415].

bb) EuGVÜ/EuGVO

Mit Bezug auf das EuGVÜ führten die Richter des EuGH in der Rechtssache *Handte*[416] aus, dass der Begriff „Vertrag" oder „Ansprüche aus einem Vertrag" in Art. 5 EuGVÜ (= Art. 5 EuGVO) nicht dahin gehend ausgelegt werden kann, dass er für eine Situation gilt, in der keine von einer Partei gegenüber einer anderen freiwillig eingegangene Verpflichtung vorliegt[417]. Der Gerichtshof antwortete damit auf eine Vorlagefrage der französischen Cour de Cassation in einem Fall, in dem zwischen Kläger und Beklagtem keine unmittelbare vertragliche Beziehung bestand, der Käufer jedoch direkt gegen den Hersteller klagte[418]. Während in Frankreich eine direkte Klage des Käufers gegen den Hersteller aus Vertrag zugelassen wurde[419], ist ein vertraglicher Direktanspruch in den meisten europäischen Staaten nicht möglich[420]. Durch einen Vergleich der Regelungen in den Mitgliedstaaten hat sich auch der EuGH im Fall *Handte* für die Auslegung beholfen[421]. Ziel der Rechtsvergleichung war die einheitliche Auslegung des

---

413 *EuG, Automec SRL/Kommission* (Fn. 409) 2223, RdNr. 50.

414 *EuG, Automec SRL/Kommission* (Fn. 409) 2223, RdNr. 51.

415 *EuG, Automec SRL/Kommission* (Fn. 409) 2223, RdNr. 50.

416 *EuGH* 17.06.1992, Rs. C-26/91 (*Handte/Traitments mecano-chimiques des surfaces*) Slg. 1992, I-3967.

417 *EuGH, Handte/Traitments mecano-chimiques des surfaces* (Fn. 416) 3967, RdNr. 15.

418 *Cour de Cassation*, 1re chambre civile, arrêt du 08.01.1991 (56 89 – 14.179).

419 Zwar bestimmt Art. 1165 Code Civile, dass ein Vertrag nur Rechte und Pflichten zwischen den Vertragsparteien schafft; gleichwohl entsprach die Durchbrechung dieses Prinzips durch eine reduzierende Auslegung durch die Cour de Cassation der ständigen Rechtsprechung seit *Cour de Cassation* 09.10.1979, Bull. Civ. I n 241.192.

420 Vergleiche die Darstellung bei *Peifer*, JZ 1995, 90, 92; *Klima*, RIW 1991, 415; *Decker*, ICLQ 42 (1993), 366.

421 *Decker*, ICLQ 42 (1993), 366, 368.

Begriffs im EuGVÜ[422], die sich, trotz des nationalen Hintergrundes der Vorlage, vom nationalen Recht löst und für alle Mitgliedstaaten gleichermaßen verbindlich ist[423]. Im Fall *Handte* führte dies dazu, dass das vorlegende französische Gericht entgegen der französischen Handhabung die Vorentscheidung der Cour d'Appel Chambéry[424] aufgehoben hat[425].
An dieser Rechtsprechung hält der Gerichtshof seitdem fest[426]. In der Rechtssache *Fonderie Officine Meccaniche Tacconi SpA/Heinrich Wagner Sinto Maschinenfabrik GmbH*[427] nimmt er ausdrücklich auf die in der Rechtssache *Handte* erfolgte Auslegung Bezug[428]. Damit folgt der Gerichtshof den Schlussanträgen des Generalanwalts *Geelhoed*. Dieser hatte hierzu ausgeführt, dass die Kommission auf die einschränkende Auslegung von Art. 5 EuGVÜ verwiesen habe, sowie auf die autonome Bedeutung der Begriffe Vertrag oder Ansprüche aus einem Vertrag und unerlaubte Handlung oder Handlung, die einer unerlaubten Handlung gleichgestellt ist. Des Weiteren habe sie darauf aufmerksam gemacht, dass ein durchschnittlich aufgeklärter Beklagter normalerweise vorhersehen können müsse, vor welchem anderen Gericht als dem desjenigen Staates, in dem er seinen Wohnsitz habe, er verklagt werden könne[429]. Es würde gegen den Grundsatz der Rechtssicherheit verstoßen, wenn der Begriff des „Vertrags oder Ansprüche aus einem Vertrag" in Art. 5 EuGVÜ auch die genannte Situation

---

422 Vergleiche *EuGH* 22.03.1983, Rs. 34/82 (*Peters*) Slg, 1983, 987, RdNr. 9 f.; mit Anmerkung: *Hartley*, Eur. L. Rev. 18 (1993), 262, 263; *Huet*, J.D.I. 110 (1983), 834 ff.; *EuGH* 08.03.1988, Rs. 9/87 (*SPRL Arcado/SA Haviland*) Slg. 1988, 1539, RdNr. 10 f.; *EuGH* 17.06.1992, Rs. C-26/91 (*Handte*) Slg. 1992, I-3967, RdNr. 10; *EuGH* 27.10.1998, Rs. C-51/97 (*Réunion européenne*) Slg. 1998, I-6511, RdNr. 15; *EuGH* 17.09.2002, Rs. C-334/00 (*Fonderie Officine Meccaniche Tacconi/Heinrich Wagner Sinto Maschinenfabrik GmbH*) Slg. 2002, I-7357; *EuGH* 11.07.2002, Rs. C-96/00 (*Gabriel*) Slg. 2002, I-6367, RdNr. 37.

423 *Hartley*, Eur. L. Rev. 18 (1993), 506.

424 Arrêt du 20.03.1989 (733.88).

425 *Cass. Civ. 1ère* 27.01.1993, Rev.crit.dr.int.priv. 1993, 485; *Gaudemet-Tallon*, Rev.crit.dr.int.priv. 1993, 485; *Tagaras*, C.D.E. 1992, 702, 705 ff.; *De Vareilles-Sommières*, RTDE 1992, 712 – 727; *Bischoff*, J.D.I. 120 (1993), 469 – 474; *Peifer*, JZ 1995, 91 – 93; *Leclerc*, J.D.I. 122 (1995), 267 ff.

426 Vergleiche z.B. *EuGH* 17.09.2002, Rs. C-334/00 (*Fonderie Officine Meccaniche Tacconi SpA/Heinrich Wagner Sinto Maschinenfabrik GmbH*) Slg. 2002, I-7357; *EuGH* 27.10.1998, Rs. C-51/97 (*Réunion Européenne*) Slg. 1998, I-6511, RdNr. 17; hierzu IPRax 2000, 186 – 188.

427 *EuGH* 17.09.2002, Rs. C-334/00 (*Fonderie Officine Meccaniche Tacconi SpA/Heinrich Wagner Sinto Maschinenfabrik GmbH*) Slg. 2002, I-7357.

428 *EuGH, Fonderie Officine Meccaniche Tacconi SpA/Heinrich Wagner Sinto Maschinenfabrik GmbH* (Fn. 427) 7357, RdNr. 23.

429 *EuGH, Fonderie Officine Meccaniche Tacconi SpA/Heinrich Wagner Sinto Maschinenfabrik GmbH* (Fn. 427) 7357, RdNr. 51 der Schlussanträge.

erfassen würde[430]. Nach der Rechtsprechung des Gerichtshofs stellt daher der Gesichtspunkt der Freiwilligkeit die Grundvoraussetzung für das Zustandekommen eines Vertrages dar. Generalanwalt *Geelhoed* führt im Rahmen seiner Schlussanträge aus[431]:

> „Aus dem Grundsatz der Vertragsfreiheit folgt, dass jedermann frei wählen kann, mit wem und worüber er in Verhandlungen treten (...) will."

Die Vertragsfreiheit lässt sich demnach aufteilen zum einen in die Vertragsabschlussfreiheit, zum anderen in die Vertragsinhaltsfreiheit.

b) Vertragsabschlussfreiheit

Der Gerichtshof leitet die Vertragsabschlussfreiheit im Primärrecht aus Art. 81 und 49 EG her. Art. 81 EG lässt grundsätzlich Vereinbarungen zwischen den dort genannten Vertragsparteien zu[432]. Der Begriff der Vereinbarung in dieser Vorschrift ist zivilrechtlich zu verstehen[433]: Voraussetzung ist die entsprechende Willenseinigung[434]. Hierzu äußerte sich der Gerichtshof im Urteil in der Rechtssache *Coöperative Vereniging De Verenigde Bloemenveilingen Aalsmeer BA/Florimex BV und Verenigung van Groothandelaren in Bloemenkmeherijproducten.* In dem Verfahren hatte der EuGH zur Freiheit der Klägerin Stellung zu nehmen, bei der Festsetzung von Gebühren einen Unterschied zwischen den verschiedenen Lieferern zu machen. Die Richter entschieden, dass die Klägerin aufgrund der Vertragsfreiheit die Unternehmen wählen könne, mit denen sie Handelsverträge abschließen wolle[435]. Der Abschluss von Vereinbarungen, die von Art. 81 EG umfasst sind, ist in der Gemeinschaft garantiert. Art. 81 EG ist gemeinschaftsrechtlich-autonom auszulegen und Ausdruck des Grundsatzes der Vertragsfreiheit.
Neben Art. 81 EG findet die Garantie der Vertragsabschlussfreiheit eine weitere Grundlage in Art. 49 EG. Die Regelung beschäftigte den EuGH im Verfahren

---

430 *EuGH, Fonderie Officine Meccaniche Tacconi SpA/Heinrich Wagner Sinto Maschinenfabrik GmbH* (Fn. 427) 7357, RdNr. 51 der Schlussanträge.

431 *EuGH, Fonderie Officine Meccaniche Tacconi SpA/Heinrich Wagner Sinto Maschinenfabrik GmbH* (Fn. 427) 7357, RdNr. 55 der Schlussanträge; vgl. zu dem Verfahren im Einzelnen noch unten, S. 123 ff.

432 *Schwarze/Brinker*, Art. 81 EG, RdNr. 28.

433 *Schwarze/Brinker*, Art. 81 EG, RdNr. 29.

434 *Groeben/Thiesing/Ehlermann/Schröter*, Art. 85 Abs. 1 EGV, RdNr. 46; *Schwarze/Brinker*, Art. 81 EG, RdNr. 29.

435 *EuGH* 30.03.2000, Rs. C-265/97 P (*Coöperative Vereniging De Verenigde Bloemenveilingen Aalsmeer BA/Florimex BV und Verenigung van Groothandelaren in Bloemenkmeherijproducten*) Slg. 2000, I-2061, RdNr. 134.

Alpine Investments[436]. Das College van Beroep voor het Bedrijfsleben hatte dem Gerichtshof mehrere Fragen nach der Auslegung des Art. 59 EGV (= Art. 49 EG) zur Vorabentscheidung vorgelegt. Die Klägerin, *Alpine Investments BV*, hatte sich gegen das vom niederländischen Ministerium der Finanzen ihr gegenüber ausgesprochene Verbot gewandt, mit Privatleuten ohne deren vorherige schriftliche Zustimmung telefonisch Kontakt aufzunehmen, um ihnen verschiedene Finanzdienstleistungen anzubieten[437]. Gegenstand des Verfahrens war u.a. die Frage, ob der Umstand, dass es sich bei den Dienstleistungen um bloße Angebote handelte und es für sie noch keinen bestimmten Empfänger gab, der Anwendung von Art. 49 EG entgegensteht[438]. Der Gerichtshof argumentierte mit der Zielsetzung des EG-Vertrages, dass der freie Dienstleistungsverkehr illusorisch würde, wenn nationale Regelungen das Anbieten von Dienstleistungen nach Belieben behindern könnten[439] und sah den Anwendungsbereich von Art. 49 EG als eröffnet an[440]. Er untermauert damit die Vertragsabschlussfreiheit für das Gemeinschaftsrecht und trennt sie gleichsam von den nationalen Rechten der Mitgliedstaaten, die von der Regelung des Art. 49 EG überlagert werden. Der EuGH betont die Bedeutung des Marktzutritts im Stadium der Vertragsanbahnung und bezieht die Suche nach potentiellen Vertragspartnern in den Schutzbereich der Grundfreiheiten mit ein[441]. Das Ziel der umfassenden Verwirklichung des Binnenmarkts und des für alle gleichen und einschränkungslosen Zutritts zum freien Wettbewerb (Art. 4 Abs. 1 EG) soll vollumfänglich erreicht werden[442]. Das Urteil bestätigt gleichzeitig, dass im Gemeinschaftsrecht die Vertragsabschlussfreiheit umfassend als Voraussetzung freien Wettbewerbs anerkannt wird. Jede Regelung des „Export-" oder „Import-" Staates, die sich wesentlich auf die Freiheit der Erbringung von Dienstleistungen auswirkt, ist hiernach (zunächst[443]) eine Beschränkung i.S.v. Art. 49 EG[444]. Generalanwalt *Jacobs* äußerte im Rahmen seiner Schlussanträge in der Rechtssache *Alpine Investments*, dass der Ausfuhrmitgliedstaat einem Wirtschaftsteilnehmer nicht auferlegen kann, dass er in einem anderen Mitgliedstaat eine Werbemethode unterlässt, die auf seinem eigenen Territorium zwar verboten ist, nicht aber auf dem

436 *EuGH* 10.05.1995, Rs. C-384/93 (*Alpine Investments*) Slg. 1995, I-1141.
437 *EuGH, Alpine Investments* (Fn. 436) 1141, RdNr. 1 ff.
438 *EuGH, Alpine Investments* (Fn. 436) 1141, RdNr. 18, 22.
439 *EuGH, Alpine Investments* (Fn. 436) 1141, RdNr. 19.
440 *EuGH, Alpine Investments* (Fn. 436) 1141, RdNr. 22; so auch die Ansicht in der Literatur, vgl. z.B. *Kort*, JZ 1996, 132, 134.
441 *Reich*, EuZW 1995, 404, 407.
442 *Kort*, JZ 1996, 132, 137.
443 Zu Einschränkungen sogleich unter C.II.2.d), S. 75 ff.
444 *Reich*, EuZW 1995, 404, 407 f.; *Ross*, Eur. L. Rev. 20 (1995), 507, 508.

Territorium des anderen Staates, sofern es hierfür nicht eine Rechtfertigung (*bonne raison*) gibt[445].

c) Vertragsinhaltsfreiheit

Bezogen auf die Primärfreiheiten ist die Vertragsinhaltsfreiheit von Generalanwalt *Léger* in seinen Schlussanträgen in der Rechtssache *Wouters* angesprochen worden[446]: Niederländische Regelungen untersagten in dem zu entscheidenden Fall den dort ansässigen Rechtsanwälten und Wirtschaftsprüfern den Zusammenschluss in einer Kanzlei. Generalanwalt *Léger* subsumiert diesen Fall unter die Dienstleistungsfreiheit (Art. 49 EG) und sieht den Anwendungsbereich der Vorschrift als eröffnet an. Sachlich führt er aus, dass die niederländischen Regelungen den Zugang von Anbietern zu den Dienstleistungsmärkten anderer Mitgliedstaaten beschränkten. Eine solche Beschränkung des innergemeinschaftlichen Dienstleistungsverkehrs bestehe nicht nur theoretisch, denn einige Mitgliedstaaten gestatteten die Gründung gemischter Kanzleien mit Angehörigen beider genannten Berufsgruppen[447].

Die Entscheidung geht zunächst vom nationalen niederländischen Recht aus, in dem die Besonderheit besteht, dass Wirtschaftsprüfer keinem dem der Rechtsanwälte vergleichbaren Berufsgeheimnis unterliegen. Da Voraussetzung der Anwendbarkeit von Art. 49 EG ein grenzüberschreitender Sachverhalt ist[448], vergleicht Generalanwalt *Léger* die Rechtslage mit anderen Mitgliedstaaten der Gemeinschaft[449]. Auf dieser Grundlage stellt er die Verletzung der Dienstleistungsfreiheit fest. Mit dieser Bezugnahme auf Art. 49 EG erlangt das insoweit den Schlussanträgen entsprechende Urteil[450] gemeinschaftsweite Bedeutung[451].

Bezogen auf das Sekundärrecht stellte der Gerichtshof in der Rechtssache *Kommission/SNUA*[452] fest, dass es jedermann frei steht, sich seinen Vertragspartner selbst auszusuchen (Vertragsabschlussfreiheit) und mit ihm den Inhalt des Vertrages und die Art und Weise der Vertragsabwicklung autonom zu bestimmen

445 *EuGH, Alpine Investments* (Fn. 436) 1141, RdNr. 55 der Schlussanträge.

446 *EuGH* 19.02.2002, Rs. C-309/99 (*Wouters, Savelbergh, Price Waterhouse/Algemene Raad van de Nederlandse Orde van Advocaten*) Slg. 2002, I-1577, RdNr. 247.

447 *EuGH, Wouters, Savelbergh, Price Waterhouse/Algemene Raad van de Nederlandse Orde van Advocaten* (Fn. 446) 1577, RdNr. 247 der Schlussanträge.

448 *Groeben/Thiesing/Ehlermann/Troberg*, Art. 59 EGV, RdNr. 40.

449 *EuGH, Wouters, Savelbergh, Price Waterhouse/Algemene Raad van de Nederlandse Orde van Advocaten* (Fn. 446) 1577, RdNr. 247 der Schlussanträge.

450 *EuGH, Wouters, Savelbergh, Price Waterhouse/Algemene Raad van de Nederlandse Orde van Advocaten* (Fn. 446) 1577, RdNr. 119 ff.

451 *Hartung*, EWS 2002, 133; *Andresen*, DVBl. 2002, 685, 687.

452 *EuGH* 27.04.1999, Rs. C-69/97 (*Kommission/SNUA*) Slg. 1999, I-2363.

(Vertragsinhaltsfreiheit)[453]. Der EuGH hat die Feststellung im Rahmen eines Schiedsverfahrens[454] getroffen. Er führt im Leitsatz nochmals aus, dass die Entscheidung grundsätzlich nationalem Recht folgt. Das Urteil nimmt jedoch Bezug auf die seinerzeit verbindliche Verordnung 3640/85/EWG[455], die in Art. 7 Abs. 1 bestimmt: „Die Verträge, die zur Durchführung der nach Artikel 5 ausgewählten Vorhaben erforderlich sind, werden von der Kommission ausgehandelt und geschlossen". Die Verordnung, die in allen Mitgliedstaaten unmittelbar anwendbares Recht ist, liefert Rahmenbedingungen für die abzuschließenden Verträge. Eine Auslegung des Art. 7 Verordnung 3640/85/EWG beinhaltet damit eine gemeinschaftsrechtliche Betrachtungsweise der Vorschrift mit gemeinschaftsweit einheitlicher Geltung.

d) Grenzen der Vertragsfreiheit

In der Rechtssache *Spanien/Kommission* entschied der Gerichtshof, dass das Recht der Parteien, von ihnen geschlossene Verträge zu ändern, auf dem Grundsatz der Vertragsfreiheit beruht. Etwas anderes gelte nur dann, wenn es eine Regelung gibt, die besondere Beschränkungen enthält[456].
In der Rechtssache *Westdeutsche Landesbank Girozentrale/Stefan* führte Generalanwalt *Léger* im Rahmen seiner Schlussanträge aus, dass es nicht hinnehmbar sei, wenn die Vertragsfreiheit dazu beitragen würde, rechtliche Sachverhalte fortbestehen zu lassen, die unbillig oder der Entwicklung des Rechts und der allgemeinen Betrachtungsweisen nicht angepasst sind[457].
Die Vertragsfreiheit findet ihre Grenzen damit zum einen in entgegenstehendem Recht, zum anderen aufgrund des Billigkeitserfordernisses im Grundsatz von Treu und Glauben.

aa) Entgegenstehendes Recht

Entgegenstehendes Recht kann, wie die vorstehenden Auszüge belegen, zum einen im Gemeinschaftsrecht, zum anderen in den mitgliedstaatlichen nationalen Rechten enthalten sein.

---

453 *EuGH, Kommission/SNUA* (Fn. 452) 2363, Leitsatz.

454 Vergleiche hierzu oben, S. 29 f.

455 Verordnung (EWG) Nr. 3640/85 des Rates vom 20.12.1985 zur Förderung von Demonstrationsvorhaben und industriellen Pilotvorhaben im Energiebereich durch finanzielle Unterstützung, ABl. EG 1985 L 350/29.

456 *EuGH* 05.10.1999, Rs. C-240/97 (*Spanien/Kommission*) Slg. 1999, I-6571, RdNr. 99.

457 *EuGH* 11.01.2001, Rs. C-464/98 (*Westdeutsche Landesbank Girozentrale/Stefan*) Slg. 2001, I-173, RdNr. 82 der Schlussanträge.

(a) Primärrecht

Im Primärrecht verbietet beispielsweise Art. 81 EG, der grundsätzlich Ausdruck der Vertragsfreiheit ist[458], Vereinbarungen abzuschließen, die den Handel zwischen den Mitgliedstaaten zu beeinträchtigen geeignet sind und eine Verhinderung, Einschränkung oder Verfälschung des Wettbewerbs innerhalb des Gemeinsamen Marktes bezwecken oder bewirken. Die Vertragsfreiheit endet mithin dort, wo der Staat durch den Einsatz hoheitlicher Mittel die Unternehmen zu einem bestimmten Verhalten zwingt[459]. Art. 81 EG ist zwingendes Recht, so dass sich an der Anwendbarkeit selbst dann nichts ändert, wenn staatliche Stellen die Vereinbarung nachträglich genehmigen oder für allgemeinverbindlich erklären[460]. Als Rechtsfolge sieht Art. 81 Abs. 2 EG vor, dass die nach Art. 81 EG verbotenen Vereinbarungen oder Beschlüsse nichtig sind.

(b) Sekundärrecht

Das Sekundärrecht enthält zahlreiche Bestimmungen, die die Vertragsfreiheit einschränken. Auf dem Gebiet des generell die Vertragsfreiheit begrenzenden Verbraucherschutzrechts finden sich Regelungen beispielsweise in Art. 7 bis 11 Verbraucherkreditrichtlinie. Diese sind nach Art. 14 der Richtlinie zwingend einzuhalten und von den Mitgliedstaaten umzusetzen[461]. Ebenso zwingend ist das Widerrufsrecht nach Art. 4 ff. Haustürwiderrufsrichtlinie[462], wonach dem Verbraucher ein Widerrufsrecht einzuräumen ist, über das er schriftlich zu belehren ist. Ein Verzicht hierauf ist nicht möglich. Der Schutz des Gemeinschaftsrechts und des Verbrauchers geht nach der Rechtsprechung des EuGH an dieser Stelle so weit, dass der Einzelne, dem durch mangelnde Umsetzung der Richtlinie in nationales Recht ein Schaden entstanden ist, einen Anspruch gegen den Mitgliedstaat auf Ersatz dieses Schadens hat[463]. Eine weitere Regelung enthält die Missbrauchskontrolle nach der Klauselrichtlinie[464].

---

458 *EuGH* 30.03.2000, Rs. C-265/97 P (*Coöperative Vereniging De Verenigde Bloemenveilingen Aalsmeer BA/Florimex BV und Vereniging von Groothandelaren in Bloemkuehe-rijproducten*) Slg. 2000, I-2061, RdNr. 134; vgl. oben S. 72.

459 *Groeben/Thiesing/Ehlermann/Schröter*, Art. 85 Abs. 1 EGV, RdNr. 53.

460 *EuGH* 30.01.1985, Rs. 123/83 (*BNIC/Clair*) Slg. 1985, 391, RdNr. 16 ff.; *EuGH* 11.07.1985, Rs. 136/83 (*BNIC/Aubert*) Slg. 1987, 4789, RdNr. 12 f.

461 MünchKomm/*Ulmer*, Vor § 1 VerbrKrG, RdNr. 13.

462 *Grbitz/Hilf/Micklitz*, A 2, Art. 4 – 7, RdNr. 54.

463 Vergleiche in Bezug auf Art. 11 Verbraucherkreditrichtlinie und die Umsetzung in Spanien: *EuGH* 07.03.1996, Rs. C-192/94 (*El Corte Inglés SA/Christina Bláquez Rivero*) Slg. 1996, I-1281.

464 *Grabitz/Hilf/Pfeiffer*, Vorbem. A 5, RdNr. 6.

Roth versteht die Privatautonomie aufgrund der zahlreichen zwingenden Vorschriften in den verbraucherschützenden gemeinschaftlichen Reachtsakten als eine formale[465]: Die verbraucherschützenden Rechtsakte sollen die Austauschprozesse im Binnenmarkt sichern und sind damit Instrument der Vertragsfreiheit[466].

Neben den verbraucherschützenden Vorschriften können sich Beschränkungen der Vertragsfreiheit auch mittelbar durch Sekundärrechtsakte ergeben. Ein solcher Fall beschäftigte den EuGH in der Rechtssache *ATRAL SA/Etat Belge*[467] vor dem Hintergrund der Richtlinien 73/23/EWG[468], 89/336/EWG[469], 1999/5/EG[470] sowie nationalem belgischen Recht. Die Aktiengesellschaft französischen Rechts *ATRAL* mit Sitz in Frankreich stellte Alarmsysteme und -zentralen her, die Funkverbindungen nutzen. Bis zum Jahre 1999 war der Verkauf der Erzeugnisse von *ATRAL* nicht durch nationales belgisches Recht reglementiert. Seit Inkrafttreten einer Königlichen Verordnung konnte *ATRAL* ihre Erzeugnisse nicht mehr vertreiben, ohne vorher die Genehmigung durch die zu diesem Zweck gebildete Kommission für Material einzuholen[471]. Am 16.08.1999 beantragte *ATRAL* beim Conseil d'Etat die Nichtigerklärung der Königlichen Verordnung. Außerdem legte sie bei der Europäischen Kommission eine Beschwerde wegen Einfuhrhindernissen für Alarmsysteme und -zentralen in Belgien ein. Auf diese Beschwerde hin forderte die Kommission das Königreich Belgien zur Äußerung auf. Dieses Verfahren läuft noch. Im Übrigen beantragte *ATRAL* beim Tribunal de première instance Brüssel, dem belgischen Staat zu untersagen, den Verkauf ihrer Erzeugnisse in Belgien von einer vorherigen Genehmigung abhängig zu machen. Auch dieses Verfahren ist noch anhängig. Durch die neue Regelung liegt eine Beschränkung der Vertragsfreiheit der Klägerin vor. Ob diese gerechtfertigt ist, bleibt abzuwarten.

---

465 *Roth*, Funktionen des privatrechtlichen Vertrages im Gemeinschaftsrecht, in: Schulte-Nölke/Schulze, Europäisches Vertragsrecht im Gemeinschaftsrecht, S. 32; *Roth*, JZ 2001, 475, 480 f.

466 *Roth*, JZ 2001, 475, 480 f.; so dem Grunde nach auch: *EuGH* 22.11.2001, Rs. C-541/99 und C-542/99 (*Cape/Idealservice und Omai*) Slg. 2001, I-9049, RdNr. 16 der Schlussanträge.

467 *EuGH* 08.05.2003, Rs. C-14/02 (*ATRAL SA/Belgischer Staat*) Slg. 2003, I-4431.

468 Richtlinie 73/23/EWG des Rates vom 19.02.1973 zur Angleichung der Rechtsvorschriften der Mitgliedstaaten betreffend elektrische Betriebsmittel zur Verwendung innerhalb bestimmter Spannungsgrenzen, ABl. EG 1973 L 77/29.

469 Richtlinie 89/336/EWG des Rates vom 03.05.1989 zur Angleichung der Rechtsvorschriften der Mitgliedstaaten über die elektromagnetische Verträglichkeit, ABl. EG 1989 L 139/19.

470 Richtlinie 99/5/EG des Europäischen Parlaments und des Rates vom 09.03.1999 über Funkanlagen und Telekommunikationseinrichtungen und die gegenseitige Anerkennung ihrer Konformität, ABl. EG 1999 L 91/10.

471 *EuGH, ATRAL SA/Belgischer Staat* (Fn. 467) 4431, RdNr. 33.

(c) Nationales Recht

Der Gerichtshof erkennt die einschränkende Wirkung nationaler Regelungen an, die ihrerseits nicht aus dem Gemeinschaftsrecht ins nationale Recht umgesetzt wurden[472]. Die Wirkungen, die sich aus diesem Zusammenspiel zwischen Gemeinschaftsrecht und mitgliedstaatlichem ntionalen Recht ergeben, macht das Urteil in den verbundenen Rechtssachen *Bernard Keck* und *Daniel Mithouard*[473] deutlich. Hintergrund der Vorlage an den EuGH war ein Vorabentscheidungsersuchen des französischen Tribunal de Grande Instance de Strasbourg, mit dem es die Vereinbarkeit von Art. 32 der französischen Ordonnance Nr. 86-1243 mit dem Gemeinschaftsrecht prüfen ließ. Art. 32 der Ordonnance Nr. 86-1243 enthielt ein Verbot, Waren zum Verlustpreis weiterzuverkaufen, wenn diese nicht vorher durch den Verkäufer bearbeitet wurden, wobei die Bearbeitung auch sehr geringfügig sein konnte. Diese nationale Regelung schränkte die Vertragsfreiheit der Verkäufer ein. Der EuGH prüfte die Regelung vor dem Hintergrund, ob sie eine mengenmäßige Einfuhrbeschränkung und damit eine verbotene Maßnahme gleicher Wirkung zwischen den Mitgliedstaaten im Sinne von Art. 28 EG darstellte. Er urteilte hierzu, dass die Anwendung von Regelungen wie der französischen Ordonnance Nr. 86-1243 auf den Verkauf von Erzeugnissen aus einem anderen Mitgliedstaat, die den von diesem Staat aufgestellten Bestimmungen entsprechen, nicht geeignet ist, den Marktzugang für diese Erzeugnisse zu versperren oder stärker zu behindern, als sie dies für inländische Erzeugnisse tut[474]. Die Richter vollzogen mit ihrem Urteil eine Änderung der Rechtsprechung[475]: Sie entschieden, dass die Anwendung nationaler Bestimmungen, die bestimmte Verkaufsmodalitäten beschränken oder verbieten, nicht geeignet ist, den Handel zwischen den Mitgliedstaaten unmittelbar oder mittelbar, tatsächlich oder potentiell zu behindern. Voraussetzung ist dabei jedoch, dass diese Bestimmungen für alle betroffenen Wirtschaftsteilnehmer gelten. Sie müssen ihre Tätigkeit im Inland ausüben und den Absatz der inländischen Erzeugnisse und der Erzeugnisse aus anderen Mitgliedstaaten rechtlich wie tatsächlich in der gleichen Weise berühren[476]. Solche Regelungen sind keine Maßnahmen gleicher Wirkung im Sinne von Art. 28 EG.

---

472 Vergleiche z.B. die zuvor dargestellte Rechtssache *EuGH* 08.05.2003, Rs. C-14/02 (*ATRAL SA/Belgischer Staat*) Slg. 2003, I-4431.

473 *EuGH* 24.11.1993, Rs. C-267/91 und C-268/91 (*Strafverfahren gegen Bernard Keck und Daniel Mithouard*) Slg. 1993, I-6097.

474 *EuGH, Strafverfahren gegen Bernard Keck und Daniel Mithouard* (Fn. 473) 6097, RdNr. 16.

475 *EuGH* 11.07.1974, Rs. 8/74 (*Dassonville*) Slg. 1974, 837.

476 *EuGH, Dassonville* (Fn. 475) 837, RdNr. 17.

Art. 28 EG ist die im EG-Vertrag zuerst genannte Grundfreiheit und sichert die auf den Warenaustausch zielende Wirtschaftstätigkeit ab[477]. Der EuGH spricht in diesem Zusammenhang von einem „fundamentalen Grundsatz des freien Warenverkehrs"[478]. Kennzeichen von Art. 28 EG ist, dass er unmittelbar anwendbar ist, und sich alle natürlichen und juristischen Personen direkt hierauf berufen können[479]. Art. 28 EG soll damit die möglichst ungehinderte grenzüberschreitende Wahrnehmung der Privatautonomie im Bereich der Warenbewegungen ermöglichen[480]. Einschränkungen sind nur unter den Voraussetzungen der Art. 28 ff. EG möglich, d.h. wenn es sich um mengenmäßige Einfuhrbeschränkungen oder sonstige Maßnahmen gleicher Wirkung handelt[481]. In der Rechtssache *Keck* kam der Gerichtshof wegen fehlenden Einfuhrbezugs zu dem Ergebnis, dass Art. 28 EG dahin auszulegen ist, dass er keine Anwendung auf Rechtsvorschriften eines Mitgliedstaates findet, die den Weiterverkauf zum Verlustpreis allgemein verbieten[482].

Der Grund dieser Rechtsprechung besteht darin, dass nach dem Verständnis vor Erlass des Urteils in den Rechtssachen *Keck und Mithouard* praktisch alle nationalen Rechtsordnungen erfasst waren, die zumindest mittelbar die Absatzmöglichkeiten für Waren betrafen. Konsequenz dieser Auslegung wäre eine zunehmende Verengung der mitgliedstaatlichen Gestaltungsmöglichkeiten[483]. Nach dem Urteil des EuGH wird die Privatautonomie der Beklagten des Ausgangsstrafverfahrens in gemeinschaftsrechtskonformer Weise durch das französische Recht begrenzt. Eine Begrenzung der Vertragsfreiheit durch die nationalen Rechte ist demnach zwar möglich, muss aber ihrerseits durch zwingende Gründe getragen werden. Der EuGH äußerte hierzu in der Rechtssache *Coöperative Vereniging De Verenigde Bloemenveilingen Aalsmeer BA/Florimex BV und Verenigung van Groothandelaren in Bloemenkmeherijproducten*, dass der freie Dienstleistungsverkehr illusorisch würde, wenn nationale Regelungen das Anbieten von Dienstleistungen *nach Belieben* behindern könnten[484].

---

477 *Schwarze/Becker*, Art. 28 EG, RdNr. 1.

478 *EuGH* 22.06.1994, Rs. C-9/93 (*Ideal Standard*) Slg. 1994, I-2789, RdNr. 22.

479 *EuGH* 07.03.1989, Rs. 215/87 (*Schumacher*) Slg. 1989, 617, RdNr. 14; *Schwarze/Becker*, Art. 28 EG, RdNr. 6 f.

480 *Groeben/Thiesing/Ehlermann/Müller-Graff*, Vorbemerkung zu den Artikeln 30 bis 37 EGV, RdNr. 3.

481 *Reich*, CMLR 31 (1994), 459, 461 f.; *Schwarze/Becker*, Art. 28 EG, RdNr. 33 ff.

482 *EuGH, Strafverfahren gegen Bernard Keck und Daniel Mithouard* (Fn. 473) 6097, RdNr. 18.

483 *Schwarze/Becker*, Art. 28 EG, RdNr. 47.

484 *EuGH* 30.03.2000, Rs. C-265/97 P (*Coöperative Vereniging De Verenigde Bloemenveilingen Aalsmeer BA/Florimex BV und Verenigung van Groothandelaren in Bloemenkmeherijproducten*) Slg. 2000, I-2061, RdNr. 134.

bb) Treu und Glauben

Eine weitere Einschränkung des Grundsatzes der Vertragsfreiheit ergibt sich durch das Gebot von Treu und Glauben. Jede nationale mitgliedstaatliche Rechtsordnung kennt dies als immanente Schranke der Vertragsfreiheit[485]. Als problematisch für den EuGH erweist es sich hierbei, dass die Anwendungsbereiche in den einzelnen Mitgliedstaaten unterschiedlich weit sind[486]: Im Common-Law-Raum wird – im Gegensatz zu den Mitgliedstaaten mit geschriebenem Recht[487] – ein Rechtsgrundsatz von Treu und Glauben bislang grundsätzlich abgelehnt[488]; nur im Einzelfall werden im Rahmen der Vertragsauslegung „implied terms" angewendet, die als „good faith in the performance of the Contract" bezeichnet werden können[489].

Im Gemeinschaftsrecht finden sich in gut 30 Rechtsakten Normierungen des Grundsatzes von „Treu und Glauben". Im Bereich des privaten Vertragsrechts bestehen Normierungen im *acquis communautaire* bislang ausschließlich in der Handelsvertreterrichtlinie und der Klauselrichtlinie, die erst 1986 bzw. 1993 verabschiedet wurden. Diese Normierungen haben für die beiden Gemeinschaftsrechtsakte einen einheitlichen Standard herbeigeführt[490].

Fraglich ist, ob aufgrund der unterschiedlichen Handhabung des Grundsatzes von Treu und Glauben dem Gerichtshof überhaupt eine Auslegungszuständigkeit hierfür zuerkannt werden soll[491]. Die Literatur steht dieser Kompetenz zum Teil kritisch gegenüber[492]. Sie bemängelt, dass bislang auf europäischer Ebene

---

485 *Grundmann*, Europäisches Vertragsrecht, S. 135, RdNr. 191.

486 *Berger*, ZVglRWiss 94 (1995), 217, 229 f.; *Grundmann*, Europäisches Vertragsrecht, S. 263, RdNr. 22.

487 Hier finden sich gesetzliche Verankerungen z.B. in § 242 BGB, § 2 Schweizerisches ZGB, Art. 1366 Italienischer Codice Civile, Art. 1134 Abs. 3 Französischer Code Civil, Art. 1258 Spanischer Codigo Civil, Art. 288 Griechisches ZGB, Art. 762, 334 und 437 Portugiesischer Codigo Civil, Art. 6:2, 6:248 Niederländisches NBW, Art. 963 Abs. 2 Österreisches ABGB; vgl. *Sandrock*, JZ 1996, 9 ff.

488 Vergleiche *House of Lords*, *Walford v. Miles* 2 A.C. [1992] 128, 138; *Banque Keyser Ullmann SA v. Skandia (UK) Insurance Co. Ltd.* 1. Q.B. [1989] 433, 439; *Whittaker*, Chitty on Contracts, 1-010; *Franzen*, Privatrechtsangleichung durch die Europäische Gemeinschaft, S. 547; *Zimmermann*, JZ 1995, 477, 490.

489 Vergleiche *Scally v. Southern Health and Social Services Board* 1 A.C. [1992] 294; vertiefend *Zimmermann*, Good Faith in European Contract Law; *Collins*, O.J.L.S. 14 (1994), 229.

490 Für die Klauselrichtlinie *Grabitz/Hilf/Pfeiffer*, A 5, Art. 3, RdNr. 41 ff., 64 ff.; *Nasall*, JZ 1995, 689, 692.

491 *Roth*, Funktionen des privatrechtlichen Vertrages im Gemeinschaftsrecht, in: Schulte-Nölke/Schulze, Europäisches Vertragsrecht im Gemeinschaftsrecht, S. 36.

492 *Franzen*, Privatrechtsangleichung durch die Europäische Gemeinschaft, S. 536 ff.; *Roth*, Generalklauseln im Europäischen Privatrecht, in: Festschrift Drobnig, S. 135; *Roth*,

der Grundsatz von Treu und Glauben noch nicht sehr ausdifferenziert ist. Dem Gerichtshof komme nicht die Aufgabe zu, aufgrund seiner Rechtsprechung eine europäische Rechtsordnung durch richterliche Rechtsschöpfung frei zu entwickeln[493].

Generalanwalt *Tizzano* wies im Rahmen seiner Schlussanträge in der Rechtssache *Leitner/TUI* darauf hin, dass nach der Rechtsprechung des Gerichtshofs die einheitliche Anwendung des Gemeinschaftsrechts und der Gleichheitsgrundsatz verlangen, dass die Begriffe einer Vorschrift des Gemeinschaftsrechts, die für die Ermittlung ihres Sinns und ihrer Bedeutung nicht ausdrücklich auf das Recht der Mitgliedstaaten verweist, in der Regel in der gesamten Gemeinschaft autonom und einheitlich auszulegen sind[494]. Eine Verweisung auf die einzelnen nationalen Rechtsordnungen ist in diesen Fällen ausgeschlossen, da das Gemeinschaftsrecht grundsätzlich die Begriffe nicht in Anlehnung an eine oder mehrere nationale Rechtsordnungen definieren will, sofern dies nicht ausdrücklich vorgesehen ist[495]. Folglich ist auch der Begriff von Treu und Glauben, soweit er als gemeinschaftsrechtlicher Begriff auftaucht, gemeinschaftsrechtlich zu beurteilen. Hierzu kann im Wege rechtsvergleichender Wertung das in den einzelnen Mitgliedstaaten vorhandene Material für die Gemeinschaft nutzbar gemacht werden. Auf diese Weise kann eine Kasuistik entwickelt werden, die sich an den Zielen und Wertungen des jeweiligen Rechtsaktes ausrichtet[496].

(a) Allgemeiner Rechtsgrundsatz

Mangels entsprechender Regelungen hat der Gerichtshof schon vor Normierung in der Handelsvertreterrichtlinie und der Klauselrichtlinie den Rechtsgrundsatz von Treu und Glauben im Wege wertender Rechtsvergleichung hergeleitet. Hierfür findet sich in der Rechtsprechung bereits in der Rechtssache *Rudolf Pieter Marie Fiddelaar/Kommission der EWG*[497] aus dem Jahre 1959 ein Beleg. Gegenstand des Rechtsstreits war eine Klage gegen die Entlassung eines Angestellten aus dem Sprachendienst durch die Kommission. Das Verfahren, das seinerzeit nach Art. 179 EWG-Vertrag (= Art. 236 EG) durchgeführt wurde[498], liegt

---

Funktionen des privatrechtlichen Vertrages im Gemeinschaftsrecht, in: Schulte-Nölke/Schulze, Europäisches Vertragsrecht im Gemeinschaftsrecht, S. 36.

493 *Grabitz/Hilf/Pfeiffer*, A 5, Art. 3, RdNr. 41, 64.

494 *EuGH* 12.03.2002, Rs. C-168/00 (*Simone Leitner/TUI Deutschland GmbH & Co. KG*) Slg. 2002, I-2631, RdNr. 25 der Schlussanträge.

495 *EuGH, Simone Leitner/TUI Deutschland GmbH & Co. KG* (Fn. 494) 2631, RdNr. 25 der Schlussanträge.

496 *Nasall*, JZ 1995, 689, 691 f.; *Brandner*, MDR 1997, 312, 314.

497 *EuGH* 16.12.1960, Rs. 44/59 (*Rudolf Pieter Marie Fiddelaar/Kommission der EWG*) Slg. 1960, 1117.

498 *EuGH, Rudolf Pieter Marie Fiddelaar/Kommission der EWG* (Fn. 497) 1117, 1131.

im Vorfeld des Erlasses des Beamtenstatuts. Der Kläger war beim Sprachendienst befristet beschäftigt. Für sein Arbeitsverhältnis galten vorläufige Beschäftigungsregeln, die stillschweigend Gegenstand des Anstellungsvertrags geworden waren[499]. Der Kläger wurde durch Verfügung der Kommission aus dem Anstellungsverhältnis entlassen. Hiergegen wandte er sich mit seiner Klage, weiter verlangte er Schadensersatz in Höhe des ihm entgangenen Gehalts. Zu seinem ersten Antrag äußerten sich die Richter im Rahmen der Abwägung, ob die Entlassung aus dem Anstellungsverhältnis rechtmäßig war, wie folgt[500]:

> „Die Maßnahmen, welche eine Verwaltungsbehörde in Ausführung eines von ihr abgeschlossenen Vertrages trifft, stehen stets unter dem Grundsatz von Treu und Glauben. (...) Hieraus folgt, dass die in der angefochtenen Entlassungsverfügung bestimmte Auflösung jenes Vertrages durch Gründe gerechtfertigt sein muss, die in Zusammenhang mit den dienstlichen Interessen stehen und jede Willkür ausschließen, so z.B. durch die Notwendigkeit, auf die Leistungen eines Bediensteten zu verzichten, der nicht die erforderliche Befähigung besitzt oder dessen Stelle im Interesse des Dienstes aufgehoben wurde."

In der Rechtssache *Flamm*[501] äußerte Generalanwalt *Capotorti* zu einem außerhalb eines Dienstverhältnisses zwischen mehreren Bediensteten der Gemeinschaften und ihrer Anstellungsbehörde geschlossenen Darlehensvertrag, dass auch dort der Grundsatz von Treu und Glauben zu beachten ist. Von diesem haben die Parteien eines Vertrages sich im Rahmen ihrer vorvertraglichen Beziehungen, bei Vertragsschluss und während der Vertragserfüllung leiten zu lassen[502].

Zuletzt äußerte sich das Gericht erster Instanz im Rahmen einer Beamtenklage nach Art. 236 EG bezüglich der vertraglichen Verhaltenspflichten eines Angestellten der Europäischen Zentralbank zu Treu und Glauben im *acquis communautaire*. Dabei stellten die Richter nach rechtsvergleichender Untersuchung und unter Berufung auf die Rechtsprechung fest, dass die Verhaltenspflichten eines Gemeinschaftsbediensteten eine elementare Ausprägung der den Rechtsordnungen der allermeisten Mitgliedstaaten gemeinsamen allgemeinen Rechtsgrundsätze darstellen[503]. Hiernach seien Verträge, insbesondere Arbeitsverträge, nach Treu und Glauben zu erfüllen. Wegen der grundlegenden Bedeutung sei das Bestehen des Grundsatzes von Treu und Glauben so offenkundig, dass er

499 *EuGH, Rudolf Pieter Marie Fiddelaar/Kommission der EWG* (Fn. 497) 1117, 1131.
500 *EuGH, Rudolf Pieter Marie Fiddelaar/Kommission der EWG* (Fn. 497) 1117, 1139.
501 *EuGH* 15.01.1985, Rs. 567/79 (*Flamm u.a.*) Slg. 1982, 2394.
502 *EuGH, Flamm u.a.* (Fn. 501) 2394, 2404.
503 *EuG* 18.10.2001, Rs. T-333/99 (*Beamtenklage/Europäische Zentralbank*) Slg. 2001, II-3021, RdNr. 83.

eindeutig auch dann gelte, wenn es insoweit an einer ausdrücklichen Vereinbarung fehlt[504].

An diesem – nicht nur bei dienstrechtlichen Verträgen[505] – zu beachtenden Grundsatz hat die gemeinschaftliche Rechtsprechung ständig festgehalten[506]. Damit ist der Grundsatz von Treu und Glauben grundsätzlich bei der Beurteilung jedes Vertrages in der Gemeinschaft zu beachten[507].

(b) Treu und Glauben in der Handelsvertreterrichtlinie

Die Handelsvertreterrichtlinie führte im Jahre 1986 erstmals auf dem Gebiet des gemeinschaftlichen privaten Vertragsrechts eine Normierung des Gebots von Treu und Glauben ein (Art. 3 Handelsvertreterrichtlinie). Hiernach darf sich der Handelsvertreter beim Vertragsschluss nicht allein durch sein Provisionsinteresse leiten lassen[508]. Ihn trifft eine Auskunftspflicht, die alle für die Beurteilung des Provisionsanspruchs des Handelsvertreters bedeutsamen Umstände zu erfassen hat[509].

Warum die Normierung in der Richtlinie erfolgte, bleibt unklar: Der Grundsatz würde als solcher auch ohne die Festlegung in Art. 3 für Handelsvertreterverträge gelten. In den Materialien zur Handelsvertreterrichtlinie findet sich lediglich der Hinweis, dass das Europäische Parlament den Grundsatz billigt, dem zufolge die beiden Parteien sich im Verhältnis zueinander nach den Geboten von Treu

---

504 *EuG, Beamtenklage/Europäische Zentralbank* (Fn. 503) II-3021, RdNr. 83.

505 *Lindemann*, Allgemeine Rechtsgrundsätze und öffentlicher Dienst, S. 208 ff.

506 Vergleiche beispielsweise für den Bereich des EuGVÜ *EuGH* 14.12.1976, Rs. 25/76 (*Galeries Segoura SPRL/Firma Rahim Bonakdarian*) Slg. 1976, 1851; *EuGH* 19.06.1984, Rs. 71/83 (*Partnerreederei MS. Tilly Russ und Ernest Russ/N.V. Haven en Vervoerbedrijf Nova und N.V. Goeminne Hout*) Slg. 1984, 2417; hierzu: *Riesenhuber*, System und Prinzipien des Europäischen Vertragsrechts, S. 400 f.; der EuGH hat in seiner Rechtsprechung darüber hinaus einzelne Ausprägungen des Prinzipis von Treu und Glauben entwickelt: Die Verwirkung von Rechten (*EuGH* 12.05.1998, Rs. C-366/95 [*Steff-Houlberg*] Slg. 1998, I-2661; *EuGH* 20.03.1997, Rs. C-24/95 [*Alcan Deutschland*] Slg. 1997, I-1591, RdNr. 40 ff.), den Vertrauensgrundsatz (*EuGH* 03.12.1998 [*Belgcodex*] Slg. 1998, I-8153, RdNr. 26; *EuGH* 15.04.1997, Rs. C-22/94 [*Irish Farmers*] Slg. 1997, I-1809), das Verbot widersprüchlichen Verhaltens (*EuG* 25.03.1999 [*Gencor*] Slg. 1999, II-753, RdNr. 65; *EuGH* 22.03.1990, Rs. C-347/87 [*Triveneti Zuccheri*] Slg. 1990, I-1083, RdNr. 14) und das Rechtsmissbrauchsverbot (*EuGH* 02.05.1996, Rs. C-206/94 [*Paletta*] Slg. 1996, I-2357, RdNr. 24 ff.; *EuGH* 03.03.1993, Rs. C-8/92 [*General Milk Products/Hauptzollamt Hamburg-Jonas*] Slg. 1993, I-779, RdNr. 21; *EuGH* 21.06.1988, Rs. 39/86 [*Lair*] Slg. 1988, 3163, RdNr. 43).

507 Vergleiche z.B. auch *EuGH* 17.09.2002, Rs. C-334/00 (*Fonderie Officine Meccaniche Tacconi/Heinrich Wagner Sinto Maschinenfabrik GmbH*) Slg. 2002, I-7357, RdNr. 25.

508 *Grundmann*, Europäisches Schuldvertragsrecht, S. 567, RdNr. 10.

509 *Küstner/Manteuffel*, BB 1990, 291, 295.

und Glauben zu verhalten haben[510]. *Grundmann* sieht den Zweck der Normierung darin, dass sich der Gerichtshof durch die explizite Regelung in der Richtlinie aufgerufen sehen soll, eine einheitliche autonome Auslegung des Begriffs vorzunehmen[511]. Die Handelsvertreterrichtlinie war mehrfach Gegenstand der Rechtsprechung des EuGH[512]; in keiner der Rechtssachen hat er bislang Stellung zu dem Grundsatz von Treu und Glauben genommen[513].

(c) Treu und Glauben in der Klauselrichtlinie

Die sieben Jahre nach der Handelsvertreterrichtlinie verabschiedete Klauselrichtlinie beinhaltet in Art. 3 ebenfalls den Grundsatz von Treu und Glauben. Auch hier wäre wegen des Bestehens des allgemeinen Rechtsgrundsatzes eine explizite Normierung in der Richtlinie nicht erforderlich gewesen. Durch die Normierung geht wiederum die Auslegungskompetenz auf den EuGH über, um eine weitergehende gemeinschaftsrechtlich-autonome Ausprägung des Begriffs zu ermöglichen[514]. Aus deutscher Sicht wird hierin die bedeutendste Veränderung am Recht der Allgemeinen Geschäftsbedingungen durch die Einführung der Richtlinie gesehen[515]. Im Common-Law-Raum rief die Regelung dagegen Befremden hervor[516].

Die Vorschrift war Gegenstand der Rechtsprechung in den verbundenen Rechtssachen *Océano Grupo Editorial SA/Roció Murciano Quintero und Salvat Editores SA/José M. Sanchez Alcón Prades, José Luis Capano Badillo, Mohammed Beeroane und Emilio Vinas Feliú*[517]. Ausgangspunkt der Verfahren war ein Rechtsstreit zwischen den Parteien wegen Zahlung bestimmter Beträge aufgrund von Ratenkaufverträgen. Der Gerichtshof stellte im Urteil fest, dass eine Klau-

510 Vergleiche die Entschließung mit der Stellungnahme des Europäischen Parlaments zu dem Vorschlag der Kommission der Europäischen Gemeinschaften an den Rat für eine Richtlinie zur Koordinierung der Rechte der Mitgliedstaaten, die (selbständigen) Handelsvertreter betreffend, ABl. EG 1978 C 239/18, 19 (Nr. 6).

511 *Grundmann*, Europäisches Schuldvertragsrecht, S. 567, RdNr. 10.

512 Vgl. *EuGH* 20.11.2001, Rs. C-414/99 bis C-416/99 (*Zino Davidoff/A & G Imports Ltd und Levi Strauss & Co. und andere/Tesco Stores Ltd und andere*) Slg. 2001, I-8691; *EuGH* 09.11.2000, Rs. C-381/98 (*Ingmar GB Ltd/Eaton Leonard Technologies Inc*) Slg. 2000, I-9305; *EuGH* 13.07.2000, Rs. C-456/98 (*Centrosteel Srl/Adipol GmbH*) Slg. 2000, I-6007; *EuGH* 27.06.2000, Rs. C-240/98 bis Rs. C-244/98 (*Océano Grupo*) Slg. 2000, I-4941.

513 Ausführlich zum Stand der Diskussion in der Literatur: *Franzen*, Privatrechtsangleichung durch die Europäische Gemeinschaft, S. 543 ff.

514 *Bueso Guillen*, VuR 1994, 309, 311, 316 f.; *Heinrichs*, NJW 1996, 2190, 2196; *Nasall*, JZ 1995, 689, 690; *Reich*, ZEuP 2 (1994), 381, 391; *Remien*, ZEuP 2 (1994), 34, 58 f.

515 *Palandt/Heinrichs*, § 24 a AGBG, RdNr. 2, 18; *Heinrichs*, NJW 1996, 2190, 2196 f.

516 *Howells/Wilhelmsson*, EC Consumer Law, S. 90; *Collins*, O.J.L.S. 14 (1994), 229.

517 *EuGH* 27.06.2000, Rs. C-240/98 bis C-244/98 (*Océano Grupo*) Slg. 2000, I-4941.

sel, die in einen Vertrag zwischen einem Verbraucher und einem Gewerbetreibenden aufgenommen worden ist, ohne im Einzelnen ausgehandelt worden zu sein, alle Kriterien erfüllte, um als missbräuchlich im Sinne der Richtlinie qualifiziert werden zu können[518]: Die in dem Verfahren in Frage stehende Klausel wies die Zuständigkeit für alle Rechtsstreitigkeiten aus dem Vertrag dem Gericht zu, in dessen Bezirk der Gewerbetreibende seine Niederlassung hatte. Der Gerichtshof entschied, dass der Verbraucher durch eine solche Vereinbarung gezwungen werde, u.U. einen Gerichtsstand anzuerkennen, der weit von seinem Wohnsitz entfernt ist. Er könne aus diesem Grunde von der klagweisen Durchsetzung seiner Ansprüche absehen, oder habe bei nur geringem Warenwert unverhältnismäßig hohe Nebenkosten zu tragen[519]. Eine Gerichtsstandsklausel, die in einen Vertrag zwischen einem Verbraucher und einem Gewerbetreibenden aufgenommen worden ist, ohne im Einzelnen ausgehandelt worden zu sein und die ausschließliche Zuständigkeit dem Gericht zuweist, in dessen Bezirk der Gewerbetreibende seine Niederlassung hat, ist damit als missbräuchlich i.S.v. Art. 3 Klauselrichtlinie anzusehen; sie verursacht entgegen dem Gebot von Treu und Glauben ein erhebliches und ungerechtfertigtes Missverhältnis der vertraglichen Rechte und Pflichten zum Nachteil des Verbrauchers[520].
Der EuGH stellt mit dieser Rechtsprechung deutlich heraus, dass der Kern der Generalklausel auf eine Abwägung der widerstreitenden Interessen der Vertragsparteien im Einzelfall hinausläuft. Die Missbräuchlichkeit der Klausel besteht in einem Missverhältnis der Rechte und Pflichten, wobei das Ungleichgewicht aufgrund des verbraucherschützenden Charakters der Vorschrift zu Lasten des Verbrauchers bestehen und erheblich und ungerechtfertigt sein muss. Das Gebot von Treu und Glauben ist der Maßstab, welcher der Beurteilung der Erheblichkeit dienen soll[521]. Dieser Maßstab dient in erster Linie zur Bewertung des Vertragsinhalts, hat aber etwa in Zusammenhang mit dem Transparenzgebot auch Einfluss auf den Vorgang des Vertragsabschlusses[522]. Die Interessenlage der Parteien ist bei der Prüfung des Missverhältnisses ausweislich der 16. Begründungserwägung der Richtlinie global zu bewerten. Dies bedeutet, dass die widerstreitenden Interessen an einem objektiven Maßstab zu messen sind[523]. In der Literatur wird z.T. eine Prüfung vorgeschlagen, bei der insbesondere zu berücksichtigen sind, a) das Kräfteverhältnis zwischen den Verhandlungspositionen der Parteien, b) eventuelle Einwirkungen auf den Verbraucher und c) ob es

518 *EuGH, Océano Grupo* (Fn. 517) 4941, RdNr. 21.
519 *EuGH, Océano Grupo* (Fn. 517) 4941, RdNr. 22.
520 *EuGH, Océano Grupo* (Fn. 517) 4941, RdNr. 24.
521 *Bueso Guillen*, VuR 1994, 309, 316 f.
522 *Wolf/Horn/Lindacher*, Art. 3 RL, RdNr. 12; beim Vertragsabschluss liegt der Schwerpunkt auf dem Begriff des „Aushandelns".
523 *Bueso Guillen*, VuR 1994, 309, 318.

sich um eine Sonderbestellung des Verbrauchers handelt[524]; dieser Katalog ist nicht abschließend. In der Rechtsprechung des EuGH findet er bislang keine Stütze. Die nach der gemeinschaftlichen Rechtsprechung erforderliche umfassende und objektive Abwägung der widerstreitenden Interessen ist geeignet, im Einzelfall gerechte und flexible Lösungen zu finden, so dass ein Rückgriff auf ein solches Prüfprogramm, wie es von der Literatur vorgeschlagen wird, nicht erforderlich ist.

Die Rechtsprechung des EuGH im Verfahren *Océano Grupo* zeigt dem Grunde nach, dass die Vertragsfreiheit nicht uneingeschränkt gilt, sondern ihre Grenzen im Gebot von Treu und Glauben findet[525]. Die Stellungnahme bleibt jedoch an der Oberfläche, ohne eine nähere inhaltliche Ausgestaltung vorzunehmen. In den bislang ergangenen Entscheidungen zeichnet sich nicht einmal der Ansatz einer Kasuistik zum Grundsatz von Treu und Glauben ab.

III. Abschluss eines privatrechtlichen Vertrags

Der Gerichtshof hat im Verfahren *Gabriel* das Vorliegen einer Vertragsbeziehung nach autonomer Auslegung der Voraussetzungen des Art. 15 EuGVO bejaht[526]. Der Verbraucher, Herr *Gabriel*, hatte Waren, die ihm von *Schlank & Schick*, einem gewerbsmäßigen Verkäufer angeboten worden waren, bestellt[527]. Damit erklärte er die Annahme des Angebots einschließlich aller Bedingungen, die *Schlank & Schick* an ihn gerichtet hatte. Durch diese Willenseinigung entstanden gegenseitige, voneinander abhängige Pflichten im Rahmen eines Vertrages[528]. Diese Betrachtungsweise des Vertragsabschlusses und der Rechtsfolgen ist in der EuGVO nicht ausdrücklich normiert. Sie stellt das Ergebnis der Auslegung der Vorschrift durch den EuGH dar.

Die Pläne der Kommission im Vorfeld der Fernabsatzrichtlinie, eine einheitliche europäische Rechtskategorie der Aufforderung zum Vertragsschluss einzuführen[529], sind gescheitert. Äußerungen des Gerichtshofs zur Regelung in der Form, in der sie 1997 in Kraft getreten ist, fehlen bislang. Auch die Regelung in Art. 1 Pauschalreiserichtlinie, die den Geltungsbereich auf Pauschalreisen erstreckt, die in der Gemeinschaft verkauft oder zum Verkauf angeboten werden[530], ist bislang nicht Gegenstand der Rechtsprechung des EuGH gewesen.

524 *Heinrichs*, NJW 1993, 1817, 1820.
525 *Grabitz/Hilf/Pfeiffer*, A 5, Art. 3, RdNr. 64 ff.
526 *EuGH* 11.07.2002, Rs. C-96/00 (*Gabriel*) Slg. 2002, I-6367, RdNr. 48 f.
527 Zum Verfahren im Einzelnen vgl. S. 96 ff.
528 *EuGH, Gabriel* (Fn. 526) 6367, RdNr. 48 f.
529 KOM (1992) 11 endg., geänd. KOM (1993) 396 endg.; ABl. EG 1993 C 308/18.
530 Hierzu *Grabitz/Hilf/Tonner*, A 12, Art. 1, RdNr. 8.

Im Folgenden sollen die Begriffe Willenserklärung, Willenseinigung, Angebot und Annahme anhand der Rechtsprechung weiter analysiert werden.

1. Willenserklärung

Die Richter des EuGH stellten mit dem Urteil in der Rechtssache *Gabriel* heraus, dass eine Willenseinigung[531] Voraussetzung einer vertraglichen Bindung ist[532]. Worin genau diese Willenseinigung besteht, erläutern die Richter in dieser Rechtssache nicht weiter.
Im Zwischenurteil der Rechtssache *Mills/Europäische Investitionsbank (EIB)*[533] stellte der Gerichtshof in seiner Rechtsprechung erstmals in den siebziger Jahren heraus, dass die Willenseinigung der Vertragsparteien die Abgabe entsprechender Willenserklärungen voraussetzt. An dieser Rechtsprechung hat er seitdem ständig festgehalten[534]. Der Kläger des Verfahrens, *Mills*, begehrte mit seiner Klage die Aufhebung eines in einem Schreiben der Europäischen Investitionsbank enthaltenen Rechtsaktes, der seine Beschäftigung als Übersetzer bei der EIB beendete, sowie seine Weiterbeschäftigung. Die Personalordnung der Europäischen Investitionsbank, aufgrund derer das Beschäftigungsverhältnis bestand, bestimmt in Art. 15: „Die zwischen der Bank und den Bankangehörigen abzuschließenden Einzelverträge haben die Form von Anstellungsschreiben. Diese Anstellungsschreiben sowie ein Exemplar der vorliegenden Personalordnung sind von jedem Bankangehörigen gegenzuzeichnen. Die Anstellungsschreiben setzen die Vergütung, die Dauer des Dienstverhältnisses sowie die sonstigen Bedingungen fest." In Art. 16 heißt es u.a.: „Ein für unbestimmte Zeit abge-

531 Der Begriff der Willenseinigung wurde im Urteil *Gabriel* übersetzt im Englischen mit „concordence of intention", im Französischen mit „accord de volonté", im Italienischen mit „inconto di volontà" und im Niederländischen mit „wilsovereenstimming".

532 Die Entscheidung steht dabei vor dem Hintergrund des EuGVÜ; in Bezug auf andere Rechtsakte des Gemeinschaftsrechts vergleiche auch *EuGH* 20.11.2001, Rs. C-414/99 (*Davidoff/A&G Imports Ltd. und Levi's/Tesco*) Slg. 2001, I-8691; hierzu *Stothers*, EIPR 23 (2001), 344, 347; *EuG* 18.10.2001, Rs. T-333/99 (*Beamtenklage/Europäische Zentralbank*) Slg. 2001, II-3021, RdNr. 60 f., 111; *EuGH* 03.07.1997, Rs. C-269/95 (*Benincasa/Dentalkit*) Slg. 1997, I-3767, Ls. 2 und RdNr. 29, mit Anmerkung: *Mankowski*, JZ 1998, 896 ff.; *EuGH* 12.12.1955, Rs. 10/55 (*Mirossevich/Hohe Behörde der EGKS*) Slg. 1955, 381, 399.

533 *EuGH* 17.11.1976, Rs. 110/75 (*Mills/Europäische Investitionsbank*) Slg. 1976, 955.

534 *EuGH* 20.11.2001, Rs. C-414/99 (*Davidoff/A&G Imports Ltd. und Levi's/Tesco*) Slg. 2001, I-8691; *EuG* 18.10.2001, Rs. T-333/99 (*Beamtenklage/Europäische Zentralbank*) Slg. 2001, II-3021, RdNr. 60 f., 111; *EuGH* 03.07.1997, Rs. C-269/95 (*Benincasa/Dentalkit*) Slg. 1997, I-3767, Ls. 2 und RdNr. 29; *EuGH* 12.12.1955, Rs. 10/55 (*Mirossevich/Hohe Behörde der EGKS*) Slg. 1955, 381, 399.

schlossener Vertrag kann durch beide Parteien gekündigt werden." Der Gerichtshof führte in seinem Zwischenurteil hierzu aus[535]:

> „Sonach ist das Rechtsverhältnis zwischen der Bank und ihren Bediensteten vertraglicher Natur, und beruht auf dem Grundsatz, dass sich die Einzelverträge zwischen der Bank und ihren Bediensteten aus übereinstimmenden Willenserklärungen[536] ergeben."

Das Urteil war mit dieser Aussage richtungweisend für die Einordnung der Anstellungsverhältnisse der Angestellten von Institutionen der Gemeinschaften. Vor Erlass des Zwischenurteils wurde das Angestelltenverhältnis von der Klägerin als im Wesentlichen statuarisch, hilfsweise als vertraglich, in jedem Falle jedoch öffentlich-rechtlich (in Anbetracht der öffentlichen Aufgaben der Bank und in ihrer Eigenschaft als öffentlich-rechtlicher Organisation) angesehen[537]. Die Klägerin wies darauf hin, dass sie die Möglichkeit gehabt hätte, das Arbeitsverhältnis als Beamtenverhältnis auszugestalten[538]. Sie habe jedoch ganz bewusst das System privatrechtlicher Dienstverträge gewählt, um in der Personalpolitik flexibel bleiben zu können[539]. Der Gerichtshof qualifizierte das Anstellungsverhältnis als vertraglich, ohne es näher zu kennzeichnen[540]. Er folgte damit der Anregung des Generalanwalts *Warners*, der im Anschluss an die Rechtssache *Mirossevich/Hohe Behörde der EGKS*[541] die Etikettierung „öffentlich-rechtlich" oder „privatrechtlich" – in seinem eigenen Land (England) ohnehin unbekannt – nicht für notwendig hielt. Der Gerichtshof hatte in der Rechtssache *Mirossevich* entschieden[542]:

> „Es handelt sich um einen Vertrag über die Anstellung bei einer öffentlich-rechtlichen Behörde; in dieser Stellung hatte der Kläger öffentlich-rechtliche Funktionen auszuüben; schließlich nimmt der Vertrag auf ein von dieser Behörde aufgestelltes ‚règlement

535 *EuGH, Mills/Europäische Investitionsbank* (Fn. 533) 955, RdNr. 22.

536 Der Begriff ist im Zwischenurteil übersetzt worden mit: declaration of intent (en.), l'expression d'une volonté libre (fr.), l'espressione di una libera volontà (it.), Wilsverklaring (nl.), uma manifesta ção de vontade livre (pt.), att frivilligt huma ingå avtal (sv.), la expresión de sa libre voluntad (sp.).

537 *Kruppova*, Die Europäische Investitionsbank, S. 1 ff.

538 Vergleiche Art. 13 Abs. 7 der Satzung, der in seiner französichen Fassung von „les fonctionnaires" spricht.

539 Vergleiche die Stellungnahme der EIB, in: *EuGH, Mills/Europäische Investitionsbank* (Fn. 533) 955, 965.

540 *EuGH, Mills/Europäische Investitionsbank* (Fn. 533) 955, RdNr. 22.

541 *EuGH* 12.12.1955, Rs. 10/55 (*Mirossevich/Hohe Behörde der EGKS*) Slg. 1955, 381.

542 *EuGH, Mirossevich/Hohe Behörde der EGKS* (Fn. 541) 381, RdNr. 24.

intérieur' Bezug. Daraus folgt, dass die Rechtsstellung des Kläger die eines öffentlich-rechtlichen Beamten mit vorläufigem Anstellungsverhältnis ist."[543]

Aus der Rechtsprechung im Zwischenurteil *Mills* ergibt sich, dass auf die Anstellungsverträge der EIB die allgemeinen Rechtsgrundsätze des Arbeitsrechts anzuwenden sind[544], und nicht die allgemeinen Rechtsgrundsätze des Verwaltungsrechts. Die Anwendung öffentlich-rechtlicher Regelungen ist damit ausgeschlossen[545]. Bei dem „Grundsatz", von dem der EuGH in seinem Urteil spricht, handelt es sich damit um einen allgemeinen Rechtsgrundsatz[546]. Dieser gilt für das gesamte Gemeinschaftsrecht[547].
In einer neueren Entscheidung wird diese Rechtsprechung durch das Gericht erster Instanz in einem Beamtenklageverfahren bestätigt[548]. Rechtlicher Rahmen dieser Rechtssache war Art. 12 des Protokolls über die Satzung des Europäischen Systems der Zentralbanken und der Europäischen Zentralbank (EZB) vom 07.02.1992[549], auf dessen Grundlage eine Geschäftsordnung verabschiedet wurde[550], die Streitigkeiten aus der Satzung dem EuGH zuweist[551]. Daneben waren entsprechend der Ermächtigung in der primärrechtlichen Regelung des Art. 36.1.

543 Ebenso *EuGH* 16.12.1960, Rs. 44/59 (*Rudolf Pieter Marie Fidelaar/Kommision*) Slg. 1960, 1077, 1133 f.

544 In ihrer deutschen Fassung spricht die Personalordnung nur von den allgemeinen Rechtsgrundsätzen der Mitgliedstaaten (Art. 44); die französische Fassung hält sich streng an das Vorbild des Art. 288 Abs. 2 EG: „principes généraux communs aux droits des Etats membres".

545 *Käser*, RIW 1977, 289, 290.

546 Vergleiche oben, S. 28.

547 *Lindemann*, Allgemeine Rechtsgrundsätze und europäischer öffentlicher Dienst, S. 208 ff., 229 ff.

548 *EuG* 18.10.2001, Rs. T-333/99 (*Beamtenklage/Europäische Zentralbank*) Slg. 2001, II-3021.

549 Protokoll über die Satzung des Europäischen Systems der Zentralbanken und der Europäischen Zentralbank vom 07.02.1992, BGBl. 1992.II.1253, geändert durch den Amsterdamer Vertrag vom 02.10.1997, BGBl. 1998.II.387; Art. 12.3.: „Der EZB-Rat beschließt eine Geschäftsordnung, die die interne Organisation der EZB und ihrer Beschlussorgane regelt".

550 Geschäftsordnung der Europäischen Zentralbank in der geänderten Fassung vom 22.04.1999, ABl. EG 1999 L 125/34, ber. ABl. EG 1999 L 273/40.

551 Vergleiche Art. 36: „Artikel 36, Personal 36.1. Der EZB-Rat legt auf Vorschlag des Direktoriums die Beschäftigungsbedingungen für das Personal der EZB fest. 36.2. Der Gerichtshof ist für alle Streitsachen zwischen der EZB und deren Bediensteten innerhalb der Grenzen und unter den Bedingungen zuständig, die sich aus den Beschäftigungsbedingungen ergeben"; die ihm hier zugewiesene Zuständigkeit hatte der Gerichtshof 1976 im Urteil *Mills* mit seiner ersten Entscheidung aus diesem Bereich angenommen (vgl. die Darstellung bei *Käser*, RIW 1977, 289 ff.).

EZB-Satzung[552] die „Conditions of Employment for Staff of the European Central Bank"[553] streitentscheidend. Diese bestimmen unter Punkt 9. c): „Diese Beschäftigungsbedingungen unterliegen *keinem spezifischen einzelstaatlichen Recht*[554]. Die EZB wendet i) die den Rechtsordnungen der Mitgliedstaaten gemeinsamen allgemeinen Rechtsgrundsätze, ii) die allgemeinen Grundsätze des Rechts der Europäischen Gemeinschaft (EG) und iii) die Vorschriften an, die in den an die Mitgliedstaaten gerichteten Verordnungen und Richtlinien der EG über die Sozialpolitik enthalten sind. Diese werden von der EZB immer dann angewandt, wenn es sich als erforderlich erweist. Empfehlungen der EG auf dem Gebiet der Sozialpolitik werden angemessen berücksichtigt. Die Auslegung der in den vorliegenden Beschäftigungsbedingungen geregelten Rechte und Pflichten erfolgt unter angemessener Berücksichtigung der maßgebenden Grundsätze der Verordnungen, Regelungen und Rechtsprechung, die für die Bediensteten der EG-Organe gelten." Punkt 10. der Beschäftigungsbestimmungen lautet: „(...) Die Beschäftigungsverträge zwischen der EZB und ihren Mitarbeitern werden in Form von Anstellungsschreiben geschlossen, die von den Mitarbeitern gegenzuzeichnen sind. In den Anstellungsschreiben werden die Arbeitsbedingungen gemäß der Richtlinie 91/533/EWG des Rates vom 14. Oktober 1991[555] festgelegt (...)". Der Gerichtshof führt in seinem Urteil aus, dass diese Vorschriften den Bestimmungen der Personalordnung der EIB entsprechen, denen der Gerichtshof entnehmen konnte, dass das Rechtsverhältnis zwischen der Bank und ihren Bediensteten vertraglicher Natur ist. Es beruht auf dem Grundsatz, dass sich die Einzelverträge zwischen der Bank und ihren Bediensteten aus übereinstimmenden Willenserklärungen ergeben[556].

Der EuGH folgert hieraus, dass auch das Beschäftigungsverhältnis zwischen der EZB und ihren Mitarbeitern vertraglicher und nicht dienstrechtlicher Natur ist. Die Formulierung in Punkt 9. c) der Beschäftigungsbedingungen, dass diese keinem einzelstaatlichen Recht unterliegen, qualifiziert sie als autonome europa-

---

552 *EuG, Beamtenklage/Europäische Zentralbank* (Fn. 548) 3021, RdNr. 38: „(...) trifft es zu, dass Artikel 36.2 der ESZB-Satzung als Bestandteil eines Protokolls im Rahmen des Vertrages von Maastricht angenommen wurde und somit eine primärrechtliche Regelung darstellt. (...)".

553 Dt.: Beschäftigungsbedingungen für das Personal der Europäischen Zentralbank; im Folgenden: Beschäftigungsbedingungen; Beschluss der Europäischen Zentralbank vom 09.06.1998 über die Verabschiedung der Beschäftigungsbedingungen für das Personal der Europäischen Zentralbank in der geänderten Fassung vom 31.03.1999 (EZB/1998/4), ABl. EG 1999 L 125/32; veröffentlicht in ihrer englischen Sprachfassung unter http://www.ecb.int/job/ecbconditionsofemployment.pdf, Stand: 20.10.2004.

554 Hervorhebung durch Vf.

555 Richtlinie des Rates vom 14.10.1991 über die Pflicht des Arbeitgebers zur Unterrichtung des Arbeitnehmers über die für seinen Arbeitsvertrag oder sein Arbeitsverhältnis geltenden Bedingungen, ABl. EG 1991 L 288/32.

556 *EuG, Beamtenklage/Europäische Zentralbank* (RdNr. 548) 3021, RdNr. 60 f., 111.

rechtliche Regelungen. Bemerkenswert ist in diesem Zusammenhang zum einen, dass die allgemeinen Rechtsgrundsätze des Gemeinschaftsrechts in Art. 9 der Beschäftigungsbedingungen an erster Stelle noch vor dem normierten Gemeinschaftsrecht genannt werden. Zum anderen fällt auf, dass weder der Gerichtshof in seinem Urteil in der Rechtssache *Mirossevich* im Jahre 1976 noch in den neueren Rechtssachen auf die Nationalität des klagenden Angestellten eingeht. Soweit erforderlich, sucht der Gerichtshof zur Lösung des Falles nach allgemeinen Rechtsgrundsätzen. Es wird keine Qualifikation des Anknüpfungsgegenstandes nach den Regeln des IPR vorgenommen. Dies zeigt, dass der EuGH bewusst nicht auf ein einzelstaatliches Recht rekurriert, sondern eine Rechtsprechung entwickelt, die losgelöst von nationalen Einfärbungen einzelner Mitgliedstaaten autonom in der gesamten Gemeinschaft gilt. Zweifelsfälle werden von der EZB im Wege wertender Rechtsvergleichung gelöst[557]. Die Rechtsprechung des Gerichtshofs trägt damit auch der Tatsache Rechnung, dass die EZB als gemeinschaftliche Institution keinem spezifischen einzelstaatlichen Recht unterliegt, sondern in der gesamten Gemeinschaft Unabhängigkeit genießt (vgl. Art. 7, 9 EZB-Satzung)[558].
Der Bedeutungsgehalt dieser Rechtsprechung erschöpft sich jedoch in der Feststellung, dass zwei übereinstimmende Willenserklärungen von Rechtssubjekten erforderlich sind, um einen Vertrag zustande zu bringen. Was eine Willenserklärung auszeichnet, lassen die Urteile offen. In gemeinschaftlichen Rechtsakten wird der Begriff der Willenserklärung in Art. 92 f) der Richtlinie 2001/34/EG des Europäischen Parlaments und des Rates vom 28.05.2001 über die Zulassung von Wertpapieren zur amtlichen Börsennotierung und über die hinsichtlich dieser Wertpapiere zu veröffentlichenden Informationen[559] verwendet. Der Begriff als solcher wird hier jedoch nur in der deutschen Sprachfassung verwendet; in der englischen Übersetzung findet sich der Ausdruck „own initiative alone“, im französischen „sa seule initiative“, im italienischen „propria initiativa“, im niederländischen „eigen initiatief“. Augenscheinlich weicht hier die Begriffsverwendung in den anderen Sprachfassungen von dem ab, was ein deutscher Jurist in diese Begriffsverwendug lesen würde. Eine Definition des Begriffs der Willenserklärung fehlt damit bislang im *acquis commuunautaire*.
Aus verschiedenen Äußerungen der Richter und Generalanwälte lassen sich Rückschlüsse ziehen, wie der Tatbestand der Willenserklärung genauer aufzugliedern ist.

557 Als Beispiel für einen solchen Zweifelsfall sei hier der Mutterschutz genannt, der in den verschiedenen Mitgliedstaaten unterschiedlich geregelt ist.
558 Hierzu: *Wagener*, Die Europäische Zentralbank, S. 47 ff.
559 ABl. EG 2001 L 184/1; ber. ABl. EG 2001 L 217/18.

a) Tatbestand der Willenserklärung

In der Rechtssache *Heintz van Landewyk SARL u.a./Kommission* stellte der Gerichtshof fest, dass eine Empfehlung, die von einer Unternehmensvereinigung ausgesprochen wird und der getreue Ausdruck des Willens der Mitglieder dieser Vereinigung ist, eine Vereinbarung im Sinne von Art. 81 EG[560] darstellt[561].
Den Mitgliedern der Unternehmensvereinigug wurden durch eine Entscheidung der Kommission[562] in einem Verfahren nach Art. 81 EG verschiedene Verstöße gegen eine Vereinbarung vorgeworfen, die den Vertrieb von Tabakwaren in Belgien betraf. Mit ihren Klagen begehrten die Mitglieder der Vereinigung die Aufhebung der Entscheidung der Kommission. Der Gerichtshof unterteilte die Vereinbarung in zwei Bereiche[563]: Zum einen handelte es sich um bestimmte Entscheidungen einer der Klägerinnen und um bestimmte Vereinbarungen zwischen dieser und anderen Berufsverbänden des betreffenden Sektors, zum anderen ging es um die Bestimmungen einer „Empfehlung" bezüglich des Verkaufs von Zigaretten auf dem belgischen Markt.
Zwei der Klägerinnen machten im Verfahren geltend, die Kommission habe Art. 81 und 253 EG dadurch verletzt, dass sie die „Empfehlung" zu Unrecht als eine Vereinbarung zwischen Unternehmen, als Beschluss einer Unternehmensvereinbarung oder als für die Klägerinnen verbindlich angesehen habe[564]. Ihrer Ansicht nach hätte die „Empfehlung", um als eine verbindliche Vereinbarung nach Art. 81 EG angesehen werden zu können, die Wesensmerkmale eines nach dem innerstaatlichen Recht verbindlichen Vertrages aufweisen müssen. Das war im vorliegenden Fall ihrer Ansicht nach nicht gegeben[565]. Diesem Vorbringen ist der Gerichtshof jedoch entgegen getreten. Er stellt fest, dass die Beteiligten der Kommission mitgeteilt hätten, sich der Empfehlung anzuschließen und sich in der Folgezeit hieran gehalten hätten[566]. Da Voraussetzung einer Vereinbarung nach Art. 81 EG die Abgabe entsprechender Willenserklärungen ist[567], hat der Gerichtshof die Voraussetzungen von Art. 81 EG als erfüllt und das Verhalten als Vereinbarung im Sinne von Art. 81 EG angesehen: Die Empfehlung war

560 Damals nach Art. 85 Abs. 1 EWG.

561 *EuGH* 29.10.1980, Rs. 209 bis 215, 218/78 (*Heintz van Landewyk SARL u.a./Kommission*) Slg. 1980, 3125, Leitsatz 9.

562 Entscheidung Nr. 78/670/EWG vom 20.07.1978 betreffend ein Verfahren nach Artikel 85 des EWG-Vertrages; IV/28.852-GB-INNO-BM/FEDETAB; IV/29.127 – Mestdagh – Huyghebärt/FEDETAB und IV/29.149 – „FEDETAB-Empfehlung", ABl. EG 1978 L 224/29 ff.

563 *EuGH, Heintz van Landewyk SARL u.a./Kommission* (Fn. 561) 3125, RdNr. 3.

564 *EuGH, Heintz van Landewyk SARL u.a./Kommission* (Fn. 561) 3125, RdNr. 85.

565 *EuGH, Heintz van Landewyk SARL u.a./Kommission* (Fn. 561) 3125, RdNr. 85.

566 *EuGH, Heintz van Landewyk SARL u.a./Kommission* (Fn. 561) 3125, RdNr. 86.

567 *Schwarze/Brinker*, Art. 81 EG, RdNr. 29; *Groeben/Thiesing/Ehlermann/Schröter*, Art. 85 Abs. 1 EGV, RdNr. 46.

„der getreue Ausdruck des Willens der Klägerinnen, sich auf dem belgischen Zigarettenmarkt der Empfehlung entsprechend zu verhalten“[568], und stellte demnach eine rechtsverbindliche Willenserklärung dar.
Der Gerichtshof hat damit festgestellt, dass Voraussetzung einer Willenserklärung der Wille der Parteien ist, der sich ausdrücken muss. Er unterscheidet in der Rechtssache *Heintz van Landewyk SARL u.a./Kommission* zwei Bestandteile des Tatbestandes: Einen subjektiven und einen objektiven. Deren kumulatives Vorliegen führte in der vorliegenden Rechtssache zu einer Willenserklärung, die wiederum eine Vereinbarung nach Art. 81 EG begründete.

aa) Objektiver Tatbestand

Der Gerichtshof äußerte sich zum objektiven Tatbestand der Willenserklärung erstmals im Urteil in der Rechtssache *Mirossevich/Hohe Behörde der EGKS*[569]. Die Klägerin, *Mirossevich*, leistete als Übersetzerin beim Sprachendienst der Hohen Behörde eine Probezeit von sechs Monaten ab. Hieraus wollte sie eine endgültige Anstellung ableiten. In diesem Zusammenhang ging der Gerichtshof auf den von der Klägerin unterzeichneten Einstellungsvertrag ein[570]:

> „Die Billigung der angefochtenen Maßnahme kann in der Tat nicht aus dem Umstand hergeleitet werden, dass die Klägerin die ihr von der Hohen Behörde nacheinander übertragenen Posten angenommen hat. Die am 12. Oktober 1953 durch die Klägerin erfolgte Unterzeichnung des Einstellungsschreibens mit Rückwirkung zum 9. Dezember 1952 stellt nach Ansicht des Gerichtshofes keine mit der späteren Klageeinlegung unvereinbare Willenserklärung dar.“

Der Gerichtshof knüpft in dieser Entscheidung an den objektiven Tatbestand der Willenserklärung, die nach Außen in Erscheinung getretene Handlung des Unterschreibens an: Durch ihre Unterschrift hat die Klägerin eine Willenserklärung abgegeben.

bb) Subjektiver Tatbestand

Generalanwalt *Léger* stellt in seinen Schlussanträgen in der Rechtssache *ARGE Gewässerschutz/Österreichisches Bundesministerium für Land- und Forstwirtschaft* in Bezug auf den Vertragsschluss durch juristische Personen heraus, dass die Erklärenden sich zunächst ihren Willen bilden müssen. Voraussetzung ist damit, dass der Erklärende die Fähigkeit besitzt, sich einen Willen bilden zu

568 *EuGH, Heintz van Landewyk SARL u.a./Kommission* (Fn. 561) 3125, RdNr. 86
569 *EuGH* 12.12.1955, Rs. 10/55 (*Mirossevich/Hohe Behörde der EGKS*) Slg. 1955, 381.
570 *EuGH, Mirossevich/Hohe Behörde der EGKS* (Fn. 569) 381, 399.

können und diesen anschließend zu äußern[571]. Nur bei Vorliegen dieser Voraussetzungen kann eine Wille überhaupt wirksam gebildet werden.
Die Rechtsprechung des EuGH zum Bereich der Willenserklärungen ist insgesamt mit den o.g. Entscheidungen bislang recht spärlich geblieben. Gleichwohl verlangt der Gerichtshof bereits seit den fünfziger Jahren das Vorliegen dieser Voraussetzungen, in den siebziger Jahren findet sich bereits der Hinweis, dass es sich hierbei um einen Allgemeinen Rechtsgrundsatz handelt[572].

b) Wirksamkeit der Willenserklärung

Fraglich ist, ab wann eine Willenserklärung wirksam ist. Zu dieser Frage hat der Gerichtshof im Verfahren *Acciaierie Laminatoi Magliano Alpi (ALMA)/Hohe Behörde der EGKS*[573] Stellung genommen und einen „in allen Ländern der Gemeinschaft anerkannten Rechtsgrundsatz"[574] herausgestellt.
Hintergrund des Verfahrens war eine Rüge der Klägerin, der Gesellschaft *Acciaierie Laminatoi Magliano Alpi (ALMA)*, gegen eine ihr auferlegte Geldbuße. Die Klägerin warf der Hohen Behörde vor, sie habe die in Frage stehende Geldbuße gegen sie festgesetzt, ohne ihr vorher Gelegenheit zur Stellungnahme gegeben zu haben. Sie behauptet, ein eingeschriebener Brief der *Hohen Behörde* sei niemals nach Magliano Alpi, den Ort der Betriebsniederlassung, gelangt, weil bei seiner Adressierung Rechtschreibfehler unterlaufen seien. Im Verfahren legte die *Hohe Behörde* einen Rückschein zu dem erwähnten Brief vor, der den Firmenstempel der Klägerin trug. Sie konnte damit den Beweis erbringen, dass das Schreiben einem Empfangsbevollmächtigten der Klägerin ausgehändigt worden war. Zu der Wirksamkeit der in dem Schreiben enthaltenen Erklärung führt der Gerichtshof aus[575]:

> „Es kommt unter diesen Umständen nicht darauf an, ob das Schreiben – wie die Klägerin behauptet – nicht von Turin nach Magliano Alpi weitergeleitet worden ist. Nachdem feststeht, dass es ordnungsgemäß an den Geschäftssitz der Klägerin gelangt ist, ist ein in allen Ländern der Gemeinschaft anerkannter Rechtsgrundsatz anzuwenden, wonach ei-

---

571 Vergleiche *EuGH* 07.12.2000, Rs. C-94/99 (*ARGE Gewässerschutz/Österreichisches Bundesministerium für Land- und Forstwirtschaft*) Slg. 2000, I-11037, RdNr. 49 der Schlussanträge; zum Tatbestand der Rechtssache vergleiche oben, S. 52 f.

572 *EuGH* 17.11.1976, Rs. 110/75 (*Mills/Europäische Investitionsbank*) Slg. 1976, 955; vgl. zuvor S. 87 f.

573 *EuGH* 18.05.1960, Rs. 8/59 (*Acciaierie Laminatoi Magliano Alpi (ALMA)/Hohe Behörde der EGKS*) Slg. 1957, 191.

574 *EuGH, Acciaierie Laminatoi Magliano Alpi (ALMA)/Hohe Behörde der EGKS* (Fn. 573) 191, 200.

575 *EuGH, Acciaierie Laminatoi Magliano Alpi (ALMA)/Hohe Behörde der EGKS* (Fn. 573) 191, 200.

> ne schriftliche Willenserklärung wirksam wird, sobald sie ordnungsgemäß in den Machtbereich des Empfängers gelangt."

An dieser Rechtsprechung hält der Gerichtshof fest und bezieht sich hierauf auch in weiteren Urteilen[576]. In der neueren Rechtsprechung findet sich eine Zusammenfassung in der Rechtssache *Kommission/Badische Anilin- und Sodafabriken (BASF)* durch Generalanwalt *van Gerven*[577]. Hintergrund dieser Zusammenfassung war die Ausfertigung und schriftliche Zustellung der von der Kommission gefassten Beschlüsse gem. Art. 12 der Geschäftsordnung der Kommission[578]. Die Kommission hatte mit einer Untersuchung betreffend Polyvinylchlorid begonnen, nachdem sie bei Unternehmen des Polypropylensektors Prüfungen gemäß Art. 14 Verordnung 17/1962[579] durchgeführt hatte. Die Betroffenen hatten anschließend Gelegenheit erhalten, zu Beschwerdepunkte Stellung zu nehmen[580]. Daraufhin traf die Kommission ihre Entscheidung. Diese wurde den betroffenen Unternehmen zugestellt. Generalanwalt *van Gerven* führte hierzu aus[581]:

> „Artikel 191 Absatz 2 EWG-Vertrag schreibt erstens vor, dass ‚Entscheidungen ... denjenigen, für die sie bestimmt sind, bekannt gegeben [werden]'. Die Bekanntgabe ist mit anderen Worten eine unverzichtbare Formalität für das Wirksamwerden einer Entscheidung. Der Gerichtshof zeigt jedoch Flexibilität, was die Form der Bekanntgabe angeht: Seit dem Urteil Continental Can entspricht es ständiger Rechtsprechung, dass ‚eine Entscheidung ... im Sinne des Vertrages ordnungsgemäß zugestellt [ist], wenn sie ihrem Adressaten zugeht und dieser in die Lage versetzt worden ist, von ihr Kenntnis zu nehmen'. Diese Rechtsprechung ist die logische Fortsetzung des Urteils ALMA, in dem der Gerichtshof aufgrund eines in allen Ländern der Gemeinschaft anerkannten Rechtsgrundsatzes zu dem Ergebnis gelangte, dass eine schriftliche Willenserklärung wirksam wird, sobald sie ordnungsgemäß in den Machtbereich des Empfängers gelangt ist[582]."

Obwohl Gegenstand in der Rechtssache *Kommission/BASF* nicht der Zugang einer Willenserklärung zum Abschluss eines Vertrages war, nahm der Gerichtshof gleichwohl auf seine Rechtsprechung in der Rechtssache *ALMA/Hohe Be-*

---

576 Vergleiche z.B. *EuGH* 18.10.1989, Rs. 374/87 (*Orkem/Kommission*) Slg. 1989, 3283, RdNr. 6; *EuG* 29.05.1991, Rs. T-12/90 (*Bayer/Kommission*) Slg. 1991, II-219, RdNr. 18.

577 *EuGH* 15.06.1994, Rs. C-137/92 P (*Kommission/BASF*) Slg. 1994, I-2555.

578 Geschäftsordnung der Kommission vom 09.01.1963, ABl. EG 1963 Nr. 181/1.

579 Verordnung Nr. 17 des Rates vom 6. Februar 1962; Erste Durchführungsverordnung zu den Artikeln 85 und 86 des Vertrages, ABl. EG 1962 Nr. 13/204.

580 Gemäß Artikel 19 Absatz 1 der Verordnung Nr. 17 sowie der Verordnung (EWG) Nr. 99/63 der Kommission vom 25. Juli 1963 über die Anhörung nach Artikel 19 Absätze 1 und 2 der Verordnung Nr. 17 des Rates, ABl. EG 1963 Nr. 127/2268.

581 *EuGH, Kommission/BASF* (Fn. 577) 2555, RdNr. 62 der Schlussanträge.

582 Vergleiche *EuGH, Acciaierie Laminatoi Magliano Alpi (ALMA)/Hohe Behörde der EGKS* (Fn. 573) 191, 200.

hörde der EGKS Bezug und weitet damit den Anwendungsbereich dieses allgemeinen Rechtsgrundsatzes aus.
Eine Ausnahme von diesem Rechtsgrundsatz enthält Art. 11 Abs. 1 zweiter Spiegelstrich der E-Commerce-Richtlinie, der bestimmt, dass Bestellung und Empfangsbestätigung als eingegangen gelten, wenn die Parteien, für die sie bestimmt sind, sie abrufen können. Diese sekundärrechtliche Regelung gilt als *lex specialis* jedoch nur für den Anwendungsbereich der E-Commerce-Richtlinie.

2. Willenseinigung

a) EuGVÜ/EuGVO

In dem zu Beginn des Abschnitts zitierten Ausschnitt aus dem Urteil in der Rechtssache *Gabriel*[583] spricht der Gerichtshof von einem Angebot[584] durch *Schlank & Schick*, das Herr *Gabriel* einschließlich aller damit verbundenen Bedingungen angenommen[585] hat. Hieraus folgte eine Willenseinigung der Parteien.
Der Rechtssache lag folgender Sachverhalt zugrunde: Die *Schlank & Schick GmbH*, eine Gesellschaft deutschen Rechts, betrieb Versandhandelsgeschäfte insbesondere in Deutschland, Österreich, Frankreich, Belgien und der Schweiz[586]. Im Oktober 1999 erhielt Herr *Gabriel* von *Schlank & Schick* mehrere an ihn persönlich adressierte Zuschriften, die nach seinem Vorbringen den Eindruck erweckt hätten, er habe in einem Gewinnspiel ein Bargeldguthaben gewonnen, das er nur noch anzufordern brauche; die einzige Bedingung sei gewesen, dass er bei *Schlank & Schick* gleichzeitig Waren zu einem Mindestbestellwert kaufe, die aus einem mit den Zuschriften übersandten Katalog auszuwählen und in einen ebenfalls beigefügten Bestellschein einzutragen gewesen seien. In dem Anschreiben an Herrn *Gabriel* hieß es wörtlich[587]: „Sehr geehrter Herr Rudolf Gabriel, Sie haben noch immer nicht Ihr Bargeldguthaben angefordert... Wollen Sie Ihr Geld denn wirklich verfallen lassen?... Noch haben Sie ein Anrecht auf Ihr Guthaben, aber jetzt müssen Sie wirklich schnell reagieren!... P.S.: Als Beweis für Sie, Herr Gabriel, habe ich die Quittung über die Einzahlung beigelegt." Diesem Anschreiben lagen ein Schreiben der *European Credit* mit der Überschrift „Offizielle Einzahlungsbestätigung" sowie die Kopie einer

583 *EuGH* 11.07.2002, Rs. C-96/00 (*Gabriel*) Slg. 2002, I-6367; vgl. auch oben C.II.2, S. 68.
584 En.: Offer; Fr.: offertes; It.: ordinato; Nl.: aangeboden.
585 En.: Acceptance; Fr.: acceptation; It.: accettazione; Nl.: aanvarden.
586 *EuGH* 11.07.2002, Rs. C-96/00 (*Gabriel*) Slg. 2002, I-6367, RdNr. 18.
587 *EuGH, Gabriel* (Fn. 586) 6367, RdNr. 20.

Quittung und des Faksimile eines Sparbuches bei, die beide auf den Namen von Herrn *Gabriel* ausgestellt waren. Nur aus relativ klein gedruckten und zum Teil auf der Rückseite befindlichen Klauseln auf den Unterlagen ergab sich, dass es sich nicht um eine verbindliche Gewinnzusage handelte. Herr *Gabriel* bestellte daraufhin Waren in einem Wert, der über der Mindestgrenze lag und sandte die genannten Dokumente an die *Schlank & Schick* zurück. Daraufhin wurden zwar die bestellten Waren geliefert, der Gewinn wurde jedoch in der Folgezeit nicht ausgezahlt.

Herr *Gabriel* beschloss daraufhin, die *Schlank & Schick* auf Auszahlung des in Frage stehenden Betrages zu verklagen. Da er in Österreich klagen wollte, jedoch nach seiner Auffassung hierfür in Österreich keine Zuständigkeitsvorschriften bestanden, beantragte er vor dem Obersten Gerichtshof die Feststellung der örtlichen Zuständigkeit. Der österreichische Oberste Gerichtshof legte daraufhin dem EuGH die Frage zur Vorabentscheidung vor, ob es sich um eine Klage aus einem Verbrauchervertrag nach Art. 13 Abs. 1 Nr. 3 EuGVÜ[588], aus einem Vertrag nach Art. 5 Nr. 1 EuGVÜ[589] oder aus unerlaubter Handlung nach Art. 5 Nr. 3 EuGVÜ[590] handelte[591].

Der Gerichtshof stellte zunächst fest, dass Art. 13 EuGVÜ *lex specialis* zu Art. 5 Nr. 1 EuGVÜ und damit vorrangig zu prüfen ist[592]. Die Auslegung der Voraussetzungen des Verbrauchervertrages in dieser Vorschrift erfolgt autonom, wobei in erster Linie Systematik und Zielsetzung des EuGVÜ zu berücksichtigen sind[593]. Art. 13 EuGVÜ findet dabei nur dann Anwendung, wenn sich die Klage allgemein auf einen Vertrag bezieht, den ein Verbraucher zu einem Zweck abgeschlossen hat, der nicht seine berufliche oder gewerbliche Tätigkeit betrifft[594]. Im Rahmen der Prüfung der in Art. 13 EuGVÜ genannten Vertragstypen kamen die Richter zu dem Ergebnis, dass die Begriffe „Werbung" und „ausdrückliches Angebot" in Art. 13 Abs. 1 Nr. 3 EuGVÜ alle Formen der Werbung in dem Vertragsstaat, in dem der Verbraucher seinen Wohnsitz hat, umfassen. Dies gelte unabhängig davon, ob sie allgemein – über Presse, Radio, Fernsehen, Kino oder in anderer Weise – verbreitet oder unmittelbar, z.B. mit Katalogen, an den Empfänger gerichtet wird. Umfasst seien auch Angebote, die dem Verbraucher per-

588 Entsprechend Art. 15 Abs. 1 c) EuGVO.

589 Entsprechend Art. 5 Nr. 1 a) EuGVO.

590 Entsprechend Art. 5 Nr. 3 EuGVO.

591 Beschluss des *OGH* vom 15.02.2000.

592 *EuGH, Gabriel* (Fn. 586) 6367, RdNr. 36.

593 *EuGH* 21.06.1978, Rs. 150/77 (*Bertrand*) Slg. 1978, 1431, RdNr. 14 ff.; *EuGH* 19.01.1993, Rs. C-89/91 (*Shearson Lehmann Hutton*) Slg. 1993, I-139, RdNr. 13; *EuGH* 03.07.1997, Rs. C-269/95 (*Benincasa/Dentalkit*) Slg. 1997, I-3767, RdNr. 12; *EuGH* 08.10.1997, Rs. C-99/96 (*Mietz*) Slg. 1999, I-2277, RdNr. 26.

594 *EuGH, Gabriel* (Fn. 586) 6367, RdNr. 38.

sönlich, insbesondere durch einen Vertreter oder Hausierer, unterbreitet werden[595].

Bezogen auf den Fall bedeutet dies, dass alle Voraussetzungen des Art. 13 Abs. 1 Nr. 3 EuGVÜ vorliegen, es sich somit um eine Klage aus einem Verbrauchervertrag handelt[596]. Der Gerichtshof hat sich im Urteil *Gabriel* sehr deutlich zum Mechanismus des Vertragsschlusses vor dem Hintergrund des EuGVÜ geäußert. Fraglich ist, welche Bedeutung dieser Rechtsprechung für das Europäische Vertragsrecht im *acquis communautaire* zukommt. Das Urteil ist diesbezüglich in mehrfacher Hinsicht bemerkenswert: Erstens löst der EuGH sich in den Urteilsgründen von den nationalen Rechten und subsumiert den Sachverhalt autonom unter Art. 13 EuGVÜ. Dabei trennt er zunächst die Gewinnzusage vom anschließend geschlossenen Kaufvertrag des Klägers[597], und stellt fest, dass die Zusendung ein Angebot zum Abschluss eines Kaufvertrages darstellt und aufgrund der Bestellung des Klägers im Sinne von Art. 13 Abs. 1 Nr. 3 a) ein Vertragsschluss vorliegt[598]. Anschließend stellt er die Gewinnzusage wieder in den Zusammenhang mit dem Kaufvertrag[599]. Damit umgeht er die Frage, dass der Absender eine Gewinnauskehr niemals beabsichtigte[600]. Zweitens zieht der Gerichtshof eine Parallele zwischen dem EuGVÜ und dem EVÜ; er legt gleiche

595 *EuGH, Gabriel* (Fn. 586) 6367, RdNr. 44.

596 *EuGH, Gabriel* (Fn. 586) 6367, RdNr. 46 ff.

597 Dies wurde erreicht durch eine Umstellung der Vorlagefragen (*EuGH, Gabriel* [Fn. 585] 6367, RdNr. 32 f.) dahingehend, dass der EuGH prüfte, ob die Klage auf Auszahlung eines Gewinns, die darauf zurückzuführen ist, dass beim Empfänger der Zusendung der Eindruck erweckt werde, dass er einen bestimmten Gewinn erhalte, nach entsprechender Bestellung eine Klage nach Art. 13 Abs. 1 Nr. 3 EuGVÜ darstellt.

598 Vergleiche RdNr. 48, 53, 54 des Urteils; im deutschen Recht beispielsweise wäre zu prüfen, ob es sich um eine Gewinnzusage nach § 661 a BGB handelt, die insoweit der Auslobung nach § 657 BGB vergleichbar ist, als es sich um eine einseitige Willenserklärung handelt, die ohne Annahme wirksam wird, vgl. *Palandt/Sprau*, § 657 BGB, RdNr. 1, die – im Gegensatz zur Auslobung – jedoch keine Handlung des Empfängers der Gewinnzusage voraussetzt, *Palandt/Sprau*, § 661 a BGB, RdNr. 1; vgl. hierzu *Leible*, IPRax 2003, 28, 29 f.; *Feuchtmeyer*, NJW 2002, 3598, 3599; die Situation in der Rechtssache *Gabriel* ist dabei von derjenigen beim Vertragsabschluss nach der Fernabsatzrichtlinie zu unterscheiden: Diese verbleibt bei dem deutschen Verständnis des Fernabsatzgeschäftes, dass das nach § 145 BGB bindende Angebot zum Vertragsschluss regelmäßig vom Verbraucher ausgeht (vgl. HK-Vertriebsrecht/*Micklitz*, § 312 b BGB, RdNr. 34); dabei geht auch die Fernabsatzrichtlinie vom Vertragsabschluss in Form von Angebot und Annahme aus.

599 Vergleiche RdNr. 54 des Urteils: „untrennbare Verbindung zwischen der Gewinnzusage und der Warenbestellung"; die Frage, wie die Einordnung bei einer Gewinnzusage ohne eine Bestellung vorzunehmen ist, stellt sich im derzeit noch rechtshängigen Verfahren C-27/02 (*Engler*), Vorlagebeschluss ABl. EG 2002 C 109/23.

600 Bezogen auf das deutsche Recht (§§ 130, 133, 157, 661 a BGB): *Leible*, IPRax 2003, 29 f.

Begriffe im Wiener und Brüsseler Übereinkommen gleichermaßen aus[601]. Diese systematische Auslegung stützt die von *Pfeiffer* vertretene Auffassung, dass es sich bei dem Begriff des Vertrages um einen autonomen gemeinschaftlichen Begriff handelt, der mit Blick auf das *ius commune* der Mitgliedstaaten einheitlich auszulegen ist[602]. Drittens unterscheidet sich das EuGVÜ in diesem Zusammenhang von den „klassischen" Kollisionsregeln: Art. 27 EGBGB beispielsweise unterstellt sogar die Frage, ob ein wirksamer Rechtswahlvertrag vorliegt, dem Recht, das durch diese Rechtswahl zur Anwendung gebracht wird[603]. Der EuGH äußert sich insoweit zu materiellen Fragen, als er im Rahmen der Auslegung des Begriffs des „Verbrauchervertrages" den Mechanismus des Vertragsschlusses anspricht[604]. Da es sich hierbei um die *lex generalis* zu Art. 13 EuGVÜ handelt, gilt dies gleichsam für den Begriff des Vertrages in Art. 13 EuGVÜ. Von besonderer Bedeutung ist dabei, dass der Begriff des Vertrages nach der ständigen Rechtsprechung des EuGH autonom auszulegen ist. Damit ist auch autonom zu bestimmen, ob ein Vertrag zwischen den Parteien besteht[605]. Viertens findet sich in den Schlussanträgen des Generalanwalts folgender Passus[606]:

> „Bei der Auslegung des Begriffs Vertrag oder Ansprüche aus einem Vertrag hat sich der Gerichtshof insbesondere von folgenden Zielsetzungen des Übereinkommens leiten lassen. (...) Das Hauptziel des Titels II 4. Abschnitt des Übereinkommens, der Artikel 13 umfasst, ist der Schutz des schwächeren Vertragspartners, nämlich des Verbrauchers. Der Gerichtshof hat eindeutig festgestellt, dass die Sonderregelung in Art. 13 ff. des Übereinkommens von dem Bestreben getragen ist, den Verbraucher als wirtschaftlich schwächeren und rechtlich weniger erfahrenen Vertragspartner zu schützen (...)."

Die Zielsetzung von Art. 13 EuGVÜ ist hiernach identisch mit den einschlägigen verbraucherschützenden Richtlinien des Gemeinschaftsrechts. Ein solches Zusammenspiel zwischen EuGVÜ und den verbraucherschützenden Richtlinien wurde in der Literatur nach dem Erlass des Urteils in der Rechtssache *Océano Grupo* angesprochen[607]. Einigkeit besteht in diesem Zusammenhang darüber, dass der EuGH anhand des EuGVÜ keine volle Inhaltskontrolle wie in Bezug auf die Klauselrichtlinie in der Entscheidung *Océano Grupo* vornehmen darf[608].

---

601 Vergleiche RdNr. 42 des Urteils.

602 *Grabitz/Hilf/Pfeiffer*, A 5, Vorbem., RdNr. 19 f.; Art. 1, RdNr. 11.

603 Vergleiche *Palandt/Heinrichs*, Art. 27 EGBGB, RdNr. 8.

604 *Fetsch*, RIW 2002, 936, 943.

605 Vergleiche hierzu vor dem Hintergrund von Art. 5 EuGVÜ/EuGVO oben, S. 43 ff.

606 *EuGH, Gabriel* (Fn. 586) 6367, RdNr. 39 ff. der Schlussanträge.

607 *Staudinger*, DB 2000, 2056, 2059; *Borges*, NJW 2001, 2061, 2062; *Borges*, RIW 2000, 933, 935 ff.

608 Schon in Bezug auf die volle Inhaltskontrolle der Klauselrichtlinie in der Literatur kontrovers diskutiert: Zustimmend zur Entscheidung *Océano Grupo*: *Staudinger*, DB 2000, 2059; ablehnend: *Borges*, NJW 2001, 2061; *Borges*, RIW 2000, 939.

b) Verordnung 2187/93/EWG

Vom Mechanismus des Vertragsschlusses durch Angebot und Annahme geht auch Generalanwalt *Tizzano* in seinen Schlussanträgen in den verbundenen Rechtssachen *Flemmer, Christoffel, Leitensdorfer/Rat der Europäischen Gemeinschaft*[609] unter Verwendung eben dieser Terminologie[610] aus. Alle deutschen Ausgangsverfahren betrafen die Abwicklung der sog. „Nichtvermarkterfälle“[611] im Rahmen der Milchquotenregelung. Rechtlicher Rahmen der Vorabentscheidungsverfahren war jeweils ein Vertrag über eine Entschädigung gemäß der Verordnung 2187/93/EWG[612]. Der Verordnung lag folgende Entwicklung zugrunde: Der Rat hatte im Jahre 1977 aufgrund von Überschüssen auf dem Markt für Milch und Milcherzeugnisse die VO 1078/77/EWG[613] beschlossen, die die Einführung einer Prämienregelung für die Nichtvermarktung von Milcherzeugnissen vorsah. Da diese Regelung sich als ungeeignet erwies, führte der Rat mit den Verordnungen 856/84/EWG[614] und 857/84/EWG[615] eine Zusatzabgabe ein. Diese Abgabe schuldete jeder Erzeuger für die Milchmengen, die er über die ihm zugeteilte Quote (Referenzmenge) hinaus vermarktete. Diese Verordnungen erklärte der Gerichtshof in seinen Urteilen in den Rechtssachen *Mulder*[616] und *Von Deetzen*[617] wegen Verstoßes gegen den Grundsatz des Vertrauensschutzes[618] insoweit für ungültig, als sie die Zuteilung einer Referenzmenge an solche Erzeuger nicht vorsahen, die im Referenzjahr des betreffenden Mitgliedstaates deshalb keine Milch geliefert hatten, weil sie sich an dem auf fünf

609 *EuGH* 09.10.2001, Rs. C-80/99 bis C-82/99 (*Flemmer, Christoffel, Leitensdorfer/Rat*) Slg. 2001, I-7211.

610 Dt.: Angebot; En.: an offer; Fr.: une offre; mit Verweis auf die „Vertragstheorie aller Rechtsstaaten“ *Feuchtmeyer*, NJW 2002, 3598, 3599.

611 *Streinz*, JZ 2002, 239, 241.

612 Verordnung (EWG) Nr. 2187/93 des Rates vom 22.07.1993 über das Angebot einer Entschädigung an bestimmte Erzeuger von Milch oder Milcherzeugnissen, die vorübergehend an der Ausübung ihrer Tätigkeit gehindert waren, ABl. EG 1993 L 196/6.

613 Verordnung (EWG) Nr. 1078/77 des Rates vom 17.05.1977 zur Einführung einer Prämienregelung für die Nichtvermarktung von Milch und Milcherzeugnissen und die Umstellung der Milchkuhbestände, ABl. EG 1977 L 131/1.

614 Verordnung (EWG) Nr. 856/84 des Rates vom 31.03.1984 zur Änderung der Verordnung (EWG) Nr. 804/68 über die gemeinsame Marktorganisation für Milch und Milcherzeugnisse.

615 Verordnung (EWG) Nr. 857/84 des Rates vom 31.03.1984 über Grundregeln für die Anwendung der Abgabe gemäß Artikel 5c der Verordnung (EWG) Nr. 804/68 im Sektor Milch und Milcherzeugnisse.

616 *EuGH* 28.04.1988, Rs. 120/86 (*Mulder/Minister van Landbouw en Visserij*) Slg. 1988, 2321.

617 *EuGH* 28.04.1988, Rs. 170/86 (*Von Deetzen/Hauptzollamt Hamburg-Jonas*) Slg. 1988, 2355.

618 *Callies/Ruffert/Kingreen*, Art. 6 EUV, RdNr. 9 ff.

Jahre bezogenen Programm der VO 1078/77/EWG beteiligt hatten. Die vom Rat zur Befolgung dieser Urteile erlassene Verordnung 764/89/EWG[619] zur Änderung der Verordnung 857/84/EWG wurde vom EuGH durch die Urteile in den Rechtssachen *Spagl*[620] und *Pachtstätter*[621] wegen Begrenzung der spezifischen Quoten auf 60% der Referenzmenge für ungültig erklärt[622]. Im Jahre 1992 verpflichtete der Gerichtshof die Kommission im Urteil *Mulder II*[623], dem entsprechenden Landwirt den Schaden zu ersetzen, der ihm aus den vorgenannten Regelungen und deren Nichtigerklärung dadurch entstanden war, dass er im betreffenden Zeitraum keine Milch über die Referenzmenge hinaus vermarktet hatte[624]. Angesichts der großen Anzahl ähnlich gelagerter Fälle veröffentlichten Rat und Kommission eine Mitteilung betreffend die Entschädigung betroffener Landwirte. Diese Mitteilung wurde durch die entscheidungserhebliche Verordnung 2187/93/EWG umgesetzt.

Das Verfahren C-82/99 betraf eine Klage gegen die zur Durchführung der Verordnung 2187/93/EWG in Deutschland zuständige Bundesanstalt für Landwirtschaft und Ernährung, die beiden anderen Ausgangsverfahren[625] Klagen gegen den Rat und die Kommission, vertreten durch die Bundesanstalt für Landwirtschaft und Ernährung, die die Verträge im Namen und für Rechnung der Gemeinschaftsorgane geschlossen hatte. Hintergrund der Vorlagen durch das VG Frankfurt am Main waren nach Art. 14 der VO[626] ergangene und fristgerecht angenommene Entschädigungsangebote, die durch die Bundesanstalt für Landwirtschaft und Ernährung nicht erfüllt worden waren, weil nachträglich festgestellt wurde, dass die Voraussetzungen für eine Entschädigung nicht gegeben gewesen

619 Verordnung (EWG) Nr. 764/89 des Rates vom 20.03.1989 zur Änderung der Verordnung (EWG) Nr. 857/84 über die Grundregeln für die Anwendug der Abgabe gemäß Artikel 5c der Verordnung (EWG) Nr. 804/68 im Sektor Milch und Milcherzeugnisse.

620 *EuGH* 11.12.1990, Rs. C-189/89 (*Spagl/Hauptzollamt Rosenheim*) Slg. 1990, I-4539.

621 *EuGH* 11.12.1990, Rs. C-217/89 (*Pachtstätter/Hauptzollamt Bad Reichenhall*) Slg. 1990, I-4585.

622 Bestätigt in *EuGH* 22.10.1991, Rs. 44/89 (*Von Deetzen/Hauptzollamt Oldenburg*) Slg. 1991, I-5119.

623 *EuGH* 27.01.2000, Rs. C-104/89 und C-37/90 (*Mulder u.a. und Heinemann/Rat und Kommission*) Slg. 1992, I-3061.

624 Anmerkung *Winkler/Trölitzsch*, EuZW 1992, 663 ff.

625 Verfahren C-80/99 und Verfahren C-81/99.

626 Art. 14 VO 2187/93/EWG: „Die zuständige Behörde gemäß Artikel 10 übermittelt dem Erzeuger im Namen und für Rechnung des Rates und der Kommission innerhalb von höchstens vier Monaten nach Eingang des Antrags ein Angebot für eine Entschädigung zusammen mit einer Quittung über den Ausgleich aller Ansprüche. (...) Wird dieses Angebot durch Rücksendung der als richtig anerkannten und unterzeichneten Quittung innerhalb der genannten Frist angenommen, so wird damit gegenüber den Gemeinschaftsorganen auf die Geltendmachung, ganz gleich in welcher Form, des in Artikel 1 genannten Schadens verzichtet."

sein sollen[627]. Die nationale Behörde kündigte daraufhin die Entschädigungsverträge wegen nachträglichen Wegfalls der Geschäftsgrundlage[628]. Gegen diese Entscheidung wandten sich die Kläger vor dem nationalen Gericht.
Die erste der für alle Verfahren gleichlautenden Vorlagefragen lautete, ob Art. 288 Abs. 2 EG i.V.m. Art. 235 EG und den Vorschriften der VO 2187/93/EWG dahingehend auszulegen ist, dass der Gerichtshof auch für Streitigkeiten zuständig ist, die aus einem nach näherer Maßgabe der VO 2187/93/EWG von der zuständigen nationalen Behörde im Namen und für Rechnung des Rates und der Kommission geschlossenen Vertrag herrühren. Generalanwalt *Tizzano* stellt den Vertragsschluss als solchen wie folgt dar[629]:

> „Formal gesehen stellen sich nämlich das Entschädigungsangebot der zuständigen nationalen Behörde an den Erzeuger und dessen entsprechende Annahme als Tatbestandsmerkmale eines eigenständigen Rechtsverhältnisses dar."[630]

Fraglich ist, welche Bedeutung diese Aussage für die Untersuchung des privatrechtlichen Vertragsschlusses hat. Das vorlegende Verwaltungsgericht Frankfurt am Main ging von dem Grundsatz aus, dass beim Vollzug des Gemeinschaftsrechts durch nationale Organe mangels besonderer gemeinschaftsrechtlicher Regelung das nationale Verwaltungsverfahrens- bzw. Verwaltungsprozessrecht zur Anwendung kommt[631]. Hierzu findet sich allerdings weder in den Schlussanträgen des Generalanwalts noch im Urteil des EuGH eine Bestätigung. Nach Art.

---

627 *VG Frankfurt am Main*, 23.02.1999, 1 E 3480/96; 1 E 2516/95; 1 E 642/98.

628 Die Kündigung des Vertrages erfolgte durch die zuständige deutsche Behörde gem. § 60 VwVfG als Kündigung eines öffentlich-rechtlichen Vertrages nach §§ 54 ff. VwVfG. Was das Zustandekommen eines solchen öffentlich-rechtlichen Vertrages nach deutschem Recht gem. § 54 VwVfG (entsprechend den Verwaltungsverfahrensgesetzen der Länder) betrifft, so kommt dieser nach den allgemeinen bürgerlich-rechtlichen Regelungen über den Vertragsschluss (vgl. §§ 116 ff. BGB) zustande, insbesondere insoweit, als ein gültiges Angebot und die entsprechende Annahme gem. §§ 145 ff. BGB vorliegen müssen (vgl. § 62 S. 2 VwVfG), *Kopp/Ramsauer*, § 54 VwVfG, RdNr. 18; *Knack/Henneke*, § 54 VwVfG, RdNr. 30.

629 *EuGH* 09.10.2001, Rs. C-80/99 bis C-82/99 (*Flemmer, Christoffel, Leitensdorfer/Rat*) Slg. 2001, I-7211, RdNr. 45 der Schlussanträge.

630 Fr.: Sur le plan formel, en effet, l'offre d'indemnisation au producteur de la part de l'autorité nationale compétente et l'acceptation corrélative du producteur se présentent comme des éléments constitutifs d'un rapport juridique autonome; it.: Sul piano formale, in effetti, l'offerta di indennizzo al produttore da parte della competente autorità nazionale e la correlativa accettazione del produttore si configurano come elementi costitutivi di un rapporto giuridico autonomo; sv.: På det formella planet framstår nämligen anbudet om skadestånd till producenten från behörig nationell myndighet och producentens motsvarande accept som omständigheter vilka är utmärkande för ett självständigt rättsligt förhållande.

631 *Streinz*, JZ 2002, 239, 241.

288 Abs. 1 EG ergibt sich das auf den Vertrag anzuwendende Recht aus dem Vertrag selbst, mangels entsprechender Regelung aus dem Internationalen Privatrecht[632]. Dass der Vertrag im Namen und für Rechnung der Kommission durch die nationalen Behörden geschlossen wurde, steht dem nicht entgegen, da die nationalen Organe das Gemeinschaftsrecht nach dessen Vorgaben zu vollziehen haben[633]. Die Wirkungen des Vertrags treffen allein die Gemeinschaft[634]. Danach kommt beim Vollzug des Gemeinschaftsrechts durch nationale Behörden mangels vereinheitlichter europäischer Institutionen und Regelungen das jeweilige nationale Verwaltungsrecht zur Anwendung, jedoch mit der Maßgabe, dass die anzuwendenden nationalen Verfahrensvorschriften mit den Erfordernissen der einheitlichen Anwendung des Gemeinschaftsrechts in Einklang stehen oder gebracht werden[635]. Schranke des nationalen Rechts ist dabei das sog. „Diskriminierungsverbot“ oder der sog. „Äquivalenzgrundsatz“[636]: Die Mitgliedstaaten haben dem Gemeinschaftsrecht zu einer umfassenden Wirksamkeit zu verhelfen[637], wobei dies positive Verpflichtungen genauso wie das Unterlassen gemeinschaftswidrigen Verhaltens umfasst[638]. Die Äußerung in der Rechtssache *Flemmer, Christoffel, Leitensdorfer/Rat*, die direkt an den Wortlaut von Art. 14 Verordnung 2187/93/EWG anknüpft, und für sich genommen keinen Bezug zum nationalen Recht hat, ist autonome gemeinschaftsrechtliche Auslegung.
Zu der Frage, ob es sich bei dem Entschädigungsvertrag um öffentliches Recht oder Privatrecht handelt, findet sich keine Äußerung in der Rechtsprechung. Art. 288 Abs. 2 EG i.V.m. Art. 235 EG, die die Zuständigkeit des EuGH für die Feststellung der Schadensersatzhaftung der Gemeinschaft selbst regeln, enthalten keinen Hinweis. Was den Mechanismus des Vertragsschlusses anbelangt, so kommt es auf die Kategorisierung als öffentlich-rechtlich oder privatrechtlich insofern nicht an, als der Vertragsschluss sich in beiden Fällen gleichermaßen durch Angebot und Annahme vollzieht[639].

---

632 Vergleiche hierzu oben, S. 29 f.

633 *EuGH* 21.09.1983, Rs. 205 bis 215/82 (*Deutsche Milchkontor u.a./Bundesrepublik Deutschland*) Slg. 1983, 2633; *EuGH* 06.05.1982, Rs. 146/81, 192/81 und 193/81 (*BayWa u.a./BALM*) Slg. 1982, 1503, RdNr. 29.

634 *Groeben/Thiesing/Ehlermann/Gilsdorf/Oliver*, Art. 215 EGV, RdNr. 13.

635 Vergleiche *EuGH, BayWa u.a./BALM* (Fn. 633) 1503, RdNr. 17.

636 *Streinz*, JZ 2002, 239, 243.

637 *EuGH* 19.12.1970, Rs. 30/70 (*Scheer*) Slg. 1970, 1208; Hdb StR VII/*Streinz*, S. 820 ff.

638 *Oppermann*, Europarecht, RdNr. 643.

639 So sind beispielsweise die verbraucherschützenden Richtlinien auf öffentlich-rechtliche Verträge anwendbar, vgl. *Grabitz/Hilf/Pfeiffer*, A 5, Art. 1, RdNr. 11, der insoweit beim Begriff des Vertrages keine weitere Differenzierung vornimmt.

c) Haustürwiderrufsrichtlinie

In der Rechtssache *Heininger*[640] wurde dem Gerichtshof die Frage zur Vorabentscheidung vorgelegt, ob Realkreditverträge in den Anwendungsbereich der Haustürwiderrufsrichtlinie fallen. Bei der Beantwortung der Vorlagefragen wies der Gerichtshof auf die fünfte Begründungserwägung der Haustürwiderrufsrichtlinie hin, nach der Verträge, die außerhalb der Geschäftsräume eines Gewerbetreibenden abgeschlossen werden, dadurch gekennzeichnet sind, dass die Initiative zu den Vertragsverhandlungen in der Regel vom Gewerbetreibenden ausgeht und der Verbraucher auf die Vertragsverhandlungen nicht vorbereitet ist. Der Verbraucher habe danach häufig keine Möglichkeit, Qualität und Preis des Angebotes mit anderen Angeboten zu vergleichen. Mit dieser Betrachtungsweise geht der Gerichtshof davon aus, dass der Vertrag durch ein Angebot und die entsprechende Annahme durch die andere Partei zustande gebracht wird.

3. Angebot zum Abschluss eines Vertrags

a) Bestimmtheit des Angebots

Die Formulierung „und dessen *entsprechende* Annahme" in den Verfahren *Flemmer, Christoffel, Leitensdorfer/Rat der Europäischen Gemeinschaft*[641] zeigt, dass an ein Angebot bestimmte Voraussetzungen geknüpft sind. Die Annahme bringt, wie die dargestellten Auszüge belegen[642], den Vertrag zustande. Das kann indes nur dann der Fall sein, wenn ein Angebot hinreichend bestimmt ist. Im *acquis communautaire* finden sich vereinzelt Hinweise darauf, dass eine Einigung über die *essentialia* eines Vertrages erzielt werden muss, so z.B. in Art. 4 Abs. 3 Verbraucherkreditrichtlinie. Dieser bestimmt: „Die Vertragsurkunde soll auch die übrigen wesentlichen Vertragsbedingungen enthalten". In dem ursprünglichen Vorschlag zur Verbraucherkreditrichtlinie hatte die Kommission angeregt, dass der Kreditvertrag die wesentlichen Vertragsbedingungen und mindestens Angaben über etwaige Sicherheiten enthalten müsse[643]. Gegenstand der Verbraucherkreditrichtlinie ist der Vertragsschluss zwischen einem

---

640 *EuGH* 13.12.2001, Rs. C-481/99 (*Heininger/Bayerische Hypo- und Vereinsbank AG*) Slg. 2001, I-9945.

641 *EuGH* 09.10.2001, Rs. C-80/99 bis C-82/99 (*Flemmer, Christoffel, Leitensdorfer/Rat*) Slg. 2001, I-7211.

642 Vergleiche Fn. 535, 629.

643 Art. 6 Abs. 2 a) des Vorschlags für eine Richtlinie des Rates zur Angleichung der Rechts- und Verwaltungsvorschriften der Mitgliedstaaten über den Verbraucherkredit, ABl. EG 1979 C 80/4.

Verbraucher und einem Kreditgeber, wobei einem Verbraucher i.d.R. – schon aufgrund mangelnder Kenntnis der einzelnen Regelungserfordernisse – ein vom Kreditgeber vorbereiteter Vertrag zur Unterschrift vorgelegt wird. Dieser muss aufgrund des allgemeinen Erfordernisses übereinstimmender Willenserklärungen und im speziellen Fall auch aufgrund von Art. 4 Abs. 3 Verbraucherkreditrichtlinie die wesentlichen Vertragsbestimmungen enthalten, damit ein Vertrag wirksam zustande kommen kann.
Der Entwurf einer entsprechenden Regelung war im Vorschlag der Kommission für die Fernabsatzrichtlinie in Art. 2 enthalten[644]. Dieser sah eine „Aufforderung zum Vertragsschluss" vor. Damit war jede Mitteilung gemeint, die alle erforderlichen Elemente beinhaltet, damit der Empfänger eine vertragliche Verpflichtung unmittelbar eingehen kann[645]. Art. 2 war demnach so zu verstehen, dass das Angebot zum Vertragsschluss vom Gewerbetreibenden ausging, der in dieses Angebot alle notwendigen Informationen hineinlegen musste, damit der Verbraucher über die eingesetzten Fernkommunikationstechniken die ihm unterbreitete „Aufforderung zum Vertragsschluss" nur noch anzunehmen hat[646]. Diese Regelung wurde jedoch in die endgültige Fassung nicht übernommen.
Gleichwohl geht der Gerichtshof von dem Erfordernis eines bestimmten Angebots in der Rechtssache *Flemmer, Christoffel, Leitensdorfer/Rat* aus. Diese Rechtsprechung wurde kürzlich durch das Gericht erster Instanz in der Rechtssache *Elke Sada/Kommission*[647] bestätigt. *Elke Sada*, die Klägerin des Beamtenklageverfahrens, war bei der Kommission in der Laufbahngruppe B auf fünf Jahre per befristetem Einstellungsvertrag[648] beschäftigt. Sieben Monate vor Ablauf dieses Vertrages bot die Gemeinsame Forschungsstelle als Arbeitgeberin der Klägerin die Verlängerung ihres Vertrags um fünf Jahre an. Unter Berücksichtigung der ständigen Rechtsprechung des Gerichtshofs, dass ein Vertrag übereinstimmende Willenserklärungen erfordert[649], ist auch diese Entscheidung ein Beleg für das Erfordernis eines hinreichend bestimmten Angebots. Die Kommission hatte der Klägerin die Verlängerung des bestehenden Vertrags zu den gleichen Konditionen für weitere fünf Jahre angeboten, so dass der Vertrag durch die bloße Annahmeerklärung der Klägerin hätte zustande kommen können.

---

644 KOM (1992) 11 endg.

645 Fr.: l'expression par le consommateur de sa volonté de souscrire un engagement contractuelle.

646 *Micklitz*, VuR 1993, 129 ff.; *Grabitz/Hilf/Micklitz*, A 3, RdNr. 4.

647 *EuG* 17.04.2002, Rs. T-325/00 (*Elke Sada/Kommission*) Slg. 2002, II-209, RdNr. 2 ff.

648 *EuGH, Elke Sada/Kommission* (Fn. 647) 209, RdNr. 2.

649 *EuGH* 07.12.2000, Rs. C-94/99 (*ARGE Gewässerschutz/Österreichisches Bundesministerium für Land- und Forstwirtschaft*) Slg. 2000, I-11037, RdNr. 49 der Schlussanträge; *EuGH* 17.11.1976, Rs. 110/75 (*Mills/Europäische Investitionsbank*) Slg. 1976, 955; *EuGH* 12.12.1955, Rs. 10/55 (*Mirossevich/Hohe Behörde der EGKS*) Slg. 1955, 381.

Welche Mindestanforderungen an den Vertragsinhalt zu stellen sind, hängt dabei vom jeweiligen Vertragstyp ab. Im Folgenden sollen die Mindestanforderungen eines Angebots anhand einiger wichtiger Vertragstypen dargestellt werden. Die Auflistung kann dabei – schon aufgrund der umfassenden Vertragsfreiheit und der somit bestehenden Möglichkeit des Abschlusses von Verträgen „sui generis“[650] – nicht abschließend sein.

b) Einzelne Vertragstypen

aa) Kaufvertrag

Der Kaufvertrag ist der bedeutendste Vertragstyp[651]. Auf ihn sind mehrere der verbraucherschützenden Richtlinien anwendbar[652]. Explizit ist er Gegenstand der Verbrauchsgüterkaufrichtlinie sowie der Kaufpreisrichtlinie.

(a) Kaufpreis

Mit der Kaufpreisrichtlinie haben Parlament und Rat Rahmenbedingungen für die einheitliche Angabe des Kaufpreises geschaffen, die nach Art. 11 Abs. 1 der Richtlinie bis zum 18.03.2000 in den Mitgliedstaaten umzusetzen waren. Die Kaufpreisrichtlinie enthält detaillierte Vorgaben über die Angabe des Verkaufspreises und des Preises je Maßeinheit; dadurch soll für eine bessere Unterrichtung der Verbraucher gesorgt und ein Preisvergleich erleichtert werden[653]. „Verkaufspreis“ im Sinne der Richtlinie ist der Endpreis für eine Produkteinheit oder eine bestimmte Erzeugnismenge, der die Mehrwertsteuer und alle sonstigen Steuern einschließt[654]. Die Richtlinie gibt darüber hinaus eine Definition für einen „Preis je Maßeinheit“ bei Erzeugnissen, die offen angeboten werden[655].

---

650 Vergleiche z.B. *EuGH* 26.02.1992, Rs. C-280/90 (*Elisabeth Hacker/Euro-Relais GmbH*) Slg. 1992, I-1111.

651 *Howells/Wilhelmsson*, EC Consumer Law, S. 87.

652 Beispielsweise die Fernabsatzrichtlinie, Haustürwiderrufsrichtlinie, Klauselrichtlinie, E-Commerce-Richtlinie und teilweise die Verbraucherkreditrichtlinie.

653 Art. 1 Kaufpreisrichtlinie.

654 Art. 1 a) Kaufpreisrichtlinie.

655 Art. 1 b) Kaufpreisrichtlinie: Hiernach ist der Preis je Maßeinheit der Endpreis, der die Mehrwertsteuer und alle sonstigen Steuern einschließt, für ein Kilogramm, einen Liter, einen Meter, einen Quadratmeter oder einen Kubikmeter des Erzeugnisses oder eine einzige andere Mengeneinheit, die beim Verkauf spezifischer Erzeugnisse in dem betreffenden Mitgliedstaat allgemein verwendet wird und üblich ist; Erwägungsgrund 7 der Richtlinie ergänzt zu dieser Vorschrift: „Es sollte daher allgemein vorgeschrieben werden, für sämtliche Erzeugnisse sowohl den Verkaufspreis als auch den Preis je Maß-

Voraussetzung eines Kaufvertrags ist hiernach ein bestimmter Kaufpreis. Art. 4 Abs. 1 bestimmt darüber hinaus, dass Verkaufspreis und Preis je Maßeinheit unmissverständlich, klar erkennbar und gut lesbar sein müssen. Zu diesen detaillierten Regelungen hat der Gerichtshof bislang nicht Stellung genommen.
Im Urteil des Verfahrens *Commissioners of Customs & Excise/Primback*[656] aus dem Jahre 2001 geht der Gerichtshof nicht auf die Richtlinie ein, sondern setzt das Vorliegen eines bestimmten Kaufpreises selbstverständlich aus. Gegenstand der Rechtssache waren Verträge über Möbel von Einzelkunden mit *Primback*, die die Kunden mit Hilfe eines Darlehens von *Commissioners of Customs & Excise* finanzieren konnten. Hierfür erhielten sie von *Primback* eine Rechnung, in der als Preis der im Geschäft bei Abschluss des Kaufvertrags angeschlagene Preis angegeben war. Gleichzeitig mit dem Kaufvertrag schloss der Kunde, der dies wünschte, mit dem von *Primback* gewählten Geldinstitut einen Darlehensvertrag über einen Betrag in Höhe des Barpreises der Waren. Nach diesem Vertrag verpflichtete sich das Geldinstitut, dem Kunden ein Darlehen über einen Betrag in Höhe des Kaufpreises, den dieser Kunde *Primback* schuldete, zu gewähren. Der Betrag wurde gegen eine schriftliche Erklärung des Kunden, dass die Waren geliefert und aufgestellt worden seien, zur Begleichung des Kaufpreisanspruchs unmittelbar an *Primback* ausgezahlt.
In Frage stand die Auslegung von Art. 11 A Abs. 1 a) der Richtlinie 77/388/EWG[657]. Das House of Lords ersuchte den EuGH um Vorabentscheidung darüber, ob bei einer entgeltlichen Lieferung von Gegenständen die Besteuerungsgrundlage für die Mehrwertsteuer, die auf den Verkauf von Waren entfällt, nur der Betrag ist, den der Verkäufer tatsächlich erhalten hat, oder aber der volle vom Käufer geschuldete Betrag.
Der Gerichtshof hielt das Bestehen einer Vereinbarung zwischen den Parteien über einen Austausch gegenseitiger Leistungen für entscheidungserheblich. Dabei müsse das Entgelt, das die eine Partei erhält, den tatsächlichen Gegenwert des gelieferten Gegenstandes darstellen[658]. Der EuGH urteilte weiter[659]:

> „Im Ausgangsverfahren haben die Parteien des Kaufvertrages (...) vereinbart, dass die Gegenleistung für die Waren in dem angegebenen Preis besteht, den der Kunde im Vor-

---

einheit anzugeben; ausgenommen sind Waren, die in losem Zustand zum Verkauf angeboten werden, da hier der Verkaufspreis nicht festgelegt werden kann, bevor der Verbraucher die gewünschte Menge angibt".

656 Vergleiche *EuGH* 15.05.2001, Rs. C-34/99 (*Commissioners of Customs/Primback*) Slg. 2001, I-3833.

657 Sechste Richtlinie 77/388/EWG des Rates vom 17.05.1977 zur Harmonisierung der Rechtsvorschriften der Mitgliedstaaten über Umsatzsteueren – Gemeinsames Mehrwertsteuersystem: einheitliche steuerpflichtige Bemessungsgrundlage, ABl. EG 1977 L 145/1.

658 Vergleiche den Vorlagebeschluss des *House of Lords* vom 01.02.1999.

659 *EuGH, Commissioners of Customs/Primback* (Fn. 656) 3833, RdNr. 25.

aus kennt und der ihm von *Primback* in Rechnung gestellt wird, wobei dieser Preis zudem nicht davon abhängt, ob der Kunde bar oder mittels Kredits zahlt, den der Einzelhändler anbietet und den ein Geldinstitut zur Verfügung stellt."

Eine weitere Äußerung findet sich im Urteil in der Rechtssache *Cristoforo Bertinetto/Biragli SpA*[660] aus dem Jahre 2000, in dem der Gerichtshof sich mit Rechtsvorschriften zur Festsetzung eines einheitlichen Erzeugerpreises für Milch auseinandergesetzt hat. Ausgangspunkt des Rechtsstreites war der Preis für Milchlieferungen zwischen dem Erzeuger *Bertinetto* und der Gesellschaft *Biragli*. Der entscheidungserhebliche Art. 3 VO 804/68/EWG[661] bestimmt: „(1) für die Gemeinschaft wird jährlich vor dem 1. August für das im folgenden Kalenderjahr beginnende Milchwirtschaftsjahr der Richtpreis für Milch festgesetzt. (...) (2) Der Richtpreis ist der Milchpreis, der für die von den Erzeugern im Milchwirtschaftsjahr insgesamt verkaufte Milch angestrebt wird, und zwar entsprechend den Absatzmöglichkeiten, die sich auf dem Markt der Gemeinschaft und den Märkten außerhalb der Gemeinschaft bieten." Nach den im vorliegenden Fall darüber hinaus einschlägigen nationalen italienischen Vorschriften sollten Branchenvereinbarungen die Preise für die Erzeugnisse oder die Bedingungen, nach denen diese zu bestimmen sind, im Voraus festlegen. Diese Vorschrift führte zum Rechtsstreit, da die Parteien keine Vereinbarung über den Preis getroffen hatten und der ausgezahlte Preis unter den Richtwerten lag. Hiergegen wandte sich die Klägerin. Die Vorlagefrage des Pretore di Pinerolo ging dahin, ob das nationale Recht dem europäischen entgegensteht[662]. Diese Frage wurde vom EuGH bejaht, so dass allein die VO 804/68/EWG entscheidungserheblich war. Die Formulierung in Art. 3 Abs. 1 VO 804/68/EWG zeigt, dass der Preis als wesentlicher Bestandteil der privatrechtlichen Kaufverträge über die erzeugte Milch anzusehen ist. Entsprechend urteilten die Richter[663]:

„(...) [N]ationale Rechtsvorschriften, die dazu bestimmt sind, die Festsetzung eines einheitlichen Erzeugerpreises für Milch durch Vereinbarung oder kraft Hoheitsakt auf nationaler oder regionaler Ebene mit welcher Methode auch immer zu fördern und zu begünstigen, [liegen] ihrem Wesen nach außerhalb des den Mitgliedstaaten vorbehaltenen Zuständigkeitsbereiches (...), und [verstoßen] gegen den in der Verordnung 804/68/EWG insbesondere in Artikel 3 aufgestellten Grundsatz (...), dass für die von den Gemeinschaftserzeugern verkaufte Milch ein Erzeugerrichtpreis angestrebt wird."

660 *EuGH* 26.09.2000, Rs. C-22/99 (*Cristoforo Bertinetto/Biraghi SpA*) Slg. 2000, I-7629.

661 Verordnung (EWG) Nr. 804/68 des Rates vom 27.06.1968 über die gemeinsame Marktorganisation für Milch und Milcherzeugnisse, ABl. EG 1968 L 148/13.

662 *Pretore di Pinerolo*, Ordinanza del 15.01.1999, 61/99 RG 458/97 C.

663 *EuGH, Cristoforo Bertinetto/Biraghi SpA* (Fn. 660) 7629, RdNr. 17.

(b) Kaufsache

Umgekehrt bedeuten die vorstehenden Äußerungen zur Kaufpreisrichtlinie, dass auch die Kaufsache bestimmt sein muss. Von diesem Erfordernis geht die Verbrauchsgüterkaufrichtlinie aus, die bestimmt: „Der Verkäufer ist verpflichtet, dem Verbraucher dem Kaufvertrag gemäße Güter zu liefern."[664] In den Begründungserwägungen der Verbrauchsgüterkaufrichtlinie findet sich die Feststellung, dass die Rechtsvorschriften der Mitgliedstaaten über den Kauf von Verbrauchsgütern Unterschiede aufweisen[665], dass es sich aber bei der Vertragsmäßigkeit der Lieferung um einen allgemeinen Rechtsgrundsatz handelt, der in allen Mitgliedstaaten gleichermaßen anerkannt ist[666]. Zu diesem Rechtsgrundsatz hat der EuGH in seiner Rechtsprechung bislang noch nicht ausdrücklich Stellung bezogen. Er scheint von dem Erfordernis stillschweigend auszugehen, wie zum Beispiel das Urteil im Verfahren *Handte*[667] zeigt: In Frage stand ein Kaufvertrag der *TMCS* über zwei Metallpoliermaschinen vor dem Hintergrund von Art. 5 Nr. 1 EuGVÜ. In diese Metallpoliermaschinen wurden Absaugsysteme der Beklagten eingebaut, die – nach Ansicht von *TMCS*, der Klägerin des Ausgangsverfahrens – nicht gängigen Standards entsprachen. Erstinstanzlich wurde *Handte* zur Zahlung von Schadensersatz verpflichtet[668]. Die Berufung vor der französischen Cour d'appel wurde zurückgewiesen[669]. Daraufhin brachte *Handte* das Verfahren vor die französische Cour de cassation, die den Gerichtshof um Vorabentscheidung darüber ersuchte, ob es sich um Ansprüche aus einem Vertrag nach Art. 5 Nr. 1 EuGVÜ handelte oder um Schadensersatzansprüche nach Art. 5 Nr. 3 EuGVÜ[670]. Generalanwalt *Jacobs* führte im Rahmen seiner Schlussanträge aus, dass es sich bei dem Erzeugnis um ein ganz bestimmtes handelt[671]. Weiter schlussfolgerte er[672]:

> „Die ‚vertragliche' Bindung zwischen den Parteien besteht in zwei oder mehr getrennten Verträgen, die selbstverständlich sehr unterschiedliche Klauseln einschließlich solcher über die Regelung von Kompetenzkonflikten enthalten können und möglicherwei-

---

664 Art. 2 Abs. 1 Verbrauchsgüterkaufrichtlinie.

665 Erwägungsgrund 3 der Verbrauchsgüterkaufrichtlinie.

666 Erwägungsgrund 7 der Verbrauchsgüterkaufrichtlinie.

667 *EuGH* 17.06.1992, Rs. C-26/91 (*Handte/Traitments mecano-chimiques des surfaces*) Slg. 1992, I-3967; vgl. auch oben, Fn. 416.

668 *Tribunal de grande instance de Bonneville*, jugement du 04.05.1988 (2177/87).

669 *Cour d'appel de Chambéry*, arrêt du 20.03.1989 (733.88).

670 *Cour de Cassation*, 1re chambre civile, arrêt du 08.01.1991 (56 89-14.179); hierzu Bulletin d'information de la Cour de Cassation 1991 n° 320, p. 17.

671 *EuGH, Handte/Traitments mecano-chimiques des surfaces* (Fn. 667) 3967, RdNr. 29 der Schlussanträge.

672 *EuGH, Handte/Traitments mecano-chimiques des surfaces* (Fn. 667) 3967, RdNr. 34 der Schlussanträge.

> se nach verschiedenen Rechten zu beurteilen sind. Dies scheint mir in erheblichem Maße einer Qualifizierung der unmittelbaren Klage des späteren Erwerbers als Klage aus Vertrag entgegenzustehen, da es schwierig sein dürfte, genau zu bestimmen, welche vertraglichen Verpflichtungen dem Hersteller gegenüber dem späteren Erwerber oblagen. (...) In vielen solcher Fälle wird unvermeidlich die Frage auftauchen: „Welche Verpflichtung?“ Handelt es sich um die Verpflichtung des Herstellers gegenüber seinem Käufer, oder um die Verpflichtung dieses Käufers – oder eines späteren Käufers – gegenüber dem späteren Erwerber?“

Bei der Beurteilung des Falles geht Generalanwalt *Jacobs* davon aus, dass sich im zur Entscheidung vorgelegten Fall die Einordnung unter Art. 5 Nr. 1 EuGVÜ an der Bereitschaft der französischen Gerichte zeige, Bonneville als Erfüllungsort für die in Rede stehende Verpflichtung anzusehen, offenbar ohne festzustellen, welche genaue Verpflichtung *Handte Deutschland* gegenüber *TMCS* oblag und nach welchem Recht diese Verpflichtung zu beurteilen war[673]. Diesen Erwägungen liegt der Gedanke zugrunde, dass die Verpflichtungen zwischen den Parteien genau festgelegt sein müssen.

(c) Sonderfall: Kauf beweglicher Sachen auf Abzahlung

In der Rechtssache *Bertrand*[674] hatte der EuGH zur Definition des Begriffs des „Kaufs beweglicher Sachen auf Teilzahlung“ in Art. 13 Nr. 1 EuGVÜ Stellung zu nehmen. Die Richter nahmen zur Beantwortung der Vorlage eine rechtsvergleichende Betrachtung des Begriffs vor[675]. Als Ergebnis dieses Rechtsvergleichs stellten sie fest, dass es in den Mitgliedstaaten zur Herausbildung unterschiedlicher Regelungen gekommen war. Es ergab sich damit die Notwendigkeit, zur Beseitigung von Behinderungen im Rechtsverkehr und bei der Erledigung von Rechtsstreitigkeiten in Zusammenhang mit den innergemeinschaftlichen Beziehungen den Begriff aus dem gemeinsamen Kern der nationalen Rechte heraus eigenständig zu definieren und ihm einen einheitlichen materiellen Gehalt zu geben[676]. Das Ergebnis formuliert der EuGH im Urteil wie folgt[677]:

> „Nach den Rechtsordnungen der Mitgliedstaaten gemeinsamen Regeln ist unter dem Kauf von beweglichen Sachen auf Teilzahlung ein Kaufgeschäft zu verstehen, bei dem

---

673 *EuGH, Handte/Traitments mecano-chimiques des surfaces* (Fn. 667) 3967, RdNr. 35 der Schlussanträge.

674 *EuGH* 21.06.1978, Rs. 150/77 (*Société Bertrand/Paul Ott KG*) Slg. 1978, 1431; zum Sachverhalt vgl. oben, S. 57.

675 *EuGH, Société Bertrand/Paul Ott KG* (Fn. 674) 1431, RdNr. 12/16.

676 *EuGH, Société Bertrand/Paul Ott KG* (Fn. 674) 1431, RdNr. 12/16.

677 *EuGH, Société Bertrand/Paul Ott KG* (Fn. 674) 1431, RdNr. 19/22.

der Kaufpreis in mehreren Teilzahlungen geleistet wird oder das mit einem Finanzierungsvertrag verbunden ist."

Diese Entscheidung zeigt – wie beispielsweise auch die vom EuGH in der Rechtssache *Handte* vorgenommenen Definition des Vertrages in Art. 5 EuGVÜ –, dass der Gerichtshof Begriffe des EuGVÜ mit einem materiellen Gehalt belegt. Damit schafft er eine Schnittstelle zwischen dem EuGVÜ als formellem Recht auf der einen und dem überwiegend durch Richtlinien geprägten verbraucherschützenden Vertragsrecht auf der anderen Seite. Zum Inhalt der Begriffe äußerte sich der EuGH im Urteil nicht weiter.

bb) Mietvertrag

In den Rechtssachen *Commissioners of Customs & Excise/Mirror Group plc*[678] und *Commissioners of Customs & Excise/Cantor Fitzgerald International*[679] hatte sich der Gerichtshof im Rahmen eines Vorabentscheidungsverfahrens mit der Auslegung des Begriffs des Mietvertrages in Art. 13 der Sechsten Richtlinie 77/388/EWG[680] zu beschäftigen.
Hintergrund des Verfahrens war eine Reihe von Vereinbarungen, die die Firma *Mirror Group Newspapers plc.* mit der Firma *Olympia & York Company Wharf Ltd. in Liquidation* geschlossen hatte. Im Einzelnen handelte es sich um eine Hauptmietvereinbarung über fünf Stockwerke eines in London belegenen Grundstücks, eine Mietvereinbarung über diese fünf Stockwerke und eine Vereinbarung, durch die der Mirror Group die Option eingeräumt wurde, innerhalb von sechs Monaten bis zu vier weitere Stockwerke in demselben Gebäude zu mieten[681].
Nach der Hauptvereinbarung sollte die *Olympia & York Company* spätestens am 02.07.1993 der *Mirror Group* als Prestigemieter für die Annahme des Mietangebots gemäß der in der Vereinbarung im Einzelnen aufgeschlüsselten Zahlungsbedingungen „einen Anreiz von ca. 12 Mio. GBP ohne Mehrwertsteuer zahlen"[682]. Die Mietdauer für die fünf Stockwerke betrug 25 Jahre. Während der ersten fünf Jahre war kein Mietzins zu zahlen, in den darauf folgenden 20 Jahren musste der Mietzins unter der Marktmiete bleiben. Der Mietzins für die zusätzlichen Stockwerke sollte im Wesentlichen dem für die ersten fünf Stockwerke

678 *EuGH* 09.10.2001, Rs. C-409/98 (*Commissioners of Customs/Mirror Group plc.*) Slg. 2001, I-7175.
679 *EuGH* 09.10.2001, Rs. C-108/99 (*Commissioners of Customs & Excise/Cantor Fitzgerald International*) Slg. 2001, I-7257.
680 Vergleiche Fn. 657.
681 *EuGH, Commissioners of Customs/Mirror Group plc.* (Fn. 678) 7175, RdNr. 7.
682 *EuGH, Commissioners of Customs/Mirror Group plc.* (Fn. 678) 7175, RdNr. 8.

entsprechen[683]. Im Gegenzug verpflichtete sich die *Mirror Group*, die sich aus dem Mietvertrag ergebenden Pflichten zu erfüllen und fünf Stockwerke auf eigene Kosten und die anderen Stockwerke mit teilweiser finanzieller Beteiligung der *Olympia & York Company* auszubauen[684]. Die *Mirror Group* verlangte unter Berufung auf die in Art. 13 Teil B Buchstabe b der Sechsten Richtlinie für die Vermietung und Verpachtung von Grundstücken vorgesehene Steuerbefreiung die Erstattung der ungefähr 2 Mio. GBP, die sie als Mehrwertsteuer auf den Anreiz von 12 Mio. GBP entrichtet hatte. Die *Commissioners of Customs & Excise* (Verwaltung für indirekte Steuern) wies diesen Antrag jedoch zurück[685]. Daraufhin erhob die *Mirror Group* vor dem VAT and Duties Tribunal London[686] Klage. Nachdem diese teilweise erfolglos geblieben war, wurde das Verfahren in der Berufungsinstanz auf den High Court of Justice (England & Wales) übertragen. Der High Court of Justice versuchte vor allem eine Auslegung der Begriffe „Vermietung und Verpachtung von Grundstücken" in Art. 13 Teil B Buchstabe b)[687] zu erzielen. Generalanwalt *Tizzano* äußerte im Rahmen seiner Schlussanträge und unter Berufung auf das Verfahren *Lubbok Fine*[688]:

> „Der Mietvertrag ist unstreitig ein Vertrag, mit dem der Eigentümer bestimmte Rechte an der ihm gehörenden Sache, wie das Nutzungsrecht, gegen einen Mietzins einem anderen überlässt, auch wenn insofern die innerstaatlichen Rechtsordnungen kleine Unterschiede aufweisen mögen."

Aus dieser Passage geht hervor, dass der Mietvertrag *bestimmte* Rechte an einer *bestimmten* dem Eigentümer gehörenden Sache gegen Zahlung eines Mietzinses umfassen muss. Der EuGH legte den Begriff des Mietvertrages vorliegend anhand der Sechsten Richtlinie aufgrund entsprechender rechtsvergleichender Analysen aus[689]. Sie weist dabei, wie Generalanwalt *Tizzano* unter Bezugnahme auf Generalanwalt *Darmon* herausstellt, in den nationalen Rechten Unterschiede auf, die jedoch von der vorgenommenen Definition nicht betroffen werden.

---

683 *EuGH, Commissioners of Customs/Mirror Group plc.* (Fn. 678) 7175, RdNr. 10.

684 *EuGH, Commissioners of Customs/Mirror Group plc.* (Fn. 678) 7175, RdNr. 9.

685 *EuGH, Commissioners of Customs/Mirror Group plc.* (Fn. 678) 7175, RdNr. 13.

686 Für Mehrwertsteuerfragen zuständiges Gericht.

687 „Unbeschadet sonstiger Gemeinschaftsvorschriften befreien die Mitgliedstaaten unter den Bedingungen, die sie zur Gewährleistung einer korrekten und einfachen Anwendung der nachstehenden Befreiungen sowie zur Verhütung von Steuerhinterziehungen, Steuerumgehungen und etwaigen Missbräuchen festsetzen, von der Steuer: (...) b) die Vermietung und Verpachtung von Grundstücken (…)".

688 *EuGH, Commissioners of Customs/Mirror Group plc.* (Fn. 678) 7175, RdNr. 23 der Schlussanträge; *EuGH* 15.12.1993, Rs. C-63/92 (*Lubbock Fine/Commissioners of Customs & Excise*) Slg. 1993, I-6665.

689 *EuGH, Commissioners of Customs/Mirror Group plc.* (Fn. 678) 7175, RdNr. 21 ff.

Zum Begriff der Miete in Art. 16 Nr. 1 EuGVÜ hat der Gerichtshof in der Rechtssache *Sanders* entschieden, dass dieser nicht weiter ausgelegt werden darf, als dies das Ziel der Vorschrift erforderlich macht[690]. Die *ratio legis* von Art. 16 Nr. 1 EuGVÜ ist in erster Linie darin zu sehen, dass auf Mietverhältnisse, insbesondere bei Wohnraummietverträgen, in aller Regel komplizierte, durch soziale Rücksichtnahme geprägte Vorschriften anzuwenden seien, die am besten durch die Gerichte des Landes angewendet werden könnten, in denen sie Geltung haben[691]. Die in Art. 16 Nr. 1 EuGVÜ vorgesehene ausschließliche Zuständigkeit hat ihren Grund in der engen Verknüpfung der Miete mit der rechtlichen Regelung des Eigentums an unbeweglichen Sachen und mit den allgemeinen zwingenden Vorschriften, die seine Nutzung regeln, wie z.B. den Rechtsvorschriften über die Kontrolle der Miethöhe und über den Schutz der Mieter[692]. Auch in Zusammenhang mit dem EuGVÜ geht der EuGH nicht über die Aussage hinaus, dass es sich bei der Miete um eine Gebrauchsüberlassung auf Zeit handelt[693]. Weitergehende vereinheitlichende Ansätze sind nicht gegeben.

cc) Dienstleistungsvertrag

(a) Dienstleistungen

Der Begriff der „Dienstleistung“ findet sich im Gemeinschaftsprimärrecht in den Art. 49 ff. EG. Er wird durch Art. 50 EG in der Form eines Auffangtatbestandes formuliert[694]. Es handelt sich dabei um eine erwebswirtschaftlich erbrachte Leistung, soweit sie nicht den Bestimmungen über den Warenverkehr[695], den Kapitalverkehr[696] und die Freizügigkeit der Person[697] unterliegt[698]. Demnach liegt eine Dienstleistung nicht vor, wenn die Leistung in einer beweglichen Sache verkörpert ist[699]. Die Dienstleistung muss in selbständiger Tätigkeit beste-

---

690 *EuGH* 14.12.1977, Rs. 73/77 (*Sanders/van der Putte)* Slg. 1977, 2383.

691 *EuGH, Sanders/van der Putte* (Fn. 690) 2383; *EuGH* 15.01.1985 (*Erich Rösler/Horst Rottwinkel*) Slg. 1985, 99, RdNr. 10.

692 *EuGH, Erich Rösler/Horst Rottwinkel* (Fn. 691) 99, RdNr. 19.

693 *EuGH* 26.02.1992 (*Elisabeth Hacker/Euro-Relais GmbH*) Slg. 1992, I-1111; hierzu *Huff*, EuZW 1992, 219, 221; *Tagaras*, C.D.E. 1992, 681, 684 f.; *Hartley*, Eur. L. Rev. 17 (1992), 550, 552; *EuGH, Erich Rösler/Horst Rottwinkel* (Fn. 691) 99; *EuGH, Sanders/van der Putte* (Fn. 690) 2385.

694 *Geiger*, Art. 50 EG, RdNr. 1.

695 Art. 28 ff. EG.

696 Art. 56 ff. EG.

697 Art. 39 f., 43 ff. EG.

698 *Geiger*, Art. 50 EG, RdNr. 1.

699 Vergleiche *EuGH* 30.04.1974, Rs. 155/73 (*Sacchi*) Slg. 1974, 409.

hen. Art. 50 Abs. 2 EG zählt mögliche Arten der Tätigkeit beispielhaft auf: Alle gewerblichen, kaufmännischen, handwerklichen und freiberuflichen Tätigkeiten. Darunter fallen nach der Rechtsprechung auch die Ausführung von Börsentermingeschäften[700], Ausstrahlung von Fernsehsendungen[701], Übertragung durch Kabelfernsehen[702] sowie der Abschluss von Versicherungsverträgen[703]. Der Begriff der Dienstleistung wird damit vom EuGH sehr weit interpretiert[704].

(b) Gegenleistung

Die Leistung muss „in der Regel gegen Entgelt" erbracht werden, also von erwerbswirtschaftlicher Art sein[705]. Das ist beispielsweise der Fall bei Hochschulen, die im Wesentlichen aus privaten Mitteln (insbesondere durch die Studenten) finanziert werden und einen Gewinn zu erzielen suchen, nicht dagegen bei Hochschulen, die aus öffentlichen Mitteln finanziert werden[706].

dd) Werkvertrag aufgrund einer öffentlichen Ausschreibung

In der Rechtssache *Truley/Bestattung Wien* hatte der Gerichtshof sich mit Werkverträgen zu beschäftigen, mit der Besonderheit, dass diese aufgrund einer öffentlichen Ausschreibung abgeschlossen werden sollten. Der Kläger des Ausgangsverfahren macht geltend, dass ihm aufgrund seines Angebotes der Zuschlag gegenüber anderen subventionierten Bietern, die allein aufgrund dieser Subvention günstigere Preise hätten anbieten können, hätte erteilt werden müssen. Generalanwalt *Alber* äußerte hierzu[707]:

> „Das Angebot Truley habe preislich sowohl insgesamt als auch hinsichtlich der Einzelpositionen, bezüglich derer gemäß der Ausschreibung auch Einzelangebote gemacht werden durften, an vorletzter Stelle gestanden, weshalb ihr niemals der Zuschlag hätte erteilt werden können. (...) Wenn nämlich Truley der einzige Bieter gewesen ist, der in der Lage war, ein der Ausschreibung entsprechendes Angebot einzureichen, ..."

---

700 *EuGH* 24.10.1978, Rs. 15/78 (*Koestler*) Slg. 1978, 1971.

701 *EuGH* 18.03.1980, Rs. 52/80 (*Debauve*) Slg. 1980, 855.

702 *EuGH* 18.03.1980, Rs. 62/79 (*Coditel*) Slg. 1980, 881.

703 *EuGH* 04.12.1986, Rs. 205/84 (*Kommission/Bundesrepublik Deutschland*) Slg. 1986, 3755.

704 Vergleiche *EuGH* 10.05.1995, Rs. C-384/93 (*Alpine Investments*) Slg. 1995, I-1141; *EuGH* 31.01.1984, Rs. 286/82 und 26/83 (*Luisi und Carbone/Ministero del Tresoro*) Slg. 1984, 377; *Hatzopoulos*, CMLR 32 (1995), 1427, 1433.

705 *Geiger*, Art. 50 EG, RdNr. 4; Art. 43 EG, RdNr. 5.

706 *EuGH* 07.12.1993, Rs. C-109/92 (*Wirth*) Slg. 1993, I-6447.

707 *EuGH* 27.02.2003, Rs. C-373/00 (*Truley/Bestattung Wien*) Slg. 2003, I-1931, RdNr. 23, 27 der Schlussanträge.

Aufgrund der Ausschreibung der Stadt Wien mussten von den Bietern detaillierte Angebote eingehen. Diese hatten mit den Einzelpositionen und dem hierzu veranschlagten Werklohn alle wesentlichen Vertragsbestimmungen zu enthalten, so dass allein durch den Zuschlag der Stadt Wien der Werkvertrag[708] hätte zustande kommen können.

Fraglich ist, welche Bedeutung dieser Rechtsprechung für das privatrechtliche Vertragsrecht zukommt, zumal auf der einen Seite des Vertrages ein öffentlicher Auftraggeber stand. Der Begriff des öffentlichen Auftraggebers im Gemeinschaftsrecht geht über die deutsche Definition hinaus[709]. Ausreichend ist nach der gemeinschaftlichen Definition, dass dieser überwiegend durch die öffentliche Hand finanziert wird[710]. Ob in einer öffentlich-rechtlichen oder privatrechtlichen Rechtsform gehandelt wird, ist unbedeutend[711]. Die Richtlinie 89/440/EWG[712] enthält in Art. 1 b) folgende Definition: „Im Sinne dieser Richtlinie (...) gelten als ‚öffentliche Auftraggeber' der Staat, Gebietskörperschaften, Einrichtungen des öffentlichen Rechts und Verbände, die aus einer oder mehreren dieser Körperschaften oder Einrichtungen bestehen. Als Einrichtung des öffentlichen Rechts gilt jede Einrichtung, die zu dem besonderen Zweck gegründet wurde, im Allgemeininteresse liegende Aufgaben zu erfüllen, die nicht gewerblicher Art sind, und die Rechtspersönlichkeit besitzt und überwiegend vom Staat, den Gebietskörperschaften oder anderen Einrichtungen des öffentlichen Rechts finanziert wird oder hinsichtlich ihrer Leitung der Aufsicht durch letztere unterliegt oder deren Verwaltungs-, Leitungs- oder Aufsichtsorgan mehrheitlich aus Mitgliedern besteht, die vom Staat, den Gebietskörperschaften oder anderen Einrichtungen des öffentlichen Rechts ernannt worden sind."

Diese weite Fassung des öffentlichen Auftraggebers ist u.a. auch in den Vorschlag für eine Dienstleistungsrichtlinie[713] aufgenommen worden. Eine Ausweitung des Begriffs des öffentlichen Auftraggebers erwies sich vor allem auch auf den Gebieten Wasser, Energie und Verkehr von Bedeutung. Hier zeigte sich das

---

708 Was die hier vorgenommene Bezeichnung als Werkvertrag betrifft, so sei angemerkt, dass – im Gegensatz zu den anderen in dieser Arbeit im Einzelnen vorgestellten Vertragstypen, bei denen die Begrifflichkeit des Gerichtshofes in diese Arbeit übernommen wurde – im Urteil nicht der Begriff des Werkvertrages verwendet wird.

709 Vergleiche hierzu *Corte/Hesselmann*, Öffentliches Auftragswesen in der EG, S. 9 ff.; *Grundmann*, Europäisches Vertragsrecht, S. 1067, RdNr. 26 ff.

710 *Corte/Hesselmann*, Öffentliches Auftragswesen in der EG, S. 10.

711 *Schumacher*, Rechtsschutz im öffentlichen Auftragswesen, S. 22.

712 Richtlinie des Rates vom 18.07.1989 zur Änderung der Richtlinie 71/305/EWG über die Koordination der Verfahren zur Vergabe öffentlicher Bauaufträge (89/440/EWG), ABl. EG 1989 L 210/1.

713 Vergleiche Art. 1 Nr. 5 des Vorschlags für eine Richtlinie des Europäischen Parlaments und des Rates über die Koordinierung der Verfahren zu Vergabe öffentlicher Lieferaufträge, Dienstleistungsaufträge und Bauaufträge, KOM (2000) 275, edngültig/2; ABl. EG 2001 C 29/11.

Erfordernis, den Begriff des Auftraggebers so zu entwickeln, dass „das Problem des Auftragswesens in einer Weise anspricht, die über die Entscheidung zwischen öffentlich und privat hinausgeht und es ermöglicht, im Wesentlichen die gleichen Verhältnisse ungeachtet ihrer Unterschiede in der Rechtsform in gleicher Weise zu regeln“[714]. Diese Nivellierung zwischen öffentlichem und privatem Recht ermöglicht es, Äußerungen des Gerichtshofs in diesem Bereich zu Fragen des allgemeinen Vertragsrechts auf das Privatrecht anzuwenden.

ee) Verbraucherkreditvertrag

Ein Verbraucherkreditvertrag war Vorlagegegenstand im Verfahren *Berliner Kindl/Siepert*[715], in dem das Landgericht Potsdam den Gerichtshof um Auslegung der Verbraucherkreditrichtlinie ersuchte[716]. In ihrem ursprünglichen Vorschlag zur Verbraucherkreditrichtlinie hatte die Kommission angeregt, dass der Kreditvertrag die wesentlichen Vertragsbedingungen und mindestens Angaben über etwaige Sicherheiten enthalten solle[717]. Im Rahmen seines Urteils in der Rechtssache *Berliner Kindl* stellte der Gerichtshof zunächst mit Blick auf die Systematik der Verbraucherkreditrichtlinie fest, dass nach Art. 4 Abs. 3 für den schriftlich abzuschließenden Kreditvertrag die wesentlichen Vertragsbestimmungen anzugeben sind[718]. Deren Aufnahme in den Kreditvertrag solle sicherstellen, dass die Parteien dieses Vertrages sich umfassende Klarheit über die Modalitäten verschaffen können, von denen der Abschluss des Vertrages abhängt. Dass dem Kreditnehmer nach Art. 4 der Richtlinie bei Vertragsschluss alle Angaben zur Verfügung stehen müssen, die Auswirkungen auf den Umfang seiner Verpflichtung haben können, wozu auch die Sicherheiten gehören, hat somit den Zweck, den Verbraucher gegen unbillige Kreditbedingungen zu schützen. Er soll umfassend über die Einzelheiten der Vertragserfüllung ins Bild gesetzt werden[719].

Die Vorschrift trägt der Praxis des heutigen Verbraucherkreditgeschäftes Rechnung, dass den Verbrauchern ein vorgedruckter Standardvertrag zur Unterzeichnung vorgelegt wird, der die Vertragsbestimmungen enthält – und nach der Richtlinie und der entsprechenden Rechtsprechung auch enthalten muss. In die

714 BT-Drucks. 11/3888: Vorschlag für eine Richtlinie betreffend die Auftragsvergabe durch Auftraggeber im Bereich der Wasser-, Energie- und Verkehrsversorgung.

715 *EuGH* 23.03.2000, Rs. C-208/98 (*Berliner Kindl/Siepert*) Slg 2000, I-1741.

716 *Landgericht Potsdam*, Vorlagebeschluss vom 27.04.1998 (12 O 20/97); herzu: DB 1998, 1226 f.; NJW 1998, 2552; EuZW 1998, 446 f.

717 Art. 6 Abs. 2 a) vii) des Vorschlags für eine Richtlinie des Rates zur Angleichung der Rechts- und Verwaltungsvorschriften der Mitgliedstaaten über den Verbraucherkredit, ABl. EG 1979 C 80/4.

718 *EuGH, Berliner Kindl/Siepert* (Fn. 715) 1741, RdNr. 19.

719 *EuGH, Berliner Kindl/Siepert* (Fn. 715) 1741, RdNr. 20.

formalen Kategorien des Mechanismus des Vertragsschlusses eingeordnet bedeutet dies, dass die Vorlage des schriftlichen Kreditvertrages sich als Angebot an den Kunden zu den hierin genannten Bedingungen darstellt, die er durch seine bloße Unterschrift der notwendig schriftlichen Unterlagen zu den genannten Bedingungen annehmen kann. Nach Art. 2 der Verbraucherkreditrichtlinie sind dabei zwingend anzugeben: der effektive Jahreszins, die Bedingungen, unter denen der effektive Jahreszins geändert werden kann sowie eine Aufstellung des Betrags, der Anzahl und der zeitlichen Abstände der Zahlungen, die der Verbraucher zur Tilgung des Kredits und Entrichtung der Zinsen und sonstigen Kosten vornehmen muss; ferner ist der Gesamtbetrag dieser Zahlungen anzugeben, soweit dies möglich ist. Bereits diese Anforderungen an den Vertragsinhalt in der Verbraucherkreditrichtlinie belegen, dass dem Verbraucher ein bestimmtes Angebot eines Kreditvertrages vorliegen muss, das durch die bloße Unterschrift des Verbrauchers den Vertrag zwischen den Parteien zustande bringen kann. Belegt wird dies auch durch das Urteil im Verfahren *Heininger/Bayerische Hypo- und Vereinsbank AG*[720]. Die Klägerin des Verfahrens, die zur Finanzierung einer Eigentumswohnung einen Darlehensbetrag in sechsstelliger Höhe bei der beklagten Bank aufgenommen hatte, wollte dieses Darlehen nach Art. 4 Haustürwiderrufsrichtlinie widerrufen. Der Gerichtshof wies in der Entscheidung darauf hin, dass die Haustürwiderrufsrichtlinie für jeden Vertrag gilt, der in einer von der Richtlinie avisierten Situation geschlossen wird[721]. In Bezug auf den von der Klägerin geschlossenen Verbraucherkreditvertrag[722] wurde explizit auf das Vorliegen der entsprechenden „Tatbestandsvoraussetzungen" Bezug genommen[723]. Der EuGH äußerte im Rahmen seiner Begründungserwägungen[724]:

> „Für Verbraucher, die mit der Haustürgeschäfterichtlinie geschützt werden sollen, und für die Darlehensgeber liegt der Gegenstand eines Kreditvertrags der im Ausgangsverfahren fraglichen Art nämlich in der Überlassung von Kapital, verbunden mit der Verpflichtung der Gegenseite zur Rückerstattung und zur Zahlung von Zinsen."

720 *EuGH* 13.12.2001, Rs. C-481/99 (*Heininger/Bayerische Hypo- und Vereinsbank AG*) Slg. 2001, I-9945; hierzu *Reich/Rörig*, EuZW 2002, 84, 87 ff.

721 *EuGH, Heininger/Bayerische Hypo- und Vereinsbank* (Fn. 720) 9945, RdNr. 27; unter Berufung auf die französische Sprachfassung der Richtlinie („aux contrats conclus") *Bernardeau*, La semaine juridique 2002, I 168, 1721.

722 Im Urteil ist die Rede von einem „Realkreditvertrag"; *Hochleitner/Wolf/Großerichter*, WM 2002, 529, 530, schließen von dieser Situation „ganz offenkundig" auf Verbraucherkreditverträge im Allgemeinen; *Bernardeau*, La semaine juridique 2002, I 168, 1721.

723 *EuGH, Heininger/Bayerische Hypo- und Vereinsbank* (Fn. 720) 9945, RdNr. 25.

724 *EuGH, Heininger/bayerische Hypo- und Vereinsbank* (Fn. 720) 9945, RdNr. 33.

ff) Bürgschaftsvertrag

Der Begriff der Bürgschaft war bislang in über 250 Rechtssachen Gegenstand der Rechtsprechung von EuGH und EuG. Ausführlich hat sich der Gerichtshof hiermit in den Verfahren *Dietzinger*[725], *Berliner Kindl*[726] und *Préservatrice foncière TIARD SA/Staat der Niederlanden*[727] befasst. Die erste Entscheidung betraf die Einordnung in die Haustürwiderrufsrichtlinie, die zweite diejenige in die Verbraucherkreditrichtlinie, die zuletzt genannte die Subsumtion unter das EuGVÜ.

(a) Haustürwiderrufsrichtlinie

Die Rechtssache *Dietzinger* betraf die Frage, ob die Haustürwiderrufsrichtlinie auf eine zwischen einem Verbraucher und einer Bank abgeschlossenen Bürgschaftsvertrag Anwendung findet[728]. Der Rechtssache lag folgender Sachverhalt zugrunde: Der Vater des Beklagten betrieb ein Bauunternehmen, für das die Klägerin u.a. einen Kontokorrentkredit eingeräumt hatte. Durch schriftliche Erklärung vom 11.09.1992 übernahm der Beklagte die selbstschuldnerische Bürgschaft für die Verbindlichkeiten seiner Eltern gegenüber der Klägerin bis zum Höchstbetrag von 100.000,00 DM. Zum Abschluss des Bürgschaftsvertrages kam es im Hause der Eltern des Beklagten, die ein Angestellter der Klägerin nach telefonischer Absprache mit der Mutter des Beklagten aufgesucht hatte. Über ein Widerrufsrecht wurde der Beklagte nicht belehrt. Im Mai 1993 kündigte die Klägerin alle den Eltern des Beklagten eingeräumten Kredite, die sich damals auf mehr als 1.600.000,00 DM beliefen. Außerdem nahm sie den Beklagten auf Zahlung eines Teilbetrages von 50.000,00 DM aus der Bürgschaft in Anspruch. Dieser widerrief die Bürgschaftserklärung mit der Begründung, er sei nicht über sein Widerrufsrecht belehrt worden[729].
Die deutsche, die belgische, die französische und die finnische Regierung waren der Auffassung, dass der Bürgschaftsvertrag deshalb nicht in den Anwendungsbereich der Richtlinie falle, weil er kein Vertrag i.S.v. Art. 1 Haustürwiderrufsrichtlinie sei. Art. 1 bestimmt, dass der Vertrag „zwischen einem Gewerbetrei-

725 *EuGH* 17.03.1998, Rs. C-45/96 (*Bayerische Hypotheken- und Wechselbank AG/Edgard Dietzinger*) Slg. 1998, I-1199.

726 *EuGH* 23.03.2000, Rs. C-208/98 (*Berliner Kindl Brauerei AG/Andreas Siepert*) Slg. 2000, I-1741.

727 *EuGH* 15.05.2003, Rs. C-266/01 (*Préservatrice foncière TIARD SA/Staat der Niederlanden*) Slg. 2003, I-4867.

728 *EuGH, Bayerische Hypotheken- und Wechselbank AG/Edgard Dietzinger* (Fn. 725) 1199, RdNr. 2, 11.

729 *EuGH, Bayerische Hypotheken- und Wechselbank AG/Edgard Dietzinger* (Fn. 725) 1199, RdNr. 8.

benden, der Waren liefert oder Dienstleistungen erbringt, und einem Verbraucher geschlossen wird". Dieser Passus setze voraus, dass der Gewerbetreibende dem Verbraucher, der sich auf die Haustürwiderrufsrichtlinie beruft, eine Ware liefert oder eine Dienstleistung erbringt; es reiche nicht aus, dass der Gewerbetreibende für gewöhnlich Waren verkaufe oder Dienstleistungen erbringe. Das ergebe sich besonders klar aus der englischen Fassung[730]. In einem Fall wie dem vorliegenden stehe der vom Bürgen eingegangenen Verpflichtung keine Gegenleistung gegenüber, da der Bürge von dem Gewerbetreibenden als Gläubiger weder Waren noch Dienstleistungen erhalte[731]. Die Kommission hatte demgegenüber betont, dass ein Bürgschaftsvertrag selbst als Vertrag im Sinne von Art. 1 der Haustürwiderrufsrichtlinie zu qualifizieren sei, der für jeden Vertrag zwischen einer natürlichen Person und einem Gewerbetreibenden gelte[732]. Soweit ging der Gerichtshof in seinem Urteil nicht, der hierzu wie folgt urteilte[733]:

> „Für die Frage, ob ein Bürgschaftsvertrag zur Absicherung der Erfüllung eines Kreditvertrages durch den Hauptschuldner unter die Richtlinie 85/577 fallen kann, ist von Belang, dass der Geltungsbereich der Richtlinie, von den Ausnahmen in Artikel 3 Absatz 2 abgesehen, nicht nach der Art der Waren oder Dienstleistungen beschränkt ist, die Gegenstand des Vertrages sind. Die Gewährung eines Kredits stellt eine Dienstleistung dar; der Bürgschaftsvertrag ist nur akzessorisch und in der Praxis sehr oft Voraussetzung des Hauptvertrages. (...) Zwischen dem Kreditvertrag und der seine Erfüllung absichernden Bürgschaft besteht ein enger Zusammenhang, wobei derjenige, der sich verpflichtet, für die Rückzahlung einer Schuld einzustehen, Selbstschuldner oder Ausfallbürge sein kann. Daher kann die Bürgschaft grundsätzlich unter die Richtlinie fallen."

Dieses Ergebnis schränkte der Gerichtshof weiter ein, indem er aus dem Wortlaut von Art. 1 der Richtlinie und dem akzessorischen Charakter der Bürgschaft folgert, dass unter die Richtlinie nur die Bürgschaft für eine Verbindlichkeit fallen kann, die ein Verbraucher im Rahmen eines Haustürgeschäftes gegenüber einem Gewerbetreibenden als Gegenleistung für Waren oder Dienstleistungen eingegangen ist[734]. Die Richtlinie soll nur die Verbraucher schützen. Sie erfasst damit nur einen Bürgen, der sich gemäß Art. 2 erster Gedankenstrich der Richtlinie zu einem nicht berufs- oder gewerbebezogenen Zweck verpflichtet hat.
Dieses für das Gemeinschaftsprivatrecht bedeutsame Urteil des EuGH wurde in der Literatur als „eine der ersten grundlegenden Entscheidungen zum Europäi-

730 „to contracts under which a trader supplies goods or services to a consumer".
731 *EuGH, Bayerische Hypotheken- und Wechselbank AG/Edgard Dietzinger* (Fn. 725) 1199, RdNr. 15.
732 *EuGH, Bayerische Hypotheken- und Wechselbank AG/Edgard Dietzinger* (Fn. 725) 1199, RdNr. 12 – 14.
733 *EuGH, Bayerische Hypotheken- und Wechselbank AG/Edgard Dietzinger* (Fn. 725) 1199, RdNr. 18, 20.
734 *EuGH, Bayerische Hypotheken- und Wechselbank AG/Edgard Dietzinger* (Fn. 725) 1199, RdNr. 22.

schen Privatrecht" tituliert[735]. Der EuGH nimmt hierin umfassend zur Rechtsnatur der Bürgschaft und ihrer Einordnung im Rahmen der Haustürwiderrufsrichtlinie Stellung. Seine Betrachtung über die Rechtsnatur der Bürgschaft ist nicht auf eine nationale Rechtsordnung bezogen. Mit der Bürgschaft steht der Bürge für eine Verbindlichkeit ein. Es handelt sich um einen einseitig verpflichtenden Vertrag, den der Bürge mit dem Gläubiger des Hauptschuldners abschließt. Die Bürgschaft ist dadurch bestimmt, dass sie akzessorisch an die bestehende Hauptverbindlichkeit anknüpft und ihrer Absicherung dient. Aufgrund der Akzessorietät der Bürgschaft gegenüber der Hauptschuld ist es erforderlich, dass eine solche Hauptschuld tatsächlich besteht[736].

An diesem Punkt setzt die Kritik, die das Urteil in der Literatur erfahren hat, an: Voraussetzung der Einbeziehung einer Bürgschaft in den Anwendungsbereich der Richtlinie ist, dass sich ein Verbraucher für eine Hauptschuld verbürgt, die durch den Hauptschuldner ebenfalls als Verbraucher eingegangen worden ist. Ein Bürge, der sich zugunsten eines Hauptschuldners, der einen Kredit als Geschäftskredit aufgenommen hat, verbürgt, wird selbst dann nicht geschützt, wenn er selbst Verbraucher ist. Dieses Ergebnis deckt sich nicht mit dem Schutzziel der Richtlinie, das gerade darin besteht, der überraschten und unerfahrenen Partei Beistand zu leisten[737]. Die Bürgschaft wird vom EuGH nicht „aus eigenem Recht", sondern wegen ihrer Akzessorietät zur Hauptschuld eingeordnet[738]. Er durchbricht damit die von ihm aufgestellte Einzelbetrachtung zugunsten einer Gesamtbetrachtung. Der Entscheidung wird aus diesem Grunde vorgeworfen, verfehlt zu sein: Der Bürge werde in seiner Eigenschaft als Verbraucher an den Konsum des Hauptschuldners zurückgebunden, was dem situationsbezogenen Verbraucherbegriff[739] widerspreche[740]. Aber auch wenn der EuGH sich damit in Widersprüchen verfangen haben mag, enthält die Entscheidung gleichwohl eine eindrückliche Stellungnahme zu den Voraussetzungen des Abschlusses eines Bürgschaftsvertrags im Gemeinschaftsrecht.

(b) Verbraucherkreditrichtlinie

Im Verfahren *Berliner Kindl/Siepert*[741] hatte sich der EuGH mit der Frage zu beschäftigen, ob ein Bürgschaftsvertrag, der zur Absicherung eines Darlehens in Form des Verbraucherkredits diente, unter die Verbraucherkreditrichtlinie fällt.

---

735 *Drexl*, JZ 1998, 1046, 1058.

736 *Lorenz*, NJW 1998, 2937, 2938.

737 *Lorenz*, NJW 1998, 2937, 2938.

738 *Lorenz*, NJW 1998, 2937, 2939.

739 Vergleiche oben, v.a. C.II.1.b)hh), S. 66 ff.

740 *Drexl*, JZ 1998, 1046, 1055.

741 *EuGH* 23.03.2000, Rs. C-208/98 (*Berliner Kindl Brauerei AG/Andreas Siepert*) Slg. 2000, I-1741; hierzu auch: *Ranieri*, Europäisches Obligationenrecht, S. 493 ff.

Das Verfahren betraf die Differenzierung zwischen Haustürwiderrufsrichtlinie und Verbraucherkreditrichtlinie.
Zur Rechtsnatur der Bürgschaft vor dem Hintergrund der Verbraucherkreditrichtlinie äußerte sich Generalanwalt *Léger* in seinen Schlussanträgen dahin gehend, dass die Bürgschaft tatsächlich eine persönliche Sicherheit darstellt[742]: Es handele sich um einen Vertrag, durch den sich eine Person sicherungshalber gegenüber dem Gläubiger verpflichtet, die Verpflichtung des Hauptschuldners zu erfüllen, falls dieser ihr nicht selbst nachkommt[743]. Die Bürgschaft ist somit weder ein Darlehen noch ein Zahlungsaufschub noch eine sonstige ähnliche Finanzierungshilfe im Sinne der Richtlinie.
Im Gegensatz zur Entscheidung in der Rechtssache *Dietzinger* ließen die Richter in Bezug auf die Verbraucherkreditrichtlinie die bloße Akzessorietät der Bürgschaft zum zugrunde liegenden Verbraucherkredit nicht ausreichen, um sie in den Anwendungsbereich der Richtlinie einzubeziehen[744]:

> „Zudem kann sich der Geltungsbereich der Richtlinie nicht allein wegen der Akzessorietät der Bürgschaft gegenüber der Hauptverpflichtung, deren Erfüllung sie absichert, auf Bürgschaftsverträge erstrecken, da eine solche Auslegung weder (...) im Wortlaut dieser Richtlinie noch in ihrer Systematik oder in ihren Zielen eine Grundlage findet."

Die Richter kamen in dem Verfahren zu dem Ergebnis, dass eine Bürgschaft nicht unter die Verbraucherkreditrichtlinie fällt. Was die Beurteilung der Bürgschaft an sich betrifft, so unterscheidet sich die Definition nicht von derjenigen in der Rechtssache *Dietzinger*. Im Gegensatz zu jenem Verfahren findet die Entscheidung im Verfahren *Berliner Kindl* die breite Zustimmung der Literatur[745]. Was das Verhältnis der Richtlinien zueinander betrifft, so bestätigt sich hierdurch die Betrachtungsweise des EuGH, die sich so auch schon bei der Übertragbarkeit des Begriffs des Verbrauchers bzw. Unternehmers dargestellt hat[746].

---

742 *EuGH, Berliner Kindl Brauerei AG/Andreas Siepert* (Fn. 741) 1741, RdNr. 36 der Schlussanträge.

743 *EuGH, Berliner Kindl Brauerei AG/Andreas Siepert* (Fn. 741) 1741, RdNr. 36 der Schlussanträge, unter Bezugnahme auf: *Cornu*, Vocabulaire juridique, S. 125.

744 *EuGH, Berliner Kindl Brauerei AG/Andreas Siepert* (Fn. 741) 1741, RdNr. 26 ff.

745 Vergleiche *Ulmer*, JZ 2000, 780, 781; *Edelmann*, RIW 2000, 460, 461; *Rosenfeld*, EuZW 2000, 339, 341; *Herr/Fliege*, EWS 2001, 23, 26; *Piekenbrock/Schulze*, WM 2002, 521 ff.; *Hochleitner/Wolf/Großerichter*, WM 2002, 529 ff.

746 Vergleiche oben, S. 65.

(c) EuGVÜ/EuGVO

Das Verfahren *Préservatrice foncière TIARD SA/Staat der Niederlanden*[747] betraf die Frage, ob eine Klage, die der Staat aufgrund eines privatrechtlichen Bürgschaftsvertrags erhebt, den er in Erfüllung einer von ihm aufgrund von Art. 6 Abs. 1 des TIR-Übereinkommens von 1975[748] und daher in Ausübung einer hoheitlichen Befugnis gestellten Bedingung geschlossen hat, als Zivil- oder Handelssache i.S.v. Art. 1 EuGVÜ[749] zu betrachten ist. Der Gerichtshof führte in seinem Urteil aus, dass entsprechend der ständigen Rechtsprechung der Begriff der Zivil- und Handelssache in Art. 1 EuGVÜ autonom auszulegen ist. Dazu müssten die Zielsetzungen und die Systematik des Übereinkommens sowie die allgemeinen Rechtsgrundsätze, die sich aus der Gesamtheit der innerstaatlichen Rechtsordnungen ergeben, berücksichtigt werden[750]. Nach den allgemeinen Rechtsgrundsätzen, die sich aus den Rechtssystemen der Vertragsstaaten ergeben, handelt es sich, wie der EuGH in seinem Urteil feststellt, bei einem Bürgschaftsvertrag um ein Dreiecksverhältnis, in dem der Bürge sich gegenüber dem Gläubiger verpflichtet, die vom Hauptschuldner eingegangenen Verpflichtungen zu erfüllen, sofern dieser sie nicht selbst erfüllt[751]. Ein solcher Vertrag begründet für den Bürgen eine neue Verpflichtung, nämlich für die Erfüllung der Hauptpflicht, die dem Schuldner obliegt, einzustehen. Der Bürge tritt nicht an die Stelle des Schuldners, sondern steht lediglich für die Zahlung von dessen Schuld ein, entsprechend den im Bürgschaftsvertrag aufgestellten oder gesetzlich vorgesehenen Bedingungen[752]. Die so begründete Verpflichtung hat akzessorischen Charakter in dem Sinne, dass der Bürge vom Gläubiger in Anspruch genommen werden kann, wenn die Hauptschuld fällig ist, und dass die vom Bürgen übernommene Verpflichtung nicht über diejenige des Hauptschuldners hinausgehen

---

747 *EuGH* 15.05.2003, Rs. C-266/01 (*Préservatrice foncière TIARD SA/Staat der Niederlanden*) Slg. 2003, I-4867.

748 Zollübereinkommen über den internationalen Warentransport mit Carnets TIR vom 14.11.1975; Genehmigung in der Europäischen Gemeinschaft durch Verordnung 2112/78/EWG vom 25.07.1978, ABl. EG 1978 L 252/1.

749 Entsprechend Art. 1 EuGVO.

750 *EuGH, Préservatrice foncière TIARD SA/Staat der Niederlanden* (Fn. 747) noch nicht in der amtlichen Sammlung veröffentlicht, RdNr. 16, 20; *EuGH*, 14.11.2002, Rs. C-271/00 (*Baten*) Slg. 2002, I-10489, RdNr. 28; *EuGH* 21.04.1993, Rs. C-172/91 (*Sonntag*) Slg. 1993, I-1963, RdNr. 18; *EuGH* 16.12.1980, Rs. 814/79 (*Rüffer*) Slg. 1980, 3807, RdNr. 7; *EuGH* 22.02.1979, Rs. 133/78 (*Gourdain*) Slg. 1979, 733, RdNr. 3; *EuGH* 14.10.1976, Rs. 29/76 (*LTU*) Slg. 1976, 1541, RdNr. 3.

751 *EuGH, Préservatrice foncière TIARD SA/Staat der Niederlanden* (Fn. 747) noch nicht in der amtlichen Sammlung veröffentlicht, RdNr. 27.

752 *EuGH, Préservatrice foncière TIARD SA/Staat der Niederlanden* (Fn. 747) noch nicht in der amtlichen Sammlung veröffentlicht, RdNr. 28.

kann[753]. Diese Akzessorietät bedeutet jedoch nicht, dass die rechtliche Regelung, die für die vom Bürgen übernommene Verpflichtung gilt, in jeder Hinsicht mit der für die Hauptverpflichtung geltenden rechtlichen Regelung identisch sein muss[754].

Der Gerichtshof hat im Urteil in der Rechtssache *Préservatrice foncière TIARD SA/Staat der Niederlanden* eine autonome Definition der Bürgschaft anhand der allgemeinen Rechtsgrundsätze der Mitgliedstaaten vorgenommen. Vor dieser Qualifikation hat er im Urteil darauf aufmerksam gemacht, dass die Frage, ob eine Gesamtschuldvereinbarung den Charakter des Bürgschaftsvertrages verändert oder lediglich einige seiner Wirkungen ändert, nach nationalem Recht zu beurteilen ist[755]. Damit besteht eine klare Trennung zwischen der Beurteilung von nationalem Recht und *acquis communautaire*. Der Verweis auf die Entscheidung in der Rechtssache *Berliner Kindl* stellt das Ergebnis dabei in einen gewissen Gesamtzusammenhang, obgleich der Gerichtshof sich in dieser Entscheidung aus dem Jahr 2000 noch nicht explizit auf die allgemeinen Rechtsgrundsätze berufen hatte.

c) Wirksamkeit eines Angebots

aa) Bindung des Anbietenden an das Vertragsangebot

Während sich bei rechtsvergleichender Auslegung in den nationalen Rechten der Mitgliedstaaten ein Konsens über die wesentlichen Elemente des Vertragsschlussmechanismus finden lässt, bestehen bezüglich der Bindung des Anbietenden an ein von ihm abgegebenes Vertragsangebot nationale Besonderheiten[756], die sich keinem Konsens zuführen lasen. Fraglich ist, ob der EuGH in diesen Fällen eine Rechtsprechungslinie findet, die allen Mitgliedstaaten gleichermaßen gerecht wird.

Gegenstand der Untersuchung sollen vor diesem Hintergrund im Folgenden zum einen Fragen der Bindungswirkung von Vertragsangeboten sein, zum zweiten der Widerruf eines wirksam abgegebenen Vertragsangebotes und zuletzt die Aufforderung zur Abgabe eines Vertragsangebotes.

---

753 *EuGH, Préservatrice foncière TIARD SA/Staat der Niederlanden* (Fn. 747) noch nicht in der amtlichen Sammlung veröffentlicht, RdNr. 29.

754 Hier beruft sich der Gerichtshof auf *EuGH* 23.03.2000, Rs. C-208/98 (*Berliner Kindl*) Slg. 2000, I-1741.

755 *EuGH, Préservatrice foncière TIARD SA/Staat der Niederlanden* (Fn. 747) noch nicht in der amtlichen Sammlung veröffentlicht, RdNr. 25.

756 Vergleiche Übersicht in: *Grabitz/Hilf/Micklitz*, Nach A 2, RdNr. 63; *Zweigert/Kötz*, Einführung in die Rechtsvergleichung, S. 350 ff.

(a) Bindungswirkung des Vertragsangebots

Fraglich ist, ob der Anbietende, nachdem er ein Angebot abgegeben hat, an dieses rechtlich gebunden ist, und ob der Vertrag zwischen Anbietendem und Annehmendem zustande kommt, wenn der Annehmende auf das Angebot positiv reagiert. Ansatzpunkte für eine Beantwortung dieser Frage finden sich in der Haustürwiderrufsrichtlinie sowie in der VO 2187/93/EWG.

Art. 1 Abs. 3[757] und 4[758] Haustürwiderrufsrichtlinie enthalten eine Regelung, die sich jedoch nicht für oder gegen die Bindungswirkung eines Angebotes ausspricht, sondern beide Möglichkeiten parallel nebeneinander stellt. Die Herkunft der Regelungen ist unklar, da sie in den Entwürfen der Kommission nicht enthalten waren[759]. Nach Auffassung von Generalanwalt *Jacobs* in der Rechtssache *Dietzinger*[760] hatte die Kommission bei der Einführung der Vorschrift solche Konstellationen im Auge, bei denen der Verbraucher sich einseitig bindet, ohne dass es bereits zu einem Vertragsschluss gekommen ist. In diesem Fall wäre der Verbraucher durch eine einseitige Bindung seiner Widerrufsmöglichkeit beraubt[761]. Generalanwalt *Jacobs* äußert hierzu weiter, dass ohne eine ausdrückliche Bestimmung ein Verbraucher, der einem Gewerbetreibenden außerhalb seiner Geschäftsräume ein Angebot macht, keinen Vorteil von der Richtlinie hätte, obwohl er sich genau in der Lage befände, vor der ihn die Richtlinie schützen soll: Er hätte außerhalb der Geschäftsräume des Gewerbetreibenden eine Verpflichtung ohne Überlegungsfrist übernommen[762].

Die Schlussanträge des Generalanwalts zu dieser Vorschrift sind in der Literatur kontrovers aufgenommen worden: Einerseits wird hierin eine Modifikation der Modalitäten des Vertragsschlusses selbst in seiner situativen Anknüpfung gesehen, ohne den von der Richtlinie erfassten Vertragstyp zu erweitern[763]. Andererseits werden auch einseitig bindende Verpflichtungen etwa im Sinne des französ-

---

757 „Diese Richtlinie gilt auch für Verträge, bei denen der Verbraucher unter ähnlichen wie in Absatz 1 oder Absatz 2 genannten Bedingungen ein Angebot gemacht hat, obwohl der Verbraucher durch sein Angebot vor dessen Annahme durch den Gewerbetreibenden nicht gebunden war“.

758 „Diese Richtlinie gilt auch für vertragliche Angebote, die ein Verbraucher unter ähnlichen wie in Absatz 1 oder Absatz 2 genannten Bedingungen gemacht hat, sofern der Verbraucher durch sein Angebot gebunden ist“.

759 Vorschlag einer Richtlinie des Rates betreffend den Verbraucherschutz im Falle von außerhalb von Geschäftsräumen abgeschlossenen Verträgen, KOM (76) 544 endg., ABl. EG 1977 C 22/6; geänd. KOM (78) 2 endg., ABl. EG 1978 C 127/6.

760 *EuGH* 17.03.1998, Rs. C-45/96 (*Bayerische Hypotheken- und Wechselbank AG/Edgar Dietzinger*) Slg. 1998, I-1199, RdNr. 29 der Schlussanträge.

761 KOM (76) 544 endg., RdNr. 10 ff.

762 *EuGH* 17.09.2002, Rs. C-334/00 (*Fonderie Officine Meccaniche Tacconi SpA/Heinrich Wagner Sinto Maschinenfabrik GmbH*) Slg. 2002, I-7357, RdNr. 30.

763 *Roth*, ZIP 1996, 1228.

sischen Konzepts des *engagement unilateral* als umfasst angesehen[764]. Fraglich ist mithin, welcher der beiden Auffassungen der Vorzug zu gewähren ist. Der Wortlaut selbst schafft in der Gegenüberstellung der Vorschriften keine Klarheit. Die Gesetzgebungsgeschichte kann zur Auslegung nicht herangezogen werden, da weder die eine noch die andere Ansicht in den Gesetzesmaterialien eine Stütze findet[765]. Abzustellen ist damit auf den Sinn und Zweck der gesetzlichen Regelung. Insoweit besteht Einigkeit, dass Art. 1 Abs. 3 und 4 den Schutz des Verbrauchers in ähnlichen Situationen erweitern sollen[766]. Die Richtlinie ist damit auf solche Konstellationen auszudehnen, wie sie in Art. 1 Abs. 1 und Abs. 2 erfasst werden. Art. 1 Abs. 3 und Abs. 4 dienen nur als Auffangtatbestand[767]. Insoweit haben Art. 1 Abs. 3 und Abs. 4 der Haustürwiderrufsrichtlinie für die Frage nach der Bindungswirkung eines Angebots außerhalb des Regelungsbereichs der Richtlinie keine Aussagekraft.

Im Rahmen der VO 2187/93/EWG[768] hatte sich der Gerichtshof mit der Frage in der Rechtssache *Kustermann/Rat*[769] zu beschäftigen, in der er über die Bindung der Behörden an ein Entschädigungsangebot nach Art. 14 VO 2187/93/EWG[770] zu entscheiden hatte (vgl. Art. 10 Abs. 1 VO 2187/93/EWG[771]). Betroffene Personen konnten beantragen, dass ihnen ein Entschädigungsangebot unterbreitet wurde, das sie binnen einer Frist von zwei Monaten anzunehmen hatten[772]. Im vorliegenden Fall ging das Entschädigungsangebot bei dem Kläger am 28.01.1994 ein. Er nahm es nicht innerhalb der Frist von zwei Monaten, die am 28.03.1994 ablief, an. Daher waren die Organe nach Artikel 14 der Verordnung Nr. 2187/93/EWG vom 02.04.1994 an nicht mehr an dieses Angebot gebun-

764 *Pfeiffer*, NJW 1996, 3297, 3300 ff.

765 Vergleiche zuvor (Fn. 759).

766 *EuGH, Fonderie Officine Meccaniche Tacconi SpA/Heinrich Wagner Sinto Maschinenfabrik GmbH* (Fn. 762) 7357, RdNr. 41 der Schlussanträge; *Grabitz/Hilf/Micklitz*, A 2, Art. 1 – 3, RdNr. 21.

767 *EuGH* 17.06.1992, Rs. C-26/91 (*Handte/TMCS*) Slg. 1992, I-3967, RdNr. 42 f. der Schlussanträge; *Grabitz/Hilf/Micklitz*, A 2, Art. 1 – 3, RdNr. 21.

768 ABl. EG 1993 L 196/6; vgl. zu dieser Verordnung bereits oben, S. 100 ff.

769 *EuG* 07.02.2002, Rs. T-201/94 (*Kustermann/Rat und Kommission*) Slg. 2002, II-415.

770 Art. 14 VO 2187/93/EWG: „Die zuständige Behörde gemäß Artikel 10 übermittelt dem Erzeuger im Namen und für Rechnung des Rates und der Kommission innerhalb von höchstens vier Monaten nach Eingang des Antrags ein Angebot für eine Entschädigung zusammen mit einer Quittung über den Ausgleich aller Ansprüche. (...) Wird das Angebot nicht innerhalb von zwei Monaten nach Eingang angenommen, so sind die betreffenden Gemeinschaftsorgane künftig nicht mehr daran gebunden. (...)".

771 Art. 10 VO 2187/93/EWG: „Der Entschädigungsantrag ist an die vom jeweiligen Mitgliedstaat dafür benannte zuständige innerstaatliche Behörde zu richten; (...)".

772 *EuG, Kustermann/Rat und Kommission* (Fn. 769) 415, RdNr. 69; ebenso *EuG* 07.02.2002, Rs. T-187/94 (*Rudolph/Rat*) Slg. 2002, II-367, RdNr. 57.

den[773]. Das Urteil zeigt für den Anwendungsbereich der VO 2187/93/EWG, dass ein Angebot grundsätzlich eine Bindungswirkung entfaltet, der Anbietende bis zur wirksamen Annahme oder Ablehnung des Angebots an dieses rechtlich gebunden sein soll[774]. Fraglich ist allerdings, ab welchem Zeitpunkt diese Bindungswirkung eintritt, und im Zusammenhang damit, ob und wie lange ein Angebot durch den Antragenden widerrufen werden kann. Zu dieser Frage hat der Gerichtshof in den vorstehenden Auszügen keine Stellung genommen. Die Frage nach der grundsätzlichen Bindungswirkung eines Angebots ist im Gemeinschaftsrecht und von der Rechtsprechung folglich bislang offengelassen worden.

(b) Widerruf des Vertragsangebots

Die Mitgliedstaaten haben die Widerrufbarkeit eines Vertragsangebotes unterschiedlich ausgestaltet: Während beispielsweise in Deutschland grundsätzlich mit der Abgabe schon die Bindungswirkung eintritt und ein Widerruf nur in den engen Grenzen des § 130 Abs. 1 S. 2 BGB möglich ist, geht das englische Recht den umgekehrten Weg. Dort ist ein Angebot bis zur Annahme frei widerruflich[775]: „There is no doubt that an offer can be withdrawn before it is accepted, and it is immaterial whether the offer is expressed to be open for acceptance for a given time or not". Diese Regel wird dabei meist aus der Lehre von der *consideration*[776] abgeleitet, wonach jemand sich nur dann wirksam vertraglich binden kann, wenn der andere Teil dafür eine Gegenleistung erbracht oder versprochen hat, oder wenn die Bindung durch eine in einer besonderen Urkunde (*deed*) niedergelegte Erklärung übernommen worden ist[777]. Einen Mittelweg geht das französische Recht: Die Rechtsprechung geht hier von dem Grundsatz aus, dass ein Angebot so lange widerrufen werden kann, wie es vom Empfänger noch nicht angenommen ist. Wenn sich jedoch aus den Umständen des Falles ergibt, dass der Widerruf missbräuchlich ist, weil durch ihn berechtigte Erwartungen des Angebotsempfängers enttäuscht werden, so liegt darin ein rechtswidriges und schuldhaftes Verhalten (*faute*), das nach Art. 1382 f. Code Civil zu einer Schadensersatzpflicht führt.

---

773 Auf das deutsche Recht als das Recht des vorlegenden Mitgliedstaates übertragen greifen über §§ 54, 61 S. 2 VwVfG die allgemeinen Regeln der §§ 145 ff. BGB (vgl. Fn. 590); nach § 145 BGB besteht, ebenso wie es auch die Rechtsprechung im Verfahren *Kustermann* belegt, die Bindungswirkung an das einmal abgegebene Angebot.

774 Vergleiche insofern auch schon die allgemeinen Ausführungen zum Angebot aufgrund von Art. 14 VO 2187/93/EWG und die dort gezogenen Schlussfolgerungen unter III., S. 100 ff.

775 *Bryne v. Leon van Tienhoven & Co.* (1880) 5 C.P.D. 344, 347 ff.

776 Vergleiche oben Fn. 277.

777 *Kötz/Flessner*, Europ. Vertragsrecht, S. 32.

Aufgrund dieser unterschiedlichen Ausgestaltung in den Rechtsordnungen der Mitgliedstaaten hat sich der Gerichtshof in seiner Rechtsprechung bislang nicht für eine Lösung entschieden. In der Rechtssache *Italienische Republik/Kommission*[778], in der es um ein Angebot aufgrund einer Ausschreibung ging, stellte der Gerichtshof nur fest, dass jedenfalls nach Ablauf der Angebotsfrist ein Widerruf des Angebots durch die Anbieter nicht mehr möglich ist. Im Ergebnis geht damit die in dem Verfahren entscheidungserhebliche Verordnung 859/89/EWG[779] grundsätzlich von einer Bindung an das Vertragsangebot aus, die jedoch erst mit dem Ablauf der Angebotsfrist eintritt. Gemäß Art. 9 Abs. 3 VO 859/89/EWG hatte ein Angebot folgende Angaben zu enthalten: (a) Name und Anschrift des Bieters, (b) die Angebotsmenge, (c) den vorgeschlagenen Preis je 100 kg Erzeugnisse mit einer bestimmten Qualität und (d) den oder die Interventionsorte, die der Bieter zu beliefern beabsichtigte, kurz: die *essentialia negotii* des entsprechenden Vertragsangebots. Art. 9 Abs. 5 und 6 sahen vor, dass das Angebot nach Ablauf der Angebotsfrist nicht mehr zurückgenommen werden konnte. Nach Art. 9 der seinerzeit geltenden VO 859/89/EWG entfaltete ein Angebot mit dem Ablauf der Angebotsfrist eine Bindungswirkung für den Anbietenden. Allgemeinere Ausführungen finden sich nicht.
Wenngleich die unterschiedlichen Regelungen in den Mitgliedstaaten oftmals zu gleichen Ergebnissen führen, so hat sich der Gerichtshof diesbezüglich neutral verhalten[780]. Er umgeht die Problematik, indem er nur feststellt, dass jedenfalls nach Ablauf der Frist das Angebot bindend ist.

(c) Aufforderung zur Abgabe eines Vertragsangebots

Einen Sonderfall stellt die Aufforderung zur Abgabe eines Vertragsangebotes dar. Eine Stellungnahme des EuGH findet sich in den Schlussanträgen von Generalanwalt *Jacobs* zur Auslegung von Art. 13 EuGVÜ in der Rechtssache *Gabriel*[781]:

> „Würde man im vorliegenden Fall annehmen, dass Artikel 13 nicht anwendbar ist, weil nach einer Prüfung anhand der Grundsätze des Vertragsrechts die Möglichkeit besteht, dass die Zuschrift des Beklagten an den Kläger formal eher eine Aufforderung zur Ab-

---

778 *EuGH* 01.10.1998, Rs. C-242/96 (*Italienische Republik/Kommission*) Slg. 1998, I-5863.

779 Verordnung (EWG) Nr. 859/89 der Kommission vom 29.03.1989 mit Durchführugsbestimmungen für die Interventionsmaßnahmen für Rindfleisch, ABl. EG 1989 L 91/5, ber. ABl. EG 1989 L 95/42 und ABl. EG 1990 L 163/78, inzwischen ersetzt durch: Verordnung (EWG) Nr. 2456/93 der Kommission vom 01.09.1993 mit Durchführungsbestimmungen zur Verordnung (EWG) Nr. 805/68 des Rates hinsichtlich der allgemeinen und besonderen Interventionsmaßnahmen für Rindfleisch, ABl. EG 1993 L 225/4.

780 Vergleiche z.B. *EuGH, Italienische Republik/Kommission* (Fn. 778) 5863.

781 *EuGH* 11.07.2002, Rs. C-96/00 (*Gabriel*) Slg. 2002, I-6367, RdNr. 48, 54 der Schlussanträge; Vergleiche zum Tatbestand des Verfahrens oben, S. 96.

> gabe eines Angebotes als ein Angebot zum Abschluss eines Vertrages war und deshalb nicht für eine Annahme in Betracht kam, die zum Abschluss eines Vertrages führt, so könnten Unternehmen wie der Beklagte durch bloßes Hinmanipulieren der Aufmachung ihrer Zuschriften sicherstellen, dass der Verbraucher in seinem Wohnsitzstaat keine auf die Vorschriften des Übereinkommens gestützte Klage nach nationalem Verbraucherschutzrecht erheben kann."

Der Gerichtshof nimmt mit dieser Äußerung eine autonome Auslegung von Art. 13 EuGVÜ anhand der Grundsätze des Vertragsrechts in der Gemeinschaft vor. In diesen Grundsätzen enthalten ist im Europäischen Vertragsrecht die *invitatio ad offerendum.*

bb) Erlöschen des Vertragsangebots

Der EuGH hat in verschiedenen Rechtssachen entschieden, dass ein Vertragsangebot entweder durch die Nichtannahme/Ablehnung des Angebots oder durch den Ablauf der Annahmefrist erlischt. Beiden Fällen gemein ist, dass durch eine Annahmeerklärung kein Vertrag mehr zustande kommen kann, nachdem das Angebot erloschen ist. Der Anbietende ist vom Zeitpunkt des Erlöschens an sein Angebot nicht mehr gebunden[782].

(a) Nichtannahme/Ablehnung des Angebots

Ein Beispiel für die Beurteilung der Nichtannahme eines Angebots im *acquis communautaire* durch den Gerichtshof findet sich im Urteil des Schadensersatzverfahrens *Schulte/Rat*[783]. Rechtlicher Rahmen war Art. 14 VO 2187/93/EWG[784]. Art. 14 bestimmt, dass ein Entschädigungsangebot, das nicht innerhalb von zwei Monaten nach Eingang angenommen wird, die Gemeinschaftsorgane künftig nicht mehr bindet. Dem Verfahren lag folgender Sachverhalt zu Grunde: Der Kläger des Verfahrens, Milcherzeuger in Deutschland, war eine Nichtvermarktungsverpflichtung auf Grundlage der VO 1087/77/EWG[785] eingegangen. Vier Jahre später erwarb er den Betrieb mit der erwähnten Verpflichtung im Rahmen der vorweggenommenen Erbfolge. Nach Erlass des Urteils *Mulder u.a./Rat und Kommission*[786] verlangte der Kläger Ersatz des ihm angeblich entstandenen Schadens. Daraufhin unterbreitete ihm das deutsche Bundesamt für Ernährung

---

782 *Kötz/Flessner*, Europ. Vertragsrecht, S. 28 f.

783 *EuG* 07.02.2002, Rs. T-261/94 (*Schulte/Rat*) Slg. 2002, II-441.

784 ABl. EG 1993 L 196/6.

785 ABl. EG 1977 L 131/1; Verordnung zuletzt geändert durch die Verordnung (EWG) Nr. 1300/84 (ABl. EG 1984 L 125/3).

786 *EuGH* 27.01.2000, Rs. C-104/89 und C-37/90 (*Mulder u. a./Rat und Kommission*) Slg. 1992, I-3061.

und Forstwirtschaft ein Entschädigungsangebot entsprechend der VO 2187/93/EWG. Der Kläger lehnte dieses Angebot ab und verlangte eine höhere Entschädigung. Das Bundesamt für Ernährung und Forstwirtschaft übermittelte ihm ein neues höheres Angebot, das er mit Schreiben vom 22.04.1994 ebenfalls ablehnte. Der Kläger erhob daraufhin mit Schreiben vom 08.07.1994 Klage vor dem EuGH, mit der er Schadensersatz in Höhe von 254.922,45 DM begehrte. Die Beklagte berief sich auf Verjährung. Der Gerichtshof äußerte sich im Rahmen seiner rechtlichen Würdigung des Falles zur VO 2187/93/EWG wie folgt[787]:

> „Nach dieser Verordnung konnten die Erzeuger verlangen, dass ihnen ein Entschädigungsangebot unterbreitet wird, für das eine Annahmefrist von zwei Monaten galt. Unter Berücksichtigung seines Zweckes verlor dieser Verzicht seine Wirkung mit Ablauf der Frist für die Annahme des Entschädigungsangebots oder mit dessen ausdrücklicher Ablehnung, falls diese vor Ablauf der fraglichen Frist erfolgte.“

Zwar regelte[788] die VO 2187/93/EWG nur den Spezialfall einer Entschädigung aufgrund von Ausfällen bei Milchquoten. Der Mechanismus, durch welchen der Entschädigungsvertrag zustande kam, lässt sich jedoch auf den Vertragsschluss im Allgemeinen beziehen. Denn der EuGH unterschied bei der Qualifizierung des Vertrages nicht zwischen öffentlichem Recht und Privatrecht. Ein Angebot, das nicht angenommen oder abgelehnt wird, erlischt damit[789].

(b) Ablauf der Annahmefrist

Aus der angeführten Entscheidung *Schulte/Rat*[790] lässt sich darüber hinaus entnehmen, dass ein Vertragsangebot seine Wirksamkeit verliert, wenn es nicht innerhalb der Frist angenommen wird, die für die Annahme gesetzt worden ist. Eine Willenserklärung auf Abschluss eines entsprechenden Vertrags, die nach Ablauf der Annahmefrist abgegeben wird, bringt damit den Vertrag ebenfalls nicht zustande.

cc) Abbruch von Vertragsverhandlungen

Fraglich ist, wie lange sich eine Vertragspartei den Abschluss eines Vertrags vorbehalten kann oder einfach Verhandlungen abbrechen kann, ohne dass hieraus Folgen entstehen. Diese Frage beschäftigte den EuGH im Verfahren *Fonderie Officine Meccaniche Tacconi SpA/Heinrich Wagner Sinto Maschinenfabrik*

---

787 *EuG* 07.02.2002, Rs. T-261/94 (*Schulte/Rat*) Slg. 2002, II-441, RdNr. 66 f.

788 Die VO 2187/93/EWG ist inzwischen nicht mehr rechtskräftig.

789 *Grabitz/Hilf/Pfeiffer*, A 5, Art. 2, RdNr. 23.

790 Vergleiche Fn. 783.

GmbH[791]. Gegenstand war ein Vorabentscheidungsersuchen des italienischen Corte Suprema di Cassazione[792] darüber, ob Vertragsverhandlungen unter Art. 5 EuGVÜ zu subsumieren sind[793]. Hintergrund der Vorlagefrage waren Verhandlungen zwischen *Fonderie Officine Meccaniche Tacconi SpA* (im Folgenden: *Tacconi*) und der *HWS Heinrich Wagner Sinto Maschinenfabrik GmbH* (im Folgenden: *HWS*), die den Kauf einer automatischen Formanlage zur Nutzung durch *Tacconi* betrafen. Hersteller dieser Formanlage war *HWS*. Der Kaufvertrag sollte von der *BN Commercio e Finanza Spa* (im Folgenden: *BN*), einer Leasinggesellschaft, und *HWS* geschlossen werden. *Tacconi* und *BN* schlossen dementsprechend mit Zustimmung von *HWS* einen Leasingvertrag über die Anlage. Die Formanlage wurde in der Folge jedoch nie geliefert. Die Parteien stritten darüber, ob zwischen *BN* und *HWS* ein Vertrag zustande gekommen ist. Nach Ansicht von *Tacconi* sei ein Vertragsschluss wegen der Weigerung von *HWS*, die Formanlage an *BN* zu verkaufen, zu verneinen. *HWS* habe während der Verhandlungen jedes Angebot abgelehnt. Anschließend habe sie, nachdem noch lange verhandelt worden sei, die Verhandlungen abgebrochen. Nach Auffassung von *HWS* ist der Vertrag dagegen zustande gekommen. Mit der Klage im Ausgangsverfahren verfolgte die Klägerin Ersatz für ihr aus der Rechtsbeziehung mit der Beklagten entstandene Schäden[794]. Dem EuGH vorgelegt wurde die Frage vor dem Hintergrund, ob es sich um eine Klage aus Vertrag nach Art. 5 Nr. 1 EuGVÜ oder aus unerlaubter Handlung nach Art. 5 Nr. 3 EuGVÜ handelt[795].

Generalanwalt *Geelhoed* stellte im Rahmen seiner Schlussanträge die Regelungen in den Mitgliedstaaten rechtsvergleichend nebeneinander[796]. *Geelhoed* kam zu dem Ergebnis, dass ohne den entsprechenden Willen aufgrund der umfassenden Vertragsfreiheit zwischen den Parteien kein Vertrag zustande kommen kann, so dass grundsätzlich der jederzeitige Abbruch der Verhandlungen durch

---

791 *EuGH* 17.09.2002, Rs. C-334/00 (*Fonderie Officine Meccaniche Tacconi SpA/Heinrich Wagner Sinto Maschinenfabrik GmbH*) Slg. 2002, I-7357.

792 *Corte di Cassazione*, sezioni unite civili, sentenza del 09.06.2000, Giusprudenzia italiana (Recentissime) 2000, 181 – 182.

793 *EuGH, Fonderie Officine Meccaniche Tacconi SpA/Heinrich Wagner Sinto Maschinenfabrik GmbH* (Fn. 791) 7357, RdNr. 10.

794 *EuGH, Fonderie Officine Meccaniche Tacconi SpA/Heinrich Wagner Sinto Maschinenfabrik GmbH* (Fn. 791) 7357, RdNr. 6.

795 *EuGH, Fonderie Officine Meccaniche Tacconi SpA/Heinrich Wagner Sinto Maschinenfabrik GmbH* (Fn. 791) 7357, RdNr. 10; „Unerlaubte Handlung" ist nach autonomer Auslegung von Art. 5 Nr. 3 EuGVÜ jede schuldhafte, außervertragliche Rechtsverletzung, insbes. Straßenverkehrsunfälle, Fälle der Produkthaftung, von Umweltschäden, unlauteren Wettbewerbs, von Kartellverstößen und Verletzung von Immaterialgüterrechten, vgl. MünchKomm/*Gottwald*, Art. 5 EuGVÜ, RdNr. 27.

796 *EuGH, Fonderie Officine Meccaniche Tacconi SpA/Heinrich Wagner Sinto Maschinenfabrik GmbH* (Fn. 791) 7357.

jede Partei möglich sei[797]. Jedoch könne diese Freiheit, wie der Generalanwalt in seinen Schlussanträgen herausstellt, nicht absolut gelten[798]. Er bezieht sich dabei u.a. auf die UNIDROIT-Prinzipien, die in Art. 2:15 bestimmen: „A party who negotiates or breaks off negotiations in bad faith is liable for the losses caused to the other party". Nach den Erläuterungen zu diesem Artikel können die Verhandlungen an einen Punkt gelangen, an dem sie nicht mehr abrupt und ohne Rechtfertigung abgebrochen werden dürfen. Wann dieser Punkt erreicht ist, hängt erstens davon ab, inwieweit der Verhandlungspartner aufgrund des Verhaltens des anderen Partners auf ein positives Ergebnis vertrauen durfte. Zweitens hängt es davon ab, über wie viele Verhandlungsgegenstände die Parteien bereits Übereinstimmung erzielt hatten. Bricht eine Partei die Verhandlungen abrupt und ohne Rechtfertigung ab, hat sie den der anderen Partei hierdurch entstandenen Schaden zu ersetzen. Die vorvertragliche Haftung wird also dann ausgelöst, wenn Verhandlungen über einen Vertrag ohne Rechtfertigung abgebrochen werden[799]. In den Mitgliedstaaten divergieren Voraussetzungen und Rechtsfolge eines Abbruchs von Vertragsverhandlungen. Die Richter äußerten im Urteil diesbezüglich[800]:

> „Unter den Umständen des Ausgangsverfahrens könnte sich die Verpflichtung zum Ersatz des Schadens, der durch einen ungerechtfertigten Abbruch der Verhandlungen verursacht worden sein soll, nur aus einem Verstoß gegen Rechtsvorschriften ergeben, namentlich diejenige, wonach die Parteien bei Vertragsverhandlungen nach Treu und Glauben handeln müssen."

Bezüglich der Rechtsfolgen abgebrochener Vertragsverhandlungen nimmt der Gerichtshof nicht auf die Stellungnahme des Generalanwalts Bezug und trifft auch keine Entscheidung in der Sache. Bemerkenswert ist der Verweis auf das Prinzip von Treu und Glauben: Obgleich er in seiner Entscheidung bereits festgestellt hatte, dass keine von einer Partei gegenüber der anderen freiwillig eingegangene Verpflichtung vorlag[801], ist der Gerichtshof noch auf die Frage der Rechtsnatur des Schadensersatzes bei ungerechtfertigtem Abbruch von Vertragsverhandlungen eingegangen. Aufgrund der divergierenden Rechtslage in den Mitgliedstaaten leitete er den Schadensersatzanspruch aus dem Rechts-

---

797 *EuGH, Fonderie Officine Meccaniche Tacconi SpA/Heinrich Wagner Sinto Maschinenfabrik GmbH* (Fn. 791) 7357, RdNr. 58 ff. der Schlussanträge.

798 *EuGH, Fonderie Officine Meccaniche Tacconi SpA/Heinrich Wagner Sinto Maschinenfabrik GmbH* (Fn. 791) 7357, RdNr. 55 der Schlussanträge.

799 *EuGH, Fonderie Officine Meccaniche Tacconi SpA/Heinrich Wagner Sinto Maschinenfabrik GmbH* (Fn. 791) 7357, RdNr. 55 der Schlussanträge.

800 *EuGH, Fonderie Officine Meccaniche Tacconi SpA/Heinrich Wagner Sinto Maschinenfabrik GmbH* (Fn. 791) 7357, RdNr. 25.

801 *EuGH, Fonderie Officine Meccaniche Tacconi SpA/Heinrich Wagner Sinto Maschinenfabrik GmbH* (Fn. 791) 7357, RdNr. 24.

grundsatz von Treu und Glauben her[802]. Demnach hat die Partei, die Verhadlungen ungerechtfertigt abbricht, der anderen Partei den ihr hieraus entstehenden Vertrauensschaden zu ersetzen[803]. Die Grenzziehung zwischen gerechtfertigtem und ungerechtfertigtem Abbruch von Vertragsverhandlungen verbleibt bei den nationalen Gerichten.

4. Annahme des Vertragsangebots

a) Annahmeerklärung

Wie der Gerichtshof in den Verfahren *Gabriel*[804] und *Flemmer, Christoffel, Leitensdorfer/Rat*[805] zum Ausdruck bringt, bedarf es zum Zustandekommen des Vertrages der „entsprechenden Annahme" des Vertragsangebots.
Generalanwalt *Tizzano* schlägt in seinen Schlussanträgen in der Rechtssache *Flemmer, Christoffel, Leitensdorfer/Rat* vor, dass zwischen dem jeweiligen Erzeuger einerseits und den Gemeinschaftsorganen andererseits ein Entschädigungsvertrag zustande kommt, wenn ein Milcherzeuger ein ihm im Rahmen und für Rechnung des Rates und der Kommission von der zuständigen nationalen Behörde übermitteltes Entschädigungsangebot fristgemäß annimmt.

b) Rechtliche Folgen der Annahme

Rechtsfolge der Annahme eines Vertragsangebots ist das Entstehen eines Vertragsverhältnisses mit bestimmten Rechten und Pflichten[806].

aa) Vertragliche Rechte

Fraglich ist zunächst, welche Rechte ein Vertrag gewährt. Hierzu nahm das Gericht erster Instanz in der Rechtssache *Carmine Salvatore Tralli/Europäische Zentralbank*[807] im Rahmen eines Beamtenklageverfahrens Stellung.

---

802 Zu dem für jeden Vertrag in der Gemeinschaft zu beachtenden Rechtsgrundsatz von Treu und Glauben vgl. oben, C.II.2.d)bb), S. 80 ff.

803 *EuGH, Fonderie Officine Meccaniche Tacconi SpA/Heinrich Wagner Sinto Maschinenfabrik GmbH* (Fn. 791) 7357, RdNr. 27.

804 *EuGH* 11.07.2002, Rs. C-96/00 (*Rudolf Gabriel*) Slg. 2002, I-6367, RdNr. 48 f.

805 *EuGH* 09.10.2001, Rs. C-80/99 bis C-82/99 (*Flemmer, Christoffel, Leitensdorfer/Rat*) Slg. 2001, I-7211.

806 *EuGH* 11.07.2002, Rs. C-96/00 (*Gabriel*) Slg. 2002, I-6367, RdNr. 48 f.

807 *EuG* 27.06.2002, Rs. T-373/00, T-27/01, T-56/01 und T-69/01 (*Carmine Salvatore Tralli/Europäische Zentralbank*) noch nicht in der amtlichen Sammlung veröffentlicht.

In Frage stand das Recht der EZB, aus einem bestehenden Anstellungsvertrag die Probezeit eines Mitarbeiters durch einseitigen Beschluss zu verlängern. Die Frage stellte sich vor dem Hintergrund der Einstellung des Klägers als Wachmann bei der EZB. Er hatte dort eine Probezeit von drei Monaten abzuleisten[808]. Nach eineinhalb Monaten wurde dem Kläger mitgeteilt, dass seine fachlichen Leistungen nicht den für seine Stelle gestellten Anforderungen entsprächen[809]. Nach einem Gespräch und einem internen Vermerk an den Vorgesetzten des Klägers erhielt dieser ein Schreiben, mit dem die EZB ihm mitteilte, dass seine Probezeit um drei weitere Monate verlängert würde[810]. Hiergegen wandte sich der Kläger mit seiner Klage. Er machte geltend, dass das Beschäftigungsverhältnis zwischen der EZB und ihren Mitarbeitern vertraglicher Natur sei. Aus diesem Grunde habe sie die mit dem Kläger ursprünglich vereinbarte Probezeit nicht einseitig, sondern nur mit seiner Zustimmung ändern dürfen. Er habe jedoch der Verlängerung der Probezeit nicht zugestimmt[811]. Das Gericht stellte hierzu fest, dass der Kläger in dem Anstellungsschreiben auf die Beschäftigungsbedingungen und Dienstvorschriften hingewiesen wurde, denen sein Arbeitsvertrag unterlag. Nach den darin enthaltenen Bestimmungen durfte die Probezeit eines neu angestellten Mitarbeiters unter bestimmten Voraussetzungen bis auf zwölf Monate verlängert werden (Art. 10 Buchstabe b der Beschäftigungsbedingungen und Art. 2.1.2 der Dienstvorschriften), ohne dass hierfür die Zustimmung des Betroffenen erforderlich war. Mit der Annahme seines Vertrages, dessen Rechtmäßigkeit er nicht bestreitet, stimmte der Kläger somit im Voraus einer etwaigen Verlängerung seiner Probezeit durch die zuständigen Stellen der EZB unter Einhaltung der dafür geltenden Voraussetzungen zu. Folglich htte die EZB das vertragliche Recht, die Probezeit des Klägers ohne dessen Zustimmung zu verlängern[812].

Dieser Rechtsprechung des Gerichts erster Instanz zu Folge entsteht durch die Annahme eines Vertragsangebots eine Bindung der Parteien an die getroffene Vereinbarung. Hieraus kann die Partei, die durch den Vertrag begünstigt ist, die ihr zustehenden Rechte herleiten. Umgekehrt besteht eine vertragliche Pflicht der belasteten Vertragspartei, den rechtlichen Ansprüchen des Begünstigten nachzukommen.

808 *EuG, Carmine Salvatore Tralli/Europäische Zentralbank* (Fn. 807) RdNr. 5.
809 *EuG, Carmine Salvatore Tralli/Europäische Zentralbank* (Fn. 807) RdNr. 6.
810 *EuG, Carmine Salvatore Tralli/Europäische Zentralbank* (Fn. 807) RdNr. 8.
811 *EuG, Carmine Salvatore Tralli/Europäische Zentralbank* (Fn. 807) RdNr. 50.
812 *EuG, Carmine Salvatore Tralli/Europäische Zentralbank* (Fn. 807) RdNr. 51.

bb) Vertragliche Pflichten

Aus dem Anstellungsvertrag des *Carmine Salvatore Tralli* mit der EZB ergab sich für den Kläger die Pflicht, die ihm übertragenen Aufgaben ordnungsgemäß zu erfüllen.
In der Rechtssache *Gabriel* äußerte der EuGH zu den vertraglichen Pflichten[813]:

> „Überdies sind durch diese Willenseinigung der beiden Parteien gegenseitige, von einander abhängende Pflichten im Rahmen eines Vertrages entstanden, der sich auf einen der in Artikel 13 Absatz 1 Nummer 3 des Brüsseler Übereinkommens genannten Gegenstände bezieht."

Zu den Pflichten der rechtlichen Bindung äußerte sich der EuGH am Rande auch in der Rechtssache *Kommission/Nea Energiaka Technologia*[814]. Hintergrund des Verfahrens war ein Subventionsvertrag der Europäischen Kommission mit *Nea Energiaka Technologia*, einer griechischen Firma, die sich mit dem Bau von Windkraftanlagen beschäftigte. Die Pflichten, die der Beklagten oblagen, waren im Subventionsvertrag einzeln aufgeschlüsselt[815]. Diesen Vertrag erfüllte die Beklagte in der Folgezeit nicht[816]. Die Kommission machte daraufhin die Verletzung der vertraglichen Pflichten geltend und verlangte aufgrund des mit der Beklagten geschlossenen Vertrages Rückzahlung eines Teils der Subventionen[817]. Der EuGH stellte diese Verletzung der vertraglichen Pflichten fest und verurteilte die Beklagte entsprechend der zwischen ihr und der Kommission getroffenen Vereinbarung zur Rückzahlung der Subventionen mangels Erfüllung ihrer vertraglichen Verpflichtungen[818].

---

813 *EuGH, Rudolf Gabriel* (Fn. 804) 6367.

814 *EuGH* 21.02.2002, Rs. C-416/98 (*Kommission/Nea Energiaka Technologia*) Slg. 2002, I-1759; das Verfahren wurde nach Art. 238 EG geführt und war nach Art. 14 des Vertrages nach griechischem Recht zu entscheiden; was die vertraglichen Verpflichtungen und die hieraus resultierende Rückzahlungspflicht der Beklagten betrifft, so bezog sich der Gerichtshof ausschließlich auf den Vertrag.

815 *EuGH, Kommission/Nea Energiaka Technologia* (Fn. 814) 1759, RdNr. 4 ff.

816 *EuGH, Kommission/Nea Energiaka Technologia* (Fn. 814) 1759, RdNr. 52.

817 Wie der Gerichtshof in seinem Urteil feststellt, hatte die Kommission zuvor einen Teil der Ausgaben der Beklagten wirksam anerkannt, so dass der Rückzahlungsanspruch sich nur auf einen Teil des ursprünglichen Betrages beschränkte.

818 *EuGH, Kommission/Nea Energiaka Technologia* (Fn. 814) 1759, RdNr. 69; der Antrag der Kommission auf Rückzahlung der gesamten Summe war nach griechischem Recht verjährt (vgl. Art. 154, 155, 157 griechisches bürgerliches Gesetzbuch), der Rückzahlungsanspruch der Summe im Übrigen ergab sich ausschließlich aus dem mit der Kommission geschlossenen Vertrag.

cc) Relativität der Rechte und Pflichten

In der Gemeinschaft gilt der Grundsatz, dass ein Vertrag nur die an ihm beteiligten Parteien bindet und grundsätzlich nur diesen untereinander Ansprüche zustehen[819]. Eine Ausnahme von diesem Grundsatz enthält Art. 11 Abs. 2 Verbraucherkreditrichtlinie, der bei Vorliegen bestimmter Voraussetzungen unter Durchbrechung des Prinzips der Relativität schuldrechtlicher Verhältnisse einen Anspruch des Verbrauchers direkt gegen den Kreditgeber zulässt. Der Gerichtshof hatte sich mit dieser Vorschrift im Verfahren *El Corte Inglés SA/Cristina Blaquez Rivero*[820] zu beschäftigen, noch bevor die Richtlinie ins spanische Recht umgesetzt worden war. Er ließ eine Auslegung des spanischen Zivilrechts entsprechend der Verbraucherkreditrichtlinie gegen Art. 1257 Código Civil nicht zu, da Richtlinien nach der ständigen Rechtsprechung des Gerichtshofes keine direkte horizontale Wirkung zwischen Privaten entfalten[821]. Aus diesem Grunde nahm der Gerichtshof auch keine Auslegung des spanischen Zivilrechts in Konformität mit Art. 11 Abs. 2 Verbraucherkreditrichtlinie vor[822]. Der Gerichtshof verneinte im Verfahren *El Corte Inglés SA/Cristina Blaquez Rivero* dementsprechend den Direktanspruch des Verbrauchers gegen den Kreditgeber[823].
Zur Relativität der Rechte und Pflichten vertraglicher Beziehungen äußerte Generalanwalt *Alber* im Rahmen seiner Schlussanträge in der Rechtssache *Universale Bau-GmbH und Bietergemeinschaft/Entsorgungsbetriebe Simmering GmbH*, dass ein Vertrag ein objektiver Umstand ist, der für einen objektiven Beobachter genauso gut erkennbar ist wie ein Gesellschaftsvertrag oder ein Gesetz. Vertragliche Verpflichtungen zwischen den Vertragsparteien können dem-

---

819 Vergleiche *Franzen*, Privatrechtsangleichung durch die Europäische Gemeinschaft, S. 362; vgl. ausdrücklich Art. 1372 Italienischer Codice Civile, Art. 1165 Französischer Code Civil, Art. 1257 Spanischer Código Civil, Art. 1.3. UNIDROIT Prinzipien; *Palandt/Heinrichs*, Einf v § 145 BGB, RdNr. 4 a.

820 *EuGH* 07.03.1996, Rs. C-192/94 (*El Corte Inglés SA/Cristina Blaquez Rivero*) Slg. 1996, I-1281.

821 *EuGH, El Corte Inglés SA/Cristina Blaquez Rivero* (Fn. 820) 1281, RdNr. 10 ff., 15 ff.

822 *EuGH, El Corte Inglés SA/Cristina Blaquez Rivero* (Fn. 820) 1281, RdNr. 23; das Urteil erging unter Verweis darauf, dass das Gemeinschaftsrecht die Mitgliedstaaten zum Ersatz von Schäden verpflichtet, die dem Einzelnen durch die mangelnde Umsetzung einer Richtlinie entstehen, sofern drei Voraussetzungen erfüllt sind: Zunächst muss die Richtlinie die Verleihung von Rechten an Einzelne bezwecken; zweitens muss der Inhalt dieser Rechte auf der Grundlage der Bestimmungen der Richtlinie ermittelt werden können; schließlich muss zwischen dem Verstoß gegen die dem Staat obliegende Verpflichtung und dem eingetretenen Schaden ein Kausalzusammenhang bestehen, RdNr. 22 des Urteils; ferner *EuGH* 14.07.1994, Rs. C-91/92 (*Faccini Dori*) Slg. 1994, I-3325, 3327; *EuGH* 19.11.1991, Rs. C-6/90 und 9/90 (*Frankovich u.a.*) Slg. 1991, I-5367, RdNr. 39.

823 *EuGH, El Corte Inglés SA/Cristina Blaquez Rivero* (Fn. 820) 1281, RdNr. 23.

nach dritten Personen als eine objektive Gegebenheit entgegengehalten werden[824]. In der Rechtssache *Universale Bau-GmbH und Bietergemeinschaft/Entsorgungsbetriebe Simmering GmbH* ging es um die Subsumtion der beklagten Gesellschaft unter Art. 1 der Richtlinie 93/37/EWG[825] als öffentliche Auftraggeberin. Nachdem sie ursprünglich als rein private Gesellschaft gegründet worden war[826], wurde ihr durch Verträge mit der Stadt Wien der Betrieb der Hauptkläranlage übertragen. Fraglich war im Verfahren, ob die Tätigkeit der Beklagten eine solche ist, die zur Erfüllung von im Allgemeininteresse liegender Aufgaben i.S.v. Art. 1 Richtlinie 93/37/EWG dient. Dem Wortlaut von Art. 1 nach muss die Gesellschaft hierzu bereits zu dem Zweck gegründet worden sein, im Allgemeininteresse liegende Aufgaben wahrzunehmen. Nachdem dies bei Gründung der Beklagten nicht der Fall gewesen ist, war streitig, ob zur Zweckbestimmung der Vertrag mit der Stadt Wien herangezogen werden konnte. Generalanwalt *Alber* äußerte hierzu[827]:

> „Es ist daher kein Grund ersichtlich, warum dieser Vertrag, oder genauer gesagt die beiden Verträge, die zwischen der EBS und der Stadt Wien 1986 und 1996 geschlossen wurden, nicht zur Bestimmung des Zweck der EBS herangezogen werden sollten. Denn der Wortlaut des Artikels 1 Buchstabe b der Richtlinie 93/37 beschränkt die Analyse wie gesagt nicht auf den Gründungsakt der Einrichtung. Mit dieser Auslegung des Wortlauts des Artikels 1 Buchstabe b der Richtlinie 93/37 könnte man davon ausgehen, dass die EBS eine öffentliche Einrichtung im Sinne dieser Vorschrift sind."

Der Gerichtshof bestätigte in seinem Urteil, dass die Verträge zwischen der Beklagten und der Stadt Wien als objektiver Umstand der Klägerin entgegengehalten werden konnten[828]. Damit stellte er das Vorliegen der Voraussetzungen von Art. 1 der Richtlinie 93/37/EWG durch die vertraglichen Verpflichtungen der Parteien heraus. Die Erwägungen stehen in der Rechtssache *Universale Bau-GmbH und Bietergemeinschaft/Entsorgungsbetriebe Simmering GmbH* vor dem Hintergrund der Richtlinie. Die Charakterisierung des Vertragsverhältnisses zwischen Beklagter und der Stadt Wien diente der Feststellung des Vorliegens der Voraussetzungen der Richtlinie. Dem Vertrag wird damit in der Rechtspre-

---

824 *EuGH* 12.12.2002, Rs. C-470/99 (*Universale Bau-GmbH und Bietergemeinschaft/Entsorgungsbetriebe Simmering GmbH*) Slg. 2002, I-11617, RdNr. 39 der Schlussanträge.

825 Richtlinie 93/37/EWG des Rates vom 14.06.1993 zur Koordinierung der Verfahren zur Vergabe öffentlicher Bauaufträge, ABl. EG 1993 L 199/54, ber. ABl. EG 1994 L 111/115.

826 *EuGH, Universale Bau-GmbH und Bietergemeinschaft/Entsorgungsbetriebe Simmering GmbH* (Fn. 824) 11617, RdNr. 10 der Schlussanträge.

827 *EuGH, Universale Bau-GmbH und Bietergemeinschaft/Entsorgungsbetriebe Simmering GmbH* (Fn. 824) 11617, RdNr. 39 der Schlussanträge.

828 *EuGH, Universale Bau-GmbH und Bietergemeinschaft/Entsorgungsbetriebe Simmering GmbH* (Fn. 824) 11617, RdNr. 50 ff.

chung des EuGH eine Wirkung zuerkannt, wie sie beispielsweise in Art. 1372 Italienischer Codice Civile oder Art. 1134 Französischer Code Civil normiert ist[829].

c) Entbehrlichkeit der Annahme

Die Frage nach der Entbehrlichkeit der Annahme des Vertragsangebotes beantwortete der EuGH im Verfahren *Gabriel* vor dem Hintergrund des EuGVÜ[830]: Einer Privatperson war von einer juristischen Person eine vermeintliche Gewinnzusage zugesendet worden, die dann fällig sein sollte, wenn Waren für einen bestimmten Wert bei dieser juristischen Person bestellt würden. Nachdem der Kläger Waren in entsprechendem Wert bestellt hatte, forderte er erfolglos seinen Gewinn ein. Da er sich über die Zuständigkeit nicht sicher war, strengte er ein entsprechendes Verfahren beim Obersten Gerichtshof an, der die Frage als Vorlage im Rahmen von Art. 13 EuGVÜ an den EuGH weiterleitete. Da nach der ständigen Rechtsprechung des Gerichtshofes die Begriffe des Abkommens autonom auszulegen sind[831], stellte sich die Frage, ob – aus gemeinschaftsrechtlicher Sicht – die einseitige Versendung einer Gewinnzusage einen schuldrechtlichen Anspruch aus einem Vertrag begründen kann. Generalanwalt *Jacobs* bejaht dies im Rahmen seiner Schlussanträge[832]. In diesem Sinne entschied der Gerichtshof, dass eine Klage aus Vertrag gem. Art 13 Abs. 1 Nr. 1 EuGVÜ vorliegt[833].

5. Arten der Willenseinigung

a) Ausdrücklich

Grundfall des Vertragsabschlusses ist die ausdrückliche Willenseinigung[834] der Parteien. Der Gerichtshof hat hierzu im Rahmen von Art. 17 EuGVÜ (= Art. 23 EuGVO) Stellung genommen. Art. 23 EuGVO setzte eine „Vereinbarung“ zwi-

---

829 Art. 1372 Italienischer Codice Civile: „Il contratto ha forza di legge tra le parti.“, Art. 1134 Französischer Code Civil: „Les conventions légalement formées tiennent lieu de loi à ceux qui les on faites.“

830 *EuGH* 11.07.2002, Rs. C-96/00 (*Gabriel*) Slg. 2002, I-6367, RdNr. 15 ff.

831 Vergleiche z.B. *EuGH* 22.03.1983, Rs. 34/82 (*Peters*) Slg. 1983, 987, RdNr. 11 – 14; *EuGH* 04.03.1982, Rs. 38/81 (*Effer*) Slg. 1982, 825, RdNr. 6.

832 *EuGH, Gabriel* (Fn. 830) 6367, RdNr. 58 der Schlussanträge.

833 *EuGH, Gabriel* (Fn. 830) 6367, RdNr. 59.

834 Vergleiche oben, S. 87 ff.

schen den Parteien voraus. Erstmals hat der EuGH diese Vorschrift in den siebziger Jahren in den Verfahren *Salotti*[835] und *Segoura*[836] ausgelegt.
Im Verfahren *Salotti* stand die Zuständigkeit des Landgerichts Köln für eine Klage in Frage, die ein im Bezirk dieses Gerichts ansässiges Unternehmen gegen ein italienisches Unternehmen mit Sitz in Mailand erhoben hatte. Gegenstand der Klage war die Nichterfüllung eines Vertrages über die Lieferung von Maschinen für die Einrichtung einer Polstermöbelfabrik durch das deutsche an das italienische Unternehmen. Diese Lieferung war in einem schriftlichen Vertrag vereinbart worden, der in Mailand auf Geschäftspapier mit dem Briefkopf des deutschen Unternehmens unterzeichnet worden war. Auf der Rückseite dieses Geschäftspapiers waren die Allgemeinen Geschäftsbedingungen des deutschen Unternehmens abgedruckt, die eine Klausel enthielten, nach der für alle Streitigkeiten aus dem Vertrag zwischen den Parteien Köln als Gerichtsstand angegeben war. Im Vertragstext waren die Allgemeinen Geschäftsbedingungen nicht ausdrücklich erwähnt. Der Vertrag als solcher nahm jedoch Bezug auf frühere Verträge zwischen den Parteien, die einen Hinweis auf dieselben auf der Rückseite abgedruckten Allgemeinen Geschäftsbedingungen enthielten. In Frage stand die Wirksamkeit der Gerichtsstandsklausel vor dem Hintergrund von Art. 17 EuGVÜ.
Der EuGH führte hierzu aus, dass bei der Auslegung der Tatbestandsmerkmale dieser Bestimmung die Wirkungen der Zuständigkeitsvereinbarung berücksichtigt werden müssen. Angesichts der möglichen Folgen einer solchen Vereinbarung für die Stellung der Parteien im Prozess seien die in Art. 17 aufgestellten Voraussetzungen für die Wirksamkeit von Gerichtsstandsklauseln eng auszulegen[837]. Da Art. 17 eine Vereinbarung verlangt, muss das mit der Sache befasste Gericht in erster Linie prüfen, ob die seine Zuständigkeit begründende Klausel tatsächlich Gegenstand einer Willenseinigung zwischen den Parteien war, die klar und deutlich zum Ausdruck gekommen ist. Die Formerfordernisse des Artikels 17 sollen gewährleisten, dass die Einigung zwischen den Parteien tatsächlich feststeht[838].
Auf die Vorlagefrage antwortete der Gerichtshof vor diesem Hintergrund, dass Art. 17 EuGVÜ nur dann genügt ist, wenn der von beiden Parteien unterzeichnete Vertragstext ausdrücklich auf diese Allgemeinen Geschäftsbedingungen Be-

---

835 *EuGH* 14.12.1976, Rs. 24/76 (*Estasis Salotti di Colzani Aimo und Gianmario Colzani S.N.C./Ruewa Polstermaschinen GmbH*) Slg. 1976, 1831.

836 *EuGH* 14.12.1976, Rs. 25/76 (*Galeries Segoura SPRL/Firma Rahim Bonakdarian*) Slg. 1976, 1851.

837 *EuGH, Estasis Salotti di Colzani Aimo und Gianmario Colzani S.N.C./Ruewa Polstermaschinen GmbH* (Fn. 835) 1831, RdNr. 7.

838 *EuGH, Estasis Salotti di Colzani Aimo und Gianmario Colzani S.N.C./Ruewa Polstermaschinen GmbH* (Fn. 835) 1831, RdNr. 7.

zug nimmt[839]. Die weitere Vorlagefrage zielte dahin, ob Art. 17 EuGVÜ dann genügt ist, wenn die Parteien im Vertragstext auf ein vorangegangenes Angebotsschreiben ausdrücklich Bezug nehmen, in dem seinerseits auf die eine Gerichtsstandsvereinbarung enthaltenden Allgemeinen Geschäftsbedingungen hingewiesen war. Hierauf antwortete der Gerichtshof, dass dies nur der Fall ist, wenn der Hinweis ausdrücklich erfolgt, eine Partei ihm also bei Anwendung normaler Sorgfalt nachgehen kann[840].
Ebenso entschied der Gerichtshof im ähnlich gelagerten Fall *Segoura*. Die Parteien stritten um die Wirksamkeit einer Gerichtsstandsklausel, die auf der Rückseite einer „Auftragsbestätigung und Rechnung" abgedruckt war, die einem mündlich geschlossenen Vertrag folgte. Die Frage des vorlegenden BGH bezog sich darauf, ob den Erfordernissen von Art. 17 genügt ist, wenn ein Verkäufer bei einem mündlichen Vertrag darauf hingewiesen hat, dass er den Vertrag zu seinen Allgemeinen Geschäftsbedingungen abschließen wolle und diese Geschäftsbedingungen anschließend bei Lieferung der Waren bestätigt. Der Gerichtshof äußerte hierzu[841]:

> „Entsprechend den vorausgeschickten allgemeinen Erwägungen kann der Verzicht einer Partei auf den Rechtsvorteil der im Übereinkommen vorgesehenen Gerichtsstände nicht vermutet werden. Daher kann nicht unterstellt werden, dass der Käufer, auch wenn er sich in einem mündlich geschlossenen Vertrag damit einverstanden erklärt hat, zu den Allgemeinen Geschäftsbedingungen des Verkäufers abzuschließen, sich einer möglicherweise in diesen Allgemeinen Geschäftsbedingungen enthaltenen Gerichtsstandsklausel unterworfen habe."

Bemerkenswert ist, dass der Gerichtshof sich bereits in diesen ersten Entscheidungen zu Art. 17 EuGVÜ für eine einheitliche Auslegung der hierin enthaltenen Begriffe entschieden hat[842], obgleich er an dem Punkt, ob wirklich eine Einigung zwischen den Parteien vorlag, hätte stoppen können und die Frage zur Entscheidung nach nationalem Recht an die mitgliedstaatlichen Gerichte hätte verweisen können[843]. *Hartley* bemerkt hierzu[844]:

---

839 *EuGH, Estasis Salotti di Colzani Aimo und Gianmario Colzani S.N.C./Ruewa Polstermaschinen GmbH* (Fn. 835) 1831, RdNr. 10.

840 *EuGH, Estasis Salotti di Colzani Aimo und Gianmario Colzani S.N.C./Ruewa Polstermaschinen GmbH* (Fn. 835) 1831, RdNr. 13.

841 *EuGH, Galeries Segoura SPRL/Firma Rahim Bonakdarian* (Fn. 836) 1851, RdNr. 8.

842 *Bischoff*, J.D.I. 104 (1977), 734, 735; *O'Malley/Layton*, European Civil Practice, Art. 17 EuGVÜ, para. 21.37.

843 Vergleiche für das deutsche Recht z.B. *Palandt/Heinrichs*, Art. 27 EGBGB, RdNr. 8: Die Entscheidung sogar darüber, ob die Rechtswahl als Vertrag zwischen den Parteien wirksam ist, ist nicht nach dem EGBGB zu bestimmen, sondern nach dem Recht, das – für den Fall, dass eine wirksame Rechtswahl vorliegt – zur Entscheidung in dem entsprechenden Fall berufen wäre.

844 *Hartley*, Eur. L. Rev. 2 (1977), 148, 149; ebenso: *Anton/Beaumont*, S. L. T. 1984, A9 f.

„But instead it [sc. der Europäische Gerichtshof] went on (...) to consider the facts and it laid down fairly detailed rules which will henceforth be of general application."

In der neueren Rechtsprechung des Gerichtshofs setzte der EuGH seine Rechtsprechung im Urteil der Rechtssache *Trasporti Castelletti Spedizioni Internazionali SpA/Hugo Trumpy SpA*[845] fort. Gegenstand des Verfahrens war ein Vorabentscheidungsersuchen der italienischen Corte suprema di cassazione[846] in einem Rechtsstreit wegen Ersatzes des Schadens, der bei der Löschung von mit verschiedenen Konnossementen von Argentinien nach Italien beförderten Waren entstanden war. Der Gerichtshof äußerte sich hierzu – unter Bezugnahme auf die Rechtssache *MSG*[847] – wie folgt[848]:

„Zwar genügt es den Schriftformerfordernissen des Artikels 17 des Übereinkommens vom 27. September 1968 über die gerichtliche Zuständigkeit und die Vollstreckung gerichtlicher Entscheidungen in Zivil- und Handelssachen nicht, wenn eine Gerichtsstandsklausel auf der Rückseite eines auf dem Geschäftspapier einer der Parteien niedergelegten Vertrages abgedruckt ist, etwas anderes gilt aber, wenn der von den beiden Parteien unterzeichnete Vertragstext selbst ausdrücklich auf die die Gerichtsstandsklausel enthaltenden Allgemeinen Geschäftsbedingungen Bezug nimmt."

Die Ausdrücklichkeit der Bezugnahme auf die Klausel führte in dem Falle dazu, dass sie in den Vertrag einbezogen wurde, obwohl sie auf der Rückseite eines Geschäftspapiers abgedruckt war. Ziel der Regelung ist, dass über alle Vertragsgegenstände ausdrücklich eine Willensübereinstimmung herbeigeführt werden muss. Der EuGH legt mit dieser Rechtsprechung die Formerfordernisse des Art. 17 EuGVÜ/Art. 23 EuGVO sehr restriktiv aus[849]. Es muss eindeutig festgestellt werden, dass die Parteien ausdrücklich eine bestimmte Abrede getroffen haben[850]. Erforderlich ist die ausdrückliche Willenseinigung der Parteien über die Zuständigkeitsbegründung und –derogation[851].

---

845 *EuGH* 16.03.1999, Rs. C-159/97 (*Trasporti Castelletti Spedizioni Internazionali/Hugo Trumpy*) Slg. 1999, I-1597.

846 *Corte die Cassazione*, Sezioni unite civili, ordinanza del 24.10.1996 (0020/97 – RG 3820/95).

847 *EuGH*, 27.02.1997, Rs. C-106/95 (*MSG/Les Gravières Rhénans*) Slg. 1997, I-911, hierzu noch unten, vgl. c) aa), S. 146, Fn. 883.

848 *EuGH, Trasporti Castelletti Spedizioni Internazionali/Hugo Trumpy* (Fn. 845) 1597, Ls. 1; vgl. hierzu: *Hartley*, Eur. L. Rev.25 (2000), 178, 179.

849 Generalanwalt *Léger* knüpft in der Rechtssache *Gasser* (*EuGH* 09.12.2003, Rs. C-116/02 (*Gasser*) noch nicht in der amtlichen Sammlung veröffentlicht, RdNr. 63 ff.) an diese Rechtsprechung sowie an die Verfahren *Salotti* und *Segoura* an und schlägt vor, diese Rechtsprechung auch in Zukunft fortzusetzen.

850 *Hartley*, Eur. L. Rev. 25 (2000), 178, 179.

851 Vergleiche auch *EuGH* 19.06.1984, Rs. 71/83 (*Tilly Russ*) Slg. 1984, 2417, RdNr. 14.

Im Wortlaut von Art. 23 EuGVO kommt das konsensuale Element durch das Wort „vereinbart" zum Ausdruck, während die übrigen Passagen die Form der Gerichtsstandsvereinbarung betreffen. Unbestritten ist, dass das EuGVÜ nicht nur die Form, sondern auch das vertragliche Element der Einigung der Parteien über die internationale und örtliche Zuständigkeit nicht dem nationalen Recht überlässt, sondern eine konventionsimmanente Regelung trifft, die das nationale Recht verdrängt[852]. In der Literatur haben einige Autoren die Ansicht vertreten, dass die Form der Gerichtsstandsvereinbarung sich nach den Normen des IPR über die Form von Verträgen bestimmen muss[853]. Der Gerichtshof ist dieser Ansicht nicht gefolgt. Generalanwalt *Capotorti* hatte in seinen Schlussanträgen im Verfahren *Salotti* hierzu geäußert[854]:

> „[Es] ist offensichtlich, wie wichtig es ist, dass die Parteien von Gerichtsstandsvereinbarungen in allen Vertragsstaaten gleich behandelt werden: Dies würde außer acht gelassen, wenn auf die nach den Kollisionsnormen der einzelnen Mitgliedstaaten für die Form von Verträgen geltenden Sachnormen verwiesen würde."

Zur Begründung für diese Auslegung führt Generalanwalt *Capotorti* an, dass Art. 23 EuGVO keine materiell-rechtlichen Fragen beantwortet, die sich *im Zusammenhang mit* der Willensäußerung stellen[855]. Der Regelung lassen sich (nur) Mindestvoraussetzungen der autonomen Interpretation des Begriffs der „Vereinbarung" entnehmen[856]. Vereinbarung der Parteien und Form der Gerichtsstandsvereinbarung werden dabei nicht klar auseinandergehalten; es wird diesbezüglich auch von einer „unauflösbaren Einheit" zwischen Form und Konsens gesprochen[857]. Dahinter steht der Gedanke, dass die Form der „Garant tatsächlicher Willenseinigung" ist[858]: Zweifelsfragen betreffend die materielle Einigung

---

852 *EuGH* 10.03.1992, Rs. 214/89 (*Powell Duffryn/Petereit*) Slg. 1992, I-1745, RdNr. 14; *Geimer/Schütze*, Art. 17 EuGVÜ, RdNr. 75; *Jayme/Kohler*, IPRax 1992, 346, 353; *Rauscher*, IPRax 1992, 143, 144.

853 Vergleiche z.B. *Schockweiler*, Gerichtsstandsvereinbarungen im Brüsseler Übereinkommen, in: Tebbens/Kennedy/Kohler, Internationale Zuständigkeit und Urteilsanerkennung in Europa, S. 107 ff.

854 *EuGH, Estasis Salotti di Colzani Aimo und Gianmario Colzani S.N.C./Ruewa Polstermaschinen GmbH* (Fn. 835) 1831, 1845.

855 *EuGH, Estasis Salotti di Colzani Aimo und Gianmario Colzani S.N.C./Ruewa Polstermaschinen GmbH* (Fn. 835) 1831, 1846.

856 *Roth*, ZZP 93 (1980), 157, 161 f.; *Rauscher*, ZZP 104 (1991), 271, 278 ff.; *Rauscher*, IPRax 1992, 144.

857 *Killias*, Die Gerichtsstandsvereinbarungen nach dem LUGANO-Übereinkommen, 202; *Geimer/Schütze*, Art. 17 EuGVÜ, RdNr. 76.

858 *Lindacher*, Schiedsklauseln und allgemeine Geschäftsbedingungen im internationalen Handelsverkehr, in: Festschrift Habscheid, S. 170; *Geimer/Schütze*, Europäisches Zivilverfahrensrecht, Art. 17 EuGVÜ, RdNr. 76.

der Parteien werden anhand der Formfragen entschieden[859]. Voraussetzung der Willenseinigung nach Art. 23 EuGVO ist damit, dass die Vertragsparteien ihr ausdrücklich zugestimmt haben[860]. Diese Zustimmung muss, wie die Urteile des EuGH in den Rechtssachen *Segoura* und *Salotti* belegen, klar und deutlich zum Ausdruck gebracht worden sein. Weitergehende Erfordernisse nach nationalem Recht haben außer Betracht zu bleiben[861]. Die vertragsautonome Auslegung des Begriffs der „Vereinbarung" bedeutet nicht, dass sich sämtliche Voraussetzungen der Einigung aus Art. 23 EuGVO ergeben. Art. 23 EuGVO stellt vielmehr Mindesterfordernisse an den materiellen Tatbestand der Vereinbarung[862]. Weitergehende Fragen wie z.B. die der Geschäftsfähigkeit, Fehlen von Willensmängeln[863] oder wirksame Stellvertretung[864] bestimmen sich weiterhin nach nationalem Recht[865]. Offen bleibt die Frage, welches das anwendbare Recht ist. Der Gerichtshof hat sich hierzu nicht geäußert. Generalanwalt *Slynn* hatte in seinen Schlussanträgen in der Rechtssache *Elefanten Schuh* die Auffassung vertreten, es müsse das innerstaatliche Recht des von den Parteien bestimmten Gerichts und nicht das Recht sein, das nach Maßgabe der allgemeinen Regeln des Internationalen Privatrechts zur Anwendung berufen sei[866].

b) Willenseinigung durch schlüssiges Verhalten

aa) Einigung durch tatsächliches Handeln

In der Entscheidung der Rechtssache *Mirossevich/Hohe Behörde der EGKS*[867], einer der ersten gemeinschaftlichen Entscheidungen, stellte der Gerichtshof fest, dass eine Einigung durch tatsächliches Handeln möglich ist. In Bezug auf die

859 *Geimer/Schütze*, Europäisches Zivilverfahrensrecht, Art. 17 EuGVÜ, RdNr. 76; *Reithmann/Martiny/Hausmann*, Internationales Vertragsrecht, RdNr. 2124.

860 *Reithmann/Martiny/Hausmann*, Internationales Vertragsrecht, RdNr. 2124.

861 *Reithmann/Martiny/Hausmann*, Internationales Vertragsrecht, RdNr. 2124.

862 *Reithmann/Martiny/Hausmann*, Internationales Vertragsrecht, RdNr. 2126.

863 MünchKomm/*Gottwald*, Art. 17 EuGVÜ, RdNr. 14.

864 *Schmidt*, RIW 1992, 173, 175; *Koch*, IPRax 1993, 19, 21; *Karré-Abermann*, ZEuP 2 (1994), 138, 148.

865 *Reithmann/Martiny/Hausmann*, Internationales Vertragsrecht, RdNr. 2126.

866 *EuGH* 24.06.1981, Rs. 150/80 (*Elefanten Schuh GmbH/Pierre Jacqmain*) Slg. 1981, 1671; hierzu: *Schockweiler*, Gerichtsstandsvereinbarungen im Brüsseler Übereinkommen, in: Tebbens/Kennedy/Kohler, Internationale Zuständigkeit und Urteilsanerkennung in Europa, S. 113.

867 *EuGH* 12.12.1955, Rs. 10/55 (*Mirossevich/Hohe Behörde der EGKS*) Slg. 1955, 365; vgl. Fn. 569.

Einstellung der Klägerin als Dolmetscherin bei der Hohen Behörde führte der Gerichtshof aus[868]:

> „Die Hohe Behörde hat der Klägerin daher ein mündliches Angebot gemacht, sie als Dolmetscherin-Übersetzerin auf Probe einzustellen, das die Klägerin durch ihren tatsächlich sofort erfolgten Diensteintritt angenommen hat, so dass ein mündlicher Einstellungsvertrag unter der Bedingung des günstigen Ausgangs einer abzuleistenden Probezeit zustande gekommen ist."

Voraussetzung der Willenseinigung durch schlüssiges Verhalten ist demnach, dass die Vereinbarung zwischen den Parteien eindeutig als geschlossen angesehen werden kann. Das ist im vorliegenden Fall durch den tatsächlichen Eintritt in das Arbeitsverhältnis aufgrund des vorhergehenden Angebots der Hohen Behörde gegeben.
In der Rechtssache *Rudolf Pieter Marie Fidelaar/Kommission*[869] hatte sich der Gerichtshof ebenfalls mit einem Anstellungsvertrag zu beschäftigen; der Kläger hatte seinen Dienst bei der Kommission bereits tatsächlich angetreten. Der Gerichtshof urteilte mit Bezug hierauf[870]:

> „In Anbetracht der Voraussetzungen und Umstände, unter denen der Kläger von der Kommission eingestellt worden ist, ergibt sich der zwischen den Parteien abgeschlossene Einstellungsvertrag aus der stillschweigenden Einigung der Parteien."

Der Gerichtshof qualifizierte den Vertrag dabei als öffentlich-rechtlich. Diese Qualifikation stützt er darauf, dass der Vertrag mit der Kommission und damit mit einer juristischen Person des öffentlichen Rechts geschlossen wurde. Der Zweck der Tätigkeit war damit öffentlich-rechtlich[871].

bb) Einigung durch Schweigen

Art. 9 Fernabsatzrichtlinie untersagt es, einem Verbraucher ohne vorherige Bestellung Waren zu liefern oder Dienstleistungen zu erbringen (sog. Trägheitsverkäufe[872]). Durch Schweigen soll demnach grundsätzlich kein Vertrag zustande kommen können. Das Ausbleiben einer Reaktion ist hiernach keine Zustimmung. Diese Regel gilt nach der Rechtsprechung des EuGH jedoch nicht ausnahmslos.

---

868 *EuGH, Mirossevich/Hohe Behörde der EGKS* (Fn. 867) 365, 401.

869 *EuGH* 16.12.1960, Rs. 44/59 (*Rudolf Pieter Marie Fiddelaar/Kommission der EWG*) Slg. 1960, 1077.

870 *EuGH, Rudolf Pieter Marie Fiddelaar/Kommission der EWG* (Fn. 869) 1077, 1133.

871 *EuGH, Rudolf Pieter Marie Fiddelaar/Kommission der EWG* (Fn. 869) 1077, 1133.

872 Vergleiche zu dieser Bezeichnung KOM (2001) 398 endg., ABl. EG 2001 C 255/1, Anhang III, S. 59.

Der Gerichtshof hatte sich im Verfahren *Iveco Fiat*[873] mit dem Problem der stillschweigenden Verlängerung einer Gerichtsstandsvereinbarung zu beschäftigen. Die italienische Firma *Iveco Fiat* hatte 1956 und 1958 der belgischen Firma *Van Hool* in zwei schriftlichen befristeten Verträgen das ausschließliche Recht zur Herstellung, zum Einbau und zum Vertrieb von Fiat-Produkten übertragen. Für die Verlängerung der Verträge war eine schriftliche Bestätigung durch *Fiat Iveco* erforderlich. Obgleich nach 1961 keine schriftliche Verlängerung mehr erfolgte, setzten die Vertragsparteien ihre Geschäftsbeziehungen fort. Beide Verträge enthielten eine Gerichtsstandsklausel, nach der nur das Tribunale Torino im Falle eines Rechtsstreits zuständig sein sollte. Hierauf berief sich die italienische Beklagte vor belgischen Gerichten. Fraglich war, ob eine wirksame Gerichtsstandsvereinbarung nach Art. 17 EuGVÜ bestand. Der Gerichtshof führte in seinem Urteil aus, dass es ausreichend ist, wenn ein schriftlicher Vertrag, der für seine Verlängerung die Schriftform vorsieht, abgelaufen ist, aber weiter als rechtliche Grundlage für die vertraglichen Beziehungen zwischen den Parteien gedient hat. Voraussetzung ist dabei, dass die Parteien nach dem anwendbaren Recht den ursprünglichen Vertrag ohne Einhaltung der Schriftform wirksam verlängern konnten oder sofern eine der beiden Parteien diese Vereinbarung oder die Gesamtheit der stillschweigend übernommenen Vertragsbestimmungen schriftlich bestätigt hat. Die andere Partei, der diese Bestätigung zugegangen ist, darf dagegen keine Einwendungen erhoben haben[874]. In der Entscheidung macht der Gerichtshof das Fortbestehen der Gerichtsstandsklausel damit vom Fortbestehen des Hauptvertrages abhängig. Die Abhängigkeit vom Fortbestehen des Hauptvertrages wurde in der Literatur zum Teil kritisiert[875]. Die Gerichtsstandsklausel soll regelmäßig auch dann noch Geltung beanspruchen, wenn der Vertrag bereits abgelaufen ist[876]. Der EuGH hielt mit dem Urteil trotz der Kritik an seiner Rechtsprechung fest, die er bereits im Urteil *Berhöfer* mit der folgenden Aussage festgelegt hatte[877]:

> „Artikel 17 Abs. 1 EuGVÜ ist dahin auszulegen, dass dem dort aufgestellten Formerfordernis genügt ist, wenn feststeht, dass die Bestimmung des Gerichtsstandes Gegenstand einer ausdrücklich auf sie bezogenen mündlichen Vereinbarung war, dass eine von einer, gleich welcher Parteien stammende schriftliche Bestätigung dieser Vereinbarung der anderen zugegangen ist und dass diese keine Einwendungen erhoben hat."

Die beiden Urteilspassagen belegen, dass eine Annahme durch Schweigen grundsätzlich nicht möglich ist; nur unter den besonderen Voraussetzungen, dass

---

873 *EuGH* 11.11.1986, Rs. 313/85 (*Iveco Fiat*) Slg. 1986, 3337.
874 *EuGH, Iveco Fiat* (Fn. 873) 3337.
875 *Kroppholler*, Art. 17 EuGVÜ, RdNr. 20 f.; *Jayme*, IPRax 1989, 362, 363; *Bischoff*, J.D.I. 114 (1987), 472, 473 f.
876 *Jayme*, IPRax 1989, 362, 363; *Anton/Beaumont*, S.L.T. 1990, A3, A4.
877 *EuGH* 11.07.1985, Rs. 221/84 (*Berhöfer*) Slg. 1985, 2699.

an einen bereits bestehenden Tatbestand angeknüpft wird[878], oder dass zwischen den Parteien bereits Verhandlungen stattgefunden haben, die nur noch bestätigt werden[879], ist eine Annahmeerklärung entbehrlich.
Eine weitere Ausnahme lässt der Gerichtshof für drittbegünstigende Versicherungsverträge zu. Der Dritte kann sich auf den Vertrag berufen, auch wenn er dem Vertragsschluss nicht zugestimmt hat. Der Gerichtshof hat hierzu im Verfahren *Gerling Konzern/Amministrazione del Tesoro dello Stato*[880] Stellung genommen. Er urteilte, dass der Dritte, zu dessen Gunsten der Vertrag wirkt, und der hieraus einen eigenen Anspruch auf die Versicherungsleistung erwirbt, auch dann an die Wirkung des Vertrages gebunden ist, wenn er nicht ausdrücklich in dem Formerfordernis, das für den Hauptvertrag gilt, dem Vertrag zugestimmt hat. Zur Wirksamkeit der Gerichtsstandsklausel für den Dritten, der dieser Klausel nicht in der nach Art. 17 EuGVÜ bestimmten Form ausdrücklich zugestimmt hat, führt der EuGH aus[881]:

> „Artikel 17 des Übereinkommens vom 27.09.1968 über die gerichtliche Zuständigkeit und die Vollstreckung gerichtlicher Entscheidungen in Zivil- und Handelssachen ist dahingehend auszulegen, dass sich im Falle eines Versicherungsvertrages zwischen einem Versicherer und einem Versicherungsnehmer, der von Letzterem sowohl für sich selbst als auch zugunsten an dem Vertrag nicht Beteiligter Dritter geschlossen worden ist und der eine Gerichtsstandsklausel für Prozesse enthält, die von diesen Dritten geführt werden können, diese Dritten sich selbst dann auf diese Gerichtsstandsklausel berufen können, wenn sie ihr zwar nicht ausdrücklich durch ihre Unterschrift zugestimmt haben, aber das Schriftformerfordernis des Artikels 17 des Übereinkommens im Verhältnis zwischen dem Versicherer und dem Versicherungsnehmer eingehalten worden und die Zustimmung des Versicherers zu der genannten Klausel klar und deutlich zum Ausdruck gekommen ist."

cc) Sonderfall: Einigung aufgrund eines internationalen Handelsbrauchs

Die Möglichkeit einer Willenseinigung aufgrund eines internationalen Handelsbrauchs ist im Gemeinschaftsrecht in Art. 17 Abs. 1 S. 2 c) EuGVÜ/Art. 23 Abs. 1 S. 2 c) EuGVO geregelt. Soweit diese vereinheitlichte Regelung reicht, ist für die Anwendung einzelstaatlichen Rechts kein Raum[882]; die Untersuchung dieses Sonderfalls ist aus diesem Grunde für die Darstellung des Europäischen Ver-

---

878 *EuGH, Iveco Fiat* (Fn. 873) 3337.
879 *EuGH, Berhöfer* (Fn. 877) 2699.
880 *EuGH* 14.07.1983, Rs. 201/82 (*Gerling Konzern/Amministrazione del Tesoro dello Stato*) Slg. 1983, 2053.
881 *EuGH, Gerling Konzern/Amministrazione del Tesoro dello Stato* (Fn. 880) 2053, Ls. 1.
882 *Kropholler*, Europäisches Zivilprozessrecht, Art. 23 EuGVO, RdNr. 25; *Killias*, Die Gerichtsstandsvereinbarungen nach dem Lugano-Übereinkommen, S. 200 ff.; *Kubis*, IPRax 1999, 10, 11.

tragsrechts aus der Sichtweise der Rechtsprechung des Gerichtshofs von Bedeutung. Voraussetzung einer Einigung hiernach ist erstens, dass ein entsprechender internationaler Handelsbrauch besteht, zweitens, dass sich die Parteien diesem Handelsbrauch entsprechend einigen und zuletzt, dass die Vertragsparteien Kenntnis vom Bestehen des Handelsbrauchs haben.

(a) Bestehen eines internationalen Handelsbrauchs

Voraussetzung ist zunächst das Bestehen eines internationalen Handelsbrauchs. Mit der Definition des internationalen Handelsbrauchs hatte sich der Gerichtshof im Verfahren *MSG*[883] zu beschäftigen. Zugrunde liegender Sachverhalt war ein Rechtsstreit zwischen der Klägerin mit Sitz in Deutschland und der Beklagten mit Sitz in Frankreich wegen Ersatzes des Schadens, der an einem Binnenschiff entstanden war. Dieses stand im Eigentum der Klägerin und war von ihr an die Beklagte aufgrund eines mündlich geschlossenen Vertrages auf Zeit verchartert worden. Während der Zeit der Charter wurde das Schiff im Wesentlichen zur Beförderung von Kiesladungen auf dem Rhein im Pendelverkehr zwischen Deutschland und Frankreich verwendet. Nach der Behauptung der Klägerin wurde ihr Schiff durch die von der Beklagten bei den Entladearbeiten eingesetzten Löschgeräte beschädigt, wofür sie Schadensersatz in Höhe von 197.284,00 DM (über den Betrag, den sie von der Versicherung der Beklagten bereits erhalten hatte) geltend machte[884]. Nach Abschluss der Vertragsverhandlungen hatte die Klägerin der Beklagten ein kaufmännisches Bestätigungsschreiben übersandt, das als Gerichtsstand Würzburg auswies[885]. Aufgrund dieses Bestätigungsschreibens erklärte sich das Schifffahrtsgericht Würzburg für zuständig[886]. Das Oberlandesgericht Nürnberg wies auf die Berufung der Beklagten die Klage wegen Fehlens der internationalen Zuständigkeit als unzulässig ab[887]. Der daraufhin angerufene BGH[888] legte dem EuGH u.a. die Frage zur Vorabentscheidung vor, ob eine Gerichtsstandsvereinbarung in jedem Falle einer vorherigen Willenseinigung bedürfe; er zielte damit auf die Frage, ob es ausreichend ist, dass eine Partei einem kaufmännischen Bestätigungsschreiben nicht widerspricht, in dem ein vorgedruckter Hinweis auf einen ausschließlichen Gerichtsstand enthalten ist[889].

Der EuGH stellte fest, dass es sich bei der vorliegenden Vertragsbeziehung zwischen Deutschland und Frankreich um eine internationale handelte, da ein

---

883 *EuGH* 27.02.1997, Rs. C-106/95 (*MSG/Les Gravières Rhénans*) Slg. 1997, I-911.
884 *EuGH, MSG/Les Gravières Rhénans* (Fn. 883) 911, RdNr. 3.
885 *EuGH, MSG/Les Gravières Rhénans* (Fn. 883) 911, RdNr. 6.
886 *Amtsgericht Würzburg*, Urteil vom 20.11.1992, Az. 14 C 3592/91.
887 *Schifffahrtsobergericht Nürnberg*, Urteil vom 27.01.1994, Az. 8 U 3905/92.
888 *Bundesgerichtshof*, Vorlagebeschluss vom 06.03.1995, Az. II ZR 37/94.
889 *EuGH, MSG/Les Gravières Rhénans* (Fn. 883) 911, RdNr. 12.

grenzüberschreitender Sachverhalt vorlag[890]. Zur Beantwortung der Frage, ob zwischen den Parteien der Vereinbarung ein Handelsbrauch besteht, führte der Gerichtshof in seinem Urteil aus, dass dies sich nicht nach dem Recht eines der Vertragsstaaten bestimmen lasse. Es lasse sich auch nicht für den internationalen Handelsverkehr generell bestimmen, sondern nur für den Geschäftszweig, in dem die Vertragsparteien tätig sind. In diesem Geschäftszweig bestehe ein Handelsbrauch namentlich dann, wenn die dort tätigen Kaufleute bei Abschluss einer bestimmten Art von Verträgen allgemein und regelmäßig ein bestimmtes Verhalten befolgen[891].

Der internationale Handelsbrauch muss als solcher nicht in allen Mitgliedstaaten der Gemeinschaft bekannt sein[892]. Erforderlich ist, dass er in den Ländern der Vertragsparteien besteht[893]. Das gesetzliche Erfordernis der Kenntnis oder des Kennenmüssens der Parteien von dem Handelsbrauch[894] zeigt, dass es auf die regionalen oder branchentypischen Gegebenheiten ankommt[895]. Ob ein internationaler Handelsbrauch zwischen den Parteien besteht, ist damit für den jeweiligen Einzelfall zu entscheiden, wobei diese Entscheidung von den nationalen Gerichten der Mitgliedstaaten zu treffen ist[896]. Aufgabe des EuGH ist es in diesem Zusammenhang, die „objektiven Kriterien" hierfür aufzustellen[897], so dass die Auslegung auch durch die nationalen Gerichte mit dem Ziel internationalen Entscheidungseinklanges autonom vorgenommen werden kann. Die nationalen Gerichte wenden damit kein nationales Recht an, sondern vereinheitlichtes Gemeinschaftsrecht[898]. *Kohler* äußerte noch 1990 Bedenken, dass aufgrund der generellen Bestimmung der Form der Gerichtsstandsvereinbarung durch das nationale Recht und Vorschriften des *ordre public* sich internationale Handelsbräuche nicht entwickeln könnten. Der Anwendungsbereich von Art. 17 EuGVÜ

---

890 *EuGH, MSG/Les Gravières Rhénans* (Fn. 883) 911, RdNr. 22.

891 *EuGH, MSG/Les Gravières Rhénans* (Fn. 883) 911, RdNr. 23.

892 *Kropholler* Art. 17 EuGVÜ, RdNr. 52; *Girsberger*, IPRax 2000, 87, 89; mit Bezug auf Rs. C-159/97: *Huet*, J.D.I. 127 (2000), 528, 532.

893 *Ebenroth*, ZVglRWiss 77 (1978), 161; *Koch*, JZ 1997, 841, 842; teilweise wird darüber hinaus die Übung durch Kaufleute in Ländern, die in dem betreffenden Geschäftszweig eine führende Stellung einnehmen gefordert, so *Girsberger*, IPRax 2000, 87, 89, in Anlehnung an Art. 9 Abs. 2 UN-Kaufrecht, vgl. *Kropholler*, Europäisches Zivilprozessrecht, Art. 23 EuGVO, RdNr. 45 f./51 f.

894 Vergleiche dazu sogleich unter c), S. 150.

895 *Koch*, JZ 1997, 841, 842.

896 *EuGH, MSG/Les Gravières Rhénans* (Fn. 883) 911, RdNr. 21; *EuGH* 16.03.1997, Rs. C-159/97 (*Trasporti Castelletti Spedizioni Internazionali SpA/Hugo Trumpy SpA*) Slg. 1999, I-1597, RdNr. 23; *Girsberger*, IPRax 2000, 87, 89; *Hartley*, Eur. L. Rev. 22 (1997), 360, 361.

897 *EuGH, MSG/Les Gravières Rhénans* (Fn. 883) 911, RdNr. 21; *Hartley*, Eur. L. Rev. 22 (1997), 360, 361.

898 *Kubis*, IPRax 1999, 10, 12.

wäre damit sehr limitiert[899]. Diese Bedenken tragen jedoch nicht[900]. Generalanwalt *Tesauro* äußerte hierzu in seinen Schlussanträgen im Verfahren *MSG*[901]:

> „Hinzu kommt, dass die Feststellung von Handelsbräuchen, die nur Formerfordernisse betreffen, sich – da es sich um Verfahrensvorschriften handelt, die von den Staaten jederzeit geändert werden können[902] – als äußerst schwierig erweist und deshalb dazu führen könnte, Artikel 17 in seiner Neufassung nach der Änderung durch das Beitrittsübereinkommen von 1978 seines Sinns zu entleeren. Es ist daher richtig, dass diese Änderung nicht nur eine Abschwächung der Formen bedeutet, in denen die Einigung zum Ausdruck kommt, sondern auch und eben deswegen weniger strenge Anforderungen an die Herbeiführung einer Willenseinigung der Parteien im Hinblick auf die Bestimmung des zuständigen Gerichts stellt. Mit anderen Worten, das tatsächliche Vorliegen der Einigung, das ursprünglich unerlässlich und allein durch die Schriftform oder die schriftliche Bestätigung einer mündlichen Vereinbarung sichergestellt war, ist im Rahmen des internationalen Handels nun von der Vermutung einer tatsächlichen Einigung abgelöst worden."

Nachdem der EuGH in der Rechtssache *MSG* die Feststellung des Bestehens eines internationalen Handelsbrauchs den nationalen Gerichten zugewiesen hat, sind keine weiteren Stellungnahmen mehr hierzu ergangen[903].

(b) Einigung entsprechend dem Handelsbrauch

Voraussetzung ist weiter, dass sich die Parteien entsprechend dem bestehenden Handelsbrauch einigen. Die Willenseinigung der Vertragsparteien über eine Gerichtsstandsvereinbarung wird in diesem Fall, wie bereits in vorstehendem Auszug der Schlussanträge von Generalanwalt *Tesauro* dargestellt, vermutet. Voraussetzung ist, dass in dem betreffenden Geschäftszweig des internationalen Handelsverkehrs entsprechende Handelsbräuche bestehen, die den Parteien be-

---

899 *Kohler*, Diritto del commercio internazionale, S. 611.

900 *Huet*, J.D.I. 124 (1997), 625, 627.

901 *EuGH, MSG/Les Gravières Rhénans* (Fn. 883) 911, RdNr. 25 ff. der Schlussanträge.

902 Vergleiche hierzu *Mezger*, Travaux du comité français de droit international privé, 1980 – 1981, 15 ff.

903 Es finden sich vereinzelt Verweise von Generalanwälten in ihren Schlussanträgen, z.B. *EuGH* 17.09.2002, Rs. C-334/00 (*Fonderie Officinie Meccaniche Tacconi SpA./Heinrich Wagner Sinto Maschinenfabrik GmbH*) Slg. 2002, I-7357, RdNr. 79 der Schlussanträge; *EuGH* 15.10.2002, Rs. C-427/98 (*Kommission/Deutschland*) Slg. 2002, I-8315, Fn. 8 zu RdNr. 13 der Schlussanträge; *EuGH* 17.05.2001, Rs. C-340/99 (*TNT Traco SpA/Poste Italiane SpA sowie Michele Carbone, Raffaele Ciriolo und Clemente Marino*) Slg. 2001, I-4109, RdNr. 63 der Schlussanträge; *EuGH* 09.11.2000, Rs. C-387/98 (*Coreck Maritime GmbH/1. Handelsveem BV, 2. V. Berg and Sons Ltd, 3.Man Producten Rotterdam BV, 4. The Peoples Insurance Company of China*) Slg. 2000, I-9337, RdNr. 16, 28, 31, 58 der Schlussanträge.

kannt sind oder als ihnen bekannt angesehen werden müssen[904]. Der Gerichtshof äußerte sich hierzu im Urteil *MSG*[905]:

> „Wenn eine der Vertragsparteien auf ein kaufmännisches Bestätigungsschreiben der anderen Partei, das einen vorgedruckten Hinweis auf den Gerichtsstand enthält, nicht reagiert oder schweigt oder wenn eine der Parteien wiederholt Rechnungen der anderen Partei, die einen solchen Hinweis enthalten, widerspruchslos bezahlt, kann dies daher als Zustimmung zu der streitigen Gerichtsstandsklausel gelten, wenn ein solches Verhalten einem Brauch in dem Bereich des internationalen Handelsverkehrs entspricht (...)."

Während der letzte Halbsatz dieser Erwägung des Gerichtshofs auf den Wortlaut des entscheidungsrelevanten Art. 17 EuGVÜ bezogen ist, und damit autonom gilt, gibt der erste Halbsatz den zugrunde liegenden Sachverhalt wieder. Aus diesem Grunde findet sich auch die Formulierung des „kaufmännischen Bestätigungsschreibens" aus dem deutschen Handelsrecht, das, nach der Rechtsprechung des EuGH, als relevante Willensäußerung zum Abschluss eines Vertrags angesehen wird. Gleiches gilt für das hierauf bezogene Schweigen des anderen Kaufmannes. Der Auszug des Urteils verdeutlicht das Zusammenspiel zwischen den nationalen Rechten und dem Gemeinschaftsrecht. Es bestätigt darüber hinaus den Einzelfallcharakter der jeweiligen Handelsbräuche. Der EuGH kam hieraus zu dem Ergebnis[906]:

> „Eine Gerichtsstandsvereinbarung [kann] auch in der Weise getroffen werden (...), dass die eine Vertragspartei auf ein ihr von der anderen Vertragspartei übersandtes kaufmännisches Bestätigungsschreiben, das einen vorgedruckten Hinweis auf den Gerichtsstand enthält, nicht reagiert oder wiederholt Rechnungen, die einen solchen Hinweis enthalten, widerspruchslos bezahlt, sofern dieses Verhalten einem Handelsbrauch in dem Bereich des internationalen Handelsverkehrs entspricht, in dem die Parteien tätig sind (...)."

Der EuGH hält damit an dem Grundsatz fest, dass für das Zustandekommen einer Vereinbarung zwischen den Parteien eine Willenseinigung erforderlich ist. Diese wird für den Fall des internationalen Handelsbrauchs im Einzelfall „vermutet"[907]. Art. 23 Abs. 1 S. 2 c) EuGVO macht die Willenseinigung der Parteien nicht entbehrlich, sondern erleichtert sie[908]. Fraglich ist, inwieweit nationales Recht in diese besondere Form der vertraglichen Einigung mit hineinspielt[909]. Fehlen entsprechende Regelungen betreffend die Willenseinigung der Parteien

---

904 *EuGH, MSG/Les Gravières Rhénans* (Fn. 883) 911, RdNr. 19.
905 *EuGH, MSG/Les Gravières Rhénans* (Fn. 883) 911, RdNr. 20.
906 *EuGH, MSG/Les Gravières Rhénans* (Fn. 883) 911, RdNr. 25.
907 So unter der Bezeichnung als „wenig realistisch" *Koch*, JZ 1997, 841, 842.
908 *Hartley*, Eur. L. Rev. 22 (1997), 360, 361.
909 Vergleiche *Kubis*, IPRax 1999, 10, 12.

im Gemeinschaftsrecht, so ist nach den Regeln des jeweiligen nationalen Internationalen Privatrechts die zur Anwendung berufene *lex fori* zu bestimmen und die Entscheidung hierüber dem nationalen Recht zu überlassen[910].

(c) Kenntnis der Parteien von dem Handelsbrauch

Aufgrund des Einzelfallcharakters eines Handelsbrauches zwischen den Parteien ist es von besonderer Bedeutung, dass für die beiden Vertragsparteien und für außenstehende Dritte feststeht, dass es einen solchen Handelsbrauch gibt. Diesem Erfordernis soll das kognitive Element in Art. 17 EuGVÜ entsprechend Rechnung tragen. Umstritten ist jedoch, was unter Kenntnis bzw. Kennenmüssen in diesem Sinne zu verstehen ist.

Nach einer mitunter vertretenen Auffassung ist die Kenntnis eines internationalen Handelsbrauchs dann gegeben, wenn das Vertragsstatut ihn kennt[911]. Diese Auffassung knüpft – objektiv – an das Vertragsstatut an. Ziel von Art. 23 EuGVO ist, dass die Willenseinigung der Parteien über den Gerichtsstand klar und deutlich feststeht und aus der Einigung hervorgeht. Die Auffassung, die auf das Vertragsstatut als solches abstellt, hebelt diese subjektive Komponente aus. Sie widerspricht damit den zugrunde liegenden Erwägungen des Gesetzgebers aufgrund des sog. *Schlosser*-Berichts[912], der zur Einführung des Art. 17 Abs. 1 c) EuGVÜ als gesetzlich anerkanntem Sonderfall der Willenseinigung ohne ausdrücklich abgegebene Willenserklärungen geführt hatte.

Nach anderer Auffassung soll für die Anwendung des Art. 17 Abs. 1 c) EuGVÜ maßgeblich sein, dass am Geschäftssitz des Empfängers sein Schweigen als Einverständnis mit einer in dem Bestätigungsschreiben enthaltenen Gerichtsstandsklausel angesehen wird[913]. Diese Ansicht führt zwar dazu, dass – auch für außenstehende Dritte – erkennbar ist, ob am Geschäftssitz des Empfängers ein entsprechender Handelsbrauch besteht. Hierdurch wird aber eine Vertragspartei benachteiligt, die – möglicherweise auch gegen ihren Willen – an der Klausel festgehalten würde. Das widerspräche dem Grundsatz der Vertragsfreiheit, so dass diese Auffassung nicht zu überzeugen vermag.

Nach Ansicht des EuGH kann die tatsächliche oder vermutete Kenntnis eines internationalen Handelsbrauchs nur dann angenommen werden, wenn in demselben Geschäftszweig bei Verträgen gleicher Art ein bestimmtes Verhalten regelmäßig befolgt wird und daher hinreichend bekannt ist. Dies stellte der Gerichtshof im Urteil *MSG*[914] heraus:

---

910 So *Kubis*, IPRax 1999, 10, 12.

911 Vergleiche *Holl*, RIW 1997, 415, 418.

912 ABl. EG 1979 C 59/71.

913 Vergleiche die Darstellung bei *Holl*, RIW 1997, 415, 418.

914 *EuGH, MSG/Les Gravières Rhénans* (Fn. 883) 911, RdNr. 24.

„Dass die Parteien einen solchen Handelsbrauch kennen, steht namentlich dann fest oder wird vermutet, wenn sie untereinander oder mit anderen in dem betreffenden Geschäftszweig tätigen Vertragspartnern schon früher Geschäftsbeziehungen angeknüpft hatten oder wenn in diesem Geschäftszweig ein bestimmtes Verhalten bei Abschluss einer bestimmten Art von Verträgen allgemein und regelmäßig befolgt wird und daher hinreichend bekannt ist, um als ständige Übung angesehen werden zu können."

Für den wirksamen Abschluss einer Gerichtsstandsvereinbarung ist mithin erforderlich, dass die Grundsätze des internationalen Handelsbrauchs sowohl am Geschäftssitz des Bestätigenden als auch am Geschäftssitz des Empfängers anerkannt sind. In praktischer Hinsicht stellte Generalanwalt *Léger* in seinen Schlussanträgen in der Rechtssache *Trasporti Castelletti Spedizioni Internazionali/Hugo Trumpy*[915], denen sich der Gerichtshof in seinem Urteil insoweit anschloss, fest[916]:

„Es genügt daher die Feststellung, dass die Parteien, deren Kenntnis von dem Handelsbrauch erforderlich ist, dieselben sind wie die Parteien, deren Zustimmung zur Klausel Voraussetzung für deren Wirksamkeit sind."

Die vom Gerichtshof dargestellte Ansicht wird sowohl den Motiven des EuGVÜ und der Änderungen in Art. 17 EuGVÜ als auch den Parteiinteressen beim Abschluss einer entsprechenden Vereinbarung gerecht. Der Ansicht des EuGH, die in allen Mitgliedstaaten gleichermaßen verbindlich ist[917], ist damit zu folgen.

(d) Übertragbarkeit der gefundenen Ergebnisse

Die Annahme einer Willenseinigung der Parteien aufgrund des Bestehens und der Kenntnis bzw. des Kennenmüssens von einem internationalen Handelsbrauch stellt einen Sonderfall dar, der bislang nur in Art. 17 EuGVÜ bzw. in Art. 23 EuGVO eine normative Grundlage findet. Die Regelung betrifft einen Aspekt des privatrechtlichen Vertragsschlusses und hat einheitliche Geltung in der Gemeinschaft[918]. Aufgrund des Sonderfallcharakters der Vorschrift und angesichts der Tatsache, dass diese bislang vereinzelt geblieben ist, verbieten sich jedoch Rückschlüsse darauf, dass es sich hierbei um einen allgemeinen Fall des Abschlusses eines Vertrages handelt. Zwar bestehen, wie gezeigt, in einigen

915 *EuGH* 16.03.1999, Rs. C-159/97 (*Trasporti Castelletti Spedizioni Internazionale SpA/Hugo Trumpy SpA*) Slg. 1999, I-1597.

916 *EuGH, Trasporti Castelletti Spedizioni Internazionale SpA/Hugo Trumpy SpA* (Fn. 915) 1597, RdNr. 141 der Schlussanträge.

917 Heute einhellige Ansicht, vgl. auch *Girsberger*, IPRax 2000, 87, 89.

918 Zu Besonderheiten vergleiche oben, Fn. 252.

Mitgliedstaaten Regelungen bezüglich eines allgemeinen Vertragsschlusses, jedoch haben in diesem Falle die jeweiligen nationalen Regelungen Vorrang[919].

6. Einbeziehung von Allgemeinen Geschäftsbedingungen

Kennzeichen des Vertragsschlusses ist, dass sich die vertragsschließenden Parteien – bezogen auf den Einzelfall – auf einen konkreten Vertragsinhalt einigen. Das bedeutet, dass regelmäßig alle Bedingungen, die Gegenstand des Vertrages sind, im Einzelnen von den Parteien ausgehandelt werden müssen. Den Gegensatz zu diesen im Einzelnen ausgehandelten Verträgen bilden vorformulierte Standardverträge. Der Gerichtshof entschied vor dem Hintergrund des EuGVÜ in der Rechtssache *Salotti*, dass es den Erfordernissen von Art. 17 EuGVÜ nicht genügt, wenn eine Gerichtsstandsklausel im Rahmen Allgemeiner Geschäftsbedingungen auf der Rückseite eines auf dem Geschäftspapier dieser Partei niedergelegten schriftlichen Vertrages abgedruckt ist. Dieses Verfahren gewährleiste nicht, dass die andere Partei tatsächlich einer Klausel zugestimmt hat, die von den allgemeinen Regeln über die gerichtliche Zuständigkeit abweicht. Anders ist es, wenn der von beiden Parteien unterzeichnete Vertragstext selbst ausdrücklich auf die die Gerichtsstandsklausel enthaltenden Allgemeinen Geschäftsbedingungen Bezug nimmt[920].
Da vorformulierte Klauseln oftmals von erfahrenen Verwendern den einzelnen Vertragspartnern vorgelegt werden, bedarf es hier besonderen Schutzes des Verbrauchers. Der Rat der Europäischen Union sprach aus diesem Grunde unter den Nummern 18 und 19 des Anhangs zu seiner Entschließung vom 14.04.1975 über das erste Programm der Europäischen Wirtschaftsgemeinschaft für eine Politik zum Schutz und zur Information der Verbraucher[921] von der Notwendigkeit, die Käufer von Gütern oder Dienstleistungen vor der Forderung nach Zahlung nicht bestellter Ware und vor aggressiven Verkaufsmethoden zu schützen. Die besondere Schutzbedürftigkeit der einzelnen Vertragspartei bei Einbeziehung von vorformulierten Standardklauseln ist vom europäischen Gesetzgeber, auch unter dem Gesichtspunkt, dass sich hierdurch Beeinträchtigungen für den freien Binnenmarkt ergeben können[922], damit erkannt worden. Aus diesem

---

919 *Kropholler*, Europäisches Zivilprozessrecht, Art. 23 EuGVO, RdNr. 21 ff.

920 *EuGH* 14.12.1976, Rs. 24/76 (*Salotti*) Slg. 1976, 1831, RdNr. 9.

921 ABl. EG 1975 C 92/1.

922 Vergleiche die Erwägungen zur Richtlinie 93/13/EWG des Rates vom 05.05.1993 über missbräuchliche Klauseln in Verbraucherverträgen, ABl. EG 1993 L 95/29: „Die Rechtsvorschriften der Mitgliedstaaten über Vertragsklauseln zwischen dem Verkäufer von Waren oder dem Dienstleistungserbringer einerseits und dem Verbraucher andererseits weisen viele Unterschiede auf, wodurch die einzelnen Märkte für den Verkäufer von Waren und die Erbringung von Dienstleistungen an den Verbraucher uneinheitlich sind; dadurch wiederum können Wettbewerbsverzerrungen bei den Verkäufern und den

Grunde wurde am 05.04.1993 die Klauselrichtlinie erlassen[923]. Aufgrund ihres Charakters als Richtlinie und ihrer z.T. sehr weiten Definitionen ist die Richtlinie in der Folgezeit in verschiedenen Fällen Vorlagegegenstand an den EuGH gewesen.

a) Voraussetzungen der Einbeziehung Allgemeiner Geschäftsbedingungen

aa) Persönlicher Anwendungsbereich

Die Auslegung des persönlichen Anwendungsbereichs der Klauselrichtlinie durch den EuGH ist bereits im Rahmen der Rechtssubjekte eines Vertrages dargestellt worden. Auf den entsprechenden Abschnitt wird verwiesen[924].

bb) Sachlicher Anwendungsbereich

In sachlicher Hinsicht behandelt die Richtlinie die Missbräuchlichkeit von nicht im Einzelnen ausgehandelten Vertragsklauseln.

(a) Nicht im Einzelnen ausgehandelte Vertragsklausel

Die Richtlinie betrifft nur Vertragsklauseln, die nicht im Einzelnen ausgehandelt wurden. Vertragsklausel ist nach europäisch-autonomer Auslegung jede sprachlich und inhaltlich abgrenzbare Regelung eines Vertrages[925]. Gem. Art. 3 Abs. 2 ist „[e]ine Vertragsklausel (...) immer dann als nicht im Einzelnen ausgehandelt zu betrachten, wenn sie im Voraus abgefasst wurde und der Verbraucher deshalb, insbesondere im Rahmen eines vorformulierten Standardvertrages, keinen Einfluss auf ihren Inhalt nehmen konnte“. Die gleiche Vorschrift stellt im nächsten Absatz klar, dass „[d]ie Tatsache, dass bestimmte Elemente einer Vertragsklausel oder eine einzelne Vertragsklausel im Einzelnen ausgehandelt worden sind, (...) die Anwendung dieses Artikels auf den übrigen Vertrag nicht aus[schließt], sofern es sich nach der Gesamtwertung dennoch um einen vorformulierten Standardvertrag handelt“. Art. 3 Abs. 2 der Klauselrichtlinie verlangt damit keinen Formular- oder Standardvertrag, sondern erfasst dem Wortlaut und

---

Erbringern von Dienstleistungen, besonders bei der Vermarktung in anderen Mitgliedstaaten, eintreten“.

923 Vergleiche Fn. 922; ausführlich zur RL 93/13/EWG *Coors*, Missbräuchliche Klauseln, v.a. S. 82 ff.

924 Vergleiche oben, S. 64 ff.

925 *Grabitz/Hilf/Pfeiffer*, A 5, Art. 3, RdNr. 2.

Zweck nach insbesondere auch nicht einzeln ausgehandelte Individualklauseln oder -verträge[926]. Diese Regelung wurde von Generalanwalt *Saggio* in seinen Schlussanträgen in der Rechtssache *Océano Grupo* im Zusammenhang mit der Missbräuchlichkeit einer nicht im Einzelnen ausgehandelten Vertragsklausel in dieser Weise herausgestellt, ohne dass es einer weiteren Auslegung der Regelung bedurft hätte[927].

(b) Keine Missbräuchlichkeit der Vertragsklausel

Voraussetzung der Einbeziehung einer Vertragsklausel in den Vertrag ist weiterhin, dass die Klausel nicht missbräuchlich ist. Mindestanforderungen für die Feststellung der Missbräuchlichkeit sind in Art. 3 Abs. 1 Klauselrichtlinie enthalten. Art. 3 Abs. 3 der Richtlinie verweist auf deren Anhang, der „eine als Hinweis dienende und nicht erschöpfende Liste der Klauseln [enthält], die für missbräuchlich erklärt werden können". Die Richtlinie gibt einige Kriterien an, anhand derer das Missverhältnis im Sinne von Art. 3 Abs. 1 beurteilt werden kann: So sollen nach Art. 4 Abs. 1 die Art der den Vertragsschluss bildenden Güter oder Dienstleistungen, alle den Vertragsschluss begleitenden Umstände sowie alle anderen Klauseln desselben Vertrages berücksichtigt werden. Diese Kriterien sind jedoch nicht besonders aussagekräftig[928].

Der Gerichtshof hatte sich mit der Frage der Missbräuchlichkeit einer Vertragsklausel im Verfahren *Océano Grupo*[929] zu befassen. Das Urteil ist die erste Stellungnahme des Gerichtshofes zur Missbräuchlichkeit einer Vertragsklausel. Hintergrund der Rechtssache waren Streitigkeiten über Ratenkaufverträge, die jeweils den Erwerb einer Enzyklopädie zu privaten Zwecken zum Gegenstand hatten[930]. Die Verträge enthielten eine Klausel, mit der Barcelona als Gerichtsstand vereinbart wurde. Dort befand sich der Sitz der Klägerinnen, die Beklagten wohnten dort nicht. Da die Käufer der Enzyklopädien die Raten zu den vereinbarten Fälligkeitsterminen nicht zahlten, erhoben die Klägerinnen Klagen vor

---

926 *Damm*, JZ 1994, 161, 163; *Micklitz*, ZEuP 1 (1993), 522, 533; *Grabitz/Hilf/Pfeiffer*, A 5, Art. 3, RdNr. 4; *Howells/Wilhelmsson*, EC Consumer Law, S. 92.

927 Vergleiche Generalanwalt *Saggio*, *EuGH* 27.06.2000, Rs. C-240/98 bis C-244/98 (*Océano Grupo Editorial/Roció Murciano Quintero und Slavat Editores SA/José M. Sánchez Alcón Prades, José Luis Copano Badillo, Mohammed Berroane du Emilio Vinas Feliú*) Slg. 2000, I-4941, RdNr. 3 der Schlussanträge.

928 *Franzen*, Privatrechtsangleichung durch die Europäische Gemeinschaft, S. 564.

929 *EuGH, Océano Grupo Editorial/Roció Murciano Quintero und Slavat Editores SA/José M. Sánchez Alcón Prades, José Luis Copano Badillo, Mohammed Berroane du Emilio Vinas Feliú* (Fn. 927) 4941.

930 *EuGH, Océano Grupo Editorial/Roció Murciano Quintero und Slavat Editores SA/José M. Sánchez Alcón Prades, José Luis Copano Badillo, Mohammed Berroane du Emilio Vinas Feliú* (Fn. 927) 4941, RdNr. 15.

dem Juzgado de Primera Instancia Nr. 35 Barcelona. Dieses Gericht hatte Bedenken hinsichtlich seiner Zuständigkeit. Es legte dem Gerichtshof aus diesem Grunde die Frage zur Vorabentscheidung vor, ob es nach der Klauselrichtlinie zulässig sei, dass ein mitgliedstaatliches nationales Gericht im Rahmen der Prüfung der Zulässigkeit einer Klage von Amts wegen die Missbräuchlichkeit von Vertragsklauseln prüft[931].

Bevor der EuGH in seinem Urteil auf die Beantwortung der eigentlichen Vorlagefrage einging, nahm er eine umfassende Prüfung vor, ob es sich bei der in Frage stehenden Vertragsklausel um eine missbräuchliche Klausel handelte. Dabei stellten die Richter zunächst fest, dass es sich um Verträge zwischen Verbrauchern und Unternehmern handelte, die nicht im Einzelnen ausgehandelte Vertragsklauseln enthielten[932]. Sodann nahmen sie eine umfassende Prüfung der widerstreitenden Interessen in Bezug auf die Vereinbarung des Gerichtsstandes vor[933]. Sie gelangten zu dem Ergebnis, dass eine Gerichtsstandsklausel, die in einen Vertrag zwischen einem Verbraucher und einem Gewerbetreibenden aufgenommen worden ist, ohne im Einzelnen ausgehandelt worden zu sein, missbräuchlich ist, wenn sie die ausschließliche Zuständigkeit dem Gericht zuweist, in dessen Bezirk der Gewerbetreibende seine Niederlassung hat. Diese Klausel verursache entgegen dem Gebot von Treu und Glauben zum Nachteil des Verbrauchers ein erhebliches und ungerechtfertigtes Missverhältnis der vertraglichen Rechte und Pflichten[934].

Zu der vorgelegten Frage, ob eine Prüfung solcher Klauseln von Amts wegen zulässig sei, äußerten die Richter, dass das Ziel des Art. 6 der Richtlinie nicht erreicht werden könne, wenn die Verbraucher die Missbräuchlichkeit solcher

---

931 *EuGH, Océano Grupo Editorial/Roció Murciano Quintero und Slavat Editores SA/José M. Sánchez Alcón Prades, José Luis Copano Badillo, Mohammed Berroane du Emilio Vinas Feliú* (Fn. 927) 4941, RdNr. 19.

932 *EuGH, Océano Grupo Editorial/Roció Murciano Quintero und Slavat Editores SA/José M. Sánchez Alcón Prades, José Luis Copano Badillo, Mohammed Berroane du Emilio Vinas Feliú* (Fn. 927) 4941, RdNr. 21.

933 *EuGH, Océano Grupo Editorial/Roció Murciano Quintero und Slavat Editores SA/José M. Sánchez Alcón Prades, José Luis Copano Badillo, Mohammed Berroane du Emilio Vinas Feliú* (Fn. 927) 4941, RdNr. 22.

934 *EuGH, Océano Grupo Editorial/Roció Murciano Quintero und Slavat Editores SA/José M. Sánchez Alcón Prades, José Luis Copano Badillo, Mohammed Berroane du Emilio Vinas Feliú* (Fn. 927) 4941, RdNr. 23.

Klauseln selbst geltend machen müssten[935]. Insofern schloss sich der Gerichtshof den Schlussanträgen des Generalanwalts *Saggio* an, der hierzu geäußert hatte[936]:

> „Außerdem ist bestimmt von Bedeutung, dass die Richtlinie, um eine Situation des erheblichen Ungleichgewichts zwischen den beiden Vertragsparteien zu bereinigen, die Mitgliedstaaten verpflichtet, ein Schutzsystem zu schaffen, das außerhalb des einzelnen Vertragsverhältnisses stehende Dritte in aktiver Weise einbezieht. (...) Aufgrund dieser bisher angestellten Überlegungen ist es nun nur vernünftig, davon auszugehen, dass das Eingreifen des Gerichts von Amts wegen nicht nur ein repressives Mittel von höchster Wirksamkeit ist, sondern auch geeignet erscheint, eine wirksame Abschreckung gegen die Verwendung der Klauseln in Verträgen mit Verbrauchern in Gang zu setzen."

Die Entscheidung des Gerichtshofes in der Rechtssache ist dabei in mehrfacher Hinsicht beachtenswert und von besonderer Bedeutung für die Betrachtung des Europäischen Vertragsrechts. Der EuGH nimmt in der Entscheidung – obwohl nicht Gegenstand der Vorlagefrage und zur Beantwortung der Frage nicht erforderlich[937] – zunächst zu der Frage Stellung, ob die in Frage stehende Klausel missbräuchlich ist. Dazu nimmt er eine volle Subsumtion unter die Voraussetzungen der Klauselrichtlinie vor. Nicht nur, dass der EuGH damit über die ihm vorgelegte Frage hinausgeht, was er – übereinstimmend mit den Schlussanträgen des Generalanwalts – für die Beurteilung als erforderlich ansieht, vielmehr nimmt er eine materielle Prüfung vor, die in der Folge von den Mitgliedstaaten zu beachten sein wird[938]. Damit legt er Art. 3 Abs. 1 Klauselrichtlinie autonom aus[939]. Kritisiert wird hieran in der Literatur, dass der EuGH auf die weiteren Umstände, die nach Art. 4 Abs. 1 Klauselrichtlinie zu berücksichtigen sind, nicht eingegangen sei[940]. Darüber hinaus habe der EuGH sich mit dieser Rechtsprechung selbst zum Hüter von missbräuchlichen Vertragsklauseln gemacht[941]. Während diese weitgehende Prüfungsbefugnis in der Literatur z.T. als zulässig angesehen wird[942], ist sie nach der herrschenden Auffassung abzulehnen[943]. Die

---

935 *EuGH, Océano Grupo Editorial/Roció Murciano Quintero und Slavat Editores SA/José M. Sánchez Alcón Prades, José Luis Copano Badillo, Mohammed Berroane du Emilio Vinas Feliú* (Fn. 927) 4941, RdNr. 26.

936 *EuGH, Océano Grupo Editorial/Roció Murciano Quintero und Slavat Editores SA/José M. Sánchez Alcón Prades, José Luis Copano Badillo, Mohammed Berroane du Emilio Vinas Feliú* (Fn. 927) 4941, RdNr. 24 der Schlussanträge.

937 *Borges*, NJW 2001, 2061, 2062.

938 *Stuyck*, CMLR 38 (2001), 719, 728.

939 *Staudinger*, DB 2000, 2056, 2058.

940 *Whittaker*, L.Q.R. 117 (2001), 215, 217.

941 *Borges*, Die Inhaltskontrolle von Verbraucherverträgen, S. 81; *Canaris*, EuZW 1994, 417.

942 *Staudinger/Coester*, § 9 AGBG, RdNr. 56; *Nasall*, JZ 1995, 689.

943 *Borges*, Die Inhaltskontrolle von Verbraucherverträgen, S. 80 f.; *Heinrichs*, NJW 1996, 2190, 2196 f.; *Roth*, JZ 1999, 529, 536; *Grabitz/Hilf/Pfeiffer*, A 5, Art. 3, RdNr. 46.

Ansicht entspricht dem vom EuGH selbst immer wieder bestätigten Grundsatz, dass die Auslegung des nationalen Rechts und ebenso die Anwendung des Gemeinschaftsrechts auf den konkreten Fall den nationalen Gerichten vorbehalten ist und dem EuGH selbst insofern keine Prüfungskompetenz zukommt[944]. Lässt man die Frage, ob der EuGH letztendlich überhaupt zu der Frage hätte Stellung nehmen dürfen[945], einmal außen vor, enthält das Urteil ein eindrückliches Bild davon, wie bestimmte Aspekte des privatrechtlichen Vertragsschlusses vom Gerichtshof gesehen und interpretiert werden. Dabei bestand im vorliegenden Fall die Besonderheit, dass die Richtlinie noch nicht vollumfänglich ins spanische Recht umgesetzt worden war. Die Richter urteilten aus diesem Grunde in Bezug auf die Wechselwirkungen zwischen Europarecht und den mitgliedstaatlichen nationalen Rechten[946]:

> „Somit ist es Sache des vorlegenden Gerichts, das mit einem Rechtsstreit befasst ist, der unter die Richtlinie fällt und auf einem Sachverhalt beruht, der nach Ablauf der Frist zur Umsetzung dieser Richtlinie entstanden ist, die im entscheidungserheblichen Zeitpunkt geltenden nationalen Rechtsvorschriften (...) bei ihrer Anwendung soweit wie möglich richtlinienkonform so auszulegen, dass sie von Amts wegen angewandt werden können."

Diese Äußerung belegt nochmals, wie stark die nationalen Rechte durch Richtlinienrecht der Gemeinschaft beeinflusst werden und welche weitreichenden Folgen sich, auch für die Anwendung durch die Praktiker in den einzelnen Mitgliedstaaten, durch die Rechtsprechung des EuGH ergeben können[947]. Bestätigt wird damit gleichzeitig die autonome Auslegung anhand des jeweiligen Rechtsaktes, so dass sich die Bedeutung der Auslegung zunächst ausschließlich auf die entsprechende Vorschrift bezieht. Wünschenswert wäre es nach Ansicht in der Literatur aus diesem Grunde gewesen, dass die Richter im Urteil zum Verhältnis der Klausel in Anhang q) der Richtlinie zum verbrauchervertraglichen Gerichtsstand nach Art. 13 EuGVÜ näher erläutert hätten[948]. Eine solche Stellungnahme hätte auch zur Klärung des Verhältnisses zwischen Europäischem Vertragsrecht und Zivilverfahrensrecht beitragen können[949]. *Pfeiffer* spricht sich für einen

---

944 *EuGH* 29.04.1982, Rs. 17/81 (*Pabst & Richarz KG/Hauptzollamt Oldenburg*) Slg. 1982, 1331, RdNr. 12; *EuGH* 10.03.1982, Rs. 232/82 (*Margherita Baccini/Office national de l'emploi [ONEM]*) Slg. 1983, 581.

945 *Borges*, NJW 2001, 2061, 2062.

946 *EuGH, Océano Grupo Editorial/Roció Murciano Quintero und Slavat Editores SA/José M. Sánchez Alcón Prades, José Luis Copano Badillo, Mohammed Berroane du Emilio Vinas Feliú* (Fn. 927) 4941, RdNr. 31.

947 *Whittaker*, L.Q.R. 117 (2001), 215, 220; *Borges*, NJW 2001, 2061, 2062.

948 *Staudinger*, DB 2000, 2056, 2058; *Pfeiffer*, ZEuP 11 (2003), 141 ff.

949 Hierzu näher *Pfeiffer*, ZEuP 11 (2003), 141, 152.

Wertungs- und Entscheidungseinklang aus[950]. Mit dieser Auffassung hält er ein Plädoyer für eine umfassende Klärung der Reichweite der einzelnen Rechtsakte und ihres Verhältnisses zueinander.

b) Rechtsfolge bei missbräuchlichen Klauseln

Die Mindestanforderungen an die Rechtsfolgen bei Vorliegen einer missbräuchlichen Vertragsklausel sind in Art. 6 Klauselrichtlinie enthalten. Art. 6 Abs. 1 bestimmt: „Die Mitgliedstaaten sehen vor, dass missbräuchliche Klauseln in Verträgen, die ein Gewerbetreibender mit einem Verbraucher geschlossen hat, für den Verbraucher unverbindlich sind, und legen die Bedingungen hierfür in ihren innerstaatlichen Rechtsvorschriften fest; sie sehen vor, dass der Vertrag für beide Parteien auf derselben Grundlage bindend bleibt, wenn er ohne die missbräuchlichen Klauseln bestehen kann." Erwägungsgrund hierfür ist die Herstellung eines gleichen Verhältnisses zwischen Verbraucher und Unternehmer. Die Richtlinie enthält eine Aufforderung an die Mitgliedstaaten: „Die Mitgliedstaaten müssen dafür Sorge tragen, dass die mit den Verbrauchern abgeschlossenen Verträge keine missbräuchlichen Klauseln enthalten. (...) Um die Errichtung des Binnenmarktes zu erleichtern und den Bürger in seiner Rolle als Verbraucher beim Kauf von Waren und Dienstleistungen mittels Verträgen zu schützen, für die die Rechtsvorschriften anderer Mitgliedstaaten gelten, ist es von Bedeutung, missbräuchliche Klauseln aus diesen Verträgen zu entfernen." Der Gerichtshof urteilte hierzu in der Rechtssache *Cofidis*, dass diese Rechtsfolge nicht befristet werden kann. Missbräuchliche Klauseln können nach Ablauf einer bestimmten Frist nicht wieder verbindlich werden[951].

7. Einseitige und zweiseitige Verträge

Gegenstand der Untersuchung sind bislang zweiseitige (synallagmatische) Verträge gewesen: Die verbraucherschützenden Richtlinien umfassen ausnahmslos Verträge, durch die sich die Parteien gegenseitig verpflichten. Generalanwalt *Jacobs* fasst für die Haustürwiderrufsrichtlinie in seinen Schlussanträgen in der Rechtssache *Dietzinger* zusammen, dass in den Erläuterungen zum ursprünglichen Richtlinienentwurf die Notwendigkeit eines Schutzes der Verbraucher nicht auf bestimmte Gruppen von Verträgen beschränkt worden ist. Die Richtlinien müssten für alle Verträge gelten, die auf Initiative eines Gewerbetreibenden

---

950 *Pfeiffer*, Gerichtsstandsklauseln und EG-Klauselrichtlinie, S. 671 ff., insbesondere S. 675 ff.

951 *EuGH* 21.11.2002, Rs. C-473/00 (*Cofidis SA/Jean-Louis Fredout*) Slg. 2002, I-10875, RdNr. 35; *EuGH*, EuZW 2003, 27 ff.; *Rott*, EuZW 2003, 5, 6.

außerhalb seiner Geschäftsräume geschlossen werden[952]. In den Erläuterungen zur Haustürwiderrufsrichtlinie finden sich Beispiele für bestimmte Gruppen von Verträgen, bei denen ein Schutz des Verbrauchers notwendig ist; dies sind insbesondere Versicherungsverträge, Verbraucherkreditverträge, Verträge über den Verkauf von Aktien, Investmentzertifikaten usw. sowie Verträge über Fernlehrgänge[953]. Alle diese Verträge sind zweiseitige synallagmatische Verträge über die Lieferung von Waren oder die Erbringung von Dienstleistungen durch einen Gewerbetreibenden an einen Verbraucher. Dasselbe gilt für alle anderen in den Erläuterungen zur Haustürwiderrufsrichtlinie genannten Beispiele von Geschäften, für die die Richtlinie gilt[954]. Fraglich ist mithin, ob die verbraucherschützenden Richtlinien auch auf solche Verträge Anwendung finden, bei denen nur eine einseitige Verpflichtung einer der Vertragsparteien gegenüber der anderen vorliegt.

a) Haustürwiderrufsrichtlinie

Für den Fall der Haustürwiderrufsrichtlinie hatte sich der Gerichtshof mit dieser Frage in seiner Entscheidung in der Rechtssache *Dietzinger*[955] zu befassen[956]. Der mit der Revision befasste BGH hatte dem EuGH eine Frage zur Auslegung eines Bürgschaftsvertrags deutschen Rechts, der zwischen einem Kreditinstitut und einer hierbei nicht im Rahmen einer selbständigen Erwerbstätigkeit handelnden natürlichen Person geschlossen worden war, vorgelegt[957]. Er wollte wissen, ob dieser zu den „Verträgen, die zwischen einem Gewerbetreibenden, der Waren liefert oder Dienstleistungen erbringt, und einem Verbraucher abge-

952 *EuGH* 17.03.1998, Rs. C-45/96 (*Bayerische Hypotheken- und Wechselbank/Edgar Dietzinger*) Slg. 1998, I-1199, RdNr. 41 der Schlussanträge.

953 KOM (1976) 544 endg. vom 12.01.1977, ABl. EG 1977 C 22/6.

954 *EuGH, Bayerische Hypotheken- und Wechselbank/Edgar Dietzinger* (Fn. 952) 1199, RdNr. 41 der Schlussanträge.

955 *EuGH, Bayerische Hypotheken- und Wechselbank/Edgar Dietzinger* (Fn. 952) 1199.

956 Zum Sachverhalt der Entscheidung vergleiche oben, S. 118.

957 Vorausgesetzt wird vom BGH damit stillschweigend, dass Bürgschaften regelmäßig durch Vertrag geschlossen werden (*Franzen*, Privatrechtsangleichung durch die Europäische Gemeinschaft, S. 386); die Einseitigkeit der Verpflichtung des Bürgen reduziert den Vertrag insgesamt nicht auf eine bloße „Verpflichtungserklärung" (*Baldus/Becker*, ZEuP 5 [1997], 874, 881), so dass die Frage, was dieser der deutschen Terminologie nicht vertraute Begriff genau bezeichnet, offen bleiben kann, zumal andere Sprachfassungen relativ weit gefasst sind, z.B. die französische (engagement unilateral), die englische (unilateral engagement), die italienische (imgepgni unilaterali) sowie die niederländische (eensijdige verbintenissen).

schlossen werden“ (vgl. Art. 1 Abs. 1 der Haustürwiderrufsrichtlinie)[958] zu zählen ist[959].

Losgelöst vom Bürgschaftsvertrag deutschen Rechts[960] vertraten die deutsche, belgische, französische und finnische Regierung im Verfahren die Ansicht, dass einseitige Verträge deshalb nicht in den Geltungsbereich der Haustürwiderrufsrichtlinie fallen, weil sie kein Vertrag seien, der im Sinne von Art. 1 „zwischen einem Gewerbetreibenden, der Waren liefert oder Dienstleistungen erbringt, und einem Verbraucher“ geschlossen wird. Die Regierungen beriefen sich dabei auf die englische Sprachfassung der Richtlinie[961]. In einem Fall wie dem in der Rechtssache *Dietzinger* vorgelegten stehe der vom Bürgen eingegangenen Verpflichtung keine Gegenleistung gegenüber, da der Bürge von dem Gewerbetreibenden als Gläubiger weder Waren noch Dienstleistungen erhalte[962]. Darüber hinaus seien in der Haustürwiderrufsrichtlinie Fragen der Sicherheiten nicht geregelt; sie enthalte keine Bestimmungen darüber, was mit dem Vertrag, für dessen Erfüllung der Bürge einsteht, geschieht, wenn der Bürge von seinem Widerrufsrecht Gebrauch macht[963]. Nach dieser Ansicht wären einseitige Verträge nicht durch die Haustürwiderrufsrichtlinie geschützt.

Die Kommission vertrat dagegen die Ansicht, dass die Haustürwiderrufsrichtlinie für jeden Vertrag zwischen einer natürlichen Person und einem Gerwerbetreibenden, der im Rahmen seiner beruflichen oder gewerblichen Tätigkeit für gewöhnlich Verbrauchern Waren liefere oder Dienstleistungen erbringe, gelte, auch wenn der fragliche Vertrag keine solche Leistung vorsieht[964]. Demnach wären auch einseitige Verträge vom Anwendungsbereich der Haustürwiderrufsrichtlinie umfasst.

Nach dem Wortlaut des Art. 1 gilt die Haustürwiderrufsrichtlinie für „*Verträge*, die zwischen einem Gewerbetreibenden, der Waren liefert oder Dienstleistungen erbringt, und einem Verbraucher“[965] außerhalb der Geschäftsräume des Gewerbetreibenden „*geschlossen* werden“[966], sofern sich der Gewerbetreibende nicht

958 *EuGH, Bayerische Hypotheken- und Wechselbank/Edgar Dietzinger* (Fn. 952) 1199, RdNr. 10.

959 *BGH*, Vorlagebeschluss vom 11.01.1996, Az. IX ZR 56/95, abgedruckt in ZEuP 5 (1997), 874.

960 *Pfeiffer*, ZIP 1998, 1129, 1131.

961 „This directive shall apply to contracts under which a trade supplies goods or services to a consumer and which are concluded: (...)“; *Roth*, ZIP 1996, 1285, 1288.

962 *EuGH, Bayerische Hypotheken- und Wechselbank/Edgar Dietzinger* (Fn. 952) 1199, RdNr. 15.

963 *EuGH, Bayerische Hypotheken- und Wechselbank/Edgar Dietzinger* (Fn. 952) 1199, RdNr. 16.

964 *EuGH, Bayerische Hypotheken- und Wechselbank/Edgar Dietzinger* (Fn. 952) 1199, RdNr. 13.

965 Hervorhebung durch Verf.

966 Hervorhebung durch Verf.

auf ausdrücklichen Wunsch des Verbrauchers in Hinblick auf den Vertragsschluss an den betreffenden Ort begeben hat. Die Gewährung eines Kredits stellt eine Dienstleistung dar, mit der der Bürgschaftsvertrag nur akzessorisch verknüpft ist[967]. Nach ihrem Wortlaut ist die Richtlinie – abgesehen von den Ausnahmen in Art. 3 Abs. 2 – nicht nach der Art oder Weise der Waren oder Dienstleistungen beschränkt, die Gegenstand des Vertrages sind. Darüber hinaus findet sich im Wortlaut der Richtlinie kein Hinweis darauf, dass derjenige, der den Vertrag geschlossen hat, aufgrund dessen Waren zu liefern oder Dienstleistungen zu erbringen sind, auch Empfänger dieser Waren oder Dienstleistungen sein muss[968].

In den Erläuterungen zum ursprünglichen Vorschlag der Richtlinie führte die Kommission aus, dass die Richtlinie auch in den Fällen anzuwenden sei, in denen sich der Verbraucher einseitig verpflichtet, ohne dass der Gewerbetreibende ebenfalls gebunden ist. Dies sei z.B. bei der Bestellung einer elektrischen Maschine oder der einseitigen Verpflichtung, eine bestimmte Sache zu erwerben oder eine bestimmte Leistung entgegenzunehmen[969], der Fall.

Ihrer Systematik nach soll die Richtlinie gerade die Verbraucher schützen, indem sie es ihnen ermöglicht, einen Vertrag zu widerrufen, der nicht auf Initiative des Kunden, sondern auf die des Gewerbetreibenden geschlossen wurde[970]. Maßgeblich ist auf diesen Schutzzweck der Richtlinie abzustellen, da der Verbraucher möglicherweise nicht alle Folgen seines Handelns überblicken konnte. Angestrebt wird ein umfassender Schutz des Verbrauchers vor Verbindlichkeiten jeglicher Art, die er aufgrund einer haustürspezifischen Überrumpelungslage eingeht[971]. Auch in den Fällen einseitiger Verpflichtungserklärungen erweist sich ein Schutz des Verbrauchers als notwendig, da bereits die einseitige Verpflichtungserklärung die Interessen des Verbrauchers beeinträchtigen kann[972].

Der EuGH ist in der Rechtssache *Dietzinger* aufgrund des weit gefassten Wortlauts sowie der historischen und systematischen Erwägungen zu dem Ergebnis gekommen, dass eine Bürgschaft grundsätzlich in den Anwendungsbereich der

---

967 *EuGH, Bayerische Hypotheken- und Wechselbank/Edgar Dietzinger* (Fn. 952) 1199, RdNr. 18.

968 *Franzen*, Privatrechtsangleichung durch die Europäische Gemeinschaft, S. 387 m.w.N. in Fn. 155.

969 KOM (1976) 544 endg. vom 12.01.1977, ABl. EG 1977 C 22/6; dass die Richtlinie selbst in ihren Erwägungsgründen nur synallagmatische Verträge nennt, wird als nachrangig angesehen, *EuGH, Bayerische Hypotheken- und Wechselbank/Edgar Dietzinger* (Fn. 952) 1199, RdNr.29 ff. der Schlussanträge; *Franzen*, Privatrechtsangleichung durch die Europäische Gemeinschaft, S. 386.

970 *EuGH, Bayerische Hypotheken- und Wechselbank/Edgar Dietzinger* (Fn. 952) 1199, RdNr. 19.

971 *Baldus/Becker*, ZEuP 5 (1997), 874, 881.

972 KOM (1976) 544 endg. vom 12.01.1977, ABl. EG 1977 C 22/6.

Haustürwiderrufsrichtlinie fallen kann. Das gelte jedoch nur dann, wenn die Bürgschaft zur Absicherung einer Forderung eines Gewerbetreibenden gegenüber einem Verbraucher dient[973]. Auch wenn dieses Ergebnis und seine Herleitung in der Literatur auf Kritik gestoßen ist[974], so ist es gerechtfertigt und zu begrüßen. Grundsätzlich ist damit der autonom auszulegende Begriff des Vertrages in Art. 1 Haustürwiderrufsrichtlinie nicht auf synallagmatische Verträge beschränkt, sondern umfasst gleichsam einseitig verpflichtende Verträge. *Schulte-Nölke* schlägt noch weitergehend die Anwendung auch auf einseitige rechtsgeschäftliche Verpflichtungen vor, die ohne Vertrag zustande kommen können[975].

b) Übertragbarkeit auf andere verbraucherschützende Richtlinien

Fraglich ist, ob die in der Entscheidung *Dietzinger* gefundenen Grundsätze sich auf andere Bereiche des Europäischen Vertragsrechts übertragen lassen. *Schulte-Nölke* bejaht diese Frage beispielsweise für die Verbraucherkreditrichtlinie, die Pauschalreiserichtlinie, die Klauselrichtlinie und die Fernabsatzrichtlinie[976].
Mit der Frage der Anwendbarkeit der Verbraucherkreditrichtlinie auf einseitig verpflichtende Verträge hatte sich der EuGH in dem nach der Rechtssache *Dietzinger* anhängig gewordenen Verfahren *Berliner Kindl*[977] zu befassen[978], das vom LG Potsdam[979] zur Vorabentscheidung vorgelegt wurde. Gegenstand der Vorlage war die Frage, ob ein Bürgschaftsvertrag, der von einer nicht im Rahmen einer Erwerbstätigkeit handelnden natürlichen Person geschlossen wird, in den Geltungsbereich der Verbraucherkreditrichtlinie fällt, wenn er die Rückzahlung einer Schuld absichert, die der Hauptschuldner nicht im Rahmen seiner bereits ausgeübten Erwerbstätigkeit eingegangen ist[980].
Die spanische und französische Regierung sowie die Kommission waren – entsprechend der Auffassung in der Rechtssache *Dietzinger* – der Ansicht, dass ein Bürgschaftsvertrag aufgrund seines engen Zusammenhangs mit dem Kreditvertrag, dessen Erfüllung er absichere, vom Anwendungsbereich der Richtlinie um-

---

973 *EuGH, Bayerische Hypotheken- und Wechselbank/Edgar Dietzinger* (Fn. 952) 1199, RdNr. 23.

974 *Pfeiffer*, ZIP 1998, 429; *Bydlinski/Klauninger*, ZEuP 6 (1998), 996; *Pfeiffer*, ZIP 1998, 1129, 1131 f.; *Reinicke/Tiedtke*, ZIP 1998, 893, 894 f.; *Treber*, WM 1998, 1908, 1915; *Wolf*, EWS 1998, 324, 325.

975 *Schulze/Schulte-Nölke*, Casebook Europäisches Verbraucherrecht, S. 224.

976 *Schulze/Schulte-Nölke*, Casebook Europäisches Verbraucherrecht, S. 224.

977 *EuGH* 23.03.2000, Rs. C-208/98 (*Berliner Kindl Brauerei AG/Andreas Siepert*) Slg. 2000, I-1741.

978 Zum Sachverhalt vergleiche oben, S. 120.

979 Vorlagebeschluss vom 27.04.1998 (Az. 12 O 20/97), DB 1998, 1226 – 1227; JZ 1998, 269 – 270; ZIP 1998, 1147; hierzu *Bülow*, ZIP 1999, 1613, 1614.

980 *EuGH, Berliner Kindl Brauerei AG/Andreas Siepert* (Fn. 977) 1741, RdNr. 11.

fasst ist[981]. Die deutsche, belgische und finnische Regierung vertraten die gegenteilige Auffassung[982].

Entgegen dem Wortlaut in der Haustürwiderrufsrichtlinie beschränkt sich die Verbraucherkreditrichtlinie nach Art. 1 Abs. 1 ausschließlich auf Verbraucherkreditverträge. Nach Art. 1 Abs. 2 c) ist ein Kreditvertrag ein Vertrag, bei dem ein Kreditgeber einem Verbraucher einen Kredit in Form eines Zahlungsaufschubes, eines Darlehens oder einer sonstigen ähnlichen Finanzierungshilfe gewährt oder zu gewähren verspricht. Der Wortlaut ist wesentlich enger gefasst als der in der Haustürwiderrufsrichtlinie. Der Bericht der Kommission vom 11.05.1995 über die Anwendung der Verbraucherkreditrichtlinie klammert Bürgschaften explizit aus dem Geltungsbereich der Richtlinie aus[983].

In systematischer Hinsicht sieht Art. 4 Abs. 3 Verbraucherkreditrichtlinie vor, dass der schriftlich geschlossene Kreditvertrag die wesentlichen Vertragsbestimmungen enthalten muss. Deren Aufnahme in den Kreditvertrag soll sicherstellen, dass die Parteien des Vertrages, also Kreditnehmer und Kreditgeber, umfassende Kenntnis von den Sicherheiten haben, von denen der Abschluss des Vertrages abhängt[984]. Die Voraussetzung, dass der Kreditvertrag die wesentlichen Bestimmungen enthalten muss, hat den Zweck, den Verbraucher gegen unbillige Kreditbedingungen zu schützen, und soll ihn umfassend über die Einzelheiten der Vertragserfüllung ins Bild setzen[985]. Dass die Richtlinie zum einen eine detaillierte Liste der für den Kreditnehmer wesentlichen Bestimmungen des Kreditvertrages und zum anderen keine ausdrückliche Bestimmung zur Regelung der Bürgschaft oder einer anderen Form der Sicherheitsleistung enthält, zeigt, dass sie den Bürgschaftsvertrag aus ihrem Anwendungsbereich ausschließen wollte[986]. Die Richtlinie weicht insoweit nach ihrer Systematik und ihren Zielen von der Haustürwiderrufsrichtlinie ab[987]. Aus diesen Gründen entschied der EuGH in Bezug auf die Verbraucherkreditrichtlinie, dass diese einen Bürgschaftsvertrag auch dann nicht umfasst, wenn weder der Bürge noch der Kreditnehmer im Rahmen ihrer Erwerbstätigkeit gehandelt haben[988]. In Bezug auf die übrigen Richtlinien hat der EuGH bislang nicht Stellung genommen.

Jedenfalls für die Richtlinien, die einen ähnlich weiten Vertragsbegriff verwenden wie die Haustürwiderrufsrichtlinie, ist jedoch aufgrund der Ähnlichkeiten in Wortlaut und Zielsetzung eine Anwendung auch auf einseitige Verpflichtungs-

---

981 *EuGH, Berliner Kindl Brauerei AG/Andreas Siepert* (Fn. 977) 1741, RdNr. 15.

982 *EuGH, Berliner Kindl Brauerei AG/Andreas Siepert* (Fn. 977) 1741, RdNr. 13.

983 KOM (1995) 117 endg., Abs. 345, ABl. EG 1997 C 115/27.

984 *EuGH, Berliner Kindl Brauerei AG/Andreas Siepert* (Fn. 977) 1741, RdNr. 19.

985 Vergleiche die sechste, siebte und neunte Begründungserwägung der Richtlinie.

986 *EuGH, Berliner Kindl Brauerei AG/Andreas Siepert* (Fn. 977) 1741, RdNr. 22.

987 *EuGH, Berliner Kindl Brauerei AG/Andreas Siepert* (Fn. 977) 1741, RdNr. 24.

988 *EuGH, Berliner Kindl Brauerei AG/Andreas Siepert* (Fn. 977) 1741, RdNr. 19, 27.

erklärungen und damit eine Übertragbarkeit der Grundsätze aus der Entscheidung in der Rechtssache *Dietzinger* anzunehmen.

IV. Auslegung

1. Methoden der Auslegung

Eine zusammenhängende Regelung der Auslegung von Parteierklärungen beim privatrechtlichen Vertragsschluss, wie sie beispielsweise der Entwurf eines Europäischen Vertragsgesetzbuches der Akademie Europäischer Privatrechtswissenschaftler enthält[989], findet sich im *acquis communautaire* nicht. Die Richter des EuGH haben sich in ihren Entscheidungen bislang in erster Linie an den ausdrücklichen Erklärungen der Parteien und – mangels Erklärung – dem mutmaßlich Gewollten unter Einbeziehung des Vertragszweckes orientiert.

a) Auslegung anhand des konkreten Parteiwillens

Maßgeblich ist in erster Linie der konkret zum Ausdruck gebrachte Parteiwille. Der Gerichtshof hatte sich hiermit im Verfahren *Coreck Maritime GmbH/Handelsveem BV u.a.*[990] in Bezug auf die Vereinbarung eines Gerichtsstandes nach Art. 17 EuGVÜ zu beschäftigen. Rechtlicher Hintergrund der Vorlagefrage war eine Streitigkeit zwischen der Klägerin und dem Beklagten über die Wirksamkeit einer in einem Konnossement enthaltenen Gerichtsstandsklausel[991]. Auf den in Frage stehenden Konnossementen fand sich eine Klausel, die bestimmte: „Rechtsstreitigkeiten, die aus diesem Konnossement entstehen, sind in dem Land zu entscheiden, in dem der Verfrachter seinen Hauptsitz hat, und das Recht dieses Landes findet Anwendung, sofern in diesen Bedingungen nichts anderes bestimmt ist“[992]. Die erste Vorlagefrage des Gerichts in Antwerpen, das sich zur Beantwortung der Frage für zuständig erklärt hatte, bezieht

989 Der Entwurf eines Europäischen Vertragsgesetzbuches von *Giuseppe Gandolfi* regelt die Auslegung in Art. 39 bis 41. Dabei geht der Entwurf zunächst vom Wortsinn der abgegebenen Erklärungen aus (Art. 39 Nr. 1), hilfsweise vom ausdrücklichen Willen der Parteien (Art. 39 Nr. 2) und schließlich vom mutmaßlichen Willen (Art. 39 Nr. 3). Die Auslegung darf dabei nicht Treu und Glauben widersprechen (Art. 39 Nr. 4). Artikel 40 und 41 des Entwurfs enthalten Sonderregeln hinsichtlich mehrdeutiger oder unklarer Ausdrücke.

990 *EuGH* 09.11.2000, Rs. C-387/98 (*Coreck Maritime GmbH/Handelsveem BV u.a.*) Slg. 2000, I-9337.

991 *EuGH, Coreck Maritime GmbH/Handelsveem BV u.a.* (Fn. 990) 9337, RdNr. 1 f.

992 *EuGH, Coreck Maritime GmbH/Handelsveem BV u.a.* (Fn. 990) 9337, RdNr. 5.

sich darauf, ob das ausgestellte Konnossement als eine schriftliche Vereinbarung oder schriftlich bestätigte Vereinbarung im Sinne von Art. 17 EuGVÜ angesehen werden kann[993]. Mit dieser Frage wollte das vorlegende Gericht wissen, ob der Begriff „haben... vereinbart" in Art. 17 Abs. 1 S. 1 EuGVÜ dahin auszulegen ist, dass die Gerichtsstandsklausel so formuliert sein muss, dass sich das zuständige Gericht schon aufgrund ihres Wortlauts bestimmen lässt[994]. Art. 17 Abs. 1 S. 1 EuGVÜ[995] verlangt für die Wirksamkeit einer Gerichtsstandsklausel eine „Vereinbarung" zwischen den Parteien, die tatsächlich Gegenstand einer Willenseinigung war, die klar und deutlich zum Ausdruck gekommen ist. Die Formerfordernisse des Art. 17 sollen gewährleisten, dass die Einigung zwischen den Parteien tatsächlich feststeht[996]. Da Art. 17 den Willen der Beteiligten schützen soll, ist er so auszulegen, dass dieser Wille respektiert wird, wenn er einmal feststeht[997]. Art. 17 beruht auf der Anerkennung der Parteiautonomie im Bereich von Vereinbarungen über die gerichtliche Zuständigkeit für Entscheidungen von Rechtsstreitigkeiten[998], die in den Geltungsbereich des Übereinkommens fallen und die nicht gemäß Art. 17 Abs. 4 ausdrücklich von solchen Vereinbarungen ausgenommen sind[999]. Der Begriff „haben... vereinbart" in Art. 17 Abs. 1 S. 1 kann somit nicht dahin ausgelegt werden, dass eine Gerichtsstandsklausel so formuliert sein muss, dass sich das zuständige Gericht schon aufgrund ihres Wortlauts bestimmen lässt; es genügt, wenn die Klausel die objektiven Kriterien nennt, über die sich die Parteien bei der Bestimmung des Gerichts oder der Gerichte geeinigt haben[1000]. Diese Kriterien müssen so genau bestimmt sein, dass das angerufene Gericht feststellen kann, ob es zuständig ist. Sie können gegebenenfalls durch die besonderen Umstände des jeweiligen Falls konkretisiert werden[1001].

Diese Rechtsprechung des EuGH erweitert den Anwendungsbereich der Vorschrift: Nicht schon dem Wortlaut der Vereinbarung muss ihr genauer Inhalt entnommen werden können, ausreichend ist, dass die Parteien objektive Kriterien bestimmen, anhand derer sich aufgrund einer Auslegung ihres ausdrücklichen Willens der Gerichtsstand objektiv und eindeutig ermitteln lässt. Der Verweis auf die besonderen Umstände des Falles ist gleichsam ein Verweis auf die

---

993 *EuGH, Coreck Maritime GmbH/Handelsveem BV u.a.* (Fn. 990) 9337, RdNr. 6.

994 *EuGH, Coreck Maritime GmbH/Handelsveem BV u.a.* (Fn. 990) 9337, RdNr. 10.

995 Entsprechend Art. 23 Abs. 1 S. 1 EuGVO.

996 Vergleiche insbesondere *EuGH* 14.12.1976, Rs. 24/76 (*Estasis Salotti*) Slg. 1976, 1831, RdNr. 7; *EuGH* 27.02.1997, Rs. C-106/95 (*MSG*) Slg. 1997, I-911, RdNr. 15.

997 *EuGH, Coreck Maritime GmbH/Handelsveem BV u.a.* (Fn. 990) 9337, RdNr. 13.

998 *EuGH* 09.09.2003 (*Erich Gasser GmbH/Misat SRL*) noch nicht in der amtlichen Sammlung veröffentlicht, RdNr. 65 der Schlussanträge.

999 *EuGH, Coreck Maritime GmbH/Handelsveem BV u.a.* (Fn. 990) 9337, RdNr. 14.

1000 *EuGH, Coreck Maritime GmbH/Handelsveem BV u.a.* (Fn. 990) 9337, RdNr. 14.

1001 *EuGH, Coreck Maritime GmbH/Handelsveem BV u.a.* (Fn. 990) 9337, RdNr. 14.

erforderliche Gesamtbetrachtung des Vertragsverhältnisses der Parteien, ohne an einzelnen Bestimmungen isoliert zu haften.

b) Auslegung anhand des Vertragszwecks

Im Verfahren *Commissioners of Customs & Excise/Mirror Group plc.*[1002] hatte der Gerichtshof einen Vertrag zu beurteilen[1003], in dem die Parteien ihren Willen nicht konkret zum Ausdruck gebracht hatten. Fraglich war, ob es sich bei einem Mautvertrag um einen Mietvertrag oder um einen Dienstleistungsvertrag handelte[1004]. Generalanwalt *Tizzano* führte in diesem Zusammenhang aus[1005]:

> „Um beurteilen zu können, welches die vorherrschenden Merkmale eines bestimmten Vertrages sind, kann man sich jedoch nicht auf eine abstrakte und rein formale Untersuchung dieses Vertrages beschränken, sondern muss seine wirtschaftliche Funktion berücksichtigen, d.h. die konkrete Funktion, die ihm objektiv zugedacht ist, um den Interessen der Parteien gerecht zu werden. Mit anderen Worten: Es ist die Causa des Rechtsgeschäftes im Sinne der Rechtstradition mehrerer europäischer Länder zu ermitteln, verstanden als die wirtschaftliche Funktion des Vertrages, die dem Ausgleich der einander gegenüberstehenden Interessen dient. (...) Es braucht kaum hinzugefügt zu werden, dass die Funktion, von der ich spreche, für alle Parteien des Rechtsgeschäfts dieselbe ist, und so dessen Inhalt bestimmt. Sie hat jedoch nichts mit den subjektiven Gründen zu tun, die die Parteien zum Vertragsschluss veranlasst haben und die sich offenkundig aus dem Inhalt ergeben."

Mit dieser Äußerung betont Generalanwalt *Tizzano*, dass er nicht den subjektiven Tatbestand einer der Willenserklärungen der Parteien eruiert, sondern den gesamten Vertrag nach dem mutmaßlichen Willen in Hinblick auf die widerstreitenden Interessenlagen der am Vertrag beteiligten Personen auslegt. Besonderheit dieser Auslegung ist – im Gegensatz zur nationalen Auslegung nach dem mutmaßlichen Parteiwillen beispielsweise im deutschen Recht –, dass der Grund des Rechtsgeschäftes im Sinne der Rechtstradition mehrerer europäischer Länder zu ermitteln ist. Die Auslegung erfolgt damit nicht aus nationaler Sichtweise, sondern gemeinschaftsrechtlich als Ergebnis der rechtsvergleichenden Untersuchung.

Ebenso ist Generalanwalt *Alber* in seinen Schlussanträgen in den sog. „Mautsachen" vorgegangen, indem er den Hauptzweck des Vertrages zwischen den Par-

---

1002 *EuGH* 09.10.2001, Rs. C-409/98 (*Commissioners of Customs & Excise/Mirror Group plc.*) Slg. 2001, I-7175.

1003 Vergleiche zu dieser Rechtssache auch schon oben, S. 110.

1004 *EuGH, Commissioners of Customs & Excise/Mirror Group plc.* (Fn. 1002) 7175, RdNr. 26 der Schlussanträge.

1005 *EuGH, Commissioners of Customs & Excise/Mirror Group plc.* (Fn. 1002) 7175, RdNr. 27 ff. der Schlussanträge.

teien berücksichtigte, um festzustellen, ob die Maut als Gegenleistung für den Gebrauch der Straßeninfrastruktur oder für eine Dienstleistung entrichtet wird[1006]. Auch in den Urteilen des Gerichtshofes in diesen Rechtssachen wird der Funktion, die der Vertrag für die Parteien hat, entscheidende Bedeutung beigemessen[1007]. Der Gerichtshof stützt seine Beurteilung darauf, dass die Parteien bei der Festlegung der vertraglichen Leistungen und Gegenleistungen bestimmte Umstände nicht berücksichtigt hatten, die es als mutmaßlichen Willen festzustellen und zu berücksichtigen galt.

c) Sonderfall Verbraucherschutzrecht: Auslegung nach der günstigsten Regelung

Art. 5 Klauselrichtlinie enthält die Regelung, dass alle dem Verbraucher in Verträgen schriftlich unterbreiteten Klauseln stets klar und verständlich abgefasst sein müssen. Bei Zweifeln über die Bedeutung einer Klausel gilt grundsätzlich die für den Verbraucher günstigste Auslegung. Ausnahmen enthalten die in Art. 7 Abs. 2 vorgesehenen Verfahren.
Die Auslegungsregel, die Art. 5 S. 2 der Richtlinie aufstellt, ist im Zusammenhang mit Art. 5 S. 1 zu sehen. Art. 5 S. 1 ist für sich Ausfluss des im europäischen Verbraucherrecht herrschenden „Transparenzprinzips“[1008]. Dabei geht die Transparenzkontrolle nach der herrschenden Ansicht der – in der Richtlinie an früherer Stelle geregelten – Inhaltskontrolle vor[1009]; Inhaltskontrolle darf demnach nur dann eingreifen, wenn nicht genügend Transparenz für den mündigen Verbraucher[1010] zu erzielen ist[1011]. Dem Grundsatz der verbraucherfreundlichen Auslegung ist die umfassende Auslegung vorgeschaltet. Art. 5 S. 2 greift erst dann ein, wenn als Ergebnis der Auslegung Zweifel bleiben[1012]. Die Richtlinie ist dabei als Sekundärrechtsakt im Lichte der Rechtsprechung zum primärrechtlichen Transparenzgebot auszulegen[1013]. In der Klauselrichtlinie setzt sich das Transparenzgebot dabei über Art. 5 S. 2 selber durch[1014]; Ausnahmen gelten

---

1006 *EuGH* 12.09.2000, Rs. C-276/97 (*Kommission/Französische Republik*) Slg. 2000, I-6251, RdNr. 45 ff. der Schlussanträge.

1007 *EuGH, Kommission/Französische Republik* (Fn. 1006) 6251, RdNr. 24 ff., 31 ff.

1008 *Remien*, ZEuP 2 (1994), 34, 63.

1009 *Grundmann*, Europäisches Vertragsrecht, S. 271, RdNr. 34; *Coors*, Missbräuchliche Klauseln, S. 113 ff.

1010 *Bueso Guillen*, VuR 1994, 309, 313; *Heinrichs*, NJW 1996, 2190, 2197; vgl. auch *EuGH* 06.07.1995, Rs. C-470/93 (*Mars*) Slg. 1995, I-1923, 1944.

1011 *Grundmann*, Europäisches Vertragsrecht, S. 270, RdNr. 34.

1012 *Wolf/Horn/Lindacher/Wolf*, Art. 5 RiLi, RdNr. 9.

1013 Primärrechtliche Anerkennung des Transparenzgebotes seit *EuGH* 20.02.1979, Rs. 120/78 (*Rewe-Zentral AG/Bundesmonopolverwaltung für Branntwein, [Cassis de Dijon]*) Slg. 1979, 649.

1014 *Grudmann*, Europäisches Vertragsrecht, S. 271, RdNr. 35.

gem. Art. 5 S. 3 der Richtlinie für Verbandsklagen u.ä.[1015]. Daneben gelten ergänzend die Auslegungsregeln in den einzelnen Mitgliedstaaten[1016]. Der Gerichtshof hatte sich bislang noch nicht explizit mit der Regelung des Art. 5 S. 2 der Klauselrichtlinie zu befassen[1017].

2. Zielsetzung der Auslegung von Rechtsgeschäften

Der EuGH entschied im Verfahren *Tilly Russ/N.V. Haven en Vervoerbedrijf Nova und N.V. Goeminne Hout* im Rahmen eines Vorabentscheidungsverfahrens über Art. 17 EuGVÜ, dass dieser gewährleisten soll, dass die Einigung zwischen den Parteien, die durch eine Gerichtsstandvereinbarung von den allgemeinen Zuständigkeitsvorschriften abweichen, tatsächlich feststeht und klar und deutlich zum Ausdruck kommt[1018]. Die Richter führten weiter aus[1019]:

> „Steht (...) fest, dass die Gerichtsstandsklausel, die in den im Konnossement abgedruckten Geschäftsbedingungen enthalten ist, Gegenstand einer früheren, ausdrücklich auf die Gerichtsstandsklausel bezogenen mündlichen Vereinbarung zwischen den Parteien gewesen und dass das vom Verfrachter unterzeichnete Konnossement als schriftliche Bestätigung dieser Vereinbarung anzusehen ist, dann genügt diese Klausel dem Artikel 17 des Übereinkommens auch dann, wenn sie nicht vom Befrachter unterzeichnet wurde und deshalb nur die Unterschrift des Verfrachters trägt. Auf diese Weise wird Artikel 17 nicht nur dem Wortlaut nach, der ausdrücklich die Möglichkeit einer mündlichen, schriftlich bestätigten Vereinbarung vorsieht, sondern auch seiner Funktion nach eingehalten, die darin besteht, sicherzustellen, dass die Einigung zwischen den beiden Parteien tatsächlich feststeht."

1015 Vergleiche *Grundmann*, Europäisches Vertragsrecht, S. 270, RdNr. 32.

1016 *Schmidt-Salzer*, BB 1995, 733, 737; *Wolf/Horn/Lindacher/Wolf*, Art. 5 RiLi, RdNr. 9; die Auslegungsregeln der Mitgliedstaaten sind dabei als einander gleichwertig anzusehen; sollten Unterschiede zu abweichenden Ergebnissen führen, so ist eine Vereinheitlichung geboten, die dadurch zu bewerkstelligen ist, dass dem gemeinschaftsrechtlichen Gebot kundenfreundlicher Auslegung des Art. 5 S. 2 eine Ausstrahlungswirkung auf die Anwendung nationaler Auslegungsregeln zuerkannt wird; dies entspricht auch dem rechtsvergleichenden Vorgehen des EuGH zur Ermittlung des Vertragsinhaltes.

1017 In den knapp 30 Rechtssachen, in denen die Richtlinie 93/13/EWG als rechtlicher Rahmen bislang bedeutsam war, taucht bei der Aufzählung der einschlägigen Vorschriften Art. 5 nur ein Mal bei der Zusammenstellung der rechtlichen Grundlagen zu Beginn der Urteile auf, ohne dass hierin ein Rechtsproblem lag, das es im Rahmen der Entscheidung zu erörtern galt, vgl. *EuGH* Rs. C-473/00 (*Cofidis S.A./Jean-Louis Fredout*) Slg. 2002, I-10875.

1018 *EuGH* 19.06.1984, Rs. 71/83 (*Tilly Russ/N.V. Haven en Vervoerbedrijf Nova und N.V. Goeminne Hout*) Slg. 1984, 2417, RdNr. 14.

1019 *EuGH, Tilly Russ/N.V. Haven en Vervoerbedrijf Nova und N.V. Goeminne Hout* (Fn. 1018) 2417, RdNr. 17.

Hintergrund des Verfahrens war ein Rechtsstreit zwischen der belgischen Aktiengesellschaft *Göminne Hout* und der deutschen Partnerreederei *Ms. Tilly Russ* sowie *Ernest Russ* über die Gültigkeit einer Gerichtsstandsklausel in bestimmten Konnossementen. Da die Verpackung von zwei Partien bei der Löschung der Ladung in Antwerpen beschädigt war und ein Dutzend Bretter fehlte, verlangte die Klägerin von der Beklagten Schadensersatz in Höhe von U.S.$ 304,00[1020]. Die Beklagte rügte die Zuständigkeit des Gerichts in Antwerpen. Das Antwerpener Gericht legte daraufhin dem Gerichtshof eine Frage über die Gültigkeit einer Gerichtsstandsvereinbarung nach Art. 17 EuGVÜ zur Entscheidung vor[1021], im Rahmen derer der Gerichtshof die oben stehenden Feststellungen traf. Die Zielsetzung der Auslegung besteht darin, die Einigung der Parteien festzustellen und ihren Inhalt „klar und deutlich" herauszustellen. Das besondere Formerfordernis in Art. 17 EuGVÜ trägt der Zielsetzung Rechnung, dass bei einer Gerichtsstandsvereinbarung, die von den Grundsätzen der gerichtlichen Zuweisung aufgrund der Parteiautonomie abweicht, feststehen soll, dass eine solche abweichende Vereinbarung tatsächlich besteht[1022]. Der Gerichtshof befasste sich hiermit im Verfahren *Estasis Salotti*[1023]. Gegenstand der Rechtssache war die Wirksamkeit einer auf der Rückseite eines Vertrages abgedruckten Gerichtsstandsklausel, auf die im Vertragstext selbst kein Bezug genommen worden war. Der Gerichtshof entschied, dass grundsätzlich das Erfordernis der Schriftlichkeit nach Art. 17 Abs. 1 gewahrt ist, wenn die Parteien im Text ihres Vertrages auf ein Angebot Bezug genommen haben, das seinerseits ausdrücklich auf die eine Gerichtsstandsklausel enthaltenden Allgemeinen Geschäftsbedingungen hingewiesen hatte[1024]. Diese Beurteilung gelte jedoch nur für den Fall eines deutlichen Hinweises, dem eine Partei bei Anwendung der normalen Sorgfalt nachgehen kann, und nur, wenn feststeht, dass mit dem Angebot die Allgemeinen Geschäftsbedingungen der anderen Partei tatsächlich zugegangen sind[1025]. Dagegen ist das Schriftlichkeitserfordernis nach Art. 17 bei mittelbaren oder stillschweigenden Verweisungen auf vorangegangene Schriftwechsel nicht erfüllt, da in diesem Fall keine Gewissheit darüber besteht, dass sich die Eini-

---

1020 *EuGH, Tilly Russ/N.V. Haven en Vervoerbedrijf Nova und N.V. Goeminne Hout* (Fn. 1018) 2417, RdNr. 2 f.

1021 *EuGH, Tilly Russ/N.V. Haven en Vervoerbedrijf Nova und N.V. Goeminne Hout* (Fn. 1018) 2417, RdNr. 6.

1022 *Schlosser*, RIW 1984, 911, 912; *Basedow*, IPRax 1985, 132, 134 ff.

1023 *EuGH* 14.12.1976, Rs. 24/76 (*Estasis Salotti di Colzani Aimo und Gianmario Colzani S.N.C./Ruewa Polstermaschinen GmbH*) Slg. 1976, 1831.

1024 *EuGH, Estasis Salotti di Colzani Aimo und Gianmario Colzani S.N.C./Ruewa Polstermaschinen GmbH* (Fn. 1023) 1831, RdNr. 2.

1025 *EuGH, Estasis Salotti di Colzani Aimo und Gianmario Colzani S.N.C./Ruewa Polstermaschinen GmbH* (Fn. 1023) 1831, RdNr. 12.

gung über den Vertragsinhalt tatsächlich auf die Gerichtsstandsklausel erstreckt hat.

V. Rechtsfragen der Wirksamkeit eines Vertrags

Im folgenden Abschnitt sollen ausgewählte Rechtsfragen der Wirksamkeit eines Vertrags untersucht werden. Aufgrund der Vielgestaltigkeit von Wirksamkeitsfragen kann die Darstellung nicht abschließend sein. Sie soll sich auf Fragen der Form und Geschäftsfähigkeit beschränken.

1. Form

a) Grundsatz der Formfreiheit

Der Gerichtshof hat in seinem Urteil in der Rechtssache *Bellone/Yokohama* zur Handelsvertreterrichtlinie entschieden[1026]:

> „Die Richtlinie geht (...) von dem Grundsatz der Formfreiheit aus, lässt den Mitgliedstaaten aber die Möglichkeit, die Schriftform vorzuschreiben."

Ausgangspunkt der Rechtssache *Bellone/Yokohama* war ein zwischen der Klägerin und der Beklagten bestehender Handelsvertretervertrag. Nach der Kündigung des Vertrags durch die Beklagte verlangte die Klägerin die Zahlung verschiedener Entschädigungsbeträge. Die Beklagte erklärte unter Berufung auf das nationale italienische Recht, wonach ein Handelsvertreter in einem speziellen Register einzutragen war, dass der Vertrag wegen Formungültigkeit nichtig sei. Das zur Entscheidung berufene Gericht legte dem EuGH im Rahmen von Art. 234 EG die Frage zur Vorabentscheidung vor, ob das nationale Recht als Form eines Handelsvertretervertrags die Eintragung in ein entsprechendes Register vorsehen könne. Zugrunde liegende Regelung des Gemeinschaftsrechts war Art. 13 Abs. 2 Handelsvertreterrichtlinie[1027]. Grundsätzlich ist hiernach jede Einigung zwischen den Parteien ausreichend, soweit nicht anderweitige gesetzliche Regeln eine besondere Form zwingend bestimmen. Der Grundsatz der Formfreiheit kann nur dann durchbrochen werden, wenn dies durch eine entsprechende Rege-

---

1026 *EuGH* 30.04.1998, Rs. C-215/97 (*Barbara Bellone/Yokohama SpA*) Slg. 1998, I-2191, RdNr. 20.

1027 Art. 13 Abs. 2 Handelsvertreterrichtlinie bestimmt: „Absatz 1 hindert einen Mitgliedstaat nicht daran vorzuschreiben, dass ein Vertretungsvertrag nur in schriftlicher Form gültig ist".

lung angeordnet wird[1028]. Eine entsprechende Regelung findet sich in den PECL in Art. 2:101:Voraussetzungen für den Abschluss eines Vertrages[1029].
Die Formvorschriften, die im *acquis communautaire* aufgestellt werden[1030], gelten sowohl terminologisch als auch inhaltlich gemeinschaftsweit einheitlich, bezogen auf den jeweiligen Gemeinschaftsrechtsakt. Bislang sind Großteile der Formfragen privatrechtlicher Vertragsschlüsse, die in den nationalen Rechten insgesamt oder zum Teil einer bestimmten Form unterliegen[1031], jedoch nicht einheitlich geregelt[1032], z.B. Grundstückskaufverträge[1033], Testamente, Gesellschaftsgründungen[1034]. Insoweit haben die einzelstaatlichen Vorschriften Vorrang[1035].

1028 *EuGH, Barbara Bellone/Yokohama SpA* (Fn. 1026) 2191, RdNr. 20.

1029 Art. 2:101 bestimmt in Abs. 2: „Ein Vertrag braucht nicht schriftlich geschlossen oder nachgewiesen zu werden und unterliegt auch keinem anderen Formerfordernis. Der Vertrag kann auf jede Weise bewiesen werden, auch durch Zeugen".

1030 Beispielsweise Art. 4 Abs. 1 S. 2 Haustürwiderrufsrichtlinie, Art. 4 Abs. 1 S. 2 Verbraucherkreditrichtlinie, Art. 3 Abs. 1 Time-Sharing-Richtlinie, Art. 4 Abs. 2 Hs. 1 Fernabsatzrichtlinie, Art. 6 Abs. 3 Verbrauchsgüterkaufrichtlinie, Art. 5 S. 1 Klauselrichtlinie, Art. 4 Abs. 2 b) Pauschalreiserichtlinie, Art. 13 Abs. 2 Handelsvertreterrichtlinie, Art. 17 EuGVÜ, Art. 23 EuGVO; eine Zusammenstellung von Formvorschriften aus dem weiteren Umfeld des privatrechtlichen Vertragsrechts bei: *Mankowski*, Formvorschriften und Europäisches Privatrecht, in: Schulte-Nölke/Schulze, Europäisches Vertragsrecht im Gemeinschaftsrecht, S. 191 ff.

1031 So z.B. das englische Formerfordernis einer „deed", vgl. Law of Property Act 1925, ss. 52, 54; *Whittaker*, Chitty on Contracts, 4-001 f.

1032 Erweiterte Übersicht bei *Mankowski*, Formvorschriften und Europäisches Privatrecht, in: Schulte-Nölke/Schulze, Europäisches Vertragsrecht im Gemeinschaftsrecht, S. 203 ff.

1033 Der Grundstückskauf war bislang Gegenstand in den Verfahren *EuG* T-148/99, T-129/99, *EuGH* C-423/98, C-80/95 und C-264/90; in diesen Verfahren ging es zumeist um Beihilfen der Gemeinschaft und ihre Verwendung, nie jedoch um grundstücksbezogene Formfragen; *Mankowski*, Formvorschriften und Europäisches Privatrecht, in: Schulte-Nölke/Schulze, Europäisches Vertragsrecht im Gemeinschaftsrecht, S. 203 f.

1034 Bezüglich der Eintragung von Gesellschaften verweist sogar noch die SE-Verordnung auf das nationale Recht, indem sie in Art. 12 bestimmt, dass die Eintragung von Europäischen Aktiengesellschaften im Sitzstaat in ein nach dem Recht dieses Staates bestimmtes Register einzutragen ist.

1035 Zur Abstraktion von der nationalen Ebene ins Gemeinschaftsrecht *EuGH* 17.02.2000, Rs. C-156/97 (*Kommission/Van Balkom Non-Ferro Scheiding BV*) Slg. 2000, I-1095, RdNr. 31 f.: „Zwar bestreitet die Beklagte, einen solchen Vertrag geschlossen zu haben, der im Übrigen trotz des Artikels 7 des Vertrages nach deutscher Rechtsprechung und Lehre nicht notwendig der Schriftform bedurft hätte. Die Beklagte ist jedoch nicht unverzüglich dem Schreiben vom 9. März 1993 entgegengetreten, in dem die Kommission bestätigte, dass zwischen den Vertragsparteien am 3. März 1993 Unterredungen stattgefunden hätten, wonach sich die Vertragsparteien über das Ausscheiden von DF [sc. „Deutsche Filterbau", die die Klägerin mit vertreten hatte] einig seien. Nach deutscher Rechtsprechung und Lehre wäre eine Einigung über das Ausscheiden von DF daher

Gegenstand der Rechtsprechung waren bislang Formfragen, die durch gemeinschaftliche Rechtsakte oder Parteivereinbarung aufgestellt wurden. Diese Formen und ihre Bedeutung sollen im Folgenden Gegenstand der Darstellung sein.

b) Formvorschriften

aa) Schriftform

Die Schriftform ist im *acquis communautaire* anerkannt und in bestimmten Rechtsakten als gesetzliches Formerfordernis vorgesehen. Neben dieser gesetzlichen Normierung kommt Schriftform auch dann in Betracht, wenn sie, als Bestandteil eines Vertrages, von den Parteien selbst vereinbart wurde.

(a) Gesetzliche Schriftform

Der Gerichtshof hatte sich mit der gesetzlichen Schriftform in Bezug auf die Handelsvertreterrichtlinie im Verfahren *Centrosteel Srl/Adipol GmbH*[1036] zu befassen, das im Anschluss an das Urteil *Bellone*[1037] erging. Der Sachverhalt im Verfahren *Centrosteel* war dabei ähnlich gelagert wie im Verfahren *Bellone*: Die Klägerin war aufgrund eines zwischen ihr und der Beklagten geschlossenen Handelsvertretervertrags für diese Gesellschaft als Handelsvertreterin tätig. Nach der Kündigung des Vertrags verlangte die Klägerin Zahlung eines bestimmten Betrages als Provision. Nachdem die Beklagte die Zahlung des verlangten Betrages abgelehnt hatte, erhob die Klägerin Klage bei der Pretura Brescia. Dieser begegnete die Beklagte mit dem Vortrag, dass der Handelsvertretervertrag nichtig sei, da die Klägerin nicht, wie nach dem entsprechenden nationalen italienischen Recht erforderlich, in das Handelsregister eingetragen sei. Der Gerichtshof führt hierzu unter Bezugnahme auf das Urteil *Bellone* aus[1038]:

---

dann anzunehmen, wenn es sich bei dem Schreiben vom 9. März 1993 um ein kaufmännisches Bestätigungsschreiben handelte. Es kann jedoch offen bleiben, ob das Schreiben vom 9. März 1993 tatsächlich ein solches Schreiben darstellt. Denn im vorliegenden Fall ist die von der Kommission erklärte Kündigung auch dann wirksam, wenn DF weiterhin formal Vertragspartei geblieben sein sollte."; mit dieser Aussage des EuGH wird nochmals deutlich herausgestellt, dass es in den Urteilen besonders hervorgehoben wird, wenn auf nationales Recht Bezug genommen wird, oder ein Entscheidungsweg nach nationalem Recht nachgezeichnet wird.

1036 *EuGH* 13.07.2000, Rs. C-456/98 (*Centrosteel Srl/Adipol GmbH*) Slg. 2000, I-6007, RdNr. 8.

1037 *EuGH, Barbara Bellone/Yokohama SpA* (Fn. 1026).

1038 *EuGH, Centrosteel Srl/Adipol GmbH* (Fn. 1036) 6007, RdNr. 8.

„In diesem Urteil hat der Gerichtshof festgestellt, dass Artikel 13 Absatz 2 der Richtlinie als Einschränkung der Gültigkeit des Vertrages nur das Erfordernis der Schriftform nennt. Da der Gemeinschaftsgesetzgeber die Frage abschließend geregelt hat, können die Mitgliedstaaten somit außer der schriftlichen Abfassung des Vertrages keine weitere Bedingung aufstellen (Urteil Bellone, Randnr. 14[1039])."

Der Handelsvertretervertrag ist nach dieser Rechtsprechung in den Fällen zwingend schriftlich zu schließen, in denen die Mitgliedstaaten von der Möglichkeit des Art. 13 Abs. 2 Handelsvertreterrichtlinie Gebrauch gemacht haben. Dies führte im vorliegenden Fall dazu, dass der Vertrag formwirksam war und die Klägerin die Zahlung des geltend gemachten Betrages verlangen konnte[1040].

(b) Gewillkürte Schriftform

Mit der gewillkürten Schriftform hatte sich der Gerichtshof aufgrund einer Schiedsklausel eines zwischen der Kommission und *Oder-Plan Architektur* und *Esbensen Consulting Engineers*[1041] geschlossenen Vertrages zu beschäftigen. Gegenstand des Vertrages waren Subventionen der Gemeinschaft für die Errichtung von Häusern. Nach Art. 8.2 Buchstabe d des Anhangs II des Vertrags konnte die Kommission, wenn einer oder mehrere der Vertragspartner ihren Verpflichtungen nicht nachkommen und keine plausiblen und berechtigten technischen oder wirtschaftlichen Gründe vorliegen, den Vertrag beenden. Dazu musste sie die Vertragspartner schriftlich durch eingeschriebenen Brief oder gegen Empfangsbestätigung auffordern, ihre Verpflichtungen zu erfüllen. Hierfür hatten die Vertragspartner ab Zugang des Schreibens einen Monat Zeit. Eine solche Form ist im Gemeinschaftsrecht für die Kündigung nicht zwingend vorgeschrieben.

Da es mit der Erfüllung des Vertrages zu Problemen kam, kündigte die Kommission unter Einhaltung dieser Form den bestehenden Vertrag und verlangte Rückzahlung des Geldes. Dies wurde von den Beklagten abgelehnt. *Oder-Plan Architektur* berief sich darauf, dass die Kommission zunächst zur Nacherfüllung hätte auffordern müssen. *Esbensen Consulting Engineers* macht geltend, dass ein solcher Brief sie nie erreicht hätte. Der Gerichtshof führt im Urteil aus, dass die Kommission die Kündigung des Vertrages gegenüber den Beklagten ordnungsgemäß erklärt hatte und verurteilte sie zur Rückzahlung des geltend gemachten Betrages[1042].

1039 *EuGH, Barbara Bellone/Yokohama SpA* (Fn. 1026).

1040 *EuGH, Centrosteel Srl/Adipol GmbH* (Fn. 1036) 6007, RdNr. 17.

1041 *EuGH* 11.10.2001, Rs. C-77/99 (*Kommission/Oder-Plan Architektur und Esbensen Consulting*) Slg. 2001, I-7355.

1042 *EuGH, Kommission/Oder-Plan Architektur und Esbensen Consulting* (Fn. 1041) 7355, RdNr. 60.

(c) Voraussetzungen der Schriftform

Das Gemeinschaftsrecht verlangt zwar an verschiedenen Stellen Schriftform bzw. Schriftlichkeit, definiert diesen Begriff jedoch nicht. Aus der Rechtsprechung lässt sich entnehmen, dass die Erklärung in einem Schriftstück verkörpert sein muss[1043], dass die Erklärung lesbar sein muss[1044] und dass sie nicht eigenhändig unterschrieben sein muss.

bb) Unterschrift

(a) Eigenhändige Unterschrift

Die eigenhändige Unterschrift zumindest einer Partei unter eine Ausfertigung des geschriebenen Vertragstextes ist eine weitere Form zum Abschluss eines Vertrages, die im *acquis communautaire* Verwendung findet[1045]. Fragen einer solchen Unterschrift erörterte der Gerichtshof im Verfahren einer *Beamtenklage* gegen die EZB[1046]. Gegenstand der Rechtssache war ein Disziplinarverfahren aufgrund eines Verstoßes gegen die Beschäftigungsbedingungen der EZB. Der Kläger wandte sich hiergegen u.a. mit dem Vortrag, dass die Beschäftigungsbedingungen niemals Gegenstand einer vertraglichen Einigung zwischen den Parteien gewesen seien. Hierzu trug die EZB vor, dass dem Kläger bei der Einstellung ein Exemplar der Beschäftigungsbedingungen ausgehändigt worden sei. Dieser Vortrag wurde vom Kläger nicht bestritten. Aus dem Beschäftigungsvertrag des Klägers sei hervorgegangen, dass die Beschäftigungsbedingungen der EZB in der zum maßgebenden Zeitpunkt geltenden Fassung Bestandteil dieses Vertrags waren. Der Kläger habe diesen Vertrag unterschrieben. Seiner Unterschrift war der Satz vorangestellt: „Hiermit nehme ich die angebotene Stelle wie oben beschrieben und unter den dort genannten Bedingungen an." Der Gerichtshof führt hierzu aus, dass der Kläger einen Arbeitsvertrag unterschrieben habe,

---

1043 *EuGH, Kommission/Oder-Plan Architektur und Esbensen Consulting* (Fn. 1041) 7355.

1044 *Mankowski*, Formvorschriften und Europäisches Privatrecht, in: Schulte-Nölke/Schulze, Europäisches Vertragsrecht im Gemeinschaftsrecht, S. 202.

1045 Vergleiche z.B. Art. 81 Abs. 9 der Verordnung (EG) Nr. 12/97 der Kommission vom 18.12.1996 zur Änderung der Verordnung (EWG) Nr. 2454/93 mit Durchführungsvorschriften zu der Verordnung (EWG) Nr. 2913/92 des Rates zur Festlegung des Zollkodex der Gemeinschaften, ABl. EG 1997 L 9/1; Art. 1 Nr. 6 Richtlinie 97/9/EG des Europäischen Parlaments und des Rates vom 03.03.1997 über Systeme für die Entschädigung der Anleger, ABl. EG 1997 L 84/22.

1046 *EuG* 18.10.2001, Rs. T-333/99 (*Beamtenklage/Europäische Zentralbank*) Slg. 2001, II-3021.

in dem gemäß den Anforderungen von Art. 2 Abs. 2 Richtlinie 91/533/EWG[1047] die Personalien der Parteien, der Arbeitsplatz, die Kategorie der Stelle, der Zeitpunkt des Beginns des Vertrages, dessen vorhersehbare Dauer und der anfängliche Grundbetrag des Arbeitsentgelts angegeben waren[1048]. Der Beschäftigungsvertrag des Klägers enthielt somit alle wesentlichen Punkte des Arbeitsvertrags i.S.v. Art. 2 Richtlinie 91/533/EWG. Durch die Unterschrift des Klägers ist der Vertrag mit dem beschriebenen Inhalt zustande gekommen. Besonderheit der Anstellungsverträge der EZB ist, dass diese keinem spezifischen einzelstaatlichen Recht unterliegen. Konfliktfälle in Verträgen sind aufgrund allgemeiner Rechtsgrundsätze und des bestehenden Gemeinschaftsrechts zu lösen; eine Qualifikation nach den Vorschriften des IPR verbietet sich[1049]. Auch die Unterschrift, die der Kläger ableistete, ist damit nicht als Formerfordernis einem spezifischen einzelstaatlichen Recht entnommen.
Eine vertragliche Einigung und deren Bestätigung durch die Unterschrift beschäftigte den Gerichtshof im Verfahren *Conserve Italia Soc. Coop. Arl/Kommission*[1050]. Gegenstand der Rechtssache war ein Rechtsmittelverfahren gegen die Aufhebung einer finanziellen Beteiligung des Europäischen Ausrichtungs- und Garantiefonds für die Landwirtschaft (EAGFL) bezüglich des Vertrages über die Gewährung der finanziellen Beteiligung. Der Gerichtshof führt im Urteil aus[1051]:

> „Hinzu kommt, dass sich die Firma Massalombarda Colombani mit ihrer Unterschrift ausdrücklich, feierlich und eindeutig persönlich verpflichtet hat, mit den Arbeiten nicht vor Eingang des Zuschussantrags beim EAGFL, Abteilung Ausrichtung, zu beginnen."

1047 Richtlinie 91/533/EWG des Rates vom 14. Oktober 1991 über die Pflicht des Arbeitgebers zur Unterrichtung des Arbeitnehmers über die für seinen Arbeitsvertrag oder sein Arbeitsverhältnis geltenden Bedingungen, ABl. EG 1991 L 288/32; ber. ABl. EG 1992 L 172/86; ber. ABl. EG 1992 L 188/44.

1048 *EuG, Beamtenklage/Europäische Zentralbank* (Fn. 1046) 3021, RdNr. 81: „Die Informationen zu der Dauer des Jahresurlaubs, der Länge der bei der Kündigung des Vertrages einzuhaltenden Kündigungsfristen, der Periodizität der Auszahlung des Arbeitsentgelts und der normalen Tages- oder Wochenarbeitszeit, die dem Arbeitnehmer grundsätzlich auch zur Kenntnis zu bringen sind, können gemäß Art. 2 Abs. 3 Richtlinie 91/533 durch einen Hinweis auf die Rechts- und Verwaltungsvorschriften bzw. die Satzungs- oder Tarifvertragsbestimmungen erfolgen, die für diese Bereiche gelten. Der fragliche Vertrag enthält aber einen Hinweis auf die Beschäftigungsbedingungen der EZB, in denen diese Angaben im Einzelnen aufgeführt sind".

1049 Vergleiche hierzu bereits unter C.III.1.a), S. 92 ff.

1050 *EuGH* 24.01.2002, Rs. C-500/99 P (*Conserve Italia Soc. Coop. Arl/Kommission*) Slg. 2002, I-867.

1051 *EuGH, Conserve Italia Soc. Coop. Arl/Kommission* (Fn. 1050) 867, RdNr. 61.

(b) Elektronische Signatur

Seit der Einführung der sog. Signatur-Richtlinie vom 13.12.1999[1052] sind Signaturen als gesetzliche Form auch elektronisch zulässig. Die Gemeinschaft trägt damit der Entwicklung entsprechend Rechnung, dass elektronische Signaturen bei einer Vielzahl von Gegebenheiten und Anwendungen genutzt werden, die zu einem großen Spektrum neuer Dienste und Produkte im Zusammenhang mit oder unter Verwendung von elektronischen Signaturen führen[1053]. Sie nennt als Ziel in ihren Erwägungsgründen unter Nr. 4, dass elektronische Kommunikation und elektronischer Geschäftsverkehr elektronische Signaturen erfordern. Divergierende Regeln über die rechtliche Anerkennung elektronischer Signaturen in den Mitgliedstaaten können ein ernsthaftes Hindernis für die elektronische Kommunikation und den elektronischen Geschäftsverkehr darstellen. Demgegenüber sollen klare gemeinschaftliche Rahmenbedingungen für elektronische Signaturen das Vertrauen und die allgemeine Transparenz der neuen Technologien stärken.

Art. 5 der Richtlinie bestimmt unter der Überschrift „Rechtswirkung elektronischer Signaturen“, dass fortgeschrittene elektronische Signaturen[1054], die auf einem qualifizierten Zertifikat[1055] beruhen und die von einer sicheren Signaturerstellungseinheit[1056] erstellt werden, die rechtlichen Anforderungen an eine Unterschrift in Bezug auf in elektronischer Form vorliegende Daten in gleicher Weise erfüllen wir handschriftliche Unterschriften in Bezug auf Daten, die auf Papier

---

1052 Richtlinie 1999/93/EG des Europäischen Parlaments und des Rates vom 13.12.1999 über gemeinschaftliche Rahmenbedingungen für elektronische Signaturen, ABl. EG 2000 L 13/12.

1053 Vergleiche die neunte Begründungserwägung der Richtlinie.

1054 „Elektronische Signatur“ ist in Art. 2 Nr. 1 der Richtlinie definiert als „Daten in elektronischer Form, die anderen elektronischen Daten beigefügt oder logisch mit ihnen verknüpft sind und die zur Authentifizierung dienen“. „Fortgeschrittene elektronische Signatur“ ist nach Art. 2 Nr. 2 der Richtlinie eine Signatur, die erstens ausschließlich dem Unterzeichner zugeordnet ist, zweitens die Identifizierung des Unterzeichners ermöglicht, drittens mit Mitteln erstellt wird, die der Unterzeichner unter seiner alleinigen Kontrolle halten kann und viertens so mit den Daten, auf die sie sich bezieht, verknüpft ist, dass eine nachträgliche Veränderung der Daten erkannt werden kann.

1055 Art. 2 Nr. 9 Signatur-Richtlinie: „Zertifikat“ im Sinne der Richtlinie ist „eine elektronische Bescheinigung, mit der Signaturprüfdaten einer Person zugeordnet werden und die Identität der Person bestätigt wird“. „Qualifiziertes Zertifikat“ ist ein Zertifikat, „dass die Anforderungen des Anhangs I erfüllt und von einem Zertifizierungsdiensteanbieter bereitgestellt wird, der die Anforderungen des Anhangs II erfüllt“, Art. 2 Nr. 10 Signatur-Richtlinie.

1056 Art. 2 Nr. 5 Signatur-Richtlinie: „Signaturerstellungseinheit“ ist „eine konfigurierte Software oder Hardware, die zur Implementierung der Signaturerstellungsdaten verwendet wird“. „Sichere Signaturerstellungeinheit“ ist „eine Signaturerstellungseinheit, die die Anforderungen des Anhangs III erfüllt“, Art. 2 Nr. 6 Signatur-Richtlinie.

vorliegen. Die Anhänge der Richtlinie führen detailliert die jeweils zu stellenden Mindestanforderungen auf. Die Richtlinie war gem. Art. 13 Abs. 1 bis zum 19.07.2001 in nationales Recht umzusetzen[1057]. Eine Entscheidung des EuGH ist zur Signatur-Richtlinie bislang nicht ergangen.

cc) Telefax

Mit der Frage, ob eine per Telefax abgegebene Willenserklärung zu einem Vertrag führen kann, hatte sich der Gerichtshof im Verfahren *Finnland/Kommission*[1058] zu beschäftigen. Rechtlicher Rahmen des Verfahrens waren Art. 5 Verordnung 729/70/EWG[1059] sowie Art. 8 Verordnung 1663/95/EG[1060]. Die Kommission übersandte am 20.05.1997 der Ständigen Vertretung Finnlands bei der Europäischen Union in Brüssel sowie dem finnischen Ministerium für Landwirtschaft und Forsten ein in finnischer Sprache abgefasstes Schriftstück, in dem sie die finnische Regierung auf bestimmte Mängel aufmerksam machte. Obwohl das Schriftstück die Form eines Fernschreibens aufwies, ist es nach dem Vortrag der finnischen Regierung als Fax übermittelt worden. Der Vortrag wurde durch Angaben auf dem Briefkopf bestätigt[1061]. Die Parteien stritten darüber, ob das Schriftstück dem in Art. 5 Abs. 2 VO 729/70/EWG aufgestellten Formerfordernis der Schriftlichkeit entspricht. Der Gerichtshof äußerte sich in Anlehnung an Generalanwalt *Geelhoed* in seinem Urteil wie folgt[1062]:

> „Was erstens die Formvorschriften angeht, so ist festzustellen, dass Artikel 8 Absatz 1 der Verordnung Nr. 1663/95 zwischen der „Mitteilung der Feststellungen" nach Unterabsatz 1, um die es im vorliegenden Fall geht, und der „förmlichen Mitteilung der Schlussfolgerungen" unterscheidet. Daraus folgt, dass an die erstgenannte Mitteilung hinsichtlich der Form nicht so hohe Anforderungen zu stellen sind wie an die zweitgenannte. Wie nämlich der Generalanwalt in den Nummern 62 bis 71 seiner Schlussanträge dargelegt hat, dient die Schriftform in diesem Verfahrensstadium lediglich einem Beweiszweck im Verhältnis zwischen der Kommission und dem betreffenden Mitgliedstaat. Dieser Beweiszweck wird durch jedes Verfahren, das einen Schriftträger voraus-

---

1057 In Deutschland hat dies zur Einführung von § 126 a BGB sowie dem Signaturgesetz (Gesetz über Rahmenbedingungen für elektronische Signaturen (Signaturgesetz – SigG) vom 16.05.2002, BGBl. 2001.I.876) geführt.

1058 *EuGH* 24.01.2002, Rs. C-170/00 (*Finnland/Kommission*) Slg. 2002, I-1007.

1059 Verordnung (EWG) Nr. 729/70 des Rates vom 21.04.1970 über die Finanzierung der gemeinsamen Argrarpolitik (ABl. EG 1970 L 94/13) in durch die Verordnung (EG) Nr. 1287/95 des Rates vom 22.05.1995 (ABl. EG 1995 L 125/1) geänderten Fassung.

1060 Verordnung (EG) Nr. 1663/95 der Kommission vom 07.07.1995 mit Durchführungsbestimmungen zu der Veordnung (EWG) Nr. 729/70 des Rates bezüglich des Rechnungsabschlussverfahrens des EAGFL, Abteilung Garantie (ABl. EG 1995 L 158/6).

1061 *EuGH, Finnland/Kommission* (Fn. 1058) 1007, RdNr. 7.

1062 *EuGH, Finnland/Kommission* (Fn. 1058) 1007, RdNr. 29 der Schlussanträge.

setzt, erfüllt. Die Mitteilung der Feststellungen kann sich daher auch aus der Übersendung eines Schriftstückes durch Fernschreiben oder Fax ergeben."

dd) Elektronische Form

Aus dem Grundsatz der Formfreiheit folgt, dass, im Zuge des technischen Fortschritts, ein Vertragsabschluss auch in elektronischer Form möglich sein muss. Dieser neuen Wirklichkeit stellte sich der Gerichtshof – für Fragen der Einreichung von Schriftsätzen –, der die elektronische Form als grundsätzlich zulässig ansieht, mit der Einschränkung, dass nicht besondere weitere Formvorschriften diesem entgegenstehen. Generalanwalt *Geelhoed* hat dies in seinen Schlussanträgen im Verfahren *Finnland/Kommission* wie folgt zusammengefasst[1063]:

> „Nunmehr erkennt das Gemeinschaftsrecht – u. a. durch die Richtlinien über elektronische Signaturen und über den elektronischen Geschäftsverkehr[1064] – auf vielen Gebieten die elektronische Kommunikation als der herkömmlichen Übermittlung auf Papier gleichwertige Kommunikationsform an. Auch im Rechtsverkehr zwischen der Kommission und den Mitgliedstaaten wird die elektronische Kommunikation immer bedeutsamer."

In Verfahren wie dem in der Rechtssache *Finnland/Kommission* ist dabei zumindest die Vorabkenntnisnahme gebräuchlich, durch die die Kommission den Inhalt eines förmlichen Schreibens vorab per inhaltsgleichem Fax oder E-Mail bekannt gibt. Hierdurch erhält der Mitgliedstaat mehr Zeit für die Beantwortung. Darüber hinaus werden Fax und E-Mail für die häufige Korrespondenz zwischen den Mitgliedstaaten und der Kommission benutzt. Auch der Gerichtshof erkennt den Einsatz von Fax und E-Mail bei der Prozessführung an: Die Parteien können ihr Einverständnis mit der Zustellung von Schriftsätzen mittels Fax oder E-Mail erteilen. Die Einreichung von Schriftsätzen erfolgt allerdings nach wie vor ausschließlich auf dem Postweg[1065]. Vor diesem Hintergrund äußert sich Generalanwalt *Geelhoed*[1066]:

> „Es stellt sich daher die Frage, ob diese Funktion nicht ebenso gut durch ein elektronisch übermitteltes Schriftstück erfüllt werden kann. Ich selbst habe insoweit keine Be-

---

1063 *EuGH, Finnland/Kommission* (Fn. 1058) 1007, RdNr. 68 ff. der Schlussanträge.

1064 Richtlinie 1999/93/EG des Europäischen Parlaments und des Rates vom 13.12.1999 über gemeinschaftliche Rahmenbedingungen für elektronische Signaturen, ABl. EG 1999 L 13/12 bzw. Richtlinie 2000/31/EG des Europäischen Parlaments und des Rates vom 08.06.2000 über bestimmte rechtliche Aspekte der Dienste der Informationsgesellschaft, insbesondere des elektronischen Geschäftsverkehrs im Binnenmarkt („Richtlinie über den elektronischen Geschäftsverkehr"), ABl. EG 2000 L 178/1.

1065 Vergleiche Hinweise für die Prozessvertreter, Punkt B 4.

1066 *EuGH, Finnland/Kommission* (Fn. 1058) 1007, RdNr. 70 der Schlussanträge.

denken. Auch ein elektronisch übermitteltes Schriftstück kann Aufschluss über die Authentizität eines Dokuments, seinen Inhalt und den Zeitpunkt seines Zustandekommens geben. Zwar besteht bei einem elektronisch übermittelten Schriftstück insoweit keine absolute Sicherheit, für die Briefform gilt dies aber ebenso. Aufgrund dessen gelange ich zu der Auffassung, dass die in Artikel 5 Absatz 2 Buchstabe c der Verordnung Nr. 729/70 genannte schriftliche Mitteilung als solche auch in elektronischer Form erfolgen kann."

Die Möglichkeit der elektronischen Form des privatrechtlichen Vertrages ist seit dem 08.06.2000 in der E-Commerce-Richtlinie normiert[1067]. Der Gerichtshof hatte diese bislang nicht auszulegen, was zum einen darauf zurückzuführen ist, dass die Richtlinie noch sehr jung ist, zum anderen wohl auch darauf, dass die Regelungen, die sie trifft, sehr präzise sind[1068].

c) Sinn und Zweck von Formvorschriften

aa) Beweis-/Identifikations-/Authentizitäts-/Informationszweck

Wie der Gerichtshof in seinen Urteilen in den Rechtssachen 24/76[1069] und 25/76[1070] entschieden hat, soll das Schriftformerfordernis gewährleisten, dass die

---

1067 Dabei können von der Möglichkeit der Verwendung der elektronischen Form gemäß Art. 9 Abs. 2 der E-Commerce-Richtlinie Ausnahmen für Verträge zugelassen werden, die Rechte an Immobilien mit Ausnahme von Mietrechten begründen oder übertragen, Verträge, bei denen die Mitwirkung von Gerichten, Behörden oder öffentliche Befugnisse ausübenden Berufen gesetzlich vorgeschrieben ist, Bürgschaftsverträge und Verträge über Sicherheiten, die von Personen außerhalb ihrer gewerblichen, geschäftlichen oder beruflichen Tätigkeit eingegangen werden oder Verträge im Bereich des Familienrechts oder des Erbrechts.

1068 In *EuGH* 25.03.2004, Rs. C-71/02 (*Herbert Karner Industrie GmbH/Troostwijk GesmbH*) noch nicht in der amtlichen Sammlung veröffentlicht, RdNr. 61 der Schlussanträge, kann eine Auslegung dahinstehen, da die Richtlinie noch nicht umgesetzt war; in *EuGH* 06.11.2003, Rs. C-243/01 (*Strafverfahren gegen Piergiorgio Gambelli u.a.*) noch nicht in der amtlichen Sammlung veröffentlicht, RdNr. 56 der Schlussanträge, stellt der Generalanwalt fest, dass die Richtlinie auf Wetten nicht anwendbar ist; in *EuGH* 11.12.2003, Rs. C-322/01 (*Deutscher Apothekerverband e.V./1. 0800 DocMorris NV, 2. Jacques Waterval*) noch nicht in der amtlichen Sammlung veröffentlicht, wird in den Schlussanträgen zwar die Richtlinie erwähnt, aber nicht in die Wertung mit einbezogen; in *EuGH* C-377/98, 09.10.2001 (*Pays-Bas/Parlament und Rat*) Slg. 2001, I-7079 und in *EuGH* 10.07.2001, Rs. C-315/99 P (*Ismeri Europa Srl/Rechnungshof der Europäischen Gemeinschaften*) Slg. 2001, I-5281 wird die Richtlinie nur in einer Fußnote in den jeweiligen Schlussanträgen erwähnt.

1069 *EuGH* 14.12.1976, Rs. 24/76 (*Estasis Salotti di Colzani und Gianmario Colzani S.N.C./Ruewa Polstereimaschinen GmbH*) Slg. 1976, 1831.

Einigung zwischen den Parteien klar und deutlich zum Ausdruck kommt und tatsächlich feststeht[1071]. Die Schriftform dient der Verkörperung des Willens, dessen Objektivation[1072]. Sie bewegt sich nicht im *forum internum* eines Beteiligten, sondern muss extern wahrnehmbar sein. Generalanwalt *Capotorti* fasst für das EuGVÜ den Zweck der Formvorschriften wie folgt zusammen[1073]:

> „Wie im Jenard-Bericht über das Brüsseler Übereinkommen hervorgehoben wird, soll das Erfordernis der Schriftform die Rechtssicherheit gewährleisten. Dies bedeutet, dass ein sicherer Beweis für das Vorhandensein einer Willensübereinstimmung der Parteien über die das zuständige Gericht bestimmende Klausel verlangt wird, um Ungewissheit und unterschiedliche Ansichten über den Bestand und den Inhalt dieser Vereinbarung zu vermeiden, wie sie bei voller Formfreiheit möglich wären."

Vor dem Hintergrund einer starken Zunahme und einem weithin akzeptierten Gebrauch elektronischer Kommunikationsmittel wie Fax und E-Mail im Rechtsverkehr betonte Generalanwalt *Geelhoed* in der Rechtssache *Republik Finnland/Kommission*, dass die Schriftform normalerweise verlangt wird, weil sie für die Betroffenen bestimmte Sicherheiten gewährleistet[1074]. Die Verpflichtung zur Einhaltung der Schriftform dient dem Schutz der Parteien, weil sie ihnen Aufschluss über die Authentizität eines Schriftstücks, seinen Inhalt und den Zeitpunkt seiner Erstellung gibt. Bisweilen hat die Schriftform eine weiter gehende Funktion, nämlich Verhinderung von Betrug[1075], Schutz der wirtschaftlich schwächeren Vertragspartei oder Schutz Dritter. Was den letzten Gesichtspunkt anbelangt, ist darauf hinzuweisen, dass in der Rechtssache *Finnland/Kommission* die Korrespondenz zwischen der Kommission und dem Mitgliedstaat nicht öffentlich war und dass Dritte deshalb keine Rechte daraus herleiten können[1076]. Die Schriftform dient in diesem Fall nur Dokumentationszwecken im Verhältnis zwischen der Kommission und dem Mitgliedstaat.

1070 *EuGH* 14.12.1976, Rs. 25/76 (*Galeries Segoura Sprl/Firma Rahim Bonakdarian*) Slg. 1976, 1851.

1071 Vergleiche *EuGH* 14.07.1983, Rs. 201/82 (*Gerling Konzern Speziale Kreditversicherung AG und andere/Amministrazione del Tesoro dello Stato*) Slg. 1983, 2503, RdNr. 18; *Reithmann/Martiny/Reithmann*, Internationales Vertragsrecht, RdNr. 527: Es muss sich um eine Emanuation, um eine intersubjektiv rezipierbare Äußerung handeln.

1072 *Mankowski*, Formvorschriften und Europäisches Privatrecht, in: Schulte-Nölke/Schulze, Europäisches Vertragsrecht im Gemeinschaftsrecht, S. 183.

1073 *EuGH, Estasis Salotti di Colzani und Gianmario Colzani S.N.C./Ruewa Polstereimaschinen GmbH* (Fn. 1069) 1831, 1845.

1074 *EuGH* 24.01.2002, Rs. C-170/00 (*Republik Finnland/Kommission*) Slg. 2002, I-1007, RdNr. 68 f. der Schlussanträge.

1075 *EuGH, Republik Finnland/Kommission* (Fn. 1074) 1007, RdNr. 67 der Schlussanträge.

1076 *EuGH, Republik Finnland/Kommission* (Fn. 1074) 1007.

bb) Vereinheitlichungszweck

Nicht zuletzt sollen Formvorschriften, die sich im Gemeinschaftsrecht finden, gewährleisten, dass in der gesamten Gemeinschaft einheitliche Anforderungen gelten. Mit diesem Verhältnis von nationalem Recht und Gemeinschaftsrecht in Bezug auf Formfragen hatte sich der Gerichtshof in der Rechtssache *Elefanten Schuh*[1077] zu beschäftigen. Hintergrund des Verfahrens war eine Kassationsbeschwerde des Klägers gegen ein Urteil des Arbeidshof Antwerpen, durch das die Firma *Elefanten Schuh GmbH*, eine Gesellschaft deutschen Rechts, und die Firma *Elefanten N.V.*, eine Gesellschaft belgischen Rechts, gesamtschuldnerisch verurteilt wurden, an Herrn *Jacqmain* u.a. als Entschädigung für die Nichteinhaltung einer Kündigungsfrist einen bestimmten Geldbetrag zu zahlen. Der Kläger war seit 1970 bei dem deutschen Unternehmen als Handelsvertreter angestellt. Er übte seine Tätigkeit auf Anweisung des belgischen Tochterunternehmens dort aus. Streitgegenstand waren Meinungsverschiedenheiten, die dabei auftraten, dass das belgische Tochterunternehmen den Arbeitsvertrag übernehmen sollte. Nachdem sich die Parteien zunächst auf den Rechtsstreit in Antwerpen eingelassen hatten, rügte die deutsche Gesellschaft in ihrem zweiten Schriftsatz die Unzuständigkeit des Gerichts mit Verweis auf den Arbeitsvertrag. Dieser enthielt eine Klausel, wonach ausschließlicher Gerichtsstand für alle Streitigkeiten aus dem Vertrag Kleve in Deutschland sein sollte. Fraglich war die Wirksamkeit der Rechtswahl vor dem Hintergrund von Art. 17 bzw. Art. 18 EuGVÜ. Der Gerichtshof kam zu dem Ergebnis, dass Art. 18 EuGVÜ trotz bestehender Gerichtsstandsvereinbarung nach Art. 17 EuGVÜ anwendbar sei und durch eine Einlassung vor einem anderen Gericht gleichwohl dessen Zuständigkeit begründet werden könne[1078]. Was die in Art. 17 EuGVÜ aufgestellten Formerfordernisse betrifft, urteilte der Gerichtshof, dass diese nur einheitlich nach den Vorgaben des EuGVÜ beurteilt werden könnten, dessen Hintergrund die Idee einer in allen Mitgliedstaaten gleichen Regelung war. Für nationales Recht sei insofern kein Raum[1079].

d) Folgen von Formmängeln

Fraglich ist, wie in der Rechtsprechung die Mängel der Form auf Rechtsfolgenseite beurteilt werden, zumal die Rechtsfolgen von Formmängeln in den Mit-

---

1077 *EuGH* 24.06.1981, Rs. 150/80 (*Elefanten Schuh GmbH/Pierre Jacqmain*) Slg. 1981, 1671.

1078 *EuGH, Elefanten Schuh GmbH/Pierre Jacqmain* (Fn. 1077) 1671, RdNr. 11.

1079 *EuGH, Elefanten Schuh GmbH/Pierre Jacqmain* (Fn. 1077) 1671, RdNr. 24 ff.; vergleiche hierzu *Hartley*, Eur. L. Rev. 18 (1993), 506, 507.

gliedstaaten differieren[1080]. Der Gerichtshof hat hierzu vor dem Hintergrund von EuGVÜ/EuGVO, Handelsvertreterrichtlinie und Haustürwiderrufsrichtlinie Stellung genommen.

aa) EuGVÜ/EuGVO

EuGVÜ/EuGVO enthalten bestimmte Formerfordernisse in Art. 17 bzw. 23. Bei den Beratungen zum EuGVÜ wurde die Frage der rechtlichen Bedeutung der Form aufgrund der unterschiedlichen Handhabung in den Mitgliedstaaten ausdrücklich offengelassen[1081]. Um ein unterschiedliches rechtliches Schicksal der Zuständigkeitsvereinbarung in den Vertragsstaaten zu verhindern, ist in dieser Frage statt eines Rekurses auf die nationalen Rechte die Gewinnung einer einheitlichen vertragsautonomen Auslegung aus Wortlaut und Zweck des Übereinkommens/der Verordnung geboten[1082]. Zuständigkeitsbegründend kann nach der ständigen Rechtsprechung des EuGH seit den Rechtssachen *Salotti*[1083] und *Segoura*[1084] nur eine solche Vereinbarung wirken, die in allen Punkten der Vorschrift entspricht. Die Beachtung der richtigen Form ist nach gemeinschaftsweit einheitlicher Auslegung für den Bereich von EuGVÜ/EuGVO damit Wirksamkeitsvoraussetzung[1085].

bb) Handelsvertreterrichtlinie

Bezüglich der Form eines Handelsvertretervertrages gestattet Art. 13 Abs. 2 Handelsvertreterrichtlinie in Kapitel IV mit der Überschrift „Abschluss und Beendigung des Handelsvertretervertrages" den Mitgliedstaaten, „vorzuschreiben, dass ein Vertretungsvertrag nur in schriftlicher Form gültig ist". Der Gerichtshof führt im Urteil *Bellone* aus[1086]:

1080 Im französischen Recht beispielsweise dient die Form in bestimmten Fällen nur der Beweiskraft eines Rechtsgeschäfts, ohne dass ein Verstoß gegen diese Form zur Nichtigkeit des Rechtsgeschäftes führt, vgl. Art. 1341 ff., 1316 ff. französischer Code Civil. Im deutschen Recht hingegen führt ein Formmangel nach § 125 BGB grundsätzlich zur Nichtigkeit des Rechtsgeschäftes, eine Heilung ist nur unter engen Voraussetzungen möglich (beispielsweise gem. § 311 b Abs. 1 S. 2 BGB).

1081 *Kropholler*, Europäisches Zivilprozessrecht, Art. 23 EuGVO, RdNr. 29.

1082 *Kropholler*, Europäisches Zivilprozessrecht, Art. 23 EuGVO, RdNr. 29

1083 *EuGH* 14.12.1976, Rs. 24/76 (*Estasis Salotti di Colzani Aimo/Ruewa Polstermöbelfabrik*) Slg. 1976, 1831.

1084 *EuGH* 14.12.1976, Rs. 25/76 (*Galeries Segoura SPRL/Bonakdarian*) Slg. 1976, 1851.

1085 Vergleiche auch *EuGH* 24.06.1981, Rs. 150/80 (*Elefanten Schuh GmbH/Pierre Jacqmain*) Slg. 1981, 1671.

1086 *EuGH* 30.04.1998, Rs. C-215/97 (*Barbara Bellone/Yokohama SpA*) Slg. 1998, I-2191, RdNr. 20.

„Wie die Kommission vorgetragen und der Generalanwalt in Nummer 37 seiner Schlussanträge hervorgehoben hat[1087], hat der Gemeinschaftsgesetzgeber als Einschränkung der Gültigkeit des Vertrages nur das Erfordernis der Schriftform genannt und damit diese Frage abschließend geregelt. Außer der schriftlichen Abfassung des Vertrages können die Mitgliedstaaten daher keine weitere Bedingung aufstellen."

Diese Aussage allein will *Fock*[1088] nicht dahingehend auslegen, dass als Einschränkung der Gültigkeit des Handelsvertretervertrages nur das Erfordernis der Schriftform erlaubt ist. Aus Art. 13 Abs. 2 Handelsvertreterrichtlinie ergebe sich nicht, dass die Wirksamkeitserfordernisse dort abschließend geregelt sind. Seine Auffassung stützt er darauf, dass es Einschränkungen der Gültigkeit eines Vertrages gibt, die nicht aus der Formwidrigkeit des Vertragsschlusses herrühren. Für diese sei die Art. 13 Abs. 2 der Handelsvertreterrichtlinie nicht einschlägig, so dass eine entsprechende nationale Vorschrift nicht gegen die Richtlinie verstoße[1089]. Grundlage der Auffassung von *Fock* ist eine Trennung zwischen dem Akt der Eintragung in ein Register als solche, die, wie im vorliegenden Fall in Italien, eine formelle Prüfung der beruflichen Voraussetzungen des Vertreters war, und dem Abschluss des Handelsvertretervertrages. Soweit sich jedoch an die fehlende Eintragung in das Handelsregister Folgen für die Wirksamkeit des Handelsvertretervertrages ergeben, schlägt damit die fehlende Eintragung auf den Vertrag durch. Eine strikte Trennung lässt sich damit nicht durchhalten. Im Ergebnis ist der Ansicht des EuGH zu folgen[1090].

Der Gerichtshof erklärte als Rechtsfolge dieser Auslegung in dem Vorabentscheidungsersuchen die italienische Regelung, die die Gültigkeit des Handelsvertretervertrages von der Eintragung in ein Register abhängig machte, für mit

---

1087 *EuGH, Barbara Bellone/Yokohama SpA* (Fn. 1086), RdNr. 37 der Schlussanträge: „Ich komme folglich, wenn ich mutatis mutandis die Lösung des Gerichtshofes in der Rechtssache Marleasing heranziehe, zu dem Ergebnis, dass der Gemeinschaftsgesetzgeber, da sich die Richtlinie ausdrücklich auf eine einzige Voraussetzung für die Gültigkeit des Vertrages bezieht (d. h. festlegt, dass die Mitgliedstaaten die Schriftform vorschreiben dürfen), mit dieser Regelung die Gültigkeitserfordernisse des Vertrages abschließend festlegen wollte. Da nämlich die Bestimmungen der Richtlinie unter den Gründen für die Nichtigkeit des Vertrages die fehlende Eintragung des Handelsvertreters in entsprechende Register nicht anführen, kann der Vertrag im Sinne der Richtlinie als gültig betrachtet werden, sobald die von der Richtlinie selbst in Art. 1 Abs. 2 festgelegten Voraussetzungen erfüllt sind. Folglich lassen es diese Bestimmungen nicht zu, dass eine nationale Regelung, und sei es auch nur infolge ihrer Auslegung durch die nationalen Gerichte, zu den Gründen für die Nichtigkeit des Handelsvertretervertrages die fehlende Eintragung des Handelsvertreters in ein Register rechnet, wie die Kommission zu Recht bemerkt hat".

1088 *Fock*, ZEuP 8 (2000), 106, 114.

1089 *Fock*, ZEuP 8 (2000), 106, 114.

1090 So auch *Lange*, JZ 1998, 1112, 1113 f.

der Handelsvertreterrichtlinie nicht vereinbar[1091]. Nach dieser Entscheidung ist ein Handelsvertretervertrag, der gegen das italienische Recht aufgrund der fehlenden Eintragung in das Berufsregister verstößt, als gültig anzusehen[1092]. Der Gerichtshof führte zu diesem Anwendungsbereich im Folgeurteil *Centrosteel/Adipol*[1093], in dem der Fall ebenso gelagert war wie in der Rechtssache *Bellone*, aus[1094]:

> „Vorab ist daran zu erinnern, dass die Richtlinie die Rechtsvorschriften der Mitgliedstaaten über die Rechtsbeziehungen zwischen den Parteien eines Handelsvertretervertrages unabhängig von irgendwelchen grenzüberschreitenden Faktoren harmonisieren soll. Ihr Anwendungsbereich geht also über den der im Vertrag verankerten Grundfreiheiten hinaus."

Diese Rechtsprechung führt zu weitergehender Vereinheitlichung und macht die Anpassung nationaler Vorschriften an das Gemeinschaftsrecht erforderlich. Dies führte in Italien zu einer Änderung der entsprechenden handelsrechtlichen Vorschriften, in Deutschland zur Einführung von § 84 Abs. 4 HGB mit der Reform von 1998[1095]. Ohne die Regelung des § 84 Abs. 4 HGB hätte ein Handelsvertreter erst die Eintragung in das Handelsregister betreiben müssen. Diese Regelung verstieß gegen die Handelsvertreterrichtlinie.

cc) Haustürwiderrufsrichtlinie

Art. 4 Abs. 1 Haustürwiderrufsrichtlinie bestimmt, dass der Gewerbetreibende den Verbraucher schriftlich über sein Widerrufsrecht innerhalb der in Art. 5 festgelegten Fristen zu belehren hat. Art. 4 Abs. 3 bestimmt, dass die Mitgliedstaaten dafür sorgen, dass im innerstaatlichen Recht geeignete Maßnahmen zum Schutz des Verbrauchers bestehen, wenn die in Art. 4 Abs. 1 vorgesehene Belehrung nicht erfolgt.

Mit dieser Vorschrift hatte sich der Gerichtshof in der Rechtssache *Heininger*[1096] zu befassen, und zwar vor dem Hintergrund der Frage, ob ein Mitgliedstaat das Widerrufsrecht bei nicht erfolgter Belehrung gleichwohl befristen kann[1097]. Der

---

1091 *Barbara Bellone/Yokohama SpA* (Fn. 1086) 2191, RdNr. 12.

1092 *Fock*, ZEuP 8 (2000), 106, 115.

1093 *EuGH* 13.07.2000, Rs. C-456/98 (*Centrosteel/Adipol*) Slg. 2000, I-6007.

1094 *EuGH, Centrosteel/Adipol* (Fn. 1093) 6007, RdNr. 13.

1095 Gesetz zur Neuregelung des Kaufmanns- und Firmenrechts und zur Änderung anderer handels- und gesellschaftsrechtlicher Vorschriften (Handelsrechtsreformgesetz) vom 22.06.1998, BGBl. 1998.I.1474.

1096 *EuGH* 13.12.2001, Rs. C-481/99 (*Georg Heininger und Helga Heininger/Bayerische Hypo- und Vereinsbank AG*) Slg. 2001, I-9945.

1097 *EuGH, Georg Heininger und Helga Heininger/Bayerische Hypo- und Vereinsbank AG* (Fn. 1096) 9945, RdNr. 24.

Gerichtshof entschied hierzu, dass die Haustürwiderrufsrichtlinie ausdrücklich bestimmt, dass die für den Widerruf vorgesehene Mindestfrist von sieben Tagen ab dem Zeitpunkt zu rechnen ist, zu dem dem Verbraucher die Belehrung über sein Widerrufsrecht erteilt wurde. Es obliegt dem Gewerbetreibenden, diese Belehrung zu erteilen.
Diese Bestimmungen erklären sich dadurch, dass der Verbraucher das Widerrufsrecht nicht ausüben kann, wenn es ihm nicht bekannt ist[1098]. Angesichts des Wortlauts und des Zwecks von Art. 5 kann Art. 4 Abs. 3 Haustürwiderrufsrichtlinie nicht dahin ausgelegt werden, dass der nationale Gesetzgeber vorsehen kann, dass das Widerrufsrecht des Verbrauchers auf jeden Fall innerhalb eines Jahres ausgeübt werden muss, selbst wenn der Verbraucher vom Gewerbetreibenden nicht über dieses Recht belehrt worden ist[1099]. Rechtsfolge ist in diesem Falle nicht die Nichtigkeit des Vertrages. Damit unterscheidet sich die Rechtsfolge von den unter aa) und bb) dargestellten Rechtsakten. Jedoch bezieht sich die Schriftform auf das Widerrufsrecht und nicht auf den Vertrag als solchen: Der Verbraucher wird über die Befristung eines ihm zustehenden besonderen Rechts informiert und nicht darüber, dass er einen Vertrag über einen bestimmten Gegenstand abschließt. Das Ergebnis in der Rechtssache *Heininger* steht damit nicht im Widerspruch zu EuGVÜ/EuGVO bzw. zur Handelsvertreterrichtlinie.

dd) Übertragbarkeit der gefundenen Ergebnisse

Die Erhebung der Formerfordernisse im EuGVÜ/in der EuGVO und der Handelsvertreterrichtlinie zu Wirksamkeitserfordernissen spricht dafür, Formvorschriften im *acquis communautaire* allgemein zu Wirksamkeitserfordernissen zu erheben. Dies muss insbesondere für die Formvorschriften der verbraucherschützenden Rechtsakte gelten. Art. 4 Abs. 1 Verbraucherkreditrichtlinie beispielsweise bestimmt, dass Kreditverträge der Schriftform bedürfen. Eine weitergehende Regelung wurde nicht getroffen. Bezüglich dieser Vorschrift sprechen sowohl der Wortlaut als auch die Systematik dafür, dass die Schriftform Wirksamkeitserfordernis ist.

2. Geschäftsfähigkeit

Fragen, die im Zusammenhang mit der Geschäftsfähigkeit stehen, sind vom Gerichtshof bislang kaum erörtert worden. Ansätze vereinheitlichender Regelungen

---

1098 *EuGH, Georg Heininger und Helga Heininger/Bayerische Hypo- und Vereinsbank AG* (Fn. 1096) 9945, RdNr. 45.

1099 *EuGH, Georg Heininger und Helga Heininger/Bayerische Hypo- und Vereinsbank AG* (Fn. 1096) 9945, RdNr. 46.

fehlen im *acquis communautaire*. Im Primärrecht regelt Art. 282 EG die Rechts- und Geschäftsfähigkeit der Gemeinschaft. Dazu verweist er auf die Vorschriften der einzelnen Mitgliedstaaten. Ebenso verweisen sekundärrechtliche Regelungen, wie sie z.B. in Art. 4 Abs. 2 Fernabsatzrichtlinie oder Art. 3 Abs. 2 Finanzdienstleistungsrichtlinie enthalten sind, auf die nationalen Regelungen.
Der Gerichtshof hatte sich mit Fragen der Minderjährigkeit am Rande in der Rechtssache *Vito Inzirillo/Caisse d'allocations familiales de l'arrondissement de Lyon*[1100] im Rahmen eines Vorabentscheidungsverfahrens betreffend Fragen nach der Auslegung der VO 1408/71/EWG[1101] zu befassen. Gegenstand des Verfahrens war die Weigerung der Beklagten, einem erwachsenen Behinderten italienischer Staatsangehörigkeit, der in Frankreich bei seinem dort als Arbeitnehmer im Sinne der Verordnung 1408/71/EWG beschäftigten Vater wohnt, Beihilfe für erwachsene Behinderte nach den Artikeln 7, 8 des französischen Gesetzes Nr. 71-563 vom 13.07.1971 zu gewähren. Die französische Cour de Cassation fragte danach, ob in Anwendung der Verordnung 1408/71/EWG die mit Gesetz vom 13.07.1971 allein zugunsten französischer Staatsangehöriger mit Wohnort in Frankreich eingeführte Beihilfe einem erwachsenen Behinderten italienischer Staatsangehörigkeit zu gewähren war, der niemals selbst als Arbeitnehmer in Frankreich tätig war, der aber dort wohnte und dessen Vater dort als italienischer Wanderarbeitnehmer beschäftigt war[1102]. Nach Art. 2 Verordnung 1408/71/EWG gilt diese für Arbeitnehmer, für welche die Rechtsvorschriften eines oder mehrerer Mitgliedstaaten gelten oder galten, soweit sie Staatsangehörige eines Mitgliedstaates sind, sowie für deren Familienangehörige und Hinterbliebene. Zur Frage der Familienangehörigkeit äußerte sich der Gerichtshof in seinem Urteil wie folgt[1103]:

> „Der Begriff des Familienangehörigen eines Arbeitnehmers umfasst unbestreitbar gerade auch nach den Rechtsvorschriften, denen im vorliegenden Fall die streitige Leistung zuzurechnen ist, das minderjährige Kind, dem die Eltern Unterhalt gewähren. Was insbesondere den Fall eines behinderten Kindes anlangt, das in seiner Eigenschaft als Familienangehöriger des Arbeitnehmers bereits während seiner Minderjährigkeit die Anspruchsvoraussetzungen für den Bezug von Behindertenbeihilfen erfüllt, so kann die im vorgenannten Artikel 3 Absatz 1 gewollte Gleichbehandlung nicht mit dem Eintritt der

---

1100 *EuGH* 16.12.1976, Rs. 63/76 (*Vito Inzirillo/Caisse d'allocations familiales de l'arrondissement de Lyon*) Slg. 1976, 2057.

1101 Verordnung (EWG) Nr. 1408/71 über die Anwendung der Systeme der sozialen Sicherheit auf Arbeitnehmer und Selbständige sowie deren Familienangehörige, die innerhalb der Gemeinschaft zu- und abwandern vom 14.06.1971, ABl. EG 1971 L 149/2.

1102 *EuGH, Vito Inzirillo/Caisse d'allocations familiales de l'arrondissement de Lyon* (Fn. 1100) 2057, RdNr. 2/4.

1103 *EuGH, Vito Inzirillo/Caisse d'allocations familiales de l'arrondissement de Lyon* (Fn. 1100) 2057, RdNr. 15/17.

Volljährigkeit enden, wenn das Kind wegen seiner Behinderung nicht selbst die Eigenschaft eines Arbeitnehmers im Sinne der Verordnung Nr. 1408/71 erwerben kann."

Der Gerichtshof geht im Urteil nicht näher auf Fragen der Minderjährigkeit und den Zeitpunkt des Eintritts der Volljährigkeit ein. Die Verordnung 1408/71/EWG selbst bestimmt in Art. 1 f): „Familienangehöriger: Jede Person, die in den Rechtsvorschriften, nach denen die Leistungen gewährt werden, oder in den Fällen des Artikels 22 Absatz 1 Buchstabe a) und des Artikels 31 in den Rechtsvorschriften des Mitgliedstaats, in dessen Gebiet sie wohnt, als Familienangehöriger bestimmt, anerkannt oder als Haushaltsangehöriger bezeichnet ist; (...) bei Leistungen für Behinderte, die nach den Rechtsvorschriften eines Mitgliedstaates allen Staatsangehörigen des Landes gewährt werden, die die Voraussetzungen hierfür erfüllen: Wenigstens der Ehegatte, die minderjährigen Kinder sowie die unterhaltsberechtigten volljährigen Kinder des Arbeitnehmers oder Selbständigen; (...)". Weitere Bestimmungen zu Fragen im Zusammenhang mit der Minderjährigkeit finden sich nicht. Damit weist auch die Verordnung 1408/71/EWG die Entscheidung, ob Geschäftsfähigkeit bzw. ob Volljährigkeit gegeben ist, dem jeweiligen nationalen Recht zu, ohne vereinheitlichende Bestimmungen auf diesem Gebiet zu erlassen.

Im Verfahren *Kleinwort Benson Ltd./City of Glasgow District Council*[1104] hatte sich der Gerichtshof mit Fragen über die gerichtliche Zuständigkeit aufgrund verschiedener Verträge, die zwischen Klägerin und Beklagter geschlossen worden waren, zu beschäftigen. Das House of Lords entschied nach Abschluss und Abwicklung der Verträge in einem Grundsatzurteil[1105], dass Gemeindebehörden wie der *Council* keine Befugnis zum Abschluss derartiger Verträge hätten und dass die geschlossenen Verträge folglich wegen fehlender Geschäftsfähigkeit einer Partei von Anfang an nichtig seien[1106]. Daraufhin erhob die Klägerin in England beim High Court of Justice, Queen's Bench Division, Commercial Court, eine Klage aus ungerechtfertigter Bereicherung gegen den Council auf Erstattung der Beträge, die sie zur Durchführung der zwischen den Parteien geschlossenen Verträge gezahlt hatte[1107]. Die Zuständigkeit wurde vom Council bestritten. Daraufhin legte der High Court of Justice dem EuGH die Frage zur Vorabentscheidung vor, ob es sich um einen Anspruch aus einem Vertrag nach Art. 5 Nr. 1 EuGVÜ oder um einen Anspruch aus unerlaubter Handlung nach

1104 *EuGH* 28.03.1995, Rs. C-346/93 (*Kleinwort Benson Ltd./City of Glasgow District Council*) Slg. 1995, I-615.

1105 *Hazell v. Hammersmith and Fulham London Borough Council (1992) 2 AC 1.*

1106 *EuGH, Kleinwort Benson Ltd./City of Glasgow District Council* (Fn. 1104) 615, RdNr. 4.

1107 *EuGH, Kleinwort Benson Ltd./City of Glasgow District Council* (Fn. 1104) 615, RdNr. 5.

Art. 5 Nr. 3 EuGVÜ handelt[1108]. Der EuGH beantwortete die Frage nicht, da er schon den Anwendungsbereich des EuGVÜ als nicht eröffnet ansah[1109]. Nach Art. 1 Nr. 1 EuGVÜ ist dieses nicht anzuwenden auf die Rechts- und Handlungsfähigkeit, eine wortgleiche Regelung findet sich auch in Art. 1 Abs. 2 a) EuGVO.
Generalanwalt *Lenz* äußerte in seinen Schlussanträgen in der Rechtssache *Custom Made Commercial Ltd./Stawa Metallbau GmbH* zu Art. 17 EuGVÜ[1110]:

> „Zweitens hat der Gerichtshof, wie gesagt, die Formerfordernisse der ersten beiden Fälle als Garantien einer tatsächlichen Willenseinigung angesehen und auf diesem Wege gewisse autonome Anforderungen an die Willenseinigung selbst aufgestellt. Er hat es insoweit vermieden, komplizierte und überaus umstrittene kollisionsrechtliche Probleme in diese Vorschrift hineinzutragen[1111]. Es ist übrigens von Anfang an bedauert worden, dass wegen gewisser Vorfragen der Willenseinigung (namentlich Geschäftsfähigkeit und Stellvertretung) Artikel 17 nicht mit einer ausdrücklichen Kollisionsregel versehen worden ist[1112]."

Art. 17 EuGVÜ unterstellt seit seinem Inkrafttreten alle nicht erwähnten Voraussetzungen für das wirksame Zustandekommen einer Zuständigkeitsvereinbarung demjenigen nationalen Recht, das vom IPR des Forums für anwendbar erklärt wird[1113]. Damit ist auch die Frage nach der Geschäftsfähigkeit im Einzelfall kollisionsrechtlich zu bestimmen[1114].
Der Gerichtshof hat sich damit bislang nicht zu Fragen der Geschäftsfähigkeit geäußert. Dieser Bereich untersteht der uneingeschränkten Gesetzgebungskompetenz durch die Mitgliedstaaten. Zurzeit gibt es nicht einmal vereinheitlichende Ansätze.

1108 *High Court of Justice* (England), Queen's Bench Division, Commercial Court, judgment of 27.02.1992, The Weekly Reports 1992, 827 – 843; The Law Reports, Queen's Bench Division 1993, 429 – 446; The All Englands Law Reports 1994, 865 – 882.

1109 *EuGH, Kleinwort Benson Ltd./City of Glasgow District Council* (Fn. 1104) 615, RdNr. 22 ff.; hierzu der sog. Schlosser-Bericht, ABl. EG 1979 C 59/71, Nr. 21; *Kropholler*, Europäisches Zivilprozessrecht, vor Art. 2 EuGVO, RdNr. 6 f.; *Holl*, IPRax 1996, 174, 175.

1110 *EuGH* 29.06.1994, Rs. C-288/92 (*Custom Made Commercial/Stawa Metallbau GmbH*) Slg. 1994, I-2913, RdNr. 104 der Schlussanträge.

1111 Vergleiche *Roth*, ZZP 93 (1980), 156 ff.

1112 *Droz*, Compétence judiciaire et effets des jugements dans le Marché commun, S. 134 (Nr. 215).

1113 *Grunsky*, RIW 1977, 6; *Müller*, RIW 1977, 164; *O'Malley/Layton*, European Civil Practice, 569.

1114 *Kropholler*, Europäisches Zivilprozessrecht, Art. 23 EuGVO, RdNr. 26.

D. Zusammenfassung

I. Die Rechtsprechung zum privatrechtlichen Vertragsschluss

Der Gerichtshof sichert die Wahrung des Rechts (Art. 220 EG). Methoden der Rechtswahrung sind die Auslegung und richterliche Rechtsfortbildung. Die Reichweite des Anwendungsbereichs einer Vorschrift des Gemeinschaftsrechts zu ermitteln ist Aufgabe der Gesetzes*auslegung* durch den EuGH. Die Auslegung beschränkt sich auf eine bestimmte gemeinschaftliche Richtlinien- oder Verordnungsbestimmung, die entweder direkt (im Falle einer Verordnung) oder kraft gemeinschaftsrechtskonformem Umsetzungsrechtsakts in der gesamten Gemeinschaft gilt. In Bezug auf das privatrechtliche Vertragsrecht kann sich der Gerichtshof dabei nicht auf eine zusammenhängende gemeinschaftliche Rechtsgrundlage, ein „Europäisches Vertragsrecht", beziehen. Bei fehlenden Normierungen versucht er im Wege der *Rechtsfortbildung* Lösungen zu finden, häufig durch wertende Rechtsvergleichung der Regelungen in den Mitgliedstaaten. Die Urteile stellen das Ergebnis der richterlichen Rechtsfindung in Bezug auf eine bestimmte Rechtsnorm mit limitiertem Anwendungsbereich dar oder beschreiben einen bestimmten allgemeinen Rechtsgrundsatz. Bezugnahmen auf nationales Recht erfolgen dabei nur im Ausnahmefall in bestimmten Verfahrensarten: Erstens im Rahmen von Vorabentscheidungsersuchen nach Art. 234 EG bei Verweisungen im nationalen Recht oder als Vorfrage der Beantwortung der eigentlichen Vorlagefrage, zweitens im Rahmen der Zuständigkeit des EuGH für Schiedsverfahren nach Art. 238 EG aufgrund des von den Parteien gewählten Rechts und drittens bei der Feststellung allgemeiner Rechtsgrundsätze, die hierdurch konsolidierter Bestandteil des *acquis communautaire* werden und zwischen Primärrecht und Sekundärrecht stehen.

Eine Kompetenz, über das nationale Recht zu judizieren, das den richtlinienkonformen Umsetzungsrechtsakt der einzelnen Mitgliedstaaten darstellt, steht dem Gerichtshof nicht zu. Dieses unterliegt als Teil des nationalen Rechts der Auslegungshoheit nationaler Gerichte. Ziel der Rechtsprechung des Gerichtshofs ist vor dem Hintergrund von Art. 220 EG die Feststellung des Anwendungsbereichs des Gemeinschaftsrechts. Die Darstellung – und in manchen Fällen auch die Auslegung – nationalen Rechts dient nur als Zwischenschritt auf diesem Weg.

So finden sich zu vielen Fragen des Vertragsrechts Stellungnahmen in Judikaten, die vom nationalen Recht gelöst sind und auf dem Hintergrund eines oder mehrerer gemeinschaftlicher Rechtsakte stehen. Insgesamt bleibt die Rechtsprechung zum Vertragsschluss im *acquis communautaire* dabei fast ebenso punktuell und lückenhaft wie die hierin enthaltenen vertragsrechtlichen Regelungen in Richtlinien und Verordnungen; nur durch die richterliche Rechtsfortbildung geht sie über den Bestand der rechtlichen Regelungen hinaus. Der ehemalige Generalanwalt *van Gerven* äußerte aus diesem Grunde[1115]: „Therefore, it[1116] will never lead to some kind of a coherent (code-like) unification of the whole contract law". Die vorliegende Untersuchung gilt damit keinesfalls als „gescheitert". Der Bogen darf jedoch nicht dahin gehend überspannt werden, aus den gefundenen Ergebnissen ein einheitliches, allgemeinverbindliches Europäisches Vertragsrecht zusammensetzen zu wollen.

Bestätigt hat sich die These, dass in der Gemeinschaft bestimmte Aspekte des Vertragsschlusses auf der Grundlage des Gemeinschaftsrechts ausgelegt werden bzw. aufgrund allgemeiner Rechtsgrundsätze einheitlich bestehen. Gezeigt hat sich auch, welche Fragen des Europäischen Vertragsrechts die Rechtsprechung des EuGH bislang nahezu vollkommen auslässt oder zur Beantwortung ins nationale Recht zurückverweist.

Die Anzahl der Urteile, die den privatrechtlichen Vertragsschluss hauptsächlich oder am Rande zum Gegenstand haben, ist dabei bis zuletzt – gemessen an der absoluten Anzahl der vom Gerichtshof und dem Gericht erster Instanz entschiedenen Rechtssachen – sehr gering geblieben. Auffällig ist zudem, dass eine umfassendere Rechtsprechung zu Detailfragen des privatrechtlichen Vertrags sich erst seit der Aufnahme der Verbraucherschutzpolitik der Gemeinschaft in den achtziger Jahren zu entwickeln begonnen hat[1117].

Die (wenigen) Urteile zu den allgemeinen Rechtsgrundsätzen des privatrechtlichen Vertragsschlusses im *acquis communautaire* ergingen zum Großteil[1118] bereits zu Beginn der Aufnahme der Rechtsprechungstätigkeit durch den EuGH. Sie stellen seitdem die ständige Rechtsprechung dar, auf die der Gerichtshof immer wieder verweist. Diese allgemeinen Rechtsgrundsätze sind für die Entwicklung eines Europäischen Vertragsrechts aus dem *acquis communautaire* heraus von besonderer Bedeutung. Der EuGH stellt sie als Ergebnis rechtsvergleichender Analyse in Form des Mikrovergleichs eines bestimmten Rechtsin-

---

1115 *Van Gerven*, Eur. Rev .Priv. L. 1997, 293, 295.

1116 Sc. die Rechtsprechung des Europäischen Gerichtshofes, d. Verf.

1117 Über 80% der in der vorliegenden Arbeit verwendeten Urteile sind nach dem 01.01.1980 ergangen, vgl. das Entscheidungsverzeichnis S. 221 ff.

1118 Eine Ausnahme stellt hier die Bürgschaft dar, vgl. *EuGH* 15.05.2003, Rs. C-266/01 (*Préservatrice foncière TIRARD SA*) Slg. 2003, I-4867; in den vorangegangenen Urteilen zum Bürgschaftsvertrag (vgl. v.a. *EuGH* 17.03.1998, Rs. C-45/96 [*Bayerische Hypotheken- und Wechselbank AG/Edgard Dietzinger*] Slg. 1998, I-1199; *EuGH* 23.03.2000, Rs. C-208/98 [*Berliner Kindl Brauerei AG/Andreas Siepert*] Slg. 2000, I-1741) hatte der Gerichtshof diesen Rechtsgrundsatz nicht festgestellt.

struments fest. Sie sind nicht an einen bestimmten Rechtsakt gebunden und beanspruchen allgemeine Geltung für das Gemeinschaftsrecht[1119]. Direkt zählen hierzu die Vertragsfreiheit, die Trennung des Vertragsschlusses in Angebot und Annahme, Wirksamkeit eines Vertrags sowie das Gebot von Treu und Glauben. Indirekt baut sich auf dem Gleichheitsgrundsatz sowie dem Transparenzprinzip ein Großteil der verbraucherschützenden Rechtsakte auf. Diese verfolgen den Zweck, mangelnde Gleichheit zwischen Verbraucher und Unternehmer und fehlende Transparenz bei Verbraucherverträgen zu kompensieren.

II. Ergebnisse der Untersuchung

Die Untersuchung hat aufgrund der bislang nur punktuellen Normierungen im *acquis communautaire* insgesamt zu einem sehr differenzierten Bild der Rechtsprechung zu den verschiedenen untersuchten Aspekten des privatrechtlichen Vertragsschlusses geführt. Dieses reicht von der Feststellung allgemeiner Rechtsgrundsätze des Vertragsrechts über die Auslegung – sogar über vorgelegte Fragen hinaus oder durch Umformulierung von Fragestellungen – bis hin zu gänzlichem Schweigen zu bestimmten Aspekten.
Der Vertrag ist nach der Rechtsprechung der EuGH die freiwillig eingegangene Verpflichtung zwischen den Vertragsparteien.
Grundsätzlich gilt im *acquis communautaire* für den Abschluss privatrechtlicher Verträge der von der Rechtsprechung des EuGH festgestellte Grundsatz der Privatautonomie, der anhand verschiedener Rechtsakte belegt wurde. Den Parteien kommt damit auch das Recht zu, miteinander in Verhandlungen zu treten, und die Verhandlungen grundsätzlich jederzeit abzubrechen (wobei ab einem gewissen Verhandlungsstadium Schadensersatzforderungen entstehen können).
Ein differenziertes Bild zeichnet sich in Bezug auf die Rechtssubjekte ab, insbesondere soweit es sich um die Definitionen von Verbraucher und Unternehmer handelt. Diese werden von vielen verbraucherschützenden Richtlinien für ihren Anwendungsbereich festgelegt. Eine Kohärenz der Rechtsakte ist bislang nur im Ansatz vorhanden. Kaum harmonisiert sind zurzeit auch Regelungen der Beteiligung von Gesellschaften an Verträgen. Die Frage, ob sie im Einzelfall rechtsfähig sind, ist nach der Rechtsprechung des EuGH – mit Ausnahme der europäischen Gesellschaftsformen – aus dem nationalen Recht heraus zu beantworten.
Der EuGH hat den Vertragsmechanismus durch vorangehendes Angebot und entsprechende Annahme des Angebots (Konsensprinzip) als allgemeinen Rechtsgrundsatz in allen Mitgliedstaaten der Gemeinschaft festgestellt. In Bezug auf verschiedene Rechtsakte urteilte er dabei über den objektiven und subjektiven Tatbestand der Willenserklärung, der Angebot und Annahme auszeichnet.

1119 So auch *van Gerven*, Eur. Rev. Priv. L. 1997, 293, 295.

Hinsichtlich der Wirksamkeit einer Willenserklärung stellten die Richter den in allen Ländern der Gemeinschaft anerkannten allgemeinen Rechtsgrundsatz fest, dass eine Willenserklärung wirksam wird, sobald sie ordnungsgemäß in den Machtbereich des Empfängers gelangt. Soweit nationale Besonderheiten europäischen Normierungen widersprachen, führte die Rechtsprechung des EuGH dazu, dass nationale Gerichte ihre – zum Teil ständige – Rechtsprechung änderten und auch Vorschriften des nationalen Rechts angepasst wurden.
Keine Äußerungen finden sich hingegen zu Besonderheiten des Vertragsschlussmechanismus, die in einigen Mitgliedstaaten bestehen. Hier hat der EuGH die Fragen zur Beurteilung an die jeweiligen nationalen Gerichte zurückverwiesen.
Die Anforderungen, die an ein Angebot zum Abschluss eines privatrechtlichen Vertrags bzw. eine Aufforderung, Angebote abzugeben, zu stellen sind, hängen aufgrund des vom EuGH umfassend anerkannten Grundsatzes der Vertragsfreiheit vom jeweiligen Vertragstyp ab und werden durch verschiedene Richtlinien konkretisiert, die zum Teil Gegenstand der Rechtsprechung des EuGH gewesen sind[1120]. Dies gilt insbesondere für den bedeutendsten Schuldvertragstyp, den Kaufvertrag. Die detaillierten Regelungen in der Verbrauchsgüterkaufrichtlinie und der Kaufpreisrichtlinie bedurften bislang keiner Auslegung durch den Gerichtshof.
Zum Mietvertrag hat der Gerichtshof festgestellt, dass es sich im *acquis communautaire* um einen Vertrag handelt, mit dem der Eigentümer bestimmte Rechte an der ihm gehörenden Sache (beispielsweise das Nutzungsrecht) gegen einen Mietzins einem anderen überlässt. Besondere Rechte und Pflichten klammert er hingegen mit Verweis auf bestehende Unterschiede in den Rechtsordnungen aus.
Der Begriff der Dienstleistung ist von Anfang an durch die primärrechtliche Regelung des Art. 49 EG Gegenstand der Rechtsprechung gewesen. Hier besteht eine sehr ausgeprägte Kasuistik.
Zum Bürgschaftsvertrag finden sich verschiedene Stellungnahmen in der neueren Rechtsprechung. Zuletzt stellte der Gerichtshof einen allgemeinen Rechtsgrundsatz über die Charakteristika eines Bürgschaftsvertrages heraus. Hiernach handelt es sich bei der Bürgschaft um ein Dreiecksverhältnis, in dem der Bürge sich gegenüber dem Gläubiger verpflichtet, die vom Hauptschuldner eingegangenen Verpflichtungen zu erfüllen, sofern dieser sie nicht selbst erfüllt. Die Bürgschaft hat akzessorischen Charakter in dem Sinne, dass der Bürge vom Gläubiger in Anspruch genommen werden kann, wenn die Hauptschuld fällig

1120 Bislang sind noch keine einschlägigen Urteile zur Fernabsatzrichtlinie für Dienstleistungen, zur E-Commerce-Richtlinie, zur Verbrauchsgüterkaufrichtlinie, zur Kaufpreisrichtlinie sowie zur Fernabsatzrichtlinie ergangen. Diese Richtlinien enthalten Bestimmungen, deren Auslegung durch den EuGH die Beurteilung des Europäischen Vertragsrechts weiter vorantreiben könnte.

ist. Die vom Bürgen übernommene Verpflichtung kann nicht über diejenige des Hauptschuldners hinausgehen.
Keine eindeutige Antwort hat der Gerichtshof auf die Frage der Bindungswirkung und Widerrufbarkeit von Willenserklärungen gegeben. Die Regelungen in den mitgliedstaatlichen Rechten divergieren, die Rechtsprechung ist hierzu sehr spärlich geblieben: Der Gerichtshof kann sich auf keine allgemeine gemeinschaftsrechtliche Regel berufen, die Regelungen der Mitgliedstaaten lassen sich keinem Konsens zuführen.
Die Formen der Willenseinigung durch die Parteien sind durch verschiedene gemeinschaftsrechtliche Regelungen teilweise normiert, die Rechtsprechung beschränkt sich auf diese Regelungen. Das gleiche Ergebnis gilt für die Rechtsprechung zu Formfragen von Verträgen im Gemeinschaftsrecht. Hier bestehen nur vereinzelte Regelungen, die an den jeweiligen Rechtsakt gebunden sind. Insbesondere fehlen übergreifende Definitionen bestimmter Formerfordernisse. Auch die Rechtsfolgen von Formmängeln in den verschiedenen Rechtsakten divergieren: Zum Teil handelt es sich um Wirksamkeitserfordernisse, zum Teil bleiben Formmängel folgenlos. Eine Kohärenz und Übertragbarkeit der Rechtsprechung auf andere Rechtsakte ist nicht gegeben.
Stärker harmonisiert ist das Recht der missbräuchlichen Vertragsklauseln, die – unter Verwendung unterschiedlicher Terminologie – bereits seit Inkrafttreten des EuGVÜ und der Auslegungszuständigkeit des EuGH hierüber Gegenstand der Rechtsprechung gewesen sind. Der EuGH nahm vor dem Hintergrund des EuGVÜ erstmals in den siebziger Jahren zur Beurteilung der Einbeziehung und Missbräuchlichkeit einer vorformulierten Vertragsklausel Stellung. Gegenstand der Rechtsprechung war auch die im Jahre 1993 eingeführte Klauselrichtlinie. Die Richtlinie beschränkt sich auf den Kerngehalt missbräuchlicher Klauseln in Verbraucherverträgen und enthält einen nicht abeschließenden Katalog von Klauseln zur Umsetzung in den Mitgliedstaaten. Die Beurteilung der Missbräuchlichkeit von Vertragsklauseln ist – obwohl der EuGH sich selbst hierüber für zuständig befunden hat – bislang Gegenstand von nur einer Entscheidung gewesen. Eine ausgeprägte Kasuistik besteht damit nicht. Besondere Bedeutung kommt in diesem Zusammenhang dem in der Klauselrichtlinie und Handelsvertreterrichtlinie verankerten Rechtsgrundsatz von Treu und Glauben zu, der für jeden Vertrag in der gesamten Gemeinschaft gilt, und anfangs im Common-Law-Raum aufgrund der bis dahin nahezu vernachlässigenswerten Bedeutung für Schwierigkeiten sorgte. Bemerkenswert hieran ist, dass der Rechtsgrundsatz von Treu und Glauben vom EuGH bereits in den fünfziger Jahren festgestellt wurde, in Großbritannien aber seit dessen Beitritt 1973 bis zur Einführung der Klauselrichtlinie 1993 weiter nahezu unbeachtet blieb. In der Rechtsprechung des Gerichtshofs nach 1993 sind vereinheitlichende Ansätze darüber hinaus bislang nicht erkennbar.
Aussagen des EuGH fehlen bislang komplett im Minderjährigenrecht.

III. Ausblick

„Bislang haben wir erfolgreich einen Ansatz genutzt, bei dem spezifische Verträge oder Marketingstrategien harmonisiert wurden, sofern ein bestimmter Harmonisierungsbedarf festgestellt wurde. Meiner Meinung nach ist es jetzt wohl an der Zeit, anders vorzugehen, um sicherzustellen, dass Unternehmen wie auch Verbraucher in die Lage versetzt werden, den Binnenmarkt in vollem Umfang zu nutzen."[1121]

Mit dieser Äußerung hält *Burne* geradezu ein Plädoyer für die Option Vier der Mitteilung der Kommission zum Europäischen Vertragsrecht[1122]: Die umfassende Vereinheitlichung des Vertragsrechts durch eine zusammenhängende gemeinschaftliche Regelung. Es ist nicht Aufgabe der vorliegenden Untersuchung, zu den hiermit verbundenen kontrovers diskutierten Fragen Stellung zu nehmen. *Burne* ist jedoch dahin gehend zuzustimmen, dass der bisherige Ansatz erfolgreich genutzt worden ist. Nach fünfzig Jahren Bestehen der Gemeinschaft haben wissenschaftliche Arbeiten und die Rechtsprechung das Gemeinschaftsrecht und sein Zusammenspiel mit Besonderheiten der mitgliedstaatlichen Rechte so weit durchleuchtet und begutachtet, dass zu erwarten ist, dass der Gerichtshof zu bestimmten Fragen, deren Beantwortung er bislang vermieden hat, auch zukünftig nicht Stellung beziehen wird, solange keine gemeinschaftsrechtliche Regelung besteht. Die gemeinschaftsrechtlichen Regelungen werden weiter präzisiert werden, wobei die Richtung, die der EuGH für seine Entscheidungen wählen wird, in groben Zügen durch die bestehenden „Präjudizien" vorgezeichnet ist.
Die Entwicklung des Gemeinschaftsrechts darf nicht stagnieren. In absehbarer Zeit werden die nationalen Vertragsrechte jedoch wohl nicht ersetzt werden. Es gilt deswegen, das „kooperativ-integrative" Modell zu stärken und zu fördern[1123]. Die Ergebnisse der vorliegenden Untersuchung können insofern eine instruktive Vorarbeit leisten.
Eine Erweiterung des *acquis communautaire* wird ihrerseits zur Fortentwicklung der Rechtsprechung beitragen. Der folgenden Äußerung von *Clark*, die einem Aufsatz von *Kötz* aus dem Jahre 2002 zu entnehmen ist, kann sich der Verfasser aus diesem Grunde nur anschließen[1124]:

1121 *David Burne*, Kommissar für Gesundheit und Verbraucherschutz, in: Europäisches Vertragsrecht: Die Kommission leitet eine umfassende Debatte ein, Pressemitteilung vom 13.07.2001, IP/01/996.

1122 KOM (2001) 398 endg., ABl. EG 2001 C 255/1.

1123 *Schulze/Schulte-Nölke*, Europäische Rechtsangleichung und nationale Privatrechte, S. 18 f.; *Iglesias*, NJW 1999, 1, 8.

1124 *Kötz*, JZ 2002, 257, 264.

„*David Clark* hat gesagt, die Erneuerung des ius commune Europaeum sei ‚the largest current comparative law enterprise'[1125]. Vielleicht hat er Recht. Jedenfalls geht es um einen säkularen Prozess. Denn wenn es gelingt, das gemeineuropäische Recht zum Gegenstand von Rechtswissenschaft, Rechtsliteratur und Rechtsunterricht in Europa zu machen, so wird man vielleicht einmal auf die letzten 250 Jahre der europäischen Rechtsgeschichte als die Phase zurückschauen, in der die Juristen zwar in der Ausformung ihrer nationalen Rechtsordnungen Sicherheit und Stärke erlangten, dies aber um den Preis, dass die Jurisprudenz – wie schon *Jhering* beklagt hat – zur Landesrechtskunde absank und die wissenschaftlichen Grenzen des Rechts mit den politischen zusammenfielen. Niemand weiß, wohin die Reise gehen wird. Ich für meinen Teil bekenne, dass ich mich freue, am Anfang dabei gewesen zu sein."

1125 *Clark*, Tul. L. Rev. 75 (2001), 871, 872.

Schrifttumsverzeichnis

Andresen, Ole, Verbot von Sozietäten zwischen Rechtsanwälten und Wirtschaftsprüfern als Wettbewerbsbeschränkung, DVBl. 2002, 685 – 688, zitiert als: *Andresen*, DVBl. 2002, 685, S.

Anton, Alexander Elder; Beaumont, Paul R., Iveco Fiat v. Van Hool (313/85) [1986] E.C.R. 3337; [1988] 1 C.M.L.R. 57, S.L.T. 1990, A3 – A4, zitiert als: *Anton/Beaumont*, S.L.T. 1990, A3, S.

Anton, Alexander Elder; Beaumont, Paul R., Segoura v. Bonakdarian (25/76) [1976] E.C.R. 1851; [1977] 1 C.M.L.R. 361, S.L.T. 1984, A9 – A10, zitiert als: *Anton/Beaumont*, S.L.T. 1984, A9, S.

Anweiler, Jochen, Die Auslegungsmethoden des Gerichtshofs der Europäischen Gemeinschaften, Diss. (Göttingen 1996), Frankfurt a. M., Berlin 1997, zitiert als: *Anweiler*, Auslegungsmethoden des EuGH, S.

Baldus, Christian; Becker, Rainer, Haustürgeschäfte und richtlinienkonforme Auslegung, Probleme bei der Anwendung angeglichenen europäischen Privatrechts, Vorlagebeschluss des BGH vom 11. Januar 1996 – IX ZR 56/95, ZEuP 5 (1997), 874 – 889, zitiert als: *Baldus/Becker*, ZEuP 5 (1997), 874, S.

Bamforth, Nicholas, The limits of European Union consumer contract law, Eur. L. Rev. 24 (1999), 410 – 418, zitiert als: *Bamforth*, Eur. L. Rev. 24 (1999), 410, S.

Bar, Christian von, Die Study Group on a European Civil Code, in: Gottwald, Peter; Jayme, Erik; Schwab, Dieter (Hg.), Festschrift für Dieter Henrich zum 70. Geburtstag, Bielefeld 2000, zitiert als: *v. Bar*, Die Study Group on a European Civil Code, in: Gottwald/Jayme/Schwab, Festschrift für Dieter Henrich, S.

Bar, Christian von, Konturen des Deliktsrechtskonzepts der Study Group on a European Civil Code, – Ein Werkstattbericht –, ZEuP 9 (2001), 515 – 532, zitiert als: *v. Bar*, ZEuP 9 (2001), S.

Bar, Christian von; Zimmermann, Reinhard, Grundregeln des Europäischen Vertragsrechts, Teile I und II, München 2002, zitiert als: *v. Bar/Zimmermann*, Grundregeln des Europäischen Vertragsrechts, Teile I und II, S.

Basedow, Jürgen, Das forum conveniens der Reeder im EuGVÜ (zu EuGH, 19.6.1984 – RS 71/83), IPRax 1985, 133 – 137, zitiert als: *Basedow*, IPRax 1985, 133, S.

Basedow, Jürgen, Europäisches Zivilprozeßrecht – Allgemeine Fragen des Europäischen Gerichtsstands- und Vollstreckungsübereinkommens (GVÜ), in: Herrmann, Hans Joachim; Basedow, Jürgen; Kropholler, Jan, Handbuch des Internationalen Zivilverfahrensrechts, Band I, Tübingen 1982, zitiert als: *Basedow*, Europäisches Zivilprozessrecht, in: Herrmann/Basedow/Kropholler, Hdb des Internationalen Zivilverfahrensrechts, S.

Baumbach, Adolf; Lauterbach, Wolfgang; Albers, Jan; Hartmann, Peter, Zivilprozeßordnung mit Gerichtsverfassungsgesetz und Nebengesetzen, 59. Auflage, München 2001, zitiert als: *Baumbach/Lauterbach/Alber/ Hartmann/Bearbeiter*, § ZPO, RdNr.

Berger, Klaus Peter, Auf dem Weg zu einem europäischen Gemeinrecht der Methode, ZEuP 9 (2001), 4 – 29, zitiert als: *Berger*, ZEuP 9 (2001), 4, S.

Berger, Klaus Peter, Die UNIDROIT-Prinzipien für internationale Handelsverträge, Indiz für ein autonomes Weltwirtschaftsrecht?, ZVglRWiss 94 (1995), 217 – 236, zitiert als: *Berger*, ZVglRWiss 94 (1995), 217, S.

Bernardeau, Ludovic, Le droit de rétractation du consommateur un pas de plus vers une doctrine d'ensemble, À propos de l'arrêt CJCE, 13 décembre 2001, Heininger, aff. C-481/99, La semaine juridique, édition générale 2002, I 168, 1719 – 1724, zitiert als: *Bernardeau*, La semaine juridique 2002, I 168, 1719, S.

Bischoff, Jean-Marc, Compétence en matière contractuelle, J.D.I. 120 (1993), 469 – 474, zitiert als: *Bischoff*, J.D.I. 120 (1993), 469, S.

Bischoff, Jean-Marc, Compétence en matière de contracts conclus par les consommateurs. Convention attributive de juridiction, J.D.I. 125 (1998), 581 – 586, zitiert als: *Bischoff*, J.D.I. 125 (1998), 581, S.

Bischoff, Jean-Marc, Convention de Bruxelles du 27 septembre 1968 – Article 17, alinéa 1 – Application d'une clause attributive de juridiction expirée, J.D.I. 114 (1987), 472 – 474, zitiert als: *Bischoff*, J.D.I. 114 (1987), 472, S.

Bischoff, Jean-Marc, Convention de Bruxelles du 27 septembre 1968, article 17, alinéa 1, J.D.I. 104 (1977), 734 – 739, zitiert als: *Bischoff*, J.D.I. 104 (1977), 734, S.

Blase, Friedrich, Die Grundregeln des Europäischen Vertragsrechts als Recht grenzüberschreitender Verträge, Diss. (Münster 2001), Münster 2001, zitiert als: *Blase*, Grundregeln des europ. Vertragsrechts, S.

Bleckmann, Albert, Europarecht, Das Recht der Europäischen Union und der Europäischen Gemeinschaften, 6. Auflage, Köln, Berlin, Bonn, München 1997, zitiert als: *Bleckmann*, Europarecht, RdNr.

Borges, Georg, AGB-Kontrolle durch den EuGH, NJW 2001, 2061 – 2062, zitiert als: *Borges*, NJW 2001, 2061, S.

Borges, Georg, Die europäische Klauselrichtlinie und der deutsche Zivilprozess, RIW 2000, 933 – 939, zitiert als: *Borges*, RIW 2000, 933, S.

Borges, Georg, Die Inhaltskontrolle von Verbraucherverträgen, Berlin 2000, zitiert als: *Borges*, Die Inhaltskontrolle von Verbraucherverträgen, S.

Brandner, Hans Erich, Maßstab und Schranken der Inhaltskontrolle bei Verbraucherverträgen, MDR 1997, 312 – 314, zitiert als: *Brandner*, MDR 1997, 312, S.

Buck, Carsten, Über die Auslegungsmethoden des Gerichtshofs der Europäischen Gemeinschaft, Diss. (Münster 1997), Frankfurt a.M., Berlin 1998, zitiert als: *Buck*, Auslegungsmethoden des EuGH, S.

Bueso Guillen, Pedro-Jose, Die Kriterien der Mißbräuchlichkeit in der EG-Richtlinie über mißbräuchliche Klauseln in Verbraucherverträgen, VuR 1994, 309 – 323, zitiert als: *Bueso Guillen*, VuR 1994, 309, S.

Bülow, Peter, Verbraucherkreditrichtlinie, Verbraucherbegriff und Bürgschaft, ZIP 1999, 1613 – 1616, zitiert als: *Bülow*, ZIP 1999, 1613, S.

Bydlinski, Peter; Klauninger, Johannes, Zur Anwendbarkeit der Richtlinie 85/577/EWG vom 20. Dezember 1985 betreffend den Verbraucherschutz im Falle von außerhalb von Geschäftsräumen geschlossenen Verträgen auf Bürgschaftsverpflichtungen von Verbrauchern, ZEuP 6 (1998), 994 – 1015, zitiert als: *Bydlinski/Klauninger*, ZEuP 6 (1998), 994, S.

Callies, Christian; Ruffert, Matthias, Kommentar des Vertrages über die Europäische Union und des Vertrages zur Gründung der Europäischen Gemeinschaft – EUV/EGV – Neuwied, Kriftel 1999, zitiert als: *Callies/Ruffert/Bearbeiter*, Art. EU/EG, RdNr.

Canaris, Claus-Wilhelm, Der EuGH als zukünftige privatrechtliche Superrevisionsinstanz, EuZW 1994, 417, zitiert als: *Canaris*, EuZW 1994, 417

Clark, David S., Nothing New in 2000? Comparative Law in 1900 and Today, Tul. L. Rev. 75 (2001), 871 – 912, zitiert als: *Clark*, Tul. L. Rev. 75 (2001), 871, S.

Coester-Waltjen, Dagmara, Das Zuständigkeitssystem des EuGVÜ, Jura 1989, 611 – 618, zitiert als: *Coester-Waltjen*, Jura 1989, 611, S.

Collins, Hugh, Good Faith in European Contract Law, O.J.L.S. 14 (1994), 229 – 254, zitiert als: *Collins*, O.J.L.S. 14 (1994), 229, S.

Coors, Corinna, Die Umsetzung der Richtlinie 93/13/EWG über missbräuchliche Klauseln in Verbraucherverträgen in Italien, Diss. (Münster 2001), Münster 2002, zitiert als: *Coors*, Missbräuchliche Klauseln, S.

Cornu, Gérard, Vocabulaire juridique, 4e édition, Paris 1994, zitiert als: *Cornu*, Vocabulaire juridique

Corte, Christiane; Hesselmann, Stephan, Öffentliches Auftragswesen in der EG – eine empirische Untersuchung über Zugangsbedingungen und -erfordernisse für mittelständische Unternehmen, Bonn 1990, zitiert als: *Corte/Hesselmann*, Öffentliches Auftragswesen in der EG, S.

Cossmann, Stephanie, Common Principles of European Private Law, Ein neues Forschungsprojekt der EU, ZEuP 6 (1998), 379 – 380, zitiert als: *Cossmann*, ZEuP 6 (1998), S.

Cushley, Dedan, International Exhaustion: The Davidoff (and Levi) Cases, EIPR 23 (2001), 397 – 401, zitiert als: *Cushley*, EIPR 23 (2001), 397, S.

Damm, Reinhard, Europäisches Verbrauchervertragsrecht und AGB-Recht, Zur Umsetzung der EG-Richtlinie über mißbräuchliche Klauseln in Verbraucherverträgen, JZ 1994, 161 – 178, zitiert als: *Damm*, JZ 1994, 161, S.

Darmon, Marc, Die Aufgabe des Gerichtshofes und das System des Brüsseler Übereinkommens, in: Tebbens, Harry Duintjer; Kennedy, Tom; Kohler, Christian (Hg.), Internationale Zuständigkeit und Urteilsanerkennung in Europa, Berichte und Dokumente des Kolloquiums „Die Auslegung des Brüsseler Übereinkommens durch den Europäischen Gerichtshof und der Rechtsschutz im Europäischen Raum", Köln, Berlin, Bonn, München 1993, zitiert als: *Darmon*, Die Aufgabe des Gerichtshofes und das System des Brüsseler Übereinkommens, in: Tebbens/Kennedy/Kohler, Internationale Zuständigkeit und Urteilsanerkennung in Europa, S.

Dauses, Manfred A. (Hg.), Handbuch des EU-Wirtschaftsrechts, Stand: 9. Ergänzungslieferung, München August 2000, zitiert als: Dauses/*Bearbeiter*, Hdb. EU-Wirtschaftsrecht, Kapitel, RdNr.

Decker, Micheline, Contract or Tort: A conflict of Characterisation, ICLQ 42 (1993), 366 – 369, zitiert als: *Decker*, ICLQ 42 (1993), 366, S.

Dörner, Heinrich (Hg.), Bürgerliches Gesetzbuch, Handkommentar, 2. Auflage, Baden-Baden 2002, zitiert als: Handkommentar BGB/*Bearbeiter*, §, RdNr.

Drexl, Josef, Der Bürge als deutscher und europäischer Verbraucher, JZ 1998, 1046 – 1057, zitiert als: *Drexl*, JZ 1998, 1046, S.

Droz, Georges A. L., Compétence judiciaire et effets des jugements dans le Marché commun, Étude da la convention de Bruxelles du 27. sept. 1968, Paris 1972, zitiert als: *Droz*, Compétence judiciaire et effets des jugements dans le Marché commun, S.

Ebenroth, Carsten Thomas, Das kaufmännische Bestätigungsschreiben im internationalen Handelsverkehr, ZVglRWiss 77 (1978), 161 – 206, zitiert als: *Ebenroth*, ZVglRWiss 77 (1978), 161, S.

Ebenroth, Carsten Thomas, Herausforderungen für das internationale Wirtschaftsrecht, RIW 1994, 1 – 12, zitiert als: *Ebenroth*, RIW 1994, 1, S.

Edelmann, Hervé, Verbraucherrechte nach der europäischen Kreditrichtlinie gelten nicht für Bürgen, RIW-Kommentar zu EuGH, Rs. C-208/98, Berliner Kindl Brauerei AG/Andreas Siepert, RIW 2000, 460 – 461, zitiert als: *Edelmann*, RIW 2000, 460, S.

Euler, August Martin, Europäisches Beamtenstatut, Kommentar zum Beamtenstatut der EWG und EAG, Erster Teilband, Köln, Berlin, Bonn, München 1966, zitiert als: *Euler*, Beamtenstatut, Art., RdNr.

Everling, Ulrich, Rechtsvereinheitlichung durch Rechtsprechung – Anmerkungen aus der Sicht eines ehemaligen europäischen Richters, ZEuP 5 (1997), 796 – 806, zitiert als: *Everling*, ZEuP 5 (1997), 796, S.

Everling, Ulrich, Rechtsvereinheitlichung durch Richterrecht in der Europäischen Gemeinschaft, RabelsZ 50 (1986), 193, zitiert als: *Everling*, RabelsZ 50 (1986), S.

Everling, Ulrich, Richterliche Rechtsfortbildung in der Europäischen Gemeinschaft, JZ 2000, 217 – 227, zitiert als: *Everling*, JZ 2000, 217, S.

Everling, Ulrich, Zur Begründung der Urteile des Gerichtshofs der Europäischen Gemeinschaften, EuR 1994, 127 – 143, zitiert als: *Everling*, EuR 1994, 127, S.

Faber, Wolfgang, Elemente verschiedener Verbraucherbegriffe in EG-Richtlinie, zwischenstaatlichen Übereinkommen und nationalem Zivil- und Kollisionsrecht, ZEuP 6 (1998), 854 – 892, zitiert als: *Faber*, ZEuP 1998, 854, S.

Fadlallah, Ibrahim, Conflit de juridictions, J.D.I. 106 (1979), 373 – 379, zitiert als: *Fadlallah*, J.D.I. 106 (1979), 373, S.

Fetsch, Johannes, Grenzüberschreitende Gewinnzusagen im europäischen Binnenmarkt, RIW 2002, 936 – 945, zitiert als: *Fetsch*, RIW 2002, 936, S.

Feuchtmeyer, Eberhard, EuGH in Sachen Gabriel und weiter? – Neues zur gerichtlichen Zuständigkeit bei § 661 a BGB, NJW 2002, 3598 – 3599, zitiert als: *Feuchtmeyer*, NJW 2002, 3598, S.

Fock, Till Henning, EG-Handelsvertreterrichtlinie und gewerberechtliche Registrierungspflicht, Entscheidung des Europäischen Gerichtshofs vom 30. April 1998, ZEuP 8 (2000), 106 – 118, zitiert als: *Fock*, ZEuP 8 (2000), 106, S.

Franzen, Martin, Privatrechtsangleichung durch die Europäische Gemeinschaft, Habil. (Berlin 1999), Berlin, New York 1999, zitiert als: *Franzen*, Privatrechtsangleichung durch die Europäische Gemeinschaft, S.

Gaissert, Celia Isabel, Der Generalanwalt – Eine unabdingbare Institution am Gerichtshof der Europäischen Gemeinschaften, Zum Divergieren von Votum und Urteil in der Rechtsfindung des Europäischen Gerichtshofes, Diss. (Hamburg 1986), Frankfurt a.M., Bern, New York, Paris 1987, zitiert als: *Gaissert*, Der Generalanwalt, S.

Gandolfi, Giuseppe, (coordinateur), Code européen des contrats, Codice europeo die contratti, European Contract Code, Europäisches Vertragsgesetzbuch, Código europeo de contratos; Avant-projet, Livre premier/1, Milano: Giuffré 2001, zitiert als: *Giuseppe Gandolfi*, (coordinateur), Code européen des contrats, Codice europeo die contratti, European Contract Code, Europäisches Vertragsgesetzbuch, Código europeo de contratos; Avant-projet, Livre premier/1

Gandolfi, Giuseppe, Der Vorentwurf eines Europäischen Vertragsgesetzbuches, ZEuP 10 (2002), 1 – 4, zitiert als: *Gandolfi*, ZEuP 10 (2002), S.

Gaudemet-Tallon, Hélène, Convention de Bruxelles du 27 septembre 1968. – Article 5-1°. – Matière contractuelle. – Interprétation. – Chaîne de contrats. – Ventes successives. – Conformité de la chose. – Action du sous-acquéreur contre le fabricant., Rev. crit. dr. int. priv. 82 (1993), 485 – 486, zitiert als: *Gaudemet-Tallon*, Rev. crit. dr. int. priv. 82 (1993), 485, S.

Gaudemet-Tallon, Hélène, Du 27 cotobre 1998. – Cour de justice des Communautés européennes (3e Ch.). – MM. Puissochet, prés., Moitinho de Almeida, rapp., Cosmas, av. gén. – MM. Le Prado, av., Rev. crit. dr. int. priv. 88 (1999), 333 – 340, zitiert als: *Gaudemet-Tallon*, Rev. crit. dr. int. priv. 88 (1999), 333, S.

Geiger, Rudolf, EUV/EGV, Vertrag über die Europäische Union und Vertrag zur Gründung der Europäischen Gemeinschaft, Kommentar, 3. Auflage, München 2000, zitiert als: *Geiger*, Art. EG/EU, RdNr.

Geimer, Reinhold, Anmerkung zu EuGH – Rs. C-288/92, Custom Made/Stawa, JZ 1995, 244 – 246, zitiert als: *Geimer*, JZ 1995, 244, S.

Geimer, Reinhold, Streitgenossenschaftszuständigkeit und forum delicti commissi, NJW 1988, 3089 – 3090, zitiert als: *Geimer*, NJW 1988, 3089, S.

Geimer, Reinhold; Schütze, Rolf A., Europäisches Zivilverfahrensrecht, Kommentar zum EuGVÜ und zum Lugano-Übereinkommen, München 1997, zitiert als: *Geimer/Schütze*, Europäisches Zivilverfahrensrecht, Art. EuGVÜ, RdNr.

Gerven, Walter van, ECJ case-law as a means of unification of private law?, Eur. Rev. Priv. L. 1997, 293 – 307, zitiert als: *van Gerven*, Eur. Rev. Priv. L. 1997, 293, S.

Gerven, Walter van, The case-law of the European Court of Justice and National Courts as a contribution to the Europeanisation of Private Law, Eur. Rev. Priv. L. 1995, 367 – 378, zitiert als: *van Gerven*, Eur. Rev. Priv. L. 1995, 367, S.

Girsberger, Daniel, Gerichtsstandsklausel im Konnossement: Der EuGH und der internationale Handelsbrauch (zu EuGH, 16.3.1999 – Rs. C-159/97 – Trasporti Castelletti Spedizione Internazionale Spa/Hugo Trumpy SpA), IPRax 2000, 87 – 91, zitiert als: *Girsberger*, IPRax 2000, 87, S.

Grabitz, Eberhard; Hilf, Meinhard, Das Recht der Europäischen Union, Band II, EUV/EGV, Stand: 18. Ergänzungslieferung, München 2001, zitiert als: *Grabitz/Hilf/Bearbeiter*, Kapitel, Art., RdNr.

Grabitz, Eberhard; Hilf, Meinhard, Das Recht der Europäischen Union, Band III, Sekundärrecht, A. Verbraucher- und Datenschutzrecht, E. Außenwirtschaftsrecht, Stand: 18. Ergänzungslieferung, München 2001, zitiert als: *Grabitz/Hilf/Bearbeiter*, Kapitel, Art., RdNr.

Groeben, Hans von der; Thiesing, Jochen; Ehlermann, Claus-Dieter, Kommentar zum EU-/EG-Vertrag, Band 1, Artikel A-F EUV, Artikel 1-84 EGV, 5. Auflage, Baden-Baden 1997, zitiert als: *Groeben/Thiesing/Ehlermann/Bearbeiter*, Art., RdNr.

Groeben, Hans von der; Thiesing, Jochen; Ehlermann, Claus-Dieter, Kommentar zum EU-/EG-Vertrag, Band 2/I, Artikel 85-87 EGV, 5. Auflage, Baden-Baden 1999, zitiert als: *Groeben/Thiesing/Ehlermann/Bearbeiter*, Art. EGV, RdNr.

Groeben, Hans von der; Thiesing, Jochen; Ehlermann, Claus-Dieter, Kommentar zum EU-/EG-Vertrag, Band 5, Artikel 210-248 EGV, Artikel H-S EUV, 5. Auflage, Baden-Baden 1997, zitiert als: *Groeben/Thiesing/Ehlermann/Bearbeiter*, Art., RdNr.

Grundmann, Stefan, Europäisches Schuldvertragsrecht, Das europäische Recht der Unternehmensgeschäfte (nebst Texten und Materialien zur Rechtsangleichung), Berlin, New York 1999, zitiert als: *Grundmann*, Europäisches Vertragsrecht, S., RdNr.

Grundmann, Stefan, Harmonisierung, Europäischer Kodex, Europäisches System der Vertragsrechte, Die Perspektiven der Kommissionsmitteilung zum Europäischen Vertragsrecht, NJW 2002, 393 – 396, zitiert als: *Grundmann*, NJW 2002, S.

Grunsky, Wolfgang, EWG-Übereinkommen über die gerichtliche Zuständigkeit und die Vollstreckung gerichtlicher Entscheidungen in Zivil- und Handelssachen im deutsch-italienischen Rechtsverkehr, RIW 1977, 1 – 9, zitiert als: *Grunsky*, RIW 1977, 1, S.

Gutsche, Martin, Bindungswirkung der Urteile des EuGH, Göttingen 1967, zitiert als: *Gutsche*, Bindungswirkung der Urteile des EuGH, S.

Hakenberg, Waltraud; Stix-Hackl, Christine, Handbuch zum Verfahren vor dem Europäischen Gerichtshof, Baden–Baden 1996, zitiert als: *Hakenberg/Stix-Hackl*, Hdb zum Verfahren vor dem EuGH, S.

Halbhuber, Harald, Das Ende der Sitztheorie als Kompetenztheorie – Das Urteil des Europäischen Gerichtshofs in der Rechtssache C-208/00 (*Überseering*), ZEuP 11 (2003), 418 – 437, zitiert als: *Halbhuber*, ZEuP 11 (2003), 418, S.

Halesbury, Earl of; Clashfern, Lord Mackay of, Halesbury's Laws of England, Volume 9(1), Consumer Credit, Contempt of Court, Contract, 4th Edition, London 1998, zitiert als: *Halesbury's* Laws of England, 9 (1), Para.

Harris, Jonathan, Jurisdiction Clauses and Void Contracts, Eur. L. Rev. 23 (1998), 279 – 285, zitiert als: *Harris*, Eur. L. Rev. 23 (1998), 279, S.

Hartley, Trevor C., Article 17 of the Brussels Convention: Jurisdiction Agreements, Eur. L. Rev. 22 (1997), 360 – 363, zitiert als: *Hartley*, Eur. L. Rev. 22 (1997), 360, S.

Hartley, Trevor C., Convention on Jurisdiction and the Enforcement of Judgments in Civil an Commercial Matters, Article 5(1): Are Obligations of member of an association matters relating to contract?, Eur. L. Rev. 18 (1993), 262 – 264, zitiert als: *Hartley*, Eur. L. Rev. 18 (1993), 262, S.

Hartley, Trevor C., Convention on Jurisdiction and the Enforcement of Judgments in Civil and Commercial Matters, Article 16(1): holiday homes and package holidays, Eur. L. Rev. 17 (1992), 550 – 552, zitiert als: *Hartley*, Eur. L. Rev. 17 (1992), 550, S.

Hartley, Trevor C., Convention on Jurisdiction and the Enforcement of Judgments in Civil and Commercial Matters, Article 17: choice of jurisdiction, Eur. L. Rev. 2 (1977), 148 – 149, zitiert als: *Hartley*, Eur. L. Rev. 2 (1977), 148, S.

Hartley, Trevor C., Jurisdiction agreements under the Brussels Jurisdiction and Judgment Convention, Eur. L. Rev. 25 (2000), 178 – 182, zitiert als: *Hartley*, Eur. L. Rev. 25 (2000), 178, S.

Hartley, Trevor C., Unneccessary Europeanisation under the Brussels Jurisdiction and Judgments Convention: the Case of the Dissatisfied Sub-Purchaser, Eur. L. Rev. 18 (1993), 506 – 516, zitiert als: *Hartley*, Eur. L. Rev. 18 (1993), 506, S.

Hartung, Wolfgang, Berufsständisches Verbot gemischter Sozietäten von Rechtsanwälten und Wirtschaftsprüfern kann gerechtfertigt sein, um ordnungsgemäße Ausübung des Anwaltsberufs sicherzustellen, EWS 2002, 124 – 133, zitiert als: *Hartung*, EWS 2002, 124, S.

Hatzopoulos, Vassilis, Case C-384/93, Alpine Investments BV v. Minister van Financiën, Judgement of 10 May 1995, nyr., CMLR 32 (1995), 1427 – 1445, zitiert als: *Hatzopoulos*, CMLR 32 (1995), 1427, S.

Heinrichs, Helmut, Das Gesetz zur Änderung des AGB-Gesetzes, Umsetzung der EG-Richtlinie über mißbräuchliche Klauseln in Verbrauchergesetzen durch den Bundesgesetzgeber, NJW 1996, 2190 – 2197, zitiert als: *Heinrichs*, NJW 1996, 2190, S.

Heinrichs, Helmut, Die EG-Richtlinie über mißbräuchliche Klauseln in Verbraucherverträgen, NJW 1993, 1817 – 1822, zitiert als: *Heinrichs*, NJW 1993, 1817, S.

Herr, Gunter; Fiege, Carsten, Europäischer Bürgenschutz – eine Bestandsaufnahme, EWS 2001, 23 – 27, zitiert als: *Herr/Fiege*, EWS 2001, 23, S.

Hirte, Heribert, Wege zu einem europäischen Zivilrecht, Stuttgart 1996, zitiert als: *Hirte*, Wege zu einem europäischen Zivilrecht, S.

Hochleitner, Wolf-Dieter; Wolf, Manfred; Großerichter, Helge, Teleologische Reduktion auf Null? – Zur Unzulässigkeit einer richtlinienkonformen „Auslegung" des § 5 Abs. 2 HWiG in der Folge der „Heininger"-Entscheidung des EuGH –, WM 2002, 529 – 535, zitiert als: *Hochleitner/Wolf/Großerichter*, WM 2002, 529, S.

Holl, Volker H., Anmerkung zu EuGH Rs. C-106/95, MSG/Les Gravières Rhénans, RIW 1997, 415 – 419, zitiert als: *Holl*, RIW 1997, 415, S.

Holl, Volker H., Kehrtwende in der Rechtsprechung des EuGH zur Auslegungszuständigkeit im Vorabentscheidungsverfahren? (zu EuGH, 28.3.1995 – Rs. C-346/93 – Kleinwort Benson Ltd./City of Glasgow District Council), IPRax 1996, 174 – 177, zitiert als: *Holl*, IPRax 1996, 174, S.

Howells, Geraint; Wilhelmsson, Thomas, EC Consumer Law, Aldershot, Hants, 1997, zitiert als: *Howells/Wilhelmsson*, EC Consumer Law, S.

Huet, André, Compétence judiciaire. – Article 17. – Clause attributive de juridiction inscrite au verso d'un connaissement. – Forme admise par les usages du commerce international., J.D.I. 127 (2000), 528 – 534, zitiert als: *Huet*, J.D.I. 127 (2000), 528, S.

Huet, André, Compétence judiciaire. – Article 5-1°. – Clause fixant de manière fictive le lieu d'exécution de l'obligation contractuelle litigieuse. – Clause non valable. – Article 17. – Clause attributive de juridiction. – Usages du commerce international., J.D.I. 124 (1997), 625 – 634, zitiert als: *Huet*, J.D.I. 124 (1997), 625, S.

Huet, André, Convention de Bruxelles du 27 septembre 1968. – Article 5-1. – Notion de « matière contractuelle ». – Relations d'une association et de ses membres., J.D.I. 110 (1983), 834 – 843, zitiert als: *Huet*, J.D.I. 110 (1983), 834, S.

Huff, Martin W., EuGH: Kein ausschließlicher Gerichtsstand nach Art. 16 Nr. 1 EuGVÜ bei Vermietung eines Ferienhauses durch Reiseveranstalter, EuZW 1992, 219 – 221, zitiert als: *Huff*, EuZW 1992, 219, S.

Iglesias, Gil Carlos Rodríguez, Gedanken zum Entstehen einer Europäischen Rechtsordnung, NJW 1999, 1 – 9, zitiert als: *Iglesias*, NJW 1999, 1, S.

Ipsen, Hans Peter, Europäisches Gemeinschaftsrecht, Tübingen 1972, zitiert als: *Ipsen*, Europäisches Gemeinschaftsrecht, S.

Ipsen, Hans Peter; Nicolaysen, Gert, Haager Kongreß für Europarecht und Bericht über die aktuelle Entwicklung des Gemeinschaftsrechts, NJW 1964, 339 – 344, zitiert als: *Ipsen/Nicolaysen*, NJW 1964, 339, S.

Isensee, Josef; Kirchhof, Paul, Handbuch des Staatsrechts der Bundesrepublik Deutschland, Band VII, Normativität und Schutz der Verfassung – Internationale Beziehungen, Heidelberg 1992, zitiert als: Hdb StR VII/*Bearbeiter*, S., RdNr.

Janzen, Dorothee, Europäische Vertragsrechtsvereinheitlichung und deutsches Recht, ZEuP 8 (2000), 163 – 165, zitiert als: *Janzen*, ZEuP 8 (2000), S.

Jauernig, Othmar, Bürgerliches Gesetzbuch, mit Gesetz zur Regelung des Rechts der Allgemeinen Geschäftsbedingungen, 9. Auflage, München 1999, zitiert als: *Jauernig/Bearbeiter*, § BGB, RdNr.

Jayme, Erik, Gerichtsstand und abgelaufener Hauptvertrag in Art. 17 EuGVÜ, IPRax 1989, 361 – 362, zitiert als: *Jayme*, IPRax 1989, 361, S.

Jayme, Erik; Kohler, Christian, Das Internationale Privat- und Verfahrensrecht der EG nach Maastricht, IPRax 1992, 346 – 356, zitiert als: *Jayme/Kohler*, IPRax 1992, 346, S.

Kadner Graziano, Thomas, Gerichtsstand des Erfüllungsortes im EuGVÜ, Einheitliches Kaufrecht und international-zivilprozessuale Gerechtigkeit – Die Problematik des Gerichtsstandes des Erfüllungsortes in Art. 5 Ziff. 1 1. Alt. EuGVÜ am Beispiel der Entscheidung des Europäischen Gerichtshofes vom 29. Juni 1994, Rs. C-288/92 (Custom Made Commercial Ltd./Stawa Metallbau GmbH), Jura 1997, 240 – 248, zitiert als: *Kadner Graziano*, Jura 1997, 240, S.

Karré-Abermann, Doris, Wirksamkeitsvoraussetzungen von Gerichtsstandsklauseln in Satzungen von Aktiengesellschaften, ZEuP 2 (1994), 138 – 150, zitiert als: *Karré-Abermann*, ZEuP 2 (1994), 138, S.

Käser, Jörg, Kündigungsrechtsstreit zwischen Europäischer Investitionsbank und Angestelltem, Zuständigkeit des Gerichtshofs, RIW 1977, 289 - 291, zitiert als: *Käser*, RIW 1977, 289, S.

Killias, Laurent, Die Gerichtsstandsvereinbarungen nach dem Lugano-Übereinkommen, Diss. (Zürich 1993), Zürich 1993, zitiert als: *Killias*, Gerichtsstandsvereinbarungen nach dem Lugano-Übereinkommen, S.

Klauer, Irene, Die Europäisierung des Privatrechts, Der EuGH als Zivilrichter, Diss. (St. Gallen 1997), Baden-Baden 1998, zitiert als: *Klauer*, Europäisierung des Privatrechts, S.

Klima, Peter, Anwendbarkeit des Art. 5 EuGVÜ auf Sachverhalte mit mehreren aufeinanderfolgenden Käufern, RIW 1991, 415 - 417, zitiert als: *Klima*, RIW 1991, 415, S.

Knack, Hans-Joachim (Hg.), Verwaltungsverfahrensgesetz (VwVfG), Kommentar, 7. Auflage, Köln, Berlin, Bonn, München 2000, zitiert als: *Knack/Bearbeiter*, § VwVfG, RdNr.

Knütel, Rolf, Ius commune und Römisches Recht vor den Gerichten der Europäischen Union, JuS 1996, 768 – 778, zitiert als: *Knütel*, JuS 1996, S.

Koch, Harald, Anmerkung zu EuGH Rs. C-106/95, MSG/Les Gravières Rhénans, JZ 1997, 839 – 843, zitiert als: *Koch*, JZ 1997, 839, S.

Koch, Harald, EG-Richtlinien und Bürgerliches Recht, JZ 1999, 529 – 538, zitiert als: *Koch*, JZ 1999, 529, S.

Koch, Harald, Internationale Prorogation im Statut einer Aktiengesellschaft, IPRax 1993, 19 – 21, zitiert als: *Koch*, IPRax 1993, 19, S.

Kohler, Christian, Die besonderen Zuständigkeiten des Artikels 5 des Übereinkommens, Erster Teil: Die Stellung des Artikels 5 im Gefüge des Übereinkommens. Die Zuständigkeit in Vertragssachen, in: Tebbens, Harry Duintjer; Kennedy, Tom; Kohler, Christian (Hg.), Internationale Zuständigkeit und Urteilsanerkennung in Europa, Berichte und Dokumente des Kolloquiums „Die Auslegung des Brüsseler Übereinkommens durch den Europäischen Gerichtshof und der Rechtsschutz im europäischen Raum", Köln, Berlin, Bonn, München 1993, zitiert als: *Kohler*, Die besonderen Zuständigkeiten des Artikels 5 EuGVÜ, in: Tebbens/Kennedy/Kohler, Internationale Zuständigkeit und Urteilsanerkennung in Europa, S.

Kohler, Christian, Gemeinschaftsrecht und Privatrecht: Zur Rechtsprechung des EuGH im Jahre 1994, ZEuP 3 (1995), 482 – 499, zitiert als: *Kohler*, ZEuP 3 (1995), 482, S.

Kohler, Christian, in: Diritto del commercio internazionale, practica internazionale e diritto interno, Mailand, 1990, zitiert als: *Kohler*, Diritto del commercio internazionale, S.

Kohler, Christian, Zum Kollisionsrecht internationaler Organisationen: Familienrechtliche Vorfage im europäischen Beamtenrecht, IPRax 1994, 416, zitiert als: *Kohler*, IPRax 1994, S.

Kohler, Christian; Knapp, Andreas, Die Feststellung nationalen Rechts durch den EuGH, ZEuP 10 (2002), 701 – 726, zitiert als: *Kohler/Knapp*, ZEuP 10 (2002), 701, S.

Kohler, Christian; Knapp, Andreas, Gemeinschaftsrecht und Privatrecht, Zur Rechtsprechung des EuGH im Jahre 1999, ZEuP 9 (2001), 116 – 149, zitiert als: *Kohler/Knapp*, ZEuP 9 (2001), 116, S.

Koopmans, Tim, Towards a European Civil Code?, Eur. Rev. Priv. L. 1997, 541 – 547, zitiert als: *Koopmans*, Eur. Rev. Priv. L. 1997, 541, S.

Kopp, Ferdinand O.; Ramsauer, Ulrich, Verwaltungsverfahrensgesetz, 7. Auflage, München 2000, zitiert als: *Kopp/Ramsauer*, § VwVfG, RdNr.

Kort, Michael, Schranken der Dienstleistungsfreiheit im europäischen Recht, JZ 1996, 132 – 140, zitiert als: *Kort*, JZ 1996, 132, S.

Kötz, Hein, Alte und neue Aufgaben der Rechtsvergleichung, JZ 2002, 257 – 264, zitiert als: *Kötz*, JZ 2002, 257, S.

Kötz, Hein; Flessner, Axel, Europäisches Vertragsrecht, Band I: Abschluß, Gültigkeit und Inhalt des Vertrages, Die Beteiligung Dritter am Vertrag, Tübingen 1996, zitiert als: *Kötz/Flessner*, Europ. Vertragsrecht, S.

Kraus, Dieter, Zur verbraucherrechtlichen Rechtsprechung des Europäischen Gerichtshofs im Rahmen des Europäischen Privatrechts, in: Schulze/Ebers/Grigoleit (Hg.), Informationspflichten und Vertragsschluss im acquis communautaire, Tübingen 2003, zitiert als: *Kraus*, Zur verbraucherrechtlichen Rechtsprechung des Europäischen Gerichtshofs im Rahmen des Europäischen Privatrechts, in: Schulze/Ebers/Grigoleit, Informationspflichten und Vertragsschluss im acquis communautaire, S.

Kropholler, Jan, Europäisches Zivilprozeßrecht, Kommentar zu EuGVO und Lugano-Übereinkommen, 7. Auflage, Heidelberg 2002, zitiert als: *Kropholler*, Europäisches Zivilprozessrecht, Art. EuGVO, RdNr.

Kruppova, Alice, Die Europäische Investitionsbank. Aufgabe, Finanzierung, Förderungspolitik., Diss. (München 1999), München 1999, zitiert als: *Kruppova*, Die Europäische Investitionsbank, S.

Kubis, Sebastian, Gerichtspflicht durch Schweigen? – Prorogation, Erfüllungsortvereinbarung und internationale Handelsbräuche (zu EuGH, 20.2.1997 – Rs. C-106/95 – MSG, Mainschiffahrtsgesellschafts-Genossenschaft eG/Les Gravières Rhénans SARL), IPRax 1999, 10, zitiert als: *Kubis*, IPRax 1999, 10, S.

Küstner, Wolfram; Manteuffel, Kurt v., Die Änderungen des Handelsvertreterrechts aufgrund der EG-Harmonisierungsrichtlinie vom 18.12.1986, BB 1990, 291 – 299, zitiert als: *Küstner/Manteuffel*, BB 1990, 291, S.

Lando, Ole, Eight Principles of European Contract Law, in: Cranston, Ross (ed.), Making Commercial Law, Essays in honor of Roy Goode, Oxford 1997, zitiert als: *Lando*, Eight Principles of European Contract Law, in: Cranston, Making Commercial Law, S.

Lando, Ole; Beale, Hugh, Principles of European Contract Law, Parts 1 and 2, 2000, zitiert als: *Lando/Beale*, Principles of European Contract Law, S.

Lange, Knut Werner, Anmerkung zu EuGH, Rs. C-215/97, Bellone/Yokohama SpA, JZ 1998, 1112 – 1114, zitiert als: *Lange*, JZ 1998, 1112, S.

Larenz, Karl; Canaris, Claus-Wilhelm, Methodenlehre der Rechtswissenschaft, 3. Auflage, Berlin 1995, zitiert als: *Larenz/Canaris*, Methodenlehre, S.

Leclerc, Fréderic, Compétence judiciaire. – Article 5 1° ; 5 3° ; 6 1° et 22. – Nature contractuelle ou délictuelle de l'action contre le transporteur maritime réel. – Connexité, J.D.I. 126 (1999), 625 – 635, zitiert als: *Leclerc*, J.D.I. 126 (1999), 625, S.

Leclerc, Fréderic, Les chaînes de contrats en droit international privé, J.D.I. 122 (1995), 267 – 320, zitiert als: *Leclerc*, J.D.I. 122 (1995), 267, S.

Leible, Stefan, Die Mitteilung der Kommission zum Europäischen Vertragsrecht – Startschuss für ein Europäisches Vertragsgesetzbuch?, EWS 2001, 471 – 481, zitiert als: *Leible*, EWS 2001, S.

Leible, Stefan, Gewinnbestätigung aus Luxemburg – Zur internationalen Zuständigkeit bei Gewinnmitteilungen aus dem Ausland –, IPRax 2003, 28 – 34, zitiert als: *Leible*, IPRax 2003, 28, S.

Leible, Stefan, Wege zu einem europäischen Privatrecht, Anwendungsprobleme und Entwicklungstendenzen des Gemeinschaftsprivatrechts, Habil., Bayreuth 2002, zitiert als: *Leible*, Wege zu einem europäischen Privatrecht, S.

Leible, Stefan; Hoffmann, Jochen, „Überseering" und das (vermeintliche) Ende der Sitztheorie, RIW 2002, 925 – 936, zitiert als: *Leible/Hoffmann*, RIW 2002, 925, S.

Leible, Stefan; Hoffmann, Jochen, „Überseering" und das deutsche Gesellschaftskollisionsrecht, ZIP 2003, 925 – 931, zitiert als: *Leible/Hoffmann*, ZIP 2003, 925, S.

Lenz, Carl Otto, EG-Vertrag, Kommentar zu dem Vertrag zur Gründung der Europäischen Gemeinschaften, in der durch den Amsterdamer Vertrag geänderten Fassung, 2. Auflage, Köln 1999, zitiert als: *Lenz*, EG-Vertrag, Art., RdNr.

Lindacher, Walter F., Schiedsklauseln und allgemeine Geschäftsbedingungen im internationalen Handelsverkehr, Einbeziehungsklauseln nach Art. 2 Abs. 2 UN-Übereinkommen und autonomem deutschem Sachrecht, in: Lindacher, Walter F.; Pfaff, Dieter; Roth, Günther H.; Schlosser, Peter; Wieser, Eberhard (Hg.), Festschrift für Walter J. Habscheid zum 65. Geburtstag, Bielefeld 1989, zitiert als: *Lindacher*, Schiedsklauseln und allgemeine Geschäftsbedingungen, in: Lindacher/Pfaff/Roth/Schlosser/Wieser, Festschrift Habscheid, S.

Lindemann, Hans-Heinrich, Allgemeine Rechtsgrundsätze und europäischer öffentlicher Dienst, Zur Rechtsprechung des Gerichtshofs in Personalsachen, Diss., (Bielefeld 1985), Berlin 1986, zitiert als: *Lindemann*, Allgemeine Rechtsgrundsätze und europäischer öffentlicher Dienst, S.

Lipgens, Walter (ed.), Documents on the history of European integration, Berlin, New York 1984 – 1991, zitiert als: *Lipgens*, Documents on the history of European integration, Band, S.

Loos, Marco; Dickie, John; Arnokouros, Georgios; Wiewiórowska-Domagalska, Aneta, Compensation für Non-Material Damage under the Directive on Package Travel, Eur. Rev. Priv. L. 2003, 91 – 102, zitiert als: *Loos/Dickie/Arnokouros/Wiewiórowska-Domagalska*, Eur. Rev. Priv. L. 2003, 91, S.

Lorenz, Stephan, Richtlinienkonforme Auslegung, Mindestharmonisierung und der „Krieg der Senate", Zur Anwendung des Haustürgeschäftewiderrufsgesetzes auf Bürgschaften, NJW 1998, 2937 – 2940, zitiert als: *Lorenz*, NJW 1998, 2937, S.

Lüke, Gerhard; Walchshöfer, Alfred (Hg.), Münchener Kommentar zur Zivilprozeßordnung, mit Gerichtsverfassungsgesetz und Nebengesetzen, Band 3, §§ 803 – 1048, EGZPO • GVG • EGGVG, Internationales Zivilprozeßrecht, München 1992, zitiert als: MünchKomm/*Bearbeiter*, Art., RdNr.

Lutter, Marcus, Die Auslegung angeglichenen Rechts, JZ 1992, 593 – 607, zitiert als: *Lutter*, JZ 1992, 593, S.

Mankowski, Peter, Anmerkung zu EuGH, Rs. C-269/95, Benincasa/Dentalkit Srl., JZ 1998, 896 – 902, zitiert als: *Mankowski*, JZ 1998, 896, S.

Mankowski, Peter, Die Qualifikation der culpa in contrahendo – Nagelprobe für den Vertragsbegriff des europäischen IZPR und IPR –, IPRax 2003, 127 – 135, zitiert als: *Mankowski*, IPRax 2003, 127, S.

Mansel, Heinz-Peter, Rechtsvergleichung und europäische Rechtseinheit, JZ 1991, 529 – 534, zitiert als: *Mansel*, JZ 1991, 529, S.

Medicus, Dieter, Bürgerliches Recht, eine nach Anspruchsgrundlagen geordnete Darstellung zur Examensvorbereitung, 19. Auflage, Köln, Berlin, Bonn, München 2002, zitiert als: *Medicus*, Bürgerliches Recht, RdNr.

Medicus, Dieter, Grundwissen zum Bürgerlichen Recht, Ein Basisbuch zu den Anspruchsgrundlagen, 3. Auflage, Köln, Berlin, Bonn, München 1997, zitiert als: *Medicus*, Grundwissen zum Bürgerlichen Recht, RdNr.

Metzger, Axel, Travaux du comité français de droit international privé, in: Comité Français de Droit International Privé (ed.), Travaux du Comite Français de Droit International Privé, Paris 1980, 1981, zitiert als: *Metzger*, Travaux du comité français de droit international privé, S.

Meyer, Peter, Die Grundsätze der Auslegung im Europäischen Gemeinschaftsrecht, Jura 1994, 455 – 458, zitiert als: *Meyer*, Jura 1994, 455, S.

Micklitz, Hans-W., AGB-Gesetz und die EG-Richtlinie über mißbräuchliche Vertragsklauseln in Verbraucherverträgen, ZEuP 1 (1993), 522 – 535, zitiert als: *Micklitz*, ZEuP 1 (1993), 522, S.

Micklitz, Hans-W., Der Vertragsbegriff in den Übereinkommen von Brüssel und Rom, in: Schulte-Nölke, Hans; Schulze, Reiner (Hg.), Europäisches Vertragsrecht im Gemeinschaftsrecht, Baden-Baden 2002, S. 39 – 83, zitiert als: *Micklitz*, Der Vertragsbegriff in den Übereinkommen von Brüssel und Rom, in: Schulte-Nölke/Schulze, Europäisches Vertragsrecht im Gemeinschaftsrecht, S.

Micklitz, Hans-W., Der Vorschlag für eine Richtlinie des Rates über den Verbraucherschutz bei Vertragsabschlüssen im Fernabsatz, VuR 1993, 129 – 139, zitiert als: *Micklitz*, VuR 1993, 129, S.

Micklitz, Hans-W.; Tonner, Klaus (Hg.), Vertriebsrecht, Haustür-, Fernabsatzgeschäfte und elektronischer Geschäftsverkehr (§§ 312 – 312 f; 355 – 359 BGB), Handkommentar, Baden-Baden 2002, zitiert als: HK-Vertriebsrecht/*Bearbeiter*, §, RdNr.

Möllers, Thomas M. J., Die Rolle des Rechts im Rahmen der europäischen Integration, Tübingen 1999, zitiert als: *Möllers*, Die Rolle des Rechts im Rahmen der europäischen Integration, S.

Möllers, Thomas M. J., Europäische Richtlinien zum Bürgerlichen Recht, JZ 2002, 121 – 134, zitiert als: *Möllers*, JZ 2002, S.

Müller, Gerd, Schriftformerfordernis nach Art. 17 EG-Zuständigkeits- und Vollstreckungsübereinkommen, RIW 1977, 163 – 165, zitiert als: *Müller*, RIW 1977, 163, S.

Müller-Graff, Peter-Christian, Europäisches Gemeinschaftsrecht und Privatrecht, Das Privatrecht der europäischen Integration, NJW 1993, 13 – 23, zitiert als: *Müller-Graff*, NJW 1993, 13, S.

Nasall, Wendt, Die Anwendung der EU-Richtlinie über mißbräuchliche Klauseln in Verbraucherverträgen, Zugleich ein Beitrag zur Auslegung gemeinschaftsrechtlicher Generalklauseln, JZ 1995, 689 – 694, zitiert als: *Nasall*, JZ 1995, 689, S.

O'Malley, Stephen; Layton, Alexander, European Civil Practice, London, 1989, zitiert als: *O'Malley/Layton*, European Civil Practice, S.

Oppermann, Thomas, Europarecht, Ein Studienbuch, 2. Auflage, München 1999, zitiert als: *Oppermann*, Europarecht, RdNr.

Pasa, Barbara, Il progretti di ricerca europei sul diritto privato commune: il nuovo „Acquis Group", contratto e impresa/Europa 2002, 654 – 662, zitiert als: *Pasa*, contratto e impresa/Europa 2002, 654, S.

Paschke, Marian; Iliopoulos, Constantin, Europäisches Privatrecht, Ein Studienbuch zum Privatrecht der Europäischen Gemeinschaft, Hamburg, 1998, zitiert als: *Paschke/Iliopoulos*, Europ. Privatrecht, S.

Peifer, Karl-Nikolaus, Anmerkung zu EuGH Rs. C-26/91, Handte/TMCS, JZ 1995, 90 – 93, zitiert als: *Peifer*, JZ 1995, 90, S.

Pescatore, Pierre, Das Vorabentscheidungsverfahren nach Art. 177 EWG-Vertrag und die Zusammenarbeit zwischen dem Gerichtshof und den nationalen Gerichten, BayVBl. 1987, 33 – 43, zitiert als: *Pescatore*, BayVBl. 1987, 33, S.

Pfeiffer, Thomas, Die Bürgschaft unter dem Einfluss des deutschen und europäischen Verbraucherrechts, ZIP 1998, 1129 – 1138, zitiert als: *Pfeiffer*, ZIP 1998, 1129, S.

Pfeiffer, Thomas, Die Subjekte des Europäischen Vertragsrechts, in: Schulte-Nölke, Hans; Schulze, Reiner (Hg.), Europäisches Vertragsrecht im Gemeinschaftsrecht, Baden-Baden 2002, S. 85 – 94, zitiert als: *Pfeiffer*, Die Subjekte des Europäischen Vertragsrechts, in: Schulte-Nölke/Schulze, Europäisches Vertragsrecht im Gemeinschaftsrecht, S.

Pfeiffer, Thomas, Die Unwirksamkeit von Gerichtsstandsklauseln nach der Klauselrichtlinie, ZEuP 11 (2003), 141 – 154, zitiert als: *Pfeiffer*, ZEuP 11 (2003), 141, S.

Pfeiffer, Thomas, Ein zweiter Anlauf des deutschen Bürgschaftsrechts zum EuGH, NJW 1996, 3297 – 3302, zitiert als: *Pfeiffer*, NJW 1996, 3297, S.

Pfeiffer, Thomas, Gerichtsstandsklauseln und EG-Klauselrichtlinie, in: Geimer, Reinhold (Hg.), Wege zur Globalisierung des Rechts, Festschrift für Rolf A. Schütze zum 65. Geburtstag, München 1999, 671 – 683, zitiert als: *Pfeiffer*, Gerichtsstandsklauseln und EG-Klauselrichtlinie, in: Geimer, Wege zur Globalisierung des Rechts, S.

Piekenbrock, Andreas; Schulze, Götz, Die Grenzen richtlinienkonformer Auslegung – autonomes Richterrecht oder horizontale Direktwirkung, WM 2002, 521 – 529, zitiert als: *Piekenbrock/Schulze*, WM 2002, 521, S.

Rauscher, Thomas, Gerichtsstandsbeeinflussende AGB im Geltungsbereich des EuGVÜ, ZZP 104 (1991), 271 – 320, zitiert als: *Rauscher*, ZZP 104 (1991), 271, S.

Ranieri, Filippo, Europäisches Obligationenrecht, Ein Handbuch mit Texten und Materialien, 2. Auflage, Wien, New York 2003, zitiert als: *Ranieri*, Europäisches Obligationenrecht, S.

Rauscher, Thomas, Prorogation und Vertragsgerichtsstand gegen Rechtsscheinshaftende, IPRax 1992, 143 – 147, zitiert als: *Rauscher*, IPRax 1992, 143, S.

Rebmann, Kurt; Säcker, Franz Jürgen (Hg.), Münchener Kommentar zum Bürgerlichen Gesetzbuch, Band 3, Schuldrecht • Besonderer Teil I, §§ 433 – 606, Finanzierungsleasing, VerbrKrG, HausTWG, Erbschaft- u. Schenkungssteuergesetz, MHG, HeizkostenV, 3. Auflage, München 1995, zitiert als: MünchKomm/*Bearbeiter*, §, RdNr.

Rebmann, Kurt; Säcker, Franz Jürgen; Rixecker, Roland (Hg.), Münchener Kommentar zum Bürgerlichen Gesetzbuch, Band 1, Allgemeiner Teil, §§ 1 – 240, AGB-Gesetz, 4. Auflage, München 2001, zitiert als: MünchKomm/*Bearbeiter*, §, RdNr.

Reich, Norbert, EuGH: Verbot der Telefonwerbung für Finanzdienstleistungen, Anmerkung zu EuGH Rs. C-384/93, Alpine Investments BV/Minister van Financiën, EuZW 1995, 404 – 408, zitiert als: *Reich*, EuZW 1995, 404, S.

Reich, Norbert, The „November Revolution" of the European Court of Justcie: Keck, Meng and Audi Revisited, CMLR 31 (1994), 459 – 492, zitiert als: *Reich*, CMLR 31 (1994), 459, S.

Reich, Norbert, Zur Theorie des Europäischen Verbraucherrechtes, ZEuP 2 (1994), 381 – 407, zitiert als: *Reich*, ZEuP 2 (1994), 381, S.

Reich, Norbert; Micklitz, Hans-W., Europäisches Verbraucherrecht, 4. Auflage, Baden-Baden 2003, zitiert als: *Reich/Micklitz*, Europäisches Verbraucherrecht

Reich, Norbert; Rörig, Ursula, EuGH: Realkreditvertrag als Haustürgeschäft widerrufbar, EuZW 2002, 84 – 89, zitiert als: *Reich/Rörig*, EuZW 2002, 84, S.

Reinicke, Dietrich; Tiedtke, Klaus, Schutz des Bürgen durch das Haustürwiderrufsgesetz, Eine Besprechung des Urteils des EuGH vom 17. März 1998, ZIP 1998, 554, zitiert als: *Reinicke/Tiedtke*, ZIP 1998, 554, S.

Reithmann, Christoph; Martiny, Dieter, Internationales Vertragsrecht, Das internationale Privatrecht der Schuldverträge, 5. Auflage, Köln 1996, zitiert als: *Reithmann/Martiny/Bearbeiter*, Internationales Vertragsrecht, RdNr.

Remien, Oliver, AGB-Gesetz und Richtlinie über mißbräuchliche Verbrauchervertragsklauseln im europäischen Umfeld, ZEuP 2 (1994), 34 – 66, zitiert als: *Remien*, ZEuP 2 (1994), 34, S.

Remien, Oliver, Ansätze für ein Europäisches Vertragsrecht, ZVglRWiss 87 (1988), 105 – 122, zitiert als: *Remien*, ZVglRWiss 87 (1988), S.

Rengeling, Hans-Werner; Middeke, Andreas; Gellermann, Martin, Rechtsschutz in der Europäischen Union, Durchsetzung des Gemeinschaftsrechts vor europäischen und deutschen Gerichten, München 1994, zitiert als: *Rengeling/Middeke/Gellermann*, Rechtsschutz in der Europäischen Union, S.

Riesenhuber, Karl, System und Prinzipien des Europäischen Vertragsrechts, Habil. (Erlangen-Nürnberg 2003), Berlin 2003, zitiert als: *Riesenhuber*, System und Prinzipien des Europäischen Vertragsrechts, S.

Rittner, Fritz, Das Gemeinschaftsprivatrecht und die europäische Integration, JZ 1995, 849 – 858, zitiert als: *Rittner*, JZ 1995, 849, S.

Rosenfeld, Andreas, EuGH: Privatbürgschaft unterfällt nicht Verbraucherkreditrichtlinie, Anmerkung zu EuGH, Rs. C-208/98, Berliner Kindl Brauerei AG/Andreas Siepert, EuZW 2000, 339 – 342, zitiert als: *Rosenfeld*, EuZW 2000, 339, S.

Ross, Malcolm, Article 59 and the marketing of financial services, Eur. L. Rev. 20 (1995), 507 – 514, zitiert als: *Ross*, Eur. L. Rev. 20 (1995), 507, S.

Roth, Günter H., Internationalprivatrechtliche Probleme bei Prorogation und Derogation, ZZP 93 (1980), 156 – 177, zitiert als: *Roth*, ZZP 93 (1980), 156, S.

Roth, Wulf-Henning, Bürgschaftsverträge und EG-Richtlinie über Haustürgeschäfte, ZIP 1996, 1285 – 1288, zitiert als: *Roth*, ZIP 1996, 1285, S.

Roth, Wulf-Henning, Europäischer Verbraucherschutz und BGB, JZ 2001, 475 – 490, zitiert als: *Roth*, JZ 2001, 475, S.

Roth, Wulf-Henning, Funktionen des privatrechtlichen Vertrages im Gemeinschaftsrecht, in: Schulte-Nölke, Hans; Schulze, Reiner (Hg.), Europäisches Vertragsrecht im Gemeinschaftsrecht, Baden-Baden 2002, S. 23 – 38, zitiert als: *Roth*, Funktionen des privatrechtlichen Vertrages, in: Schulte-Nölke/Schulze, Europäisches Vertragsrecht im Gemeinschaftsrecht, S.

Roth, Wulf-Henning, Generalklauseln im europäischen Privatrecht, in: Basedow, Jürgen; Drobnig, Ulrich; Hopt, Klaus J.; Kötz Hein (Hg.), Festschrift für Ulrich Drobnig zum siebzigsten Geburtstag, Tübingen 1998, zitiert als: *Roth*, Generalklauseln im europäischen Privatrecht, in: Basedow/Drobnig/Hopt/Kötz, Festschrift Drobnig, S.

Rott, Peter, „Heininger" und die Folgen für das Widerrufsrecht, VuR 2002, 49 – 55, zitiert als: *Rott*, VuR 2002, S.

Rott, Peter, Effektiver Rechtsschutz vor missbräuchlichen AGB – Zum Cofidis-Urteil des EuGH, EuZW 2003, 5 – 9, zitiert als: *Rott*, EuZW 2003, 5, S.

Rueber, Hans-Josef, Der Gerichtshof der Europäischen Gemeinschaften und die Konkretisierung allgemeiner Rechtsgrundsätze, Diss. (Köln 1970), Köln 1970, zitiert als: *Rueber*, Der Gerichtshof der Europäischen Gemeinschaften und die Konkretisierung allgemeiner Rechtsgrundsätze, S.

Sander, Gerald G., Der Europäische Gerichtshof als Förderer und Hüter der Integration, Eine Darstellung anhand seiner Einwirkungsmöglichkeiten auf

die einzelnen Dimensionen seines Einigungsprozesses, Berlin 1998, zitiert als: *Sander*, Der EuGH als Förderer und Hüter der Integration, S.
Sandrock, Otto, Das Privatrecht im Ausgang des 20. Jahrhunderts: Deutschland – Europa – und die Welt, JZ 1996, 1 – 9, zitiert als: *Sandrock*, JZ 1996, S.
Sandrock, Otto, Über Sinn und Methode zivilistischer Rechtsvergleichung, Frankfurt 1966, zitiert als: *Sandrock*, Rechtsvergleichung, S.
Schack, Haimo, Internationales Zivilverfahrensrecht, ein Studienbuch, 3. Auflage, München 2002, zitiert als: *Schack*, Internationales Zivilverfahrensrecht, S./RdNr.
Schack, Haimo, Stare decisis ohne Rücksicht auf die Zuständigkeitsgerechtigkeit, ZEuP 3 (1995), 655 – 668, zitiert als: *Schack*, ZEuP 3 (1995), 655, S.
Schlochauer, Hans-Jürgen, Der Gerichtshof der Europäischen Gemeinschaften als Integrationsfaktor, in: von Caemmerer, Ernst; Schlochauer, Hans-Jürgen; Steindorff, Ernst (Hg.), Probleme des Europäischen Rechts, Festschrift für Walter Hallstein zu seinem 65. Geburtstag, zitiert als: *Schlochauer*, Der EuGH als Integrationsfaktor, in: von Caemmerer/Schlochauer/Steindorff, Probleme des Europäischen Rechts, S.
Schlosser, Peter F., EuGÜbk: Zuständigkeit bei mehreren Beklagten an verschiedenen Wohnsitzen – Begriff der unerlaubten Handlung, RIW 1988, 987 – 989, zitiert als: *Schlosser*, RIW 1988, 987, S.
Schlosser, Peter F., Europäisch-autonome Interpretation des Begriffs „Vertrag oder Ansprüche aus einem Vertrag" i.S.v. Art. 5 Nr. 1 EuGVÜ?, IPRax 1984, 65 – 68, zitiert als: *Schlosser*, IPRax 1984, S.
Schlosser, Peter F., Europäisches Gerichtsstands- und Vollstreckungsübereinkommen EuGVÜ; mit Luganer Übereinkommen und den Haager Übereinkommen über Zustellung und Beweisaufnahme, München 1996, zitiert als: *Schlosser*, Art. EuGVÜ, RdNr.
Schlosser, Peter, Gerichtsstandsklauseln in einem Konnossement, RIW 1984, 911 – 914, zitiert als: *Schlosser*, RIW 1984, 911, S.
Schmidt, Michael Johannes, Kann Schweigen auf eine Gerichtsstandsklausel in AGB einen Gerichtsstand nach Art. 17 EuGVÜ/LuganoÜ begründen?, RIW 1992, 173 – 179, zitiert als: *Schmidt*, RIW 1992, 173, S.
Schmidt-Salzer, Joachim, Transformation der EG-Richtlinie über mißbräuchliche Klauseln in Verbraucherverträgen in deutsches Recht und AGB-Gesetz, BB 1995, 733 – 740, zitiert als: *Schmidt-Salzer*, BB 1995, 733, S.
Schneider, Uwe H.; Burgard, Ulrich, Die zunehmende Bedeutung der Rechtsprechung des EuGH auf dem Gebiete des Privatrechts, EuZW 1993, 617, zitiert als: *Schneider/Burgard*, EuZW 1993, 617
Schockweiler, Fernand, Die richterliche Kontrollfunktion: Umfang und Grenzen in Bezug auf den Europäischen Gerichtshof, EuR 1995, 191 – 201, zitiert als: *Schockweiler*, EuR 1995, 191, S.

Schockweiler, Fernand, Gerichtsstandsvereinbarungen im Brüsseler Übereinkommen, in: Tebbens, Harry Duintjer; Kennedy, Tom; Kohler, Christian (Hg.), Internationale Zustädigkeit und Urteilsanerkennung in Europa, Berichte und Dokumente des Kolloquiums „Die Auslegung des Brüsseler Übereinkommens durch den Europäischen Gerichtshof und der Rechtsschutz im europäischen Raum", Köln, Berlin, Bonn, München 1993, zitiert als: *Schockweiler*, Gerichtsstandsvereinbarungen im Brüsseler Übereinkommen, in: Tebbens/Kennedy/Kohler, Internationale Zuständigkeit und Urteilsanerkennung in Europa, S.

Schulte-Nölke, Hans, Ein Vertragsgesetzbuch für Europa?, JZ 2001, 917 – 920, zitiert als: *Schulte-Nölke*, JZ 2001, 917, S.

Schulze, Reiner, Allgemeine Rechtsgrundsätze und europäisches Privatrecht, ZEuP 1 (1993), 442 – 474, zitiert als: *Schulze*, ZEuP 1 (1993), 442, S.

Schulze, Reiner, Auf dem Weg zu einem europäischen Zivilgesetzbuch?, NJW 1997, 2742 – 2743, zitiert als: *Schulze*, NJW 1997, S.

Schulze, Reiner, Auslegung europäischen Privatrechts und angeglichenen Rechts, in: Schulze, Reiner (Hg.), Auslegung europäischen Privatrechts und angeglichenen Rechts, Baden-Baden 1999, zitiert als: *Schulze*, Auslegung europäischen Privatechts, in: Schulze, Auslegung europäischen Privatrechts, S.

Schulze, Reiner, Vergleichende Gesetzesauslegung und Rechtsangleichung, ZfRVgl 1997, 183 – 197, zitiert als: *Schulze*, ZfRVgl 1997, 183, S.

Schulze, Reiner; Ebers, Martin; Grigoleit, Hans Christoph (Hg.), Informationspflichten und Vertragsschluss im Acquis communautaire, Tübingen 2003, zitiert als: *Schulze/Ebers/Grigoleit* (Hg.), Informationspflichten und Vertragsschluss im Acquis communautaire

Schulze, Reiner; Hoeren, Thomas (Hg.), Dokumente zum Europäischen Recht, Berlin 1996, zitiert als: *Schulze/Hoeren*, Dokumente zum Europäischen Recht

Schulze, Reiner; Schulte-Nölke, Hans, Casebook Europäisches Verbraucherrecht, Baden-Baden 1999, zitiert als: *Schulze/Schulte-Nölke*, Casebook Europäisches Verbraucherrecht, S.

Schulze, Reiner; Schulte-Nölke, Hans, Europäische Rechtsangleichung und nationale Privatrechte, Baden-Baden 1999, zitiert als: *Schulze/Schulte-Nölke*, Europäische Rechtsangleichung, S.

Schulze, Reiner; Schulte-Nölke, Hans, Europäisches Vertragsrecht im Gemeinschaftsrecht, in: Schulte-Nölke, Hans; Schulze, Reiner (Hg.), Europäisches Vertragsrecht im Gemeinschaftsrecht, Baden-Baden 2002, S. 11 – 20, zitiert als: *Schulze/Schulte-Nölke*, Europäisches Vertragsrecht im Gemeinschaftsrecht, in: Schulte-Nölke/Schulze, Europäisches Vertragsrecht im Gemeinschaftsrecht, S.

Schulze, Reiner; Seif, Ulrike, Einführung, in: Schulze, Reiner; Seif, Ulrike (Hg.), Richterrecht und Rechtsfortbildung in der Europäischen Rechtsgemeinschaft, Tübingen 2003, zitiert als: *Schulze/Seif*, Einführung, in: Schulze/Seif, Richterrecht und Rechtsfortbildung in der Europäischen Rechtsgemeinschaft, S.

Schulze, Reiner; Zimmermann, Reinhard, Basistexte zum Europäischen Privatrecht, Textsammlung, 2. Auflage, Baden-Baden 2002, zitiert als: *Schulze/Zimmermann*, Basistexte

Schumacher, Friedrich Arndt, Rechtsschutz im öffentlichen Auftragswesen, der Rechtsschutz bei der Vergabe öffentlicher Aufträge nach dem europäischen Gemeinschaftsrecht und dem deutschen Recht, Diss. (Osnabrück 1997), Regensburg 1998, zitiert als: *Schumacher*, Rechtsschutz im öffentlichen Auftragswesen, S.

Schwartz, Ingo, Perspektiven der Angleichung des Privatrechts in der Europäischen Gemeinschaft, ZEuP 2 (1994), 559 – 584, zitiert als: *Schwartz*, ZEuP 2 (1994), 559, S.

Schwarze, Jürgen, Die Befugnis zur Abstraktion im europäischen Gemeinschaftsrecht: Eine Untersuchung zur Rechtsprechung des Europäischen Gerichtshofes, Baden-Baden 1976, zitiert als: *Schwarze*, Die Befugnis zur Abstraktion im europäischen Gemeinschaftsrecht, S.

Schwarze, Jürgen, EU-Kommentar, Baden-Baden 2000, zitiert als: *Schwarze/Bearbeiter*, Art. EG, RdNr.

Schwintowski, Hans-Peter, Auf dem Wege zu einem europäischen Zivilgesetzbuch, JZ 2002, 205, zitiert als: *Schwintowski*, JZ 2002, S.

Siebert, Wolfgang, Die Methode der Gesetzesauslegung. Erläutert an Paragraph 34 des niedersächsischen Arbeitsschutzgesetzes für Jugendliche. Zugleich ein Beitrag zur Abgrenzung von regelmäßiger Arbeitszeit und Mehrarbeit, Heidelberg 1958, zitiert als: *Siebert*, Methode der Gesetzesauslegung, S.

Smit, Hans; Herzog, Peter E. (ed.), The Law of The European Community, A Commentary ohn the EEC Treaty, Volume 5, Stand: Release 42, Newark, San Francisco 2002, zitiert als: Smit/Herzog/*Bearbeiter*, Art. EGV, RdNr.

Soergel, Hans Thomas; Siebert, Wolfgang (Hg.), Bürgerliches Gesetzbuch mit Einführungsgesetz und Nebengesetzen, Band 10, Einführungsgesetz, 12. Auflage, Stuttgart, Berlin, Köln 1996, zitiert als: *Soergel/Bearbeiter*, Art., RdNr.

Spellenberg, Ulrich, Der Gerichtsstand des Erfüllungsortes im europäischen Gerichtsstands- und Vollstreckungsübereinkommen, ZZP 91 (1978), 38 – 63, zitiert als: *Spellenberg*, ZZP 91 (1978), 38, S.

Staudenmayer, Dirk, Der Aktionsplan der EG-Kommission zum Europäischen Vertragsrecht, EuZW 2003, 165 – 171, zitiert als: *Staudenmayer*, EuZW 2003, 165, S.

Staudenmayer, Dirk, Verbraucherrecht im Rahmen eines Europäischen Vertragsrechts – Zur Kommissionsmitteilung zum Europäischen Vertragsrecht, VuR 2001, 353 – 359, zitiert als: *Staudenmayer*, VuR 2001, S.

Staudinger, Ansgar, Der Widerruf bei Haustürgeschäften: Eine unendliche Geschichte, NJW 2002, 653 – 656, zitiert als: *Staudinger*, NJW 2002, S.

Staudinger, Ansgar, Die Mitteilung der Kommission zum Europäischen Vertragsrecht, VuR 2001, 313 – 314, zitiert als: *Staudinger*, VuR 2001, S.

Staudinger, Ansgar, Mißbräuchliche Gerichtsstandsklausel in Verbrauchervertrag: Befugnis des Gerichts zur Prüfung der Rechtswidrigkeit von Amts wegen, Kein Erfordernis der Geltendmachung durch Verbraucher, DB 2000, 2056 – 2060, zitiert als: *Staudinger*, DB 2000, 2056, S.

Staudinger, J. von; Coester, Michael; Coester-Waltjen, Dagmar; Schlosser, Peter, J. von Staudingers Kommentar zum Bürgerlichen Gesetzbuch mit Einführungsgesetz und Nebengesetzen, Gesetz zur Regelung des Rechts der Allgemeinen Geschäftsbedingungen (AGBG), Dreizehnte Bearbeitung, Berlin 1998, zitiert als: *Staudinger/Bearbeiter*, § AGBG, RdNr.

Stothers, Christopher, International Exhaustion of Trade Marks and Consent in the EEA, Zino Davidoff SA v. A & G Imports Ltd.; Levi Strauss & Co. v. Tesco Stores; Levi Strauss & Co. v. Costco Wholesale WK Ltd., EIPR 23 (2001), 344 – 348, zitiert als: *Stothers*, EIPR 23 (2001), 344, S.

Streinz, Rudolf, Anmerkung zu Rs. C-80/99 bis C-82/99, Flemmer u.a./Rat der EU und Kommission der EG, JZ 2002, 240 – 243, zitiert als: *Streinz*, JZ 2002, S.

Stuyck, James, Joined Cases C-240/98 to C-244/98, Océano Grupo Editorial SA/Rocio Murciano Quintero and Salvat Editore SA/José M. Sánchez Alcón Prades et al., Judgement of the Full Court of 27 June 2000, nyr, CMLR 38 (2001), 719 – 737, zitiert als: *Stuyck*, CMLR 38 (2001), 719, S.

Tagaras, Harris, Arrêt de la cour (plenum) 26 février 1992, affaire C-280/90 – Hacker, C.D.E. 1992, 681 – 687, zitiert als: *Tagaras*, C.D.E. 1992, 681, S.

Tagaras, Harris, Arrêt de la cour (plenum), 17 juin 1992, affaire C-26/91 – Handte, C.D.E. 1992, 702 – 706, zitiert als: *Tagaras*, C.D.E. 1992, 702, S.

Thoma, Georg F.; Leuering, Dieter, Die Europäische Aktiengesellschaft – Societas Europaea, NJW 2002, 1449 – 1451, zitiert als: *Thoma/Leuering*, NJW 2002, 1449, S.

Treber, Jürgen, Europäischer Verbraucherschutz im Bürgschaftsrecht – Das Urteil des EuGH vom 17.03.1998 und seine innerstaatliche Umsetzung –, WM 1998, 1908 – 1919, zitiert als: *Treber*, WM 1998, 1908, S.

Ukrow, Jörg, Richterliche Rechtsfortbildung durch den EuGH, Dargestellt am Beispiel der Erweiterung des Rechtsschutzes des Marktbürgers im Bereich des vorläufigen Rechtsschutzes und der Staatshaftung, Diss. (Saarbrücken 1994), Baden-Baden 1995, zitiert als: *Ukrow*, Richterliche Rechtsfortbildung, S.

Ulmer, Peter, Anmerkung zu EuGH, Rs. C-208/98, Berliner Kindl Brauerei AG/Andreas Siepet, JZ 2000, 780 – 782, zitiert als: *Ulmer*, JZ 2000, 780, S.

Vareilles-Sommières, Pascal de, Arrêt du 17 juin 1992, Sté Jakob Handte et Cie GmbH c/ Sté Traitments mécano-chimiques des surfaces (TMCS) (aff. C 26/91), RTDE 1992, 709 – 727, zitiert als: *De Vareilles-Sommières*, RTDE 1992, 709, S.

Wagener, Andreas, Die Europäische Zentralbank, Diss. (Chemnitz 1999/2000), Wiesbaden 2001, zitiert als: *Wagener*, Die Europäische Zentralbank, S.

Whittaker, Simon J., in: Beale, Hugh G. (gen. ed.), Chitty on Contracts, Volume 1, General Principles, 28th ed., London 2000, zitiert als: *Whittaker*, Chitty on Contracts, Kap.

Whittaker, Simon J., Judicial Interventionism and Consumer Contracts, L.Q.R. 117 (2001), 215 – 220, zitiert als: *Whittaker*, L.Q.R. 117 (2001), 215, S.

Whittaker, Simon J., Unfair Contract Terms, Public Services and the Construction of a European Conception of Contract, L.Q.R. 116 (2000), 95 – 120, zitiert als: *Whittaker*, L.Q.R. 116 (2000), 95, S.

Winkler, Rolf M.; Trölitzsch, Thomas, Wende in der EuGH-Rechtsprechung zur Haftung der EG für fehlerhafte EG-Rechtsetzungsakte und prozessuale Bewältigung der Prozessflut, EuZW 1992, 663 – 668, zitiert als: *Winkler/Trölitzsch*, EuZW 1992, 663, S.

Witz, Claude; Ranieri, Filippo (Hg.), Plaidoyer pour un Code européen des obligations, in: Die Eruopäisierung der Rechtswissenschaft, Beiträge aus der Universität des Saarlandes, Baden-Baden 2002, zitiert als: *Witz*, Plaidoyer pour un Code européen des obligations, in: Die Europäisierung der Rechtswissenschaft, S.

Wolf, Christian, Haustürgeschäft und Bürgschaft – eine unendliche Geschichte, EWS 1998, 324, zitiert als: *Wolf*, EWS 1998, 324

Wolf, Manfred; Horn, Norbert; Lindacher, Walter F., AGB-Gesetz, Gesetz zur Regelung des Rechts der Allgemeinen Geschäftsbedingungen, Kommentar, 4. Auflage, München 1999, zitiert als: *Wolf/Horn/Lindacher/Bearbeiter*, Art. RiLi, RdNr.

Wurmnest, Wolfgang, Common Core, Grundregeln, Kodifikationsentwürfe, Acquis-Grundsätze – Ansätze internationaler Wissenschaftlergruppen zur Privatrechtsvereinheitlichung in Europa, ZEuP 11 (2003), 714 – 744, zitiert als: *Wurmnest*, ZEuP 11 (2003), 714, S.

Zimmermann, Reinhard, Die „Principles of European Contract Law“, Teil III, ZEuP 11 (2003), 707 – 713, zitiert als: *Zimmermann*, ZEuP 11 (2003), 707, S.

Zimmermann, Reinhard, Europäisches Privatrecht und Europa, ZEuP 1 (1993), 439 – 441, zitiert als: *Zimmermann*, ZEuP 1 (1993), S.

Zimmermann, Reinhard (Hg.), Good Faith in European Contract Law, Cambridge 2000, zitiert als: *Zimmermann*, Good Faith in European Contract Law, S.

Zimmermann, Reinhard, Konturen eines Europäischen Vertragsrechts, JZ 1995, 477 – 491, zitiert als: *Zimmermann*, JZ 1995, S.

Zuleeg, Manfred, Die Rolle der rechtsprechenden Gewalt in der europäischen Integration, JZ 1994, 1 – 8, zitiert als: *Zuleeg*, JZ 1994, S.

Zweigert, Konrad; Kötz, Hein, Einführung in die Rechtsvergleichung auf dem Gebiete des Privatrechts, 3. Auflage, Tübingen 1996, zitiert als: *Zweigert/Kötz*, Einführung in die Rechtsvergleichung, S.

Verzeichnis der Rechtsprechung und der Schlussanträge

Datum	Rs.	Parteien/Kurzbezeichnung	Slg.
	C-27/02	Engler (*rechtshängig*)	ABl. EG 2002 C 109/23
25.03.2004	C-71/02	Herbert Karner	NN*
11.12.2003	C-322/01	Deutscher Apothekerverband	NN
09.12.2003	C-116/02	Gasser	NN
06.11.2003	C-243/01	Piergiorgio Gambelli	NN
15.05.2003	C-266/01	Préservatrice foncière TIARD SA	2003, I-4867
08.05.2003	C-14/02	ATRAL SA/Belgischer Staat	2003, I-4431
27.02.2003	C-373/00	Truley/Bestattung Wien	2003, I-1931
12.12.2002	C-470/99	Universale-Bau AG	2002, I-11617
21.11.2002	C-473/00	Cofidis SA/Jean-Louis Fredout	2002, I-10875
14.11.2002	C-271/00	Baten	2002, I-10489
05.11.2002	C-208/00	Überseering	2002, I-9919
15.10.2002	C-427/98	Kommission/Deutschland	2002, I-8315
09.10.2002	C-108/99	Commissioners of Customs&Excise	2001, I-7257
17.09.2002	C-334/00	Tacconi	2002, I-7357
11.07.2002	C-96/00	Gabriel	2002, I-6367
27.06.2002	T-373/00	Carmine Salvatore Tralli/EZB	NN
30.04.2002	C-400/00	Club Tour	2002, I-4051
17.04.2002	T-325/00	Elke Sada/Kommission	2002, II-209
12.03.2002	C-168/00	Simone Leitner/TUI	2001, I-2631
21.02.2002	C-416/98	Kommission/Nea Energiaka	2002, I-1759
19.02.2002	C-309/99	Wouters, Savelbergh, Price	2002, I-1577
07.02.2002	T-261/94	Schulte/Rat	2002, II-441
07.02.2002	T-201/94	Kustermann/Rat und Kommission	2002, II-415
07.02.2002	T-187/94	Rudolph/Rat	2002, II-367
24.01.2002	C-372/99	Kommission/Italien	2002, I-819
24.01.2002	C-500/99 P	Conserve Italia Soc.Coop.Arl	2002, I-867
24.01.2002	C-170/00	Finnland/Kommission	2002, I-1007
15.01.2002	C-427/98	Kommission/Deutschland	2002, I-8315
13.12.2001	C-481/99	Georg und Helga Heininger	2001, I-9945

* Die noch nicht in der amtlichen Sammlung veröffentlichten Entscheidungen sind abrufbar unter: http://www.europa.eu.int/eur-lex/de/index.html in der Rubrik „Rechtsprechung".

22.11.2001	C-541/99	Cape/Idealservice und Omai	2001, I-9049
20.11.2001	C-414/99	Davidoff/A&G Imports Ltd. u.a.	2001, I-8691
18.10.2001	T-333/99	Beamtenklage/EZB	2001, II-3021
11.10.2001	C-77/99	Kommission/Oder-Plan-Architektur	2001, I-7355
09.10.2001	C-80-82/99	Flemmer u.a./Rat	2001, I-7211
09.10.2001	C-409/98	Commissioners of Customs/Mirror	2001, I-7175
09.10.2001	C-377/98	Pays-Bas/Parlament und Rat	2001, I-7079
02.10.2001	T-222/99	Martinez/Parlament	2001, II-2823
10.07.2001	C-315/99 P	Ismeri Europa Srl/Rechnugshof	2001, I-5281
17.05.2001	C-340/99	TNT Traco Spa/Poste Italiane SpA	2001, I-4109
15.05.2001	C-34/99	Commissioners of Customs/Primback	2000, I-3833
11.01.2001	C-464/98	Westdeutsche Landesbank	2001, I-173
07.12.2000	C-94/99	ARGE Gewässerschutz	2000, I-11037
09.11.2000	C-357/98	Nana Yaa Konadu Yiadom	2000, I-9265
09.11.2000	C-381/98	Ingmar GB Ltd	2000, I-9305
09.11.2000	C-387/98	Coreck Maritime	2000, I-9337
26.10.2000	T-41/96	Bayer/Kommission	2000, II-3383
26.09.2000	C-22/99	Cristoforo Bertinetto/Biraghi Spa	2000, I-7629
19.09.2000	C-287/98	Linster	2000, I-6917
12.09.2000	C-267/97	Kommission/Französische Republik	2000, I-6251
13.07.2000	C-456/98	Centrosteel/Adipol	2000, I-6007
04.07.2000	C-387/97	Kommission/Griechenland	2000, I-5047
27.06.2000	C-240/98	Océano Grupo Editorial SA	2000, I-4941
30.03.2000	C-265/97 P	Florimex	2000, I-2061
28.03.2000	C-158/97	Georg Badeck u.a.	2000, I-1875
23.03.2000	C-208/98	Berliner Kindl	2000, I-1741
17.02.2000	C-156/97	Kommission/Van Balkom Non-Ferro	2000, I-1095
27.01.2000	C-104/89	Mulder u.a. und Heinemann	1992, I-3061
25.11.1999	C-96/98	Kommission/Frankreich	1999, I-8531
18.11.1999	C-107/98	Teckal	1999, I-8121
05.10.1999	C-240/97	Spanien/Kommission	1999, I-6571
29.09.1999	C-56/98	Modelo SGPS	1999, I-6430
15.06.1999	C-140/97	Rechberger	1999, I-3499
27.04.1999	C-69/97	Kommission/SNUA	1999, I-2363
25.03.1999	T-102/96	Glucor	1999, II-753
16.03.1999	C-159/97	Trasporti Castelletti Spedizioni	1999, I-1597
11.02.1999	C-237/97	AFS Intercultural Programs	1999, I-825
03.12.1998	C-381/97	Belgcodex	1998, I-8153
01.12.1998	C-410/96	Ambry	1998, I-7875
12.11.1998	C-399/96	Europieces	1998, I-6965
27.10.1998	C-51/97	Réunion Européenne	1998, I-6511
01.10.1998	C-242/96	Italienische Republik/Kommission	1998, I-5863

18.06.1998	C-266/96	Corsica Ferries France	1998, I-3949
14.05.1998	C-364/96	Verein für Konsumenteninformation	1998, I-2949
12.05.1998	C-366/95	Steff-Houlberg	1998, I-2661
30.04.1998	C-37/96	Sodiprem u.a.	1998, I-2039
30.04.1998	C-38/96	Sodiprem u.a.	1998, I-2039
30.04.1998	C-215/97	Barbara Bellone/Yokohama	1998, I-2191
17.03.1998	C-45/96	Dietzinger	1998, I-1199
12.02.1998	C-366/96	Cordelle	1998, I-583
18.12.1997	C-309/96	Annibaldi	1997, I-4793
02.12.1997	C-336/94	Eftalia Defeki	1997, I-6761
08.10.1997	C-99/96	Mietz	1999, I-2277
17.07.1997	C-28/95	Leur-Bloem	1997, I-4161
03.07.1997	C-269/95	Benincasa/Dentalkit	1997, I-3767
15.05.1997	C-250/95	Futura Participations und Singer	1997, I-2471
15.04.1997	C-22/94	Irish Farmers	1997, I-1809
20.03.1997	C-24/95	Alcan Deutschland	1997, I-1591
27.02.1997	C-106/95	MSG/Les Gravières Rhénans	1997, I-911
02.05.1996	C-206/94	Paletta	1996, I-2357
07.03.1996	C-192/94	El Corte Inglés SA	1996, I-1281
05.03.1996	C-46/93	Brasserie du Pêcheur und Factortame	1996, I-1029
15.12.1995	C-415/93	Bosman	1995, I-4921
07.12.1995	C-472/93	Luigi Spani u.a.	1995, I-4321
07.12.1995	C-449/93	Rockfon	1995, I-4291
06.07.1995	C-470/93	Mars	1995, I-1923
28.05.1995	C-346/93	Kleinwort Benson/City of Glasgow	1995, I-615
10.05.1995	C-384/93	Alpine Investments	1995, I-1141
14.07.1994	C-91/92	Faccini Dori	1994, I-3325
22.06.1994	C-9/93	Ideal Standard	1994, I-2789
15.06.1994	C-137/92 P	Kommission/BASF	1994, I-2555
18.05.1994	C-118/92	Kommission/Luxemburg	1994, I-1891
29.04.1994	C-288/92	Custom Made Commercial	1994, I-2913
21.04.1993	C-172/91	Sonntag	1993, I-1963
13.04.1994	C-313/93	Kommission/Luxemburg	1994, I-1279
03.02.1994	308/87	Alfredo Grifoni/EAG	1990, I-1203
15.12.1993	C-292/92	Hünermund u.a.	1993, I-6787
15.12.1993	C-63/92	Lubbock Fine	1993, I-6665
07.12.1993	C-109/92	Wirth	1993, I-6447
24.11.1993	C-267/91	Bernard Keck und Daniel Mithouard	1993, I-6097
17.11.1993	C-68/92	Kommission/Frankreich	1993, I-5881
13.10.1993	C-93/92	CMC Motorradcenter GmbH	1993, I-5009
04.05.1993	C-17/92	Distribuidores Cinematográficos	1993, I-2239
21.04.1993	C-172/91	Sonntag/Klaidmann	1993, I-1963

30.03.1993	C-168/91	Christos Konstantinidies	1993, I-1191
23.03.1993	C-314/91	Beate Weber	1995, I-1093
18.03.1993	C-280/91	Viessmann	1993, I-971
03.03.1993	C-81/92	General Milk Products	1993, I-779
19.01.1993	C-89/91	Shearson Lehmann Hutton	1993, I-139
18.09.1992	T-24/90	Automec SRL/Kommission	1992, II-2223
17.06.1992	C-26/91	Handte/TMCS	1992, I-3967
08.04.1992	C-209/90	Feilhauer	1992, I-2613
10.03.1992	214/89	Powell Duffryn/Petereit	1992, I-1745
26.02.1992	C-280/90	Hacker/Euro-Relais	1992, I-1111
19.11.1991	C-6/90	Frankovich	1991, I-5357
19.11.1991	C-9/90	Frankovich	1991, I-5357
24.10.1991	T-1/89	Rhône-Poulenc	2000, II-867
22.10.1991	44/89	Von Deetzen	1991, I-5119
04.10.1991	C-159/90	Soc. for the prot. of unborn children	1991, I-4685
25.07.1991	C-362/89	Giuseppe d'Urso u. Ariana Ventadori	1991, I-4105
29.05.1991	T-12/90	Bayer/Kommission	1991, II-219
14.03.1991	C-361/89	Strafverfahren gegen Patrice di Pinto	1991, I-1189
11.12.1990	C-189/89	Spagl	1990, I-4539
11.12.1990	C-217/89	Pachtstätter	1990, I-4585
22.03.1990	C-347/87	Triveneta Zuccheri	1990, I-1083
18.10.1989	374/87	Orkem/Kommission	1989, 3283
31.05.1989	344/87	Bettray/Staatssecretarias van Justitie	1989, 1621
30.05.1989	56/88	Vereinigtes Königreich & Nordirland	1989, 1615
07.03.1989	215/87	Schumacher	1989, 617
27.10.1988	C-51/97	Réunion Européenne	1998, I-6511
27.09.1988	189/87	Kalfelis	1988, 5565
07.07.1988	55/87	Moksel/BALM	1988, 3845
21.06.1988	39/86	Lair/Universität Hannover	1988, 3161
28.04.1988	120/86	Mulder	1988, 2321
28.04.1988	170/86	Von Deetzen	1988, 2355
08.03.1988	9/87	SPRL Arcado/SA Haviland	1988, 1539
15.01.1987	266/85	Shenavai/Kreischer	1987, 239
18.12.1986	426/85	Kommission/Zoubek	1986, 4057
04.12.1986	205/84	Kommission/Deutschland	1986, 3755
11.11.1986	313/85	Iveco Fiat	1986, 3337
03.07.1986	66/85	Lawrie-Blum	1986, 2121
07.02.1986	135/83	HBM Abels	1985, 479
11.07.1985	221/84	Berhöfer	1985, 2699
11.07.1985	136/83	BNIC/Aubert	1987, 4789
28.03.1985	100/84	Kommission/Vereinigtes Königreich	1985, 1169
30.01.1985	123/83	BNIC/Clair	1985, 391

15.01.1985	241/83	Rösler	1985, 99
15.01.1985	567/79	Flamm u.a.	1982, 2394
19.06.1984	71/83	Partnerreederei MS Tilly Russ	1984, 2417
31.01.1984	286/82	Luisi/Ministero del Tresoro	1984, 377
31.01.1984	26/83	Carbone/Ministero del Tresoro	1984, 377
18.01.1984	327/82	Ekro	1984, 107
21.09.1983	205-215/82	Deutsche Milchkontor u.a.	1983, 2633
14.07.1983	201/82	Gerling Konzern	1983, 2053
22.03.1983	34/82	Peters	1983, 987
01.03.1983	250/78	DEKA/EWG	1983, 421
06.10.1982	283/81	C.I.L.F.I.T.	1982, 3415
01.07.1982	109/81	Porta/Kommission	1982, 2469
06.05.1982	146/81	BayWa u.a./BALM	1982, 1503
29.04.1982	17/81	Pabst & Richarz	1982, 1331
10.03.1982	232/82	Margherita Baccini	1983, 581
04.03.1982	38/81	Effer	1982, 825
14.01.1982	64/81	Nicolaus Corman&Fils	1982, 13
24.06.1981	150/80	Elefanten Schuh	1981, 1671
16.12.1980	814/79	Rüffer	1980, 3807
29.10.1980	209-215/78	Heintz van Landewyk SARL u.a.	1980, 3125
27.03.1980	61/79	Administrazione/Denkavit	1980, 1201
18.03.1980	52/80	Debauve	1980, 855
18.03.1980	62/79	Coditel	1980, 881
13.12.1979	44/79	Hauer	1979, 3727
13.11.1979	25/79	Sancientral	1979, 3423
31.05.1979	156/78	Newth	1979, 1941
22.02.1979	133/78	Gourdain	1979, 733
20.02.1979	120/78	„Cassis de Dijon“	1979, 649
24.10.1978	15/78	Koestler	1978, 1971
21.06.1978	150/77	Société Bertrand/Paul Ott KG	1978, 1431
14.12.1977	73/77	Sanders	1977, 2383
27.10.1977	30/77	Boucherau	1977, 1999
16.12.1976	63/76	Vito Inzirillo	1976, 2057
14.12.1976	25/76	Galeries Segoura SPRL	1976, 1851
14.12.1976	24/76	Estasis Salotti di Colzani Aimo	1976, 1831
30.11.1976	21/76	Bier/Mines de Potasse d'Alsace	1976, 1735
17.11.1976	110/75	Mills/EIB	1976, 955
14.10.1976	29/76	LTU/Eurocontrol	1976, 1541
06.10.1976	12/76	Industrie Tessili Italiana Como	1976, 1473
02.06.1976	56-60/74	Kampffmeyer Mühlenvereinigung	1976, 711
11.07.1974	8/74	Dassonville	1974, 837
14.05.1974	4/73	Nold	1974, 491

30.04.1974	155/73	Sacchi	1974, 409
12.02.1974	152/73	Sotgiu	1974, 153
02.12.1971	5/71	Aktien-Zuckerfabrik Schöppenstedt	1971, 975
31.03.1971	22/70	Kommission/Rat	1971, 263
19.12.1970	30/70	Scheer	1970, 1208
06.10.1970	9/70	Leberpfennig	1970, 825
12.12.1955	10/55	Mirossevich	1955, 381
15.07.1964	6/64	Costa/E.N.E.L.	1964, 1251
12.05.1964	101/63	Wagner/Fohrmann	1964, 417
19.03.1964	75/63	Unger	1964, 379
05.02.1963	26/62	Van Gend & Loos	1963, 3
16.12.1960	44/59	Rudolf Pieter Marie Fidelaar	1960, 1117
18.05.1960	8/59	Acciaierie Laminatoi Magliano Alpi	1957, 191
12.07.1957	3/57-7/57	Algera u.a.	1957, 83

Andrea Stark

Einzelstaatlicher Protektionismus und föderale Rechtsprechung in einem Gemeinsamen Markt

EuGH und U.S. Supreme Court im Vergleich

Frankfurt am Main, Berlin, Bern, Bruxelles, New York, Oxford, Wien, 2003. 299 S.
Europäische Hochschulschriften: Reihe 2, Rechtswissenschaft. Bd. 3664
ISBN 3-631-50944-8 · br. € 45.50*

Gegenstand der Arbeit ist ein Vergleich zwischen der Rechtsprechung des EuGH und des U.S. Supreme Court zu einzelstaatlichen Regelungen, die den freien Warenverkehr innerhalb des europäischen und des amerikanischen Binnenmarktes behindern. Untersucht wird insbesondere die Verfolgung protektionistischer Ziele durch die Ausgestaltung des Steuerrechts und die Gewährung von Beihilfen. Hier haben die Mitgliedstaaten der Europäischen Gemeinschaft ebenso wie die amerikanischen Bundesstaaten in der Vergangenheit großen Erfindungsreichtum beim Einsatz von Schutzmaßnahmen zugunsten ihrer einheimischen Wirtschaft bewiesen.

Aus dem Inhalt: Grundlagen · Steuerliche Diskriminierung · Beihilfen · Steuern und Beihilfen · Vergleichende Analyse

Kolibri 360 GmbH
Ferdinand-Jühlke-Straße 7
99095 Erfurt, Deutschland
produktsicherheit@kolibri360.de

Druck:
CPI Druckdienstleistungen GmbH
im Auftrag der
Kolibri 360 GmbH
Ferdinand-Jühlke-Str. 7
99095 Erfurt